लोकतन्त्र के पहरुआ

लोकतन्त्र के पहरुआ

बशिष्ठ नारायण सिंह

सम्पादक

विनय कुमार

वाणी
प्रकाशन

प्रकाशन के उत्कृष्टतम 61 वर्ष

vaniprakashan.com

पेपरबैक प्रथम संस्करण : 2024

वाणी प्रकाशन

4695, 21-ए, दरियागंज, नयी दिल्ली-110 002

फ़ोन : +91 11 23273167, 23275710

शाखाएँ

अशोक राजपथ, पटना-800 004, बिहार

कॉफ़ी हाउस कैम्पस, महात्मा गांधी मार्ग, प्रयागराज-211 001, उत्तर प्रदेश

महात्मा गांधी अन्तरराष्ट्रीय हिन्दी विश्वविद्यालय, वर्धा-442 001, महाराष्ट्र

36/ए, शेक्सपियर सरणी, रानी बिरला गर्ल्स कॉलेज के पास, कोलकाता-700 017, प. बंगाल

sales@vaniprakashan.in
vaniprakashan@gmail.com

Loktantra Ke Paharua
Edited by Vinay Kumar

ISBN : 978-93-5775-417-0
Politics

मूल्य : ₹ 495

आर. टेक ऑफ़सेट प्रिंटर्स, दिल्ली-110 032 में मुद्रित

वाणी प्रकाशन का लोगो मक़बूल फ़िदा हुसेन की कूची से

अनुक्रम

पत्र

भूमिका

वे सोचते रहे, मैं लिखता गया...

गुज़रे दो दशकों की यात्रा में मैंने बशिष्ठ बाबू को बहुत क़रीब से देखा है। न केवल देखा है बल्कि उन्हें अनेक अवसरों पर बिना थके, दृढ़ता के साथ काम करते हुए भी देखा है। मैंने उन्हें उम्र के ढ़लान पर धीरे-धीरे उतरते हुए भी देखा है। इस क्रम में मैं उनके राजनीतिक और पारिवारिक संघर्ष का व्यक्तिगत तौर पर गवाह भी रहा हूँ। बावजूद इसके बशिष्ठ बाबू के बारे में आधिकारिक तौर पर लिखना मेरे लिए बेहद कठिन कार्य है।

बशिष्ठ बाबू बहुत सुलझे होकर भी बहुत उलझे रहने वाले व्यक्ति हैं। उनकी लगभग सपाट दिखने वाली राजनीति में भी कई उतार-चढ़ाव आये हैं। जो लोग उन्हें नज़दीक से जानते हैं, वे इस बात की पुष्टि भी करेंगे, खैर...

बिहार की राजनीति में बशिष्ठ बाबू की पहचान मूलतः एक संगठनकर्ता, राजनेता और ओजस्वी वक्ता के रूप में रही है। बतौर संगठनकर्ता उन्होंने लम्बे समय तक समता पार्टी और समता पार्टी के विलय के बाद जनता दल (यूनाइटेड) जैसे महत्त्वपूर्ण राजनीतिक संगठन को सँभाला है। लम्बे समय तक बिहार जदयू प्रदेश अध्यक्ष रहकर बशिष्ठ बाबू ने जो उल्लेखनीय योगदान दिया है, उसका एक अपना इतिहास है। इस क्रम में 'बिहार विशेष राज्य दर्जा' का विशाल हस्ताक्षर अभियान, वृक्षारोपण और मानव-शृंखला आदि उनके कार्यों की फेहरिस्त काफी बड़ी एवं महत्त्वपूर्ण है।

बशिष्ठ बाबू बिहार सरकार में कैबिनेट मन्त्री से लेकर कई बार लोकसभा और राज्यसभा के सदस्य भी रह चुके हैं। वर्तमान में वे राज्यसभा के सांसद हैं। कुल मिलाकर आपका राजनीतिक सफ़र बीसवीं और इक्कीसवीं सदी के बिहार में पाँच दशक का है। ख़ास बात यह है कि इतनी लम्बी अवधि की बशिष्ठ बाबू की राजनीतिक यात्रा निर्विवाद, अकलुषित और 'ज्यौं-की-त्यौं धरि दीनी चदरिया' वाली रही है। यही इनके जीवन का सर्वाधिक सुन्दर पक्ष है।

बशिष्ठ बाबू सदैव मुझसे कहते रहे हैं कि 'मेरी पूँजी मेरी ईमानदारी है।' वर्तमान में जब मूल्य, मर्यादा और सिद्धान्त सब कुछ हाशिये की ओर जा चुके हैं, ऐसे कठिन समय में वह अपने सिद्धान्तों के साथ डटकर खड़े रहने वाले राजनेता हैं। बिहार और देश की राजनीति में इनकी पाँच दशकों की सार्वजनिक मौजूदगी, समाजवादी विचारधारा में ऐसे तपे-तपाये अवधूत की रही है, जिन्होंने कभी अपने सिद्धान्तों से कोई समझौता नहीं किया। महात्मा गाँधी, राम मनोहर लोहिया और जयप्रकाश नारायण आज भी उनकी थाती और पूँजी हैं।

मूलतः बशिष्ठ नारायण सिंह, जयप्रकाश आन्दोलन की उपज हैं। आन्दोलन में जिन युवाओं के कन्धों पर जयप्रकाश जी ने हाथ रखकर अपना क़दम बढ़ाया था, उन्हीं युवाओं में से एक बशिष्ठ बाबू भी हैं। जयप्रकाश जी का आत्मीय स्नेह उन्हें ख़ूब मिला है। 1974 के 'सम्पूर्ण क्रान्ति' आन्दोलन से बिहार की राजनीति में निरन्तर अपनी उपस्थिति को दर्ज करते हुए बशिष्ठ बाबू ने कालक्रम से अपनी राजनीति की एक लकीर खींची है, जिसका अपना ऐतिहासिक महत्त्व है।

जेपी आन्दोलन के दौरान वे कई बार जेल गये। पुलिस दमन के शिकार भी हुए, हथकड़ियाँ भी पहनीं और लाठियाँ भी खायीं। शुरुआत के तीनों महत्त्वपूर्ण चुनाव भी हारे। बावजूद इसके मैदान में डटे रहे। चुनाव हारने के बाद जब बशिष्ठ बाबू जेपी से मिले तब उन्होंने एक लिफ़ाफ़ा बन्द चिट्ठी चन्द्रशेखर के नाम थमा दी। उस चिट्ठी को पढ़ने के बाद चन्द्रशेखर जी ने उन्हें सहर्ष सांगठनिक दायित्व से जोड़कर अपना बना लिया। इस प्रकार कठिन दौर में भी जयप्रकाश जी और चन्द्रशेखर जी, बशिष्ठ बाबू के सम्बल बने रहे। एक और दिलचस्प वाकये की बात करना यहाँ आवश्यक है। बात यह है कि 1977 के विधानसभा चुनाव में जिन जग नारायण त्रिवेदी से बशिष्ठ बाबू चुनाव हारे, चुनाव परिणाम के तुरन्त बाद ही बशिष्ठ बाबू ने उनके घर पहुँचकर उन्हें बधाई दी। ऐसे मौक़े पर जग नारायण त्रिवेदी का भावुक होना स्वाभाविक था। ऐसा कर उन्होंने न केवल विजेता का दिल जीता बल्कि भारतीय लोकतन्त्र के एक अनूठे आदर्श को प्रस्तुत भी किया।

लोकतान्त्रिक मूल्यों में गहरी आस्था रखने वाले बशिष्ठ बाबू उच्च कोटि के धार्मिक व्यक्ति भी हैं। धर्म इनके यहाँ किसी खाँचे में क़ैद नहीं है। हिन्दू धर्म में अगाध श्रद्धा रखते हुए भी वह समान रूप से सभी धर्मों का सम्मान करते हैं। दलाई लामा जैसे प्रसिद्ध बौद्ध सन्त के साथ उनका बेहद निकटस्थ सम्बन्ध रहा है। तिब्बत मसले पर बनी संसदीय कमेटी 'सर्वदलीय संसदीय समिति' के बतौर अध्यक्ष उन्होंने कई

ठोस और साहसिक कार्य भी किये हैं। तिब्बत की संसदीय राजनीति के साथ बशिष्ठ बाबू का आज भी सघन जुड़ाव है।

बशिष्ठ बाबू की मण्डली बहुत समृद्ध रही है। इसमें नेता, साहित्यकार, पत्रकार और बहुत सारे बौद्धिक व्यक्ति शामिल हैं। इतना ही नहीं, भारत के शीर्ष पदस्थ कई राजनेताओं के साथ इनके प्रगाढ़ सम्बन्ध रहे हैं। पूर्व प्रधानमन्त्री चन्द्रशेखर, श्री चौधरी चरण सिंह, विश्वनाथ प्रताप सिंह, पूर्व उपराष्ट्रपति भैरो सिंह शेखावत, पूर्व राष्ट्रपति रामनाथ कोविन्द, पूर्व उप राष्ट्रपति वैंकेया नायडू, पूर्व केन्द्रीय मन्त्री मुरली मनोहर जोशी जैसे दिग्गज राजनीतिज्ञ इस सूची में शामिल हैं। लालू यादव, नीतीश कुमार, स्व. रामविलास पासवान, स्व. अरुण जेटली आदि तो इनके छात्र-जीवन से ही मित्र रहे हैं। प्रभाष जोशी, कुलदीप नैयर, राम बहादुर राय आदि पत्रकार, नामवर सिंह, राजेन्द्र यादव और खगेन्द्र ठाकुर जैसे साहित्यकार-आलोचक और राजेंद्र सिंह, मेधा पाटेकर, प्रोफ़ेसर आनन्द कुमार जैसे सामाजिक कार्यकर्ताओं से भी बशिष्ठ बाबू की मित्रता समान रूप से रही है।

जैसा कि मैं पहले भी कहा चुका हूँ कि वे अच्छे और ओजस्वी वक्ता भी हैं। अपने भाषण में शब्दों के चयन पर बहुत ही सचेत रहने वाले बशिष्ठ बाबू की भाषा में संकोच या लिजलिजापन बिल्कुल नहीं दिखाई पड़ता है। उनकी भाषा कभी घिघियाती नहीं है। आज भी संसद में जब वे बोलते हैं तब सभी सांसद उनके भाषण को ग़ौर से सुनते हैं। 1998 में, लोकसभा में बशिष्ठ बाबू के धारा प्रवाह भाषण से प्रभावित होकर तत्कालीन प्रधानमन्त्री अटल बिहारी वाजपेयी ने उनकी तारीफ़ करते हुए उन्हें राजभाषा समिति का सदस्य मनोनीत किया था। आज भी बशिष्ठ बाबू राजभाषा समिति के सदस्य हैं।

साहित्य के प्रति अगाध रुचि रखने वाले बशिष्ठ बाबू के प्रिय राष्ट्रकवि रामधारी सिंह दिनकर हैं। वही दिनकर जिन्होंने लिखा है कि 'सिंहासन खाली करो कि जनता आती है।' संसद के भीतर भी दिनकर की तस्वीर लगाने की मुहिम से लेकर राष्ट्रीय स्तर पर दिनकर जयन्ती के आयोजक के रूप में उनकी भूमिका प्रशंसनीय रही है। इससे पृथक उनकी अभी भी यह इच्छा शेष है कि बिहार के साहित्यकारों (नागार्जुन, रेणु, बेनीपुरी) के गृह ज़िले में उनकी स्मृति में एक विशाल पुस्तकालय स्थापित हो। इस सन्दर्भ में उनके प्रयासों को आप पुस्तक में भी देख सकते हैं।

हिन्दी से उनका प्रेम जगज़ाहिर है। राजभाषा समिति के सदस्य रहते हुए उन्होंने हिन्दी के विकास के लिए कई उल्लेखनीय कार्यों को अंजाम दिया है। इससे अलग

रेलवे की कई महत्त्वपूर्ण समितियों के भी वे अध्यक्ष रह चुके हैं।

बशिष्ठ बाबू की सुरुचि का भूगोल काफ़ी विस्तृत है। इसमें 'मिट्टी का मोह है' दिनकर की कविता है, गांधी का रामराज्य है, लोहिया और जयप्रकाश की क्रान्ति है, चन्द्रशेखर का संग-साथ है, कमरा संख्या–32 (एमएलए क्लब पटना) है (जिसे शरद यादव मज़ाक़ में कहते थे कि यह क्या बला है), नीतीश कुमार का सोशल इंजीनियरिंग है, लालू यादव का उभार है, दिनकर-जयन्ती है, मकर-संक्रान्ति के अवसर का दही-चूड़ा भोज है। यह सब कुछ बशिष्ठ बाबू में न केवल घुला-मिला है, बल्कि यह उनके व्यक्तित्व की निर्मिति का व्यापक हिस्सा भी है। उनके चिन्तन और मानस पटल में ये सारी चीज़ें सदैव पसरी रहती हैं। इसीलिए वे 'फ्लैश-बैक' में जाकर बहुत सारे सन्दर्भों को याद करते रहते हैं। इस सिलसिले में मधु लिमये, जॉर्ज फर्नांडीस, शरद यादव और नीतीश कुमार की चर्चा किये बग़ैर समाजवाद को लेकर उनकी कोई बात पूरी ही नहीं होती है।

बात जब नीतीश कुमार की होती है तो वे उनके लिए केवल नेता नहीं हैं। नीतीश कुमार को बशिष्ठ बाबू अपने सुख-दुःख का साथी मानते हैं। नीतीश जी उनके छोटे भाई हैं। जब भी वे नीतीश कुमार का ज़िक्र करते हैं, तो भावुक होकर एक ही बात कहते हैं कि मेरे जीवन में नीतीश कुमार का बड़ा ऋण है, जिससे मैं कभी उऋण नहीं हो सकता। मैंने भी बशिष्ठ बाबू को एक-दूसरे के सम्मान में निरन्तर भींगते हुए देखा है। बशिष्ठ बाबू को निरन्तर यह चिन्ता बनी रहती है कि नीतीश जी के बाद संगठन का क्या होगा? साथ ही जयप्रकाश नारायण, कर्पूरी ठाकुर और जॉर्ज फ़र्नांडीस के आदर्शों का क्या होगा?

मेरे लिए यह कहना कि बशिष्ठ बाबू के व्यक्तित्व में बिखराव नहीं है, यह बेमानी होगी। वे द्वन्द्व और अनिर्णय की स्थिति में भी ख़ूब उलझे रहते हैं और यही कारण है कि वे ठोस निर्णय लेने से निरन्तर बचते नज़र आते रहे हैं। इस बात की पुष्टि वे ख़ुद भी करते हैं कि उनमें जितनी क्षमता थी, उसका सदुपयोग उन्होंने नहीं किया। वे कुनबावादी राजनीति के आरोप से सदैव बचते रहे। संगठन के प्रति सतर्क और समर्पित होकर एक सामान्य कार्यकर्ता की भाँति चलते रहे।

बशिष्ठ बाबू कुछ भी समेटने के हिमायती कभी नहीं रहे। न उनमें धन संग्रह की इच्छा रही और न ही उच्च पद की लालसा। उन्होंने नाम और यश ख़ूब बटोरा, यही कारण है कि दलों की सीमा को तोड़कर आज बशिष्ठ बाबू सबके प्रिय और सबके दादा हैं।

उनके लिखे भाषण, साक्षात्कार और विचार सब कुछ बिखरा ही रहा है। यह पुस्तक इसी क्रम में एक छोटी सी कोशिश है। बशिष्ठ बाबू से मेरी निकटता ऐसी रही है कि बीते दशक की जो भी सामग्री उनसे जुड़ी मिली, उसे मैंने इस पुस्तक का हिस्सा बना दिया है।

वे जैसा सोचते रहे हैं, मैं वैसा लिखता रहा हूँ और अब तक मैंने उनके लिए केवल आधुनिक राजनीति के आवश्यक उपकरण जुटाने भर का काम किया है। मैंने कभी भी उन्हें क्रिटिकल-अप्रोच के साथ जानने की कोशिश नहीं की। यदि कोशिश की होती तो यह क़िताब और अधिक बृहद होती...

–डॉ. विनय कुमार

सरदार पटेल के बहाने...

मुझे ख़ुशी है कि पार्टी ने जो फ़ैसला लिया था, उसके अनुरूप आज हमारे सारे प्रकोष्ठ कार्यरत हैं और पार्टी निर्देशों का निष्ठापूर्वक पालन कर रहे हैं। संगठन के अन्य फ़ैसलों के अलावा हम लोगों ने यह निर्णय लिया था कि हमारे देश के जो इतिहास पुरुष हैं, उनकी जयन्ती को विस्तारपूर्वक प्रखण्ड स्तर तक भी मनाया जाये। इसके पीछे यह उद्देश्य निहित था कि महापुरुषों के जीवन की जो उपलब्धियाँ हैं उनसे लोग अधिकाधिक परिचित हो सकें। हम लोगों ने यह निर्णय लिया कि महात्मा गांधी, राम मनोहर लोहिया, जयप्रकाश नारायण, अम्बेडकर जैसे युगपुरुष जिन्होंने जीवन के अनेक क्षेत्रों को प्रभावित किया है, उनके बारे में गाँव तक के लोगों को भी जानकारी हासिल हो सके। इस बार हमारे साथियों ने गांधी, लोहिया, जेपी की जयन्ती/पुण्यतिथि को उत्साहपूर्वक प्रखण्ड स्तर तक मनाया और आगे भी हम इसे जारी रखेंगे।

सरदार वल्लभ भाई पटेल की आज जयन्ती है। इस महापुरुष के जीवन से जुड़े कई सारे रोचक प्रसंग हैं। जिनसे हमें प्रेरणा और सीख लेनी चाहिए। सरदार पटेल के पिता गृहस्थ थे और ख़ुद हल चलाते थे। एक बार सरदार पटेल अपने पिता के साथ खेत पर गये। वहाँ उनके पैर में काँटा चुभ गया, परन्तु वे काँटे की परवाह किये बग़ैर तन्मय भाव से अपने काम में तल्लीन थे। पिताजी की जब नज़र पड़ी तो वे पास आये और पाँव से काँटे को निकाला और यह आशीष दी कि तुम आगे चलकर बहुत बड़े आदमी बनोगे। यह थी उनकी सादगी और काम के प्रति तल्लीनता का भाव। हमारे राजनीतिक साथियों को इससे प्रेरणा गृहण करनी चाहिए कि हमारे युगपुरुषों ने अपना जीवन आख़िर किस प्रकार व्यतीत किया है?

संसार के इस सबसे बड़े लोकतन्त्र के वर्तमान स्वरूप के रचयिता सरदार पटेल ही थे, जिन्होंने आज़ादी के बाद क़रीब 565 देशी रियासतों को अपनी सूझबूझ और शासन-पद्धति से एक ढाँचे में खड़ा किया। उनका जीवन एक मिसाल है। उनके

जीवन के ऐसे-ऐसे प्रसंग हैं, जो हमें आश्चर्यचकित करते हैं। एक बार उनकी बेटी मणिबेन पटेल उनकी एक फटी हुई धोती सिल रही थी, तब सरदार पटेल एक ख्याति प्राप्त नेता हुआ करते थे। उसी वक़्त घर पर उनके एक दोस्त पहुँचे और उन्होंने मणिबेन से पूछा कि तुम इसे सिल क्यों रही हो? मणिबेन ने जवाब दिया कि मेरा बाप इतना अमीर नहीं है कि मैं उनकी फटी हुई धोती ना सिलूँ। यह था उनका व्यक्तित्व।

बिहार तो उन्हें कभी भूल ही नहीं सकता, हालाँकि देश भी कभी उन्हें भुला नहीं सकता। बिहार को देश के प्रथम राष्ट्रपति डॉ. राजेन्द्र प्रसाद पर गर्व है। राजेन्द्र बाबू बहुत ही मर्यादित और संकोची स्वभाव के व्यक्ति थे। उन्हें अपनी बात या इच्छा ज़ाहिर करने में भी दिक़्क़त होती थी। जब जवाहरलाल नेहरू ने उनसे राष्ट्रपति पद के सम्बन्ध में पूछा तो राजेन्द्र बाबू ने कहा कि मुझे छोड़ दीजिए। उसके बाद नेहरू जी पटेल से मंत्रणा करने पहुँचे कि राष्ट्रपति पर फ़ैसला करना है। पटेल ने दो टूक कहा कि फ़ैसला क्या करना है, राजेन्द्र प्रसाद पर सबकी सहमति है। जब पटेल को यह पता चला कि राजेन्द्र बाबू इन्कार कर चुके हैं, तो वे फौरन उनसे मिलने चल पड़े। उन दोनों में बहुत आत्मीय सम्बन्ध था। पटेल ने जब इन्कार करने का कारण पूछा तो राजेन्द्र बाबू ने कहा कि जिस ढंग से नेहरू ने पूछा तो वैसी स्थिति में मेरे पास जवाब देने का दूसरा विकल्प नहीं था। पटेल लौटे और नेहरू के अलावा भी कई दूसरे लोगों को बता दिया कि राजेन्द्र प्रसाद राष्ट्रपति पद के लिए एकदम तैयार हैं। यह थी उनकी दूरदर्शिता और नेकनीयती। बिहार के लिए उनके इस योगदान को भुलाया नहीं जा सकता।

सरदार पटेल असाधारण व्यक्तित्व के धनी थे। एक बार की घटना है, तब पटेल लेजिस्लेटिव असेम्बली के चेयरमैन हुआ करते थे। एक अंग्रेज़ दम्पति उनके घर आये, तब उनकी बढ़ी हुई दाढ़ी और वेशभूषा को देखकर उन्हें साधारण व्यक्ति ही समझा। जब पटेल ने उनसे आने का कारण पूछा तो अंग्रेज़ दम्पति ने असेम्बली देखने की इच्छा जताई। दूसरे दिन वे उन्हें लेकर असेम्बली पहुँचे। असेम्बली पहुँचकर जब उस अंग्रेज़ दम्पति को यह ज्ञात हुआ कि जिसे वह साधारण चपरासी समझ रहे थे वह तो यहाँ सबसे ऊँचे ओहदे पर विराजमान है, तो वह दम्पति लज्जित हुआ और घर जाकर पटेल से माफ़ी माँगी। यह थी उनकी सादगी। उनके अन्दर दृढ़ता का ग़ज़ब भाव था। जब नेहरू जी की पूरी चलती थी, तब भी पटेल अपनी बातें मनवा ही लिया करते थे। अगर वे कुछ समय और जीवित रहते तो शायद आज भारत कुछ दूसरे रूप में नज़र आता।

अगर सरदार पटेल देश के प्रधानमन्त्री बनते तो भारत के ग्रामीण जीवन का दूसरा स्वरूप होता। बारदोली के नायक के नेतृत्व में यहाँ के किसानों और गाँवों की स्थिति भिन्न होती। पटेल इस बात से आश्वस्त थे कि जब तक गाँवों को स्वतन्त्रता आन्दोलन से जोड़ा नहीं जायेगा, यह आन्दोलन सफल नहीं हो सकता। इसलिए उन्होंने बारदोली सत्याग्रह को बहुत ही सुनियोजित तरीक़े से अपनी नीति और सिद्धान्तों के अनुरूप ढ़ाला और किसानों के हित में एक बड़ा आन्दोलन चलाया। उनकी ईमानदारी का क्या कहना था। मणिबेन पटेल के पास पार्टी का कुछ पैसा पड़ा था। उनकी मृत्यु के बाद मणिबेन उन पैसों को जमा कराने दफ़्तर पहुँची और कहा कि पिताजी के पास लोग पार्टी के लिए ये राशि देकर गये थे, उसी पैसे को जमा कराने आयी हूँ।

बिहार के कृषि रोड मैप को भी मैं सामाजिक सरोकार से जुड़े कार्यक्रमों का एक हिस्सा ही मानता हूँ। सामाजिक सरोकार से जुड़े मुद्दे यथा दहेज-प्रथा, बाल-विवाह, शराब बन्दी जैसे जितने भी कार्यक्रम हैं, शहरों की अपेक्षा गाँवों में उसका व्यापक असर है। अगर हमारा कृषि रोड मैप पूर्णरूपेण क्रियान्वित और सफल हो जाये तो किसानों और श्रमिकों की हैसियत देश में बढ़ जायेगी। कृषि रोड मैप में ही पटेल जयन्ती की सार्थकता मुझे दिखती है। सरदार पटेल ऐसे इतिहास पुरुष हैं, जिनकी गरिमा, उपलब्धि, क्षमता व कार्यों का इतिहास में सही मूल्यांकन नहीं हो पाया है। सरदार वल्लभ भाई पटेल भारत के चंद रत्नों में से एक हैं।

31.10.2017, पटेल जयन्ती के अवसर पर

राजनीति सत्ता और सम्पदा का केन्द्र नहीं बने

नीतीश कुमार के राजनीतिक और सामाजिक सफ़र को नज़दीक से देखने-समझने का मुझे मौक़ा मिला है, साथ-साथ यात्रा करने का अवसर भी प्राप्त होता रहा है। इसीलिए इन सभी यात्राओं में चाहे वे छात्र राजनीति में सक्रिय रहे हों, युवा राजनीतिक कार्यकर्ता रहे हों, सांसद रहे हों, मन्त्री रहे हों या फिर मुख्यमन्त्री, उन्होंने अपने हरेक फेज़ में कुछ ऐसा काम किया है जो कहीं न कहीं उनकी प्रतिभा का संकेत है। प्रतिभा अवसर की तलाश करती है। प्रतिभाशाली व्यक्ति को जब उपयुक्त मंच या अवसर प्राप्त होता है तो उसके अन्दर की छिपी हुई प्रतिभा व ताक़त समाज को दिखायी पड़ती है।

कर्पूरी जी हों, लोहिया हों, जयप्रकाश नारायण हों या फिर गांधी जी जैसे महापुरुष की बात हो, इन सब लोगों को समय ने ही महान बनाया है। जब आपके कार्य समय की चुनौतियों को स्वीकार करते हुए आगे बढ़ें, तभी वह महानता की श्रेणी में आता है और वह व्यक्ति समाज का नायक बनता है। मैंने नीतीश कुमार को बहुत क़रीब से देखा है। उनके काम करने की पद्धति की बात हो या फिर उनके संसदीय जीवन की बारीकियाँ वे जो बोलते हैं वह दिखता रहा है। वे मेहनत करके पूरी तैयारी के साथ सदन में जाते रहे हैं, या फिर किसी पदाधिकारी से भी किसी मुद्दे पर कोई बात होनी है तो वे विषय-विशेष पर पूरी तैयारी के साथ आते हैं।

ब्यूरोक्रेसी को सम्भालने का सबसे उत्तम और सक्षम ढंग यही होता है कि जो शासन की कुर्सी पर बैठा हुआ है, वह प्रतिभा व बुद्धि के मामले में ब्यूरोक्रेट के सामने हमेशा बीस पड़े, तभी ब्यूरोक्रेसी झुकती है और आदेश के पालन के लिए भी विवश होती है। छात्र राजनीति के दौर से ही नीतीश कुमार को मैंने मेहनत करते हुए देखा है। और जो व्यक्ति मेहनती हो तथा बुद्धि की कुशाग्रता भी उसमें जुड़ जाये, तो वह व्यक्ति हमारे लिए मिसाल बन जाता है। नीतीश कुमार मुख्यमन्त्री बने तो पत्रकारों ने मुझसे प्रश्न किया कि उनके शासन को आप किस रूप में देखते हैं? हमने कहा

था कि बहुत लम्बे काल तक एक विज़नरी मुख्यमन्त्री की तलाश थी, जो समय ने नीतीश कुमार के रूप में हमें दिया है।

शासन की रूपरेखा क्या होनी चाहिए? इसे मैं एक उदाहरण के साथ स्पष्ट करना चाहूँगा। जयप्रकाश नारायण ने कहा था कि "यदि मेरा बस चले तो देश के हुक्मरानों को उन झोंपड़ियों में जाने के लिए विवश कर दूँ, जहाँ रोशनी का अभाव है जहाँ रोटी का संकट है।" जेपी की धारा से जो आता है, वही निश्चय की बात कर सकता है, आधी आबादी को घर की चहारदीवारी से बाहर निकालकर मुख्यधारा में शामिल करने से लेकर उन्हें समाज में उन्मुक्त होकर साँस लेने की जगह मुहैया कराते हुए महिला सशक्तीकरण की बात कर सकता है।

मैं इतिहास का विद्यार्थी रहा हूँ। संसार में अनेक प्रकार की क्रान्तियाँ हुई हैं। आज हम एक लोकतान्त्रिक व्यवस्था में काम कर रहे हैं। जेपी का मानना था कि संसार में एक शासन प्रणाली होनी चाहिए। हालाँकि सभी शासन प्रणालियों में कुछ दोष व खामियाँ हैं, लेकिन मैं मानता हूँ कि हमारे देश की लोकतान्त्रिक शासन प्रणाली सबसे बेहतर है। हमारे यहाँ ग़रीबी और पिछड़ापन है, अगर इसे लोकतान्त्रिक तरीक़े से दूर कर दिया जाये तो लोकतन्त्र का आधुनिक स्वरूप भी दिखायी पड़ेगा और हमारा लोकतन्त्र भी सुदृढ़ होगा।

सत्ता का दायित्व सँभालने के बाद नीतीश कुमार से पत्रकारों ने पूछा कि आपकी प्राथमिकता क्या होगी? तो उन्होंने कहा था... गवर्नेंस, गवर्नेंस, गवर्नेंस। शासन प्रणाली में अगर न्याय के साथ विकास को जोड़ दें, तो शासन प्रणाली का अद्‌भुत उदार पक्ष सामने दिखायी पड़ेगा। संसद और सड़क के बीच में रिश्ता स्थापित करने वाले प्रतिनिधि के रूप में नीतीश कुमार उपस्थित हैं। समय के साथ-साथ विकास की अवधारणा बदलती रहती है और विकास के नये तौर-तरीकों को खोज कर वर्तमान की चुनौतियों के साथ आगे बढ़ना होता है। लेकिन विचार की यात्रा समय के साथ-साथ थोड़ा-बहुत परिवर्तन के साथ उसको पुष्ट करने का काम करती है।

बिहार की तस्वीर को नये स्वरूप में सजाने-सँवारने का काम किया है। बिहार में निर्माण का नया दौर चल रहा है, यह जागरण-पुनर्जागरण का दौर है। बिहार के पुनर्जागरण के दौर का यदि कोई नायक है, तो वह नीतीश कुमार हैं।

23.10.2018 को बिहार विधान परिषद के सभागार में आदरणीय श्री नीतीश कुमार जी के संसदीय विमर्श पर केन्द्रित पुस्तक 'संसद में विकास की बातें' के लोकार्पण अवसर पर माननीय सांसद सह प्रदेश अध्यक्ष आदरणीय श्री बशिष्ठ नारायण सिंह जी का सम्बोधन।

फ्रेन्ड ऑफ़ जस्टिस

शान्ति के दूत के रूप में दलाईलामा जैसा व्यक्तित्व विश्व भर में कोई दूसरा नहीं है। वे तिब्बत के राष्ट्राध्यक्ष और आध्यात्मिक गुरु हैं। 1959 में ल्हासा में चीनी सेनाओं द्वारा तिब्बती राष्ट्रीय आन्दोलन को बेरहमी से कुचले जाने के उपरान्त वह निर्वासित होकर भारत चले आये थे। उस समय नेहरू जी प्रधानमन्त्री थे, भारत सरकार ने इन्हें शरणार्थी का दर्जा दिया। परम पावन दलाईलामा ने हिमाचल प्रदेश के धर्मशाला को अपनी राजधानी बनायी, जहाँ केन्द्रीय तिब्बती प्रशासन का मुख्यालय है। उसके बाद से ही वे संसार भर में घूम-घूम कर तिब्बत की आज़ादी और स्वायत्तता के लिए संघर्ष कर रहे हैं। चीन का आधिपत्य स्वीकार करने या उसके अंग बनने में उन्हें कोई गुरेज नहीं है, लेकिन उनकी शर्त है कि उनकी धार्मिक स्वतन्त्रता में दख़ल न दिया जाये। जीवन-यापन के जो उनके तौर-तरीक़े हैं, जो शिक्षा पद्धति है, सामाजिक मान्यताएँ और रीति-रिवाज़ हैं, चीन उसे स्वीकार करे।

हालाँकि दलाईलामा के निर्वासन के बाद चीन सरकार को उनसे ख़तरा हो गया। इसकी वजह दलाईलामा के अनुयायियों और प्रशंसकों की भारी तादाद है। लेकिन संसार की वर्तमान संचार व्यवस्था में चीन का जो प्रचार-तन्त्र है, वह दलाईलामा के प्रभाव को कम करने और उनके दुष्प्रचार में निरन्तर संलग्न रहा है। अपने प्रचार-तन्त्र के माध्यम से येन-केन-प्रकारेण चीन यह साबित करना चाहता है कि असली दलाईलामा तो चीन में ही हैं। वहाँ कम्पुनिस्ट शासन है और उन लोगों ने बड़े पैमाने पर इनके मठों पर कब्ज़ा कर रखा है। परन्तु हर तिब्बती का उनसे गहरा आध्यात्मिक और शासकीय जुड़ाव रहा है। तिब्बतियों के लिए दलाईलामा समूचे तिब्बत के प्रतीक हैं। वह पावन धरती के सौन्दर्य, निश्छल आकाश की आभा, नदियों-झीलों की पवित्रता, पहाड़ों-पठारों की दृढ़ता और नागरिकों की ताक़त के प्रतीक हैं। तिब्बत की आज़ादी के लिए अहिंसक संघर्ष जारी रखने के लिए 1989 में उन्हें नोबेल पुरस्कार से सम्मानित किया गया। नोबेल पुरस्कार से सम्मानित कोई असाधारण व्यक्ति ही

होता है और वह किसी ख़ास क्षेत्र में विशिष्टता हासिल करता है। दलाईलामा ने अत्यधिक दमन की परिस्थितियों में भी अहिंसा की नीति का समर्थन करना जारी रखा है। इसलिए आज पाश्चात्य देश भी दलाईलामा की नागरिक आज़ादी की लड़ाई के मसले पर, तिब्बत की स्वायत्तता के सवाल पर, अपने ढंग से जीने के अधिकार की माँग पर उनके समर्थन में खड़े हैं।

दलाईलामा अपने संघर्ष को धार देने के लिए अनेक देशों का दौरा कर चुके हैं, कई प्रमुख देशों के राष्ट्राध्यक्षों से मिल चुके हैं, कई देशों की संसद को सम्बोधित भी कर चुके हैं। वे सभी धर्मों के प्रति समान दृष्टिकोण रखते हैं और धर्म को साइंटिफिक नज़रिए से देखने का प्रयास करते हैं। इसलिए विश्व के कई धर्मगुरुओं और वैज्ञानिकों से इनकी मुलाक़ात होती रही है। वे संसदीय प्रणाली में विश्वास करते हैं और भारत को अपना गुरू मानते हैं। भारत को गुरू इसलिए मानते हैं कि वे बुद्धिज़्म में विश्वास रखते हैं और महात्मा बुद्ध तो यहीं हुए थे, जिनका प्रकाश आज समूचे विश्व को आलोकित कर रहा है। वे कहते रहे हैं कि एक शरणार्थी के रूप में हम तिब्बती लोग भारत के प्रति हमेशा कृतज्ञता महसूस करते हैं, इसलिए भी कि कई पीढ़ियों से तिब्बती लोगों ने इस देश से पथप्रकाश और बुद्धिमत्ता प्राप्त की है। धर्मशाला में दलाईलामा की सरकार चलती है। इनकी यहाँ संसद है, जहाँ एक निश्चित अवधि के लिए चुनाव भी होता है और प्रधानमन्त्री, स्पीकर, सांसद चुने जाते हैं। इनके पास फ़ौज या सैन्य शक्ति नहीं है, फिर भी इनकी सरकार चलती है।

तिब्बतियों के धर्मगुरू और शासक के रूप में इनकी ख्याति रही है। दलाईलामा विश्व के स्थापित आध्यात्मिक पुरुषों में सर्वोत्तम स्थान रखते हैं। भारत के पार्लियामेंट एनेक्सी में, जहाँ 120 सांसद मौजूद थे, उन्होंने हमें सम्बोधित किया था। दलाईलामा के समर्थन में मधु लिमये, जॉर्ज फर्नांडिस, एम.सी. छागला, चन्द्रशेखर जैसे भारतीय राजनीति की कई विभूति खड़ी रही हैं। दलाईलामा यह मानते हैं कि संसार का सबसे बड़ा लोकतन्त्र भारत में ही है, जहाँ बोली की स्वतन्त्रता, धार्मिक उपासना की आज़ादी, अपने ढंग से जीने की छूट सर्वाधिक है। 2002 में मैं राज्यसभा का सदस्य चुना गया। वहाँ एक पुरानी संस्था कार्यरत थी, 'तिब्बत समर्थक सर्वदलीय संसदीय मंच', जिसे हमारे समाजवादी नेताओं ने दलाईलामा के समर्थन और तिब्बत की स्वायत्तता के लिए बनाया था। यह सरकारी नहीं है, लेकिन इसमें सभी पार्टी के लोग हैं। अभी शान्ता कुमार जी इस मंच के संयोजक हैं। 2002 में जब मैं सांसद बना, तो मुझे इस मंच का संयोजक बनाया गया था। उसी दौरान चार-पाँच बार मुझे

धर्मशाला जाने का मौक़ा मिला और दलाईलामा को नज़दीक से जानने का अवसर भी। दूसरे अन्य मौक़ों पर भी उनसे मिलने और उनके विचारों का सुनने-जानने का अवसर प्राप्त होता रहा है।

दलाईलामा अक्सर बिहार आते रहे हैं और नीतीश कुमार जी के साथ तो उनका मैत्रीपूर्ण सम्बन्ध रहा है। नीतीश जी बिहार की संस्कृति और भारत की संस्कृति को पूर्णतः बनाये रखने और उसको सँजोए रखने में विश्वास करते हैं। बौद्ध गया तो आज अन्तरराष्ट्रीय ख्यातिप्राप्त एक आध्यात्मिक केन्द्र बन चुका है। थाईलैंड, श्रीलंका की तो बात छोड़िए, कई देशों के लोगों ने यहाँ अपना टेम्पल बनवाया है। अभी हाल ही में राजगीर में भुटानी टेम्पल का शिलान्यास नीतीश जी ने किया है। नीतीश जी की तो मान्यता रही है कि बिहार में बुद्ध हुए, महावीर हुए, अशोक हुए तो इन जैसे महापुरुषों ने जिस तरह से इतिहास में ख़ुद को स्थापित किया है, वैसा ही इनकी स्मृतियों को सँजोया और संरक्षित किया जाये। बिहार शुरू से ज्ञान का केन्द्र रहा है। नालन्दा विश्वविद्यालय की कभी अन्तरराष्ट्रीय ख्याति रही थी, वहाँ बुद्धिज़्म के विभिन्न भागों व शाखाओं का अध्ययन-अध्यापन होता था और जहाँ ह्वेनसांग भी कभी आये थे। आज नीतीश जी के प्रयासों से उस प्राचीन विश्वविद्यालय की गरिमा फिर से लौट रही है उसमें केन्द्र सरकार भी मदद कर रही है।

बुद्धिज़्म को मानने वाले, इसके कल्चर को अपनाने वाले, इसकी फिलॉसफ़ी में विश्वास रखने वाले लोगों की तादाद बहुत है। बुद्धिस्ट फिलॉसफ़ी सह-अस्तित्व में विश्वास करता है, जियो और जीने दो की भावना का विस्तार करता है। दलाईलामा इसके प्रतीक हैं। तिब्बत की स्वायत्तता के मसले पर कनाडा में आयोजित संसदीय सम्मेलन में भाग लेने का अवसर मुझे प्राप्त हुआ था। वहाँ मैंने देखा कि दुनिया की नामी-गिरामी फ़िल्मी जगत की महान हस्ती रिचर्ड भी दलाईलामा के साथ खड़े हैं। यह उनका अद्भुत व्यक्तित्व ही है कि विश्व के अनेक देशों के राष्ट्राध्यक्ष भी उनके साथ खड़े दिखायी पड़ते हैं और उनकी महानता को स्वीकारते हैं।

एक बार मैं सपरिवार उनसे धर्मशाला में मिला था, तब उन्होंने मेरी पुत्रियों को अपने हस्ताक्षर से किताबें भी भेंट की थीं। वे मेरा हाथ पकड़कर मुझे अपने ड्राइंग रूम से बाहर तक छोड़ने भी आये थे। यह है एक महान शख़्सियत की अपार सहजता। चेहरे पर सौम्य मुस्कराहट, आँखों में तेज़ और निगाहें सिर्फ़ और सिर्फ़ तिब्बत की स्वायत्तता पर केन्द्रित। दलाईलामा अध्यात्म की वैज्ञानिक दृष्टिकोण से व्याख्या करते हैं। हमारे मानस का विकास किस ढंग से हो कि उसमें शान्ति का

भाव पैदा हो सके, मस्तिष्क के कैरेक्टर और स्वभाव में सोशल इंस्टिंक्ट कैसे आ पायें? मानस को किस प्रकार प्रशिक्षित किया जाये कि वह शान्ति और अहिंसा के प्रति आग्रही हो? दलाईलामा इन्हीं सारे विषयों पर लगातार चिन्तन-मनन करते रहते हैं। एक ऐसे समय में, जब संसार भर में आधिपत्य की प्रवृत्ति बढ़ रही हो, सैन्य शक्ति को बढ़ावा मिल रहा हो, परमाणु बम बनाने की होड़ हो, हमारे बीच एक ऐसा व्यक्तित्व मौजूद है जो लगातार यह कहता रहा है कि हिंसा और अशान्ति किसी समस्या का निदान नहीं बल्कि अन्तिम परिणति शान्ति में निहित है। वे निरन्तर वार्ता में विश्वास करने वाले व्यक्ति हैं।

दलाईलामा एक बार बिहार आये हुए थे और नीतीश जी के यहाँ से उन्हें भोजन का आमन्त्रण था। मैं भी उस भोज में शामिल हुआ था। भोजन के पश्चात जब वे लौटने लगे तो नीतीश जी ने मेरी ओर इशारा करते हुए उनसे पूछा कि इन्हें तो आप जानते ही होंगे? दलाईलामा ने मेरी ओर देखा और मुस्कुराते हुए बोले "He is a friend of justice." उनके संगठन और कार्यक्रमों में शरीक होते रहने से उनसे एक प्रकार का आत्मीय सम्बन्ध पैदा हो चुका है। उनके दिल्ली कार्यालय से प्रतिवर्ष दीवाली के अवसर पर एक छोटा-सा गिफ्ट मेरे घर पर ज़रूर आता है, कभी कोई पुस्तक भेजी जाती है तो कभी-कभार उनका कोई दूसरा साहित्य भी प्राप्त होता रहा है। उनके संगठन से आज भी मेरा जीवन्त सम्बन्ध है। मैं जो स्वयं जिन्दगी जीता हूँ, सबके साथ मिलकर जीता हूँ और उसमें सहजता बनाये रखने की पूरी कोशिश करता हूँ। समाज ने मुझे जिस ओहदे से नवाज़ा है, मेरी कोशिश रहती है कि उस ओहदे को इस तरह संचालित करूँ कि उसमें सहजता, पारदर्शिता और लोगों से लगाव-जुड़ाव दिखलाई पड़े। सार्वजनिक जीवन में शिष्टाचार और सादगी बनी रहनी चाहिए।

भारतीय समाज में ग़रीबी आज भी एक गम्भीर समस्या है। हमारी लोकतान्त्रिक पद्धति अपने शासन प्रणाली में नीतियों व कार्यक्रमों को इनके अनुरूप ढालने का उपक्रम करे, तो इस देश का बहुत भला होगा। नीतीश जी की शासन प्रणाली को मैं इसी नज़रिए से देखता हूँ। न्याय के साथ अगर विकास जुड़ जाये, तो हमारे समाज की स्थितियाँ बदलती चली जायेंगी। पूर्णता प्राप्त करना समाज के लिए भी चुनौती है और व्यक्ति के लिए भी। सम्पूर्णता तो एक लक्ष्य है। बुद्ध की जो बेसिक फिलॉसफ़ी है, उसे मैं मानता हूँ और वह है चरित्र का निर्माण, सह-अस्तित्व का भाव और जीने की स्वतन्त्रता। तिब्बती धर्म अन्य धर्मों से अलग है और दलाईलामा धर्म की व्याख्या आधुनिक तरीक़े से करते हैं। अगर धर्म और विज्ञान एक-दूसरे का पूरक हो जाये,

तो ज्ञान का एक नया स्वररूप हमारे सामने होगा और विध्वंस या समाज को बाँटने की बात नहीं होगी। बुद्ध ने कहा था कि मेरी ओर देखो और अपनी इच्छाओं पर नियन्त्रण रखो, तुम्हारी आवश्यकताओं की पूर्ति उसी से हो जायेगी।

दलाईलामा का मतलब होता है ज्ञान का महासागर। उनका यह लक्ष्य रहा है कि तिब्बत को स्वायत्तता मिलते ही इसे एक शान्ति क्षेत्र में बदला जा सके, जहाँ सभी जीव शान्ति और अहिंसा के माहौल में रहते हुए अपने पर्यावरण की रक्षा कर सकें। उनका यह मानना है कि हम न केवल अपने लिए कार्य करें, बल्कि पूरी मानवता के लाभ के लिए कार्य करें। विश्व में शान्ति की स्थापना ही दलाईलामा का लक्ष्य रहा है और सन्देश है प्यार, करुणा और क्षमाशीलता। उनका साधारण और करुणामय स्वभाव हर इन्सान को गहराई तक प्रभावित करता है और उनका विलक्षण व असाधारण व्यक्तित्व हमें अपनी ओर आकृष्ट भी करता है।

13.11.2018

विचारों की यात्रा कभी ख़त्म नहीं होती

जननायक कर्पूरी ठाकुर की जयन्ती के अवसर पर आज हम लोग यहाँ एकत्रित हुए हैं, उनकी स्मृतियों को तरोताज़ा करने और उनके विचारों पर चलने का संकल्प लेने की प्रतिबद्धता के साथ। भारतीय समाज, संस्कृति और इतिहास की यह मान्यता रही है कि विचारों की यात्रा कभी ख़त्म नहीं होती। उसे पुष्ट करने वाला और आगे बढ़ाने वाला भविष्य में ज़रूर कोई पैदा होता है, विचार की यही ताक़त होती है। कर्पूरी ठाकुर जी ने जो पौधा रोपा था, आज वह नीतीश जी के नेतृत्व में वृक्ष का आकार ले चुका है। वृक्ष जब बड़ा हो जाता है, तो उसकी टहनियों की छाँह के नीचे भी लोग शरण लेने का काम करते हैं।

नीतीश जी के नेतृत्व में बिहार बदलता जा रहा है, इसलिए आज यह संकल्प लें कि इस बढ़ते हुए बिहार को और आगे बढ़ाने में हम अपना सार्थक योगदान देंगे। विकास केवल चर्चा के लिए नहीं होता है। विकास दृष्टि से होता है, उसके लिए नक़्शा बनाना पड़ता है और उसे कार्यान्वित करने के लिए कार्यान्वयन मशीनरी भी तैयार करनी पड़ती है। विकास शब्दों का जाल नहीं होता। बिहार की जो तस्वीर बदली है और इस बदलाव के लिए जो कार्ययोजनाएँ बनीं, उसने बिहार की एक नयी आकृति गढ़ने का काम किया है।

बिहार में अति पिछड़े समुदायों की एक बड़ी संख्या भौजूद है, लेकिन आप देखेंगे कि उनके लिए आज सिर्फ़ राजनीति करने के लिए ही राजनीति हो रही है। बिहार को जिस रोशनी की चाहत थी, जयप्रकाश और कर्पूरी जी ने झोंपड़ी में रोटी और रोशनी का जो सपना देखा था, उस सपने को पूरा करने का काम नीतीश कुमार कर रहे हैं। जेपी ने आन्दोलन के दौरान बिहारवासियों के नाम एक चिट्ठी लिखी थी कि यदि मेरा बस चले तो मैं देश के हुक्मरानों को उस झोंपड़ी में जाने के लिए विवश कर दूँ, जहाँ रोटी और रोशनी का सवाल आज भी हल नहीं हो पाया है।

2005 से पहले के बिहार की संध्या, तब की भयावह स्थितियाँ, क़ानून-व्यवस्था, शासन-प्रणाली आदि को याद करें और आज 2018-19 की बदली हुई तस्वीर को देखें, फ़र्क़ महसूस होता चला जायेगा। नीतीश कुमार ने बिहार के इतिहास को एक नये ढंग से परिभाषित करने का काम किया है। जो वर्तमान को सँभालता है, वही भविष्य का निर्माण भी कर सकता है। सिर्फ़ इतना कहूँगा कि समर अभी शेष है।

कर्पूरी ठाकुर जयन्ती के अवसर पर 24.01.2019 को माननीय सांसद सह प्रदेश अध्यक्ष श्री बशिष्ठ नारायण सिंह जी के सम्बोधन का संक्षिप्त अंश।

संस्कृति का एक अंग है योग

हमारा देश सांस्कृतिक विविधताओं का प्रदेश रहा है और बहुधार्मिकता एवं साझी संस्कृति इसकी विशिष्ट पहचान रही है। योग दिवस के सन्दर्भ में गम्भीरता से विचार किये जाने की ज़रूरत है। योग कोई फ़ैशन की चीज़ नहीं है कि उसका सामूहिक प्रदर्शन कर वाहवाही लूटी जाये। यह एक ऐसी साधनात्मक पद्धति है, जिसे शारीरिक व मानसिक शुचिता तथा आध्यात्मिक शान्ति के लिए लाभकारी माना गया है। हमें यह ज्ञात होना चाहिए कि किसी भी धर्म विशेष के आवरण में लिपटे हुए समय या समाज का एक निश्चित जीवन और उसकी बँधी-बँधाई सीमा रेखा हुआ करती है।

विश्व की लगभग 7 अरब की आबादी में सर्वाधिक जनसंख्या ईसाई मतावलम्बियों की है, जो लगभग 2.2 अरब है और दूसरे स्थान पर इस्लाम धर्म को मानने वाले लगभग 1.6 अरब लोग हैं। सभी धर्मों का चिन्तन व दर्शन और जीवन-पद्धति व आचार-व्यवहार अपनी-अपनी विशिष्टताओं के साथ हमारे बीच मौजूद है। साझी संस्कृति के अलग मानदण्ड हुआ करते हैं, परन्तु धर्म कभी साँझ नहीं हुआ करता। सियासत का धर्म और धर्म की सियासत दोनों दो अलग स्थितियाँ हैं।

इस्लाम में रोज़ पाँचों वक़्त नमाज़ अदा करना हर मोमिन के लिए फ़र्ज़ है। हमारी शारीरिक, मानसिक और आध्यात्मिक शुचिता व शान्ति के लिए यह बेहद ज़रूरी भी है। हम सभी यह जानते हैं कि हिन्दुस्तान किसानों-मज़दूरों का देश है, जिनकी श्रमशक्ति की बदौलत ही हमारे शहर चमक बिखेर रहे हैं। यह भी एक तथ्य है कि गाँव के लोग शहरियों की अपेक्षा ज़्यादा स्वस्थ व दीर्घायु हुआ करते हैं।

हमारा प्रदेश बिहार प्राचीन काल से ही ज्ञान व अध्यात्म की भूमि रही है। यह गौरव का विषय है कि मुंगेर का बिहार योग विद्यालय विश्व का पहला योग विश्वविद्यालय भी है। लेकिन हमें यह याद रखना चाहिए कि जिस प्रकार दिखावटी प्रदर्शन या प्रचार किसी विषय विशेष की गम्भीरता को कम कर देता है, ठीक उसी प्रकार लादी या थोपी जाने वाली मानसिकता के साथ उठाये गये क़दमों की सराहना नहीं हो सकती।

राजनीति के साथ-साथ समाजनीति

चुनाव आयोग ने जदयू सिम्बल 'तीर' को नीतीश कुमार के नेतृत्व में पार्टी को सौंपने और हमारे पक्ष में जो फ़ैसला लिया है, यह हमारे लिए ख़ुशी की बात है। कुछ लोग थे, जिन्होंने अतार्किक ढंग से और बिना किसी आधार, प्रमाण व सबूत के आयोग के समक्ष निवेदन दिया था। वे चाहते थे कि राज्यसभा की सदस्यता ख़त्म करने के लिए जो आवेदन जदयू की तरफ़ से दिया गया है, उसमें विलम्ब हो जाये या उसे कुछ दिनों तक और टाला जा सके। परन्तु सत्य पर कोई लम्बे समय तक पर्दा नहीं डाल सकता। थोथी दलील से न तो कोई केस जीता जा सकता है और न कोई सवाल ही हल किया जा सकता है। चुनाव आयोग के इस अहम फ़ैसले का हम लोग स्वागत करते हैं।

आज बिहार एक नये रूप में खड़ा हो रहा है। 15 वर्ष पहले के बिहार और आज के बिहार में बहुत फ़र्क़ है। राजनीतिक पद्धति में विश्वास करने वाले लोग इस अन्तर को भली भाँति समझते होंगे। कुछ लोग राजनीति की परिभाषा या उसकी सीमा कुर्सी तक सीमित मानते हैं, परन्तु राजनीति का यह एक विकृत रूप ही है, जो कुर्सी सत्ता का अहंकार या उसकी भूख पैदा करे, वह राजनीति का दूसरा स्वरूप प्रस्तुत करता है। बिहार में नीतीश कुमार ने जब से सत्ता सँभाली है, यह स्पष्ट कर देने का काम किया है कि राजनीति की सीमा सिर्फ़ कुर्सी तक सीमित नहीं है। जो कुर्सी विकास की राजनीति के लिए बराबर कार्यरत हो, न्याय के लिए लड़ने वाली हो, भ्रष्टाचार के ख़िलाफ़ संघर्ष करने वाली हो, लोकतन्त्र में विश्वास करने वाले लोगों की जमात बढ़ाने वाली हो, वही कुर्सी सच्चे अर्थों में लोकतन्त्र को स्थापित करती है।

राजनीति के साथ समाजनीति को लेकर चलना दुष्कर कार्य है। समाजनीति के ज्वलन्त मुद्दे अन्ततः राजनीति को प्रभावित करते हैं। नीतीश कुमार ने राज्य में

कुशल शासन के साथ ही समाज के प्रति अपनी संवेदनशीलता दिखलाकर पार्टी की नीतियों व सिद्धान्तों को स्पष्ट कर दिया है। उनके नेतृत्व में शराब बन्दी का जो फ़ैसला लिया गया, उसमें हमें एक बड़ी सफलता और नैतिक विजय प्राप्त हुई है। दूसरे राज्य भी इस मुहिम का अनुसरण कर रहे हैं। वे भी इस दिशा में पहल कर रहे हैं और इसके पक्ष में क़ानून भी बना रहे हैं। तिलक-दहेज और बाल-विवाह जैसी सामाजिक कुरुतियाँ हमारे समाज को खोखला कर रही हैं। इन कुरूतियों के ख़िलाफ़ भी अब यहाँ शंखनाद हो चुका है। हमारी पार्टी जदयू सिद्धान्तों में विश्वास करने वाली तथा जेपी, लोहिया और गांधी के आदर्शों पर चलने वाली पार्टी है। इन युगपुरुषों के पदचिह्नों का अनुसरण करते हुए हमारे यहाँ कई योजनाएँ बनीं और कई कार्यक्रम भी शुरू किये गये। वृक्षारोपण हो या साक्षरता अभियान या फिर 7 निश्चय की योजनाएं। 7 निश्चय तो आज बिहार के जनजीवन के लिए बहुत ही महत्त्वपूर्ण और उपयोगी साबित हो रहा है।

काल व परिस्थिति के अनुरूप हमारे जीवन में समस्याओं का स्वरूप भी बदलता रहता है। जो समस्या आज है, कल वो दूसरी होगी। आज देश के सामने सबसे बड़ी चुनौती है, इसकी ग्रामीण अर्थव्यवस्था को नये रूप में सँवारने की। ग्रामीण अर्थव्यवस्था का विषय सरकार के एजेंडे में प्रमुखता से शामिल रहे, तो यह हमारी बड़ी उपलब्धि होगी। आज 76 प्रतिशत आबादी गाँव में रहती है। ग्रामीण अर्थव्यवस्था का मतलब है, यहाँ के खेत-खलिहान और किसान-मजदूर। ज़िन्दगी की मुसीबतों से निजात दिला कर उन्हें एक नयी राह मयस्सर करवाना ही ग्रामीण जीवन की सबसे बड़ी ज़रूरत है। बिहार का कृषि रोड मैप उसी का उदाहरण है। इसमें सरकार के कई विभाग शामिल हैं। सरकार के 7 निश्चय की योजनाएँ भी ग्रामीण अर्थव्यवस्था को सुदृढ़ करने में सहायक सिद्ध हो रही हैं। यहाँ के किसानों और मज़दूरों के हालात सुधर जायें और उनका जीवन स्तर बेहतर हो जाये तो बिहार एक नये रूप में निखरने लगेगा।

नीतीश कुमार ने भारतीय राजनीति में एक एजेंडा प्रस्तुत किया है। मुझे ख़ुशी है कि बिहार में आज जो कुछ हो रहा है, दूसरे प्रदेशों में उसके अनुसरण की प्रवृत्ति पैदा हो रही है। महिला सशक्तीकरण का जो अभियान यहाँ छेड़ा गया, वह साधारण अभियान नहीं था, उसका असर तो अब दिखायी पड़ता है। नीतीश कुमार ने महिलाओं

को चहारदीवारी के क़ैद से बाहर निकालकर इस लायक बनाया कि वे आज शासन-प्रशासन से लेकर पंचायती राज व्यवस्था में अपना महत्त्वपूर्ण योगदान देते हुए बिहार के विकास की गाथा लिख रही हैं। वोट की राजनीति अलग हुआ करती है, परन्तु नीतीश कुमार की स्वीकार्यता राष्ट्रीय स्तर पर विकास की राजनीति के लिए ही है।

18.11.2017
कार्यकर्ता सम्मेलन, पटना

मलाला के बहाने बिहार में नारी सशक्तीकरण

आज तालिबान राष्ट्रीय-अन्तरराष्ट्रीय राजनीतिक पटलों पर एक बार फिर से चर्चा में है, वही तालिबान जिसने मलाला यूसुफजई को स्त्री-शिक्षा की अलख जगाने से खफा होकर सिर में गोली मारी थी। उस बच्ची ने ज़िन्दगी और मौत के बीच संघर्ष करते हुए पूरी दुनिया का ध्यान अपनी ओर खींचा था। उसी दौरान 'संयुक्त राष्ट्र संघ' ने रिपोर्ट जारी करते हुए इस तथ्य को चिह्नित करते हुए कहा था कि 'पूरी दुनिया में करोड़ों लड़कियाँ स्कूल नहीं पहुँच पा रही हैं'। मलाला तो जीत गयी, यह कहते हुए कि 'मैं मलाला हूँ और मेरी ताक़त क़लम है'।

पत्रकार क्रिस्टीना लैम्ब के साथ मिल कर लिखी गयी किताब, 'आई एम मलाला : हू स्टुड अप फॉर एजुकेशन एंड वाज शॉट बाइ द तालिबान' यह किताब 16 साल की उस बच्ची का ख़ौफ़ बयान करने में समर्थ है, जब दो बन्दूकधारी स्कूल बस में सवार हुए और मलाला यूसुफजई के सिर में गोली मारी। स्त्री-शिक्षा की ख़ातिर वह बिना डरे युद्ध छेड़ देती है और दुनिया के कई प्रतिष्ठित मंचों से लड़कियों को क़लम की ताक़त समझाती है। बाद में उसे नोबेल शान्ति पुरस्कार भी मिलता है।

परिणाम यह हुआ कि दुनिया की करोड़ों लड़कियाँ प्रभावित होकर स्कूल के लिए निकल पड़ती हैं। उस वक़्त में यह सन्दर्भ दुनिया के तमाम मुल्कों के लिए एक प्रेरणा बनकर उभरा था।

उस वक़्त मुझे भी मलाला यूसुफजई के संघर्ष ने बेहद प्रभावित किया था। मैं इस बात की सहमति रखता हूँ कि पहले बिहार की स्थिति भी स्त्री-शिक्षा में लगभग वैसी ही थी, जहाँ लड़कियाँ बहुत कम स्कूल जाती थीं या ठीक वैसी स्थिति भी जैसाकि मलाला ने मंचों से सबका ध्यान खींचा था। उस वक़्त स्त्री-शिक्षा और स्त्रियों की आत्मनिर्भरता को लेकर हमारा समाज भी उदासीन था। संगठनों के राजनीतिक एजेंडों से ऐसे विषय ग़ायब थे। यह बात ठीक है, जिसे राम मनोहर लोहिया ने अपने

लेख में उद्धृत करते हुए लिखा है कि "पूरी दुनिया में यदि स्त्री सबसे पहले आज़ाद हुई है तो वह धरती गोकुल है। जहाँ से राधा और गोपियों ने पूरी दुनिया को प्रेम का सन्देश छोड़ा था।"

लेकिन कालान्तर में समाज के भीतर औरतों के लिए लक्ष्मण रेखा खिंचती चली गयी। और समय ऐसा भी आया कि औरतें चहारदीवारी में क़ैद हो गयीं। बावजूद इसके कि हमारी पुरानी परम्परा समाज में औरतों के बराबरी की पेशकश हमेशा करती रही है।

आज जब दुनिया के हर कोनों से औरतें अपनी स्वतन्त्रता और अधिकारों के खातिर आवाज़ उठा रही हैं, ऐसे में हमारा और राजनीतिक संगठनों का दायित्व बढ़ जाता है। इक्कीसवीं सदी के सपने को हासिल करना औरतों को बिना साथ लिए अधूरा है।

महान समाज सुधारक गांधी, लोहिया और जयप्रकाश ने औरतों को मुख्य धारा में शामिल करने से लेकर, उनके बेहतर भविष्य को लेकर अपने-अपने समय में काफ़ी चिन्ता व्यक्त की थी। मैं यदि इन तीनों राजनेताओं के लिए समाज सुधारक शब्द का प्रयोग कर रहा हूँ तो केवल इस ख़ातिर कि ये तीनों एक राजनेता कहीं अधिक समाज-सुधारक भी थे। जनवरी 1930 ई. में गांधी ने इर्विन के नाम एक ग्यारह सूत्री अल्टीमेटम जारी किया था, जिसमें आम तथा ख़ास सभी मांगें उठाई गयीं थीं। इन माँगों में शराब बन्दी सबसे अधिक प्रभावी थी।

गांधी ने कई स्थलों पर माना है कि शराब बन्दी के ज़रिये ही स्त्री-हिंसा को बहुत हद तक क़ाबू में किया जा सकता है और यह बताने की आवश्यकता नहीं है कि गांधी स्त्रियों को मुख्य धारा में लाने के सबसे बड़े पैरवीकार थे। उनका मानना था कि बिना शिक्षा लिए औरतों का मुख्य धारा में सम्मिलित होना असम्भव था। मैं शराब और स्त्री-हिंसा को स्त्री-शिक्षा के बाधक तत्त्व के रूप में देखता हूँ। शराब के कारण बिहार की बेटियाँ स्कूल जाने से डर रही थीं। शराब बन्दी का मसला बिहार सरकार के स्त्री-शिक्षा अभियान से जुड़ा हुआ सन्दर्भ है। अतिशयोक्ति नहीं है कि महिलाओं की शिक्षा और सुरक्षा की ख़ातिर शराब बन्दी लायी गयी।

नीतीश कुमार के नेतृत्व में बिहार सरकार ने स्त्री-शिक्षा, स्त्रियों के आत्मसम्मान और आत्मनिर्भरता के लिए कई प्रभावी क़दम उठाये हैं, जिसका नतीजा आज हमारे समक्ष है।

बिहार में वर्ष 2015-16 में सिर्फ़ 26.4 प्रतिशत महिलाओं के पास अपना स्वयं का बैंक खाता था, जबकि अब 76.7 प्रतिशत से अधिक महिलाओं के पास अपना बैंक खाता है। बिहार में मोबाइल का इस्तेमाल करने वाली महिलाओं की संख्या 40.9 प्रतिशत से बढ़कर 51.4 प्रतिशत से अधिक हो गयी है। शहरों में 61.8 प्रतिशत और ग्रामीण क्षेत्रों में 49.3 प्रतिशत महिलायें मोबाइल का इस्तेमाल करती हैं।

नेशनल फैमिली हेल्थ सर्वे वर्ष 2020 की रिपोर्ट के अनुसार बिहार में बेटियों की शिक्षा ने सामाजिक, स्वास्थ्य और आर्थिक बदलाव की नयी इबारत लिखी है। रिपोर्ट में दस सालों में बिहार में बेटियों को शिक्षित करने के लिए चलायी जा रही योजनाओं से चहुँमुखी विकास की झलक दिख रही है।

ख़ासकर बेटियों को शिक्षित करने के लिए चलायी जा रही साइकिल, पोशाक और छात्रवृत्ति योजना के कारण लड़कियों की शिक्षा में आठ प्रतिशत का सुधार हुआ है।

एनएफएचएस-4 में शिक्षा की यह दर 49.6 प्रतिशत थी जो अब 57.8 प्रतिशत से अधिक हो गयी है। शिक्षा का स्तर ग्रामीण और शहरी क्षेत्रों में भी सुधरा है। शहरी क्षेत्र में चार प्रतिशत और ग्रामीण क्षेत्र में नौ प्रतिशत का इजाफ़ा हुआ है। यानी शिक्षा की ज्योति शहर से अधिक ग्रामीण क्षेत्रों में फैली है। बेटियों के शिक्षित होने का ही असर है कि राज्य में बाल विवाह के ख़िलाफ़ बेटियाँ अधिक मुखर हुई हैं।

एनएफएचएच-4 के अनुसार, 42.5 प्रतिशत बेटियों की शादी 18 साल से पहले हो जाती थी, जबकि वर्ष 2020 में यह आंकड़ा 40.8 प्रतिशत पर आ गया है।

बिहार में अब पहले की तुलना में 11 प्रतिशत अधिक महिलाएँ अपने स्वास्थ्य सम्बन्धी चिन्ताओं के साथ अस्पताल जाने लगी हैं तो शहरी क्षेत्र की 14 प्रतिशत अधिक गर्भवती महिलाएँ अस्पताल में प्रसव कराने पहुँच रही हैं।

बिहार की महिलाओं ने हिंसा के ख़िलाफ़ आवाज बुलन्द की है। 2015-16 में 43.2 प्रतिशत महिलाएँ घरेलू हिंसा से प्रताड़ित थीं। अब यह आँकड़ा घटकर 40 प्रतिशत से भी कम है।

महिलाओं में शिक्षा का स्तर बढ़ने का फ़ायदा यह हुआ है कि वे स्वास्थ्य के प्रति भी जागरूक हुई हैं। वे बच्चों के जन्म के लिए अस्पताल को ही सुरक्षित समझ रही हैं। वर्ष 2015-16 में 63.8 प्रतिशत बच्चों का जन्म अस्पताल में होता था जबकि अब 76.2 प्रतिशत बच्चों का जन्म अस्पताल में हो रहा है।

श्री नीतीश कुमार ने वर्ष 2008 में 'मुख्यमन्त्री नारी शक्ति योजना' को लागू किया था। इस योजना का मुख्य मकसद आर्थिक, सामाजिक और सांस्कृतिक

क्षेत्रों में महिलाओं को पहचान दिलाना था। इसी कड़ी में 'मुख्यमन्त्री कन्या विवाह योजना', 'कन्या उत्थान योजना' तथा 'कन्या सुरक्षा योजना' आदि के ज़रिए बाल विवाह को रोकने और कन्या जन्म को प्रोत्साहित करने के लिए बिहार सरकार आगे आयी। आपको याद ही होगा कि पार्टी ने बाल विवाह और दहेज प्रथा के ख़िलाफ़ हज़ारों किलोमीटर की मानव-शृंखला बनायी थी, जिनकी अन्तरराष्ट्रीय मंचों पर भी ख़ूब चर्चा हुई।

आपको बता दें, पंचायत और शहरी निकायों में महिलाओं के लिए पचास प्रतिशत आरक्षण करने वाला बिहार देश का पहला राज्य है। इस समय बिहार में कुल 8442 मुखिया हैं जिसमें पाँच हज़ार मुखिया महिला हैं। राजनीति के हर प्लेटफॉर्म पर महिलाओं की भागीदारी अब दिख रही है। हमने जेडीयू के भीतर भी नयी प्रदेश कमेटी में महिलाओं को 33 फ़ीसदी का आरक्षण दिया है।

बिहार सरकार ने वर्ष 2016 में राज्य की सभी सरकारी नौकरियों में महिलाओं के लिए 35 प्रतिशत तथा शिक्षा विभाग की नौकरियों में 50 प्रतिशत तक आरक्षण का प्रावधान किया गया। इसी को आगे बढ़ाते हुए सरकार ने सरकारी दफ़्तरों में पोस्टिंग में भी महिलाओं को 35 प्रतिशत आरक्षण दिया। नीतीश जी की कोशिश है कि आरक्षण के अनुपात में महिलाएँ एसडीएम, बीडीओ, सीओ और थानेदार जैसे पद पर भी तैनात रहें। महिला आरक्षण के कारण ही नियोजित शिक्षकों की कुल संख्या 3 लाख 51 हज़ार में से क़रीब 2 लाख महिलाएँ हैं।

ब्यूरो ऑफ़ पुलिस रिसर्च एंड डेवलपमेंट की एक रिपोर्ट के अनुसार बिहार पुलिस में 25.33 प्रतिशत महिलाएँ हैं। पुलिस बल की कुल संख्या क़रीब 92,000 है, जिसमें 23,245 महिलाएँ हैं। भारत के किसी भी राज्य की तुलना में यह सर्वाधिक संख्या है और यह राष्ट्रीय औसत 10.3 प्रतिशत से दोगुनी है। वर्ष 2015 तक यह आँकड़ा महज़ 3.3 प्रतिशत ही था।

बिहार में महिलाओं को सशक्त बनाने में 'बिहार रूरल लाइवलिहुड प्रोजेक्ट' यानी 'जीविका' बेहद कारगर साबित हो रही है। इससे जुड़कर महिलाओं को उनके घर में ही रोज़गार मिल रहा है। जीविका प्रोजेक्ट के तहत 'स्वयं सहायता समूहों' ने उल्लेखनीय काम किया है। देश में सर्वाधिक संख्या में महिलाएँ ऐसे समूहों से जुड़ी हैं। आँकड़ों के मुताबिक 34260 'स्वयं सहायता समूह' का गठन किया गया है जिनसे ग़रीब परिवार की 4.30 लाख महिलाएँ लाभान्वित हो रही हैं। अपनी छोटी बचत के ज़रिए एसएचजी की महिलाओं ने करीब 4 करोड़ रुपये जमा किये हैं।

हाल ही में सरकार ने महिला उद्यमी योजना के तहत 10 लाख रुपये तक की मदद करने की घोषणा की है, जिसमें से पाँच लाख अनुदान के रूप में मिलेगा और बाक़ी पाँच लाख लोन होगा।

बालिका शिक्षा के क्षेत्र में मुख्यमन्त्री नीतीश कुमार की बहुप्रतिष्ठित और बहुआयामी योजना 'मुख्यमन्त्री बालिका साइकिल योजना' तथा 'मुख्यमन्त्री बालिका प्रोत्साहन योजना' से स्कूलों में बालिकाओं के नामांकन में भारी वृद्धि हुई। अब तो सरकार ने मेडिकल, इंजीनियरिंग और प्रस्तावित स्पोर्ट्स यूनिवर्सिटी में नामांकन में 33 प्रतिशत सीट बालिकाओं के लिए आरक्षित कर दी हैं। देशभर में ऐसा करने वाला बिहार पहला राज्य बन गया है।

बिहार सरकार ने इस साल अपने बजट में इंटरमीडिएट पास अविवाहित बालिकाओं को 25 हजार रुपये और स्नातक पास को 50 हज़ार रुपये दिये जाने का प्रावधान से स्त्री-शिक्षा को बल मिला है। इतना ही नहीं शिक्षा का स्तर बढ़ने से बिहार से प्रजनन दर में भी भारी कमी आयी है। इससे ही उत्साहित होकर ही हमने जनसंख्या निरोधी क़ानून का विरोध किया है।

मुझे इस बात को कहने में तनिक भी हिचक नहीं कि बिहार में औरतों को मुख्य धारा में लाने का काम अभी भी बहुत कुछ शेष है। इसके कई कारण हो सकते हैं। आज उन कारणों पर बात नहीं करूँगा। लेकिन आज भी हम उसी समाज में रह रहे हैं, जहाँ बेटियों को बोझ माना जा रहा है। सामाजिक कुरीतियाँ व मानसिक जड़ता इसके लिए सीधे तौर पर ज़िम्मेवार हैं। ऐसा नहीं कि इन कुरीतियों के ख़िलाफ़ अब तक आवाज़ नहीं उठी है, लेकिन हर आवाज़ विवशता की भेंट ही चढ़ती रही है। ज़रूरत है कि इस परिवर्तनकामी उद्यम में नागरिक व सामाजिक संगठन आगे आयें।

मुझे लगता है कि राजनीति का एक मकसद सामाजिक संरचनाओं का परिमार्जन भी है। उसका हर अन्तिम मकसद नागरिकों की ज़िम्मेदारी है। हमने शराब बन्दी के जरिये एक लक्ष्य हासिल कर लिया है।

यह सच है कि हमारी संस्कृति ने अब तक कई रीतियों के साथ कई कुरीतियों को भी ढोया है। राष्ट्रीय अपराध रिकार्ड ब्यूरो के मुताबिक भारत में हर घण्टे में दहेज के लिए एक बेटी को मार दिया जाता है। वर्ष 2007 से 2011 के बीच इन आँकड़ों में भारी बढ़ोतरी देखी गयी है। एक आँकड़ा एक डरावने सच की पेशगी भर है। दहेज के कारण ही आज पढ़ी-लिखी युवतियों को भी परिवार बोझ मानता है। कई अवसरों पर तो यह देखा गया है कि परिवार के दर्द को न सह पाने के कारण

भी बेटियाँ आत्महत्या कर लेती हैं। दहेज के ख़ातिर ही बेमेल शादियाँ भी हमारे ही समाज में होती हैं। जिसके परिणामस्वरूप एक ओर जहां बेटी की ज़िन्दगी तबाह होती है, वहीं दूसरी तरफ़ भोगवादी मानसिकता को शह मिलती है। भविष्य में दहेज से बचने की ख़ातिर ही भ्रूण हत्या को अंजाम दिया जाता है।

औरतों को मुख्य धारा में लाने हेतु बिहार सरकार और हमारी पार्टी ने सबसे पहले बिहार पुलिस में 35 प्रतिशत महिला आरक्षण का प्रावधान किया था। औरतों के बीच इस पहल के उत्साह और रोमांच से हमने फिर सभी विभागों और संवर्गों में 35 प्रतिशत आरक्षण की व्यवस्था की है। इस व्यवस्था में हमारी कोई राजनीतिक विवशता नहीं थी। हमने केवल सुधारवादी होकर इस कार्य को अंजाम दिया है। हमने इस कार्य के ज़रिये जे.पी. और लोहिया की शपथ को दोहराया है।

बिहार नया इतिहास का पैरवीकार बनने जा रहा है। महिला आरक्षण, शराब बन्दी, दहेज-विरोध, बाल-विवाह निषेध आदि के ज़रिये वह एक ऐसे मौन क्रान्ति की प्रस्तावना लिख रहा है, जिसका असर अगली पीढ़ियों के संस्कार और शिक्षा में दिखाई देगा। राजनीति में भी एक अलग ट्रेंड शुरू हो जाये तो और अच्छी बात होगी।

आँकड़े कई दैनिक पत्रों में प्रकाशित लेखों से संग्रहित किये गये हैं।

‘विशेष राज्य का दर्जा’ तो हमारी पुरानी माँग है...

अभी हाल ही में नीति आयोग ने जो रिपोर्ट सौंपी है, उससे स्पष्ट होता है कि ‘बहुआयामी ग़रीबी सूचकांक’ में बिहार 36 वें पायदान पर है। राज्य सरकार की तमाम प्रशंसनीय कोशिशों के बाबजूद भी प्रदेश बहुत पीछे है। नीति आयोग की रिपोर्ट के मुताबिक प्रदेश की 51.91 प्रतिशत जनसंख्या ग़रीब है और इस प्रकार नीति आयोग के मानकों के मुताबिक देश में सबसे पिछड़ा राज्य बिहार है। हालाँकि उन मानकों की वैधता व प्रासंगिकता को लेकर अलग बहस हो सकती है और हो भी रही है।

नीति आयोग की रिपोर्ट में कहा गया है कि महत्त्वपूर्ण रूप से यह सूचकांक परिवारों द्वारा सामना किये जाने वाले कई अभावों को दर्ज करता है। बहुआयामी ग़रीबी की निगरानी करने वाली संस्था नीति आयोग की इस रिपोर्ट के सार्वजनिक होने के बाद से ‘बिहार को विशेष राज्य दर्जा’ की वर्षों पुरानी माँग को ठोस बल मिल गया है और यह उचित भी है। हमने विशेष दर्जे की ख़ातिर बहुत पूर्व से ही सघन अभियान चलाया हुआ है। हम इस माँग से कभी पीछे भी नहीं हटे हैं। बिहार की जनता द्वारा ‘हस्ताक्षर अभियान’ भी इसी माँग की एक कड़ी थी, जिसे मैंने मुख्यमन्त्री नीतीश कुमार के प्रभावशाली नेतृत्व में प्रदेश अध्यक्ष रहते हुए पूरा किया था।

आज बिहार यदि राष्ट्रीय मानक से पीछे है तो उसे आगे लाने के लिए अलग-अलग तरह के सहयोग की आवश्यकता है। यह सहयोग तो केन्द्र सरकार को ही करना है। बिहार अन्य राज्यों से अलग स्थिति में है, यहाँ की दिक़्क़तें, चुनौतियाँ और यहाँ की विडम्बनाएँ अलग तरह की हैं। जनसंख्या घनत्व की अधिकता, संसाधनों की कमी, पलायन, बेसिक इंफ्रास्ट्रक्चर की कमी जैसे मूलभूत कारण हमें ‘विशेष राज्य’ स्वाभाविक रूप से बनाते हैं।

जेडीयू ने यूपीए के रहते हुए ही इस माँग को ज़ोर-शोर से उठाया था। माँग को देखते हुए उस समय की केन्द्र सरकार ने दबाव में ग़रीब राज्यों को मिलने वाले

वित्तीय प्रावधानों पर पुनर्विचार के लिए 'रघुराम राजन समिति' गठित कर विशेषज्ञों की राय भी ली थी।

उस वक़्त केन्द्र सरकार ने लोकसभा में एक प्रश्न के लिखित उत्तर में जानकारी दी थी कि विशेष राज्य का दर्जा दिये जाने का मुद्दा सबसे पहले राष्ट्रीय विकास परिषद की अप्रैल, वर्ष 1969 में आयोजित बैठक के दौरान 'गाडगिल फॉर्मूला' के अनुमोदन के वक़्त उठा था। सबसे पहले वर्ष 1969 में ही असम, जम्मू एवं कश्मीर और नागालैंड को यह दर्जा दिया गया था। इसके बाद अगली पंचवर्षीय योजना के दौरान यह दर्जा पाँच और राज्यों क्रमश: हिमाचल प्रदेश, मणिपुर, मेघालय, सिक्किम और त्रिपुरा को भी दे दिया गया। फिर वर्ष 1990 में दो और राज्यों क्रमश: अरुणाचल प्रदेश और मिजोरम को यह दर्जा दिया गया। वर्ष 2001 में उत्तराखण्ड के गठन के साथ ही उसे भी विशेष राज्य का दर्जा दे दिया गया।

रघुराम राजन समिति के प्रावधानों के मुताबिक प्रति व्यक्ति आय की जगह उपभोग को मानक सूचकांक में शामिल करने पर ऋण उपभोग के दबाव में ग़रीब राज्यों को नुक़सान हो गया और बिहार को अपेक्षित लाभ इस समिति से नहीं मिल सका, जिसके लिए बिहार ने इस रिपोर्ट पर अपनी असहमति भी दर्ज कराई थी।

बिहार भारत का दूसरा सबसे बड़ी आबादी वाला ग़रीब राज्य है, जहाँ अधिकांश आबादी समुचित सिंचाई के अभाव में मानसून, बाढ़ और सूखे के बीच निम्न उत्पादकता वाली खेती पर अपनी जीविका के लिए निर्भर है।

करीब 96 प्रतिशत जोत सीमान्त और छोटे किसानों की है। वहीं लगभग 32 प्रतिशत परिवारों के पास ज़मीन नहीं है। बिहार के 38 ज़िलों में से लगभग 15 ज़िले बाढ़ प्रभावित क्षेत्र में आते हैं, जहाँ हर साल कोसी, कमला, गंडक, महानंदा, पुनपुन, सोन और गंगा आदि नदियों की बाढ़ से करोड़ों की सम्पत्ति, जान-माल, आधारभूत संरचना और फ़सलों का नुक़सान होता है।

विकास के बुनियादी ढाँचे जैसे सड़क, बिजली, सिंचाई, स्कूल, अस्पताल, संचार आदि के क्षेत्र में सन्तोषजनक काम होने के बाद भी हर साल बाढ़ के बाद इनके पुनर्निर्माण के लिए अतिरिक्त धनराशि की चुनौतियाँ भी बनी रहती हैं।

बिहार की उत्तरी सीमा पर पड़े कई ज़िले अन्तरराष्ट्रीय सीमा नेपाल पर स्थित हैं। सीमा की वजह से वहाँ की अपनी अलग परेशानी है। निवेशक वहाँ निवेश से बचते हैं। पूर्व में भी विशेष राज्य के दर्जे की ख़ातिर जो शर्त रखी गयी थी, उसमें यह शर्त सम्मिलित थी। विशेष राज्य का दर्जे दिये जाने का निर्णय केन्द्र सरकार

के विवेकपूर्ण फ़ैसले पर निर्भर करता है। ऐसा नहीं है कि इस दर्जे को दिये जाने में कोई संवैधानिक अड़चन हो।

बिहार की बढ़ती विकास की दर सामान्यत: निर्माण, यातायात, संचार, होटल, रेस्तरां, रियल एस्टेट, वित्तीय सेवाओं आदि में सर्वाधिक रही है, जहाँ रोज़गार बढ़ने की सम्भावना अपेक्षाकृत कम होती है।

खेती, उद्योग और जीविका के अन्य असंगठित क्षेत्रों में, जिन पर अधिक लोग निर्भर हैं, विकास की दरों में काफ़ी उतार-चढ़ाव देखा गया है। शिक्षा और स्वास्थ्य के क्षेत्र में कई सकारात्मक प्रयास अवश्य हुए हैं, जिससे सामाजिक विकास के ख़र्चों में महत्त्वपूर्ण बढ़ोतरी भी हुई है। लेकिन ये अब भी विकसित राज्यों की तुलना में काफ़ी कम है।

इस तरह अर्थव्यवस्था का आधार छोटा होने के कारण उनका सार्थक प्रभाव जीविका विस्तार और ग़रीबी निवारण पर दिखना अब भी बाक़ी है। इसके लिए सार्वजनिक क्षेत्र में पर्याप्त वित्तीय निवेश की ज़रूरत है।

राज्य को वित्तीय उपलब्धता मुख्यत: केन्द्रीय वित्तीय आयोग की अनुशंसा पर केन्द्रीय करों में हिस्से और योजना आयोग के अनुदान के साथ केन्द्र प्रायोजित योजनाओं के अलावा राज्य सरकार द्वारा लगाये गये करों से होती है।

केन्द्र प्रायोजित योजनाओं में अक्सर राज्य की भागीदारी 30 से 55 प्रतिशत होती है। चूँकि ग़रीब राज्यों की जनता की कर देने की क्षमता कम होती है। अक्सर बराबर धनराशि के अभाव में ग़रीब राज्य उन योजनाओं का पूरा लाभ नहीं ले पाते हैं। बिहार इसका अपवाद नहीं है।

विशेष राज्य का दर्जा न केवल 90 प्रतिशत अनुदान के लिए बल्कि करों में विशेष छूट के प्रावधान से विकास योजनाओं के लाभ और निवेश के लिए अनुकूल माहौल बनाने में भी मददगार होगा। निवेश होने से रोज़गार की सम्भावना बनेगी, पलायन रुकेगा तब जाकर कहीं स्थिति अनुकूल हो सकेगी।

यदि राज्यों को मिलने वाले प्रति व्यक्ति योजना व्यय पर नज़र डालें तो बिहार जैसे ग़रीब राज्यों को मिलने वाली धनराशि पंजाब की तुलना में लगभग एक तिहाई से भी कम रही है जिससे विकास और ग़रीबी निवारण का कार्य प्रभावित होता है।

ग़रीब राज्यों की केन्द्रीय संसाधनों में हिस्सेदारी बढ़ाने का आधार विकसित करने की ज़रूरत है, तब ही ये राज्य ग़रीबी निवारण के लिए आवश्यक विकास दर बनाये रख सकते हैं।

बिहार से झारखण्ड के अलग होने के बाद खनिज सम्पदा से मिलने वाली रॉयल्टी के नुक़सान के साथ ज़रूरी वित्तीय क्षतिपूर्ति नहीं होने के कारण भी विकास कार्यों में बाधाएँ बढ़ीं हैं। बँटवारे के बाद बिहार के हिस्से में केवल बालू और मिट्टी शेष बची है।

ऐसे में ग़रीब राज्यों का तेज़ी से विकास ही देश की विकास दर को और बढ़ा सकता है। यही क्षेत्रीय विषमता को पाटने में कारगर हो सकता है। इसलिए ग़रीब राज्यों के वित्तीय प्रावधानों को बदलने के लिए विशेष राज्य का दर्जा समावेशी विकास के लिए ज़रूरी है।

यह माँग केवल माँग मात्र ही नहीं है, इससे बिहार की जनता का आत्म सम्मान भी जुड़ा हुआ है। देश की पूँजी और तमाम तरह की सुविधाओं को हासिल करने का हक बिहारवासियों का भी उतना है जितना कि अन्य प्रदेशवासियों का। संघीय ढांचा और हमारा लोकतन्त्र इससे मज़बूत ही होता है

जनवरी 2022

हाशिये पर खड़ी जातियाँ और बिहार सरकार की कल्याणकारी योजनाएँ

भारतीय समाज में जाति-व्यवस्था एक वास्तविक सच्चाई है। सदियों से हमारा समाज कई वर्गों और जातियों में विभाजित रहा है। यह सत्य है कि पारम्परिक हिन्दू समाज की सबसे बड़ी विशिष्टता या पहचान 'जाति' ही है।

जाति की उत्पत्ति एक ऐसा विषय है जिसने बहुत सी परिकल्पनाओं को जन्म दिया है। हमारे यहाँ जाति संरचना इतनी जटिल है कि इसको लेकर किसी अन्तिम निष्कर्ष पर पहुँचना असम्भव सा है। इस जाति परम्परा के अपने सामाजिक, राजनीतिक, आर्थिक और धार्मिक दृष्टिकोण हैं।

यह बात अलग है कि सदियों से चली आ रही जाति संरचना बाद में अधिक प्रदूषित होती चली गयी और बहुत सी जातियाँ अपमान, उपेक्षा और छुआछूत की शिकार हो गयीं। ऐसे में आर्थिक, सामाजिक और शैक्षणिक दृष्टि से उनका पिछड़ जाना स्वाभाविक ही था। हमारी सरकार उन्हें आगे लाने के लिए कृत संकल्पित है।

सरकारों ने इन जातियों के उत्थान के लिए उन्हें कई वर्गों में वर्गीकृत कर आरक्षण जैसे प्रावधान किये, जिससे उन्हें मुख्य धारा में शामिल होने का मौक़ा मिल सके। बिहार में भी मुख्य रूप से इन जातियों का विभाजन अनुसूचित जाति, अनुसूचित जनजाति, पिछड़ा वर्ग, अति पिछड़ा वर्ग के रूप में हो सका, वहीं धर्म के आधार पर अल्पसंख्यक वर्गों को चिह्नित किया गया। वर्तमान समय में हमारी सरकार ने तो लिंग के आधार पर हो रहे भेदभाव की ख़ातिर महिलाओं को भी आगे लाने के लिए कई ठोस निर्णय लिए हैं। साइकिल-पोशाक योजना से लेकर महिला आरक्षण तक इसके ठोस सबूत हैं।

मुख्यमन्त्री श्री नीतीश कुमार ने वर्ष 2008 में 'मुख्यमन्त्री नारी शक्ति योजना' को लागू किया था। इस योजना का मुख्य मकसद आर्थिक, सामाजिक और सांस्कृतिक

क्षेत्रों में महिलाओं को पहचान दिलाना था। इसी कड़ी में 'मुख्यमन्त्री कन्या विवाह योजना', 'कन्या उत्थान योजना' तथा 'कन्या सुरक्षा योजना' आदि के ज़रिये बाल विवाह को रोकने और कन्या जन्म को प्रोत्साहित करने के लिए बिहार सरकार आगे आयी। इतना ही नहीं आज पंचायत और शहरी निकायों में महिलाओं के लिए पचास प्रतिशत आरक्षण करने वाला बिहार देश का पहला राज्य है।

बिहार सरकार ने वर्ष 2016 में राज्य की सभी सरकारी नौकरियों में महिलाओं के लिए 35 प्रतिशत तथा शिक्षा विभाग की नौकरियों में 50 प्रतिशत तक आरक्षण का प्रावधान किया। इसी को आगे बढ़ाते हुए अब सरकार ने सरकारी दफ़्तरों में पोस्टिंग में भी महिलाओं को 35 प्रतिशत आरक्षण दिया है।

बिहार में महिलाओं को सशक्त बनाने में 'बिहार रूरल लाइवलिहुड प्रोजेक्ट' यानी 'जीविका' बेहद कारगर साबित हो रही है।

बिहार राज्य योजना मद में वित्तीय वर्ष 2005-06 में अनुसूचित जाति व जनजातियों के लिए कुल 40.48 करोड़ का प्रावधान था, जो अब 2020-21 में लगभग 1700 करोड़ रुपये है। इन जातियों के लिए मुख्यमन्त्री नीतीश कुमार की सरकार ने 'मुख्यमन्त्री अनुसूचित जाति-जनजाति छात्रावास योजना', खाद्यान्न योजना, सिविल सेवा प्रोत्साहन योजना, उद्यमी योजना, आवास क्रय योजना आदि की व्यवस्था कर इन्हें बेहद सुदृढ़ बनाया है।

शैक्षणिक प्रोत्साहन देकर इन जातियों को हमारी सरकार ने स्कूल-कॉलेजों के द्वार तक पहुँचाया है। दसवीं, बारहवीं पास करने वाले मेधावियों के लिए प्रोत्साहन राशि, सिविल सेवा परीक्षा की तैयारी वास्ते भी इन्हें सरकार की ओर से सहयोग मिल रहा है। महादलित टोलों में सामुदायिक भवन, महादलित मिशन इनके उत्थान वास्ते अलग से उठाये जा रहे क़दम हैं।

पिछड़ा वर्ग एवं अति पिछड़ा वर्ग के कल्याण वास्ते भी हमारी सरकार ने पंचायती राज संस्थाओं एवं नगर निकायों में क़ानून बनाकर अति पिछड़ों के लिए 20 प्रतिशत आरक्षण की व्यवस्था की है। राज्य की उच्च न्यायिक सेवा एवं कनीय न्यायिक सेवा की सीधी नियुक्ति में अति पिछड़ों के लिए 21 प्रतिशत तो पिछड़ों के लिए 12 प्रतिशत के आरक्षण की व्यवस्था हमारी सरकार की उपलब्धि रही है।

ख़ास बात यह कि इस वर्ग के लिए भी जेडीयू सरकार ने छात्रावास योजना, खाद्यान्न योजना, सिविल सेवा की तैयारी करने वालों के लिए प्रोत्साहन योजना, आवास योजना और कौशल योजना आदि की व्यवस्था की है।

अल्पसंख्यक समुदायों के लिए बिहार सरकार ने 'अल्पसंख्यक आवासीय विद्यालय योजना', मदरसा सुदृढ़ीकरण योजना, छात्रावास योजना, खाद्यान्न योजनाओं के साथ-साथ मिडिल स्कूलों में उर्दू शिक्षकों की बहाली, मुस्लिम तलाक़शुदा महिलाओं के लिए आर्थिक सहायता योजना आदि पर बहुत ही गम्भीरता से कार्य किया है।

इतना ही नहीं उनके लिए 'मुख्यमन्त्री अल्पसंख्यक रोज़गार योजना व 'मुख्यमन्त्री श्रम शक्ति योजना' की व्यवस्था भी की गयी है, जिससे उनके जीवन स्तर में व्यापक परिवर्तन आ सके।

हमारी सरकार ने हर मोर्चे पर काम किया है। बिहार की बदली तस्वीर की चर्चा अब राष्ट्रीय व अन्तरराष्ट्रीय मंचों पर भी हो रही है। अहर्निश बिजली आपूर्ति, जल-जीवन-हरियाली, सात निश्चय,न्याय के साथ समावेशी विकास इन लक्ष्यों के साथ हमने सफलता हासिल की है। अब लक्ष्य है कि समाज में समरसता और सामंजस्य बनाए रखने की ख़ातिर हम उन तबकों को मुख्यधारा में जोड़ें, जो विकास की धारा में अभी भी हाशिये पर छूट गये हैं। अनुसूचित जाति-जनजाति वर्ग, पिछड़ा-अति पिछड़ा वर्ग, अल्पसंख्यक समुदाय व महिलाओं के लिए सरकार दिन-रात काम कर रही है। उम्मीद है कि हम बहुत जल्द इस मिशन में भी सफलता हासिल कर लेंगे।

2021

शिक्षा के जरिये ही जनसंख्या नियन्त्रण सम्भव

बाबा साहेब भीमराव अम्बेडकर ने नवम्बर वर्ष 1938 के अपने निबन्ध 'जन्म नियन्त्रण के उपाय' में भारत की पारिवारिक, सामाजिक, धार्मिक और राजनीतिक परिस्थितियों के आलोक में जनसंख्या नियन्त्रण की सम्भावनाओं को लेकर नेहरू, नायडू और टैगोर को चिह्नित करते हुए विस्तार से चर्चा की है। उन्होंने इस निबन्ध में सुभाषचन्द्र बोस के साथ-साथ गांधी के मत को उद्धृत किया है। अन्ततः उनके निबन्ध का पूरा ज़ोर इस बात की ओर है कि बिना शिक्षा जनसंख्या पर नियन्त्रण सम्भव नहीं है। उस समय से लेकर आज तक भारत में जनसंख्या नियन्त्रण को लेकर बहसें होती रही हैं लेकिन किसी कारगर और अन्तिम नतीजे पर हम आज तक बढ़ नहीं सके हैं।

वर्तमान परिदृश्य में आज उत्तर प्रदेश ऐसा पहला राज्य नहीं है, जहाँ जनसंख्या नियन्त्रण बिल लाया गया है। इससे पूर्व राजस्थान, मध्य प्रदेश, महाराष्ट्र, गुजरात, उड़ीसा और हरियाणा जैसे राज्यों में इस पर पूर्व के वर्षों में कवायद की जा चुकी है।

असम ने तो दो वर्ष पूर्व क़ानून बनाकर इस वर्ष इसे लागू करने का ऐलान भी किया था किन्तु इन राज्यों में यह क़ानून असरकारी तो दूर फिसड्डी अधिक साबित हुए। चूँकि जनता ने इस क़ानून को अपने ऊपर थोपा हुआ जबरिया क़ानून माना। जनसंख्या नियन्त्रण सीधे तौर पर एक व्यक्ति के निजी जीवन के मसलों से जुड़ा हुआ सन्दर्भ है। इसमें व्यक्ति, परिवार, समाज और उसकी सुरक्षा सभी एक चक्र की भाँति काम करते हैं। इसीलिए हमारा स्पष्ट तौर पर मानना है कि जनसंख्या नियन्त्रण बिना सामाजिक, शैक्षणिक माहौल को बदले सम्भव नहीं है। हमें बेटियों को सर्वाधिक शिक्षित करना होगा तभी जाकर हम जनसंख्या को नियन्त्रित कर सकेंगे। बाबा साहेब अम्बेडकर ने भी इससे इतर सभी सम्भावनाओं को वर्षों पहले नकार दिया था।

जिन राज्यों में यह क़ानून पहले लाया भी गया, वहाँ भी वर्तमान समय में इस बात की कोई संस्थागत समीक्षा नहीं की गयी है कि इन क़ानूनों से जनसंख्या नियन्त्रण के मकसद में कितनी कामयाबी हासिल हुई है?। लेकिन, राज्यों में जनसंख्या वृद्धि

की दर को देखते हुए लगता नहीं कि उसे कोई ज़्यादा फ़ायदा हुआ है। सबसे पहले वर्ष 2000 में राजस्थान सरकार ने ऐसा क़ानून लागू किया था।

लेकिन वर्ष 2018 में उसे इस क़ानून को लचीला बनाना पड़ा। क्योंकि इससे बढ़ती हुई जनसंख्या पर रोक लगाने में यह क़ानून पूरी तरह नाकाम रहा। राज्य के लोगों और ख़ासकर सरकारी कर्मचारियों में इस क़ानून का ज़बर्दस्त विरोध था। लिहाज़ा वसुन्धरा राजे सरकार ने वर्ष 2018 में इस क़ानून के कई प्रावधानों को ख़त्म कर दिया। ऐसा ही कुछ मध्य प्रदेश में भी हुआ। वहाँ भी लोगों के एतराज़ को देखते हुए क़ानून के कई प्रावधानों को बदला गया।

भारत में लम्बे समय से चीन की तर्ज़ पर जनसंख्या नियन्त्रण को लेकर क़ानून बनाने की माँग की जाती रही है। इस समस्या पर लगभग सौ से अधिक सांसदों ने पीएम को पत्र लिखकर इस पर क़ानून लाने की वकालत की थी। लेकिन हम भारतीय परिदृश्य की बात करते हुए शायद यह भूल जाते हैं कि बीते कुछ सालों में चीन ने इस क़ानून में कई बदलाव किये हैं। वर्ष 2016 में चीन ने 'वन चाइल्ड पॉलिसी' को बदलते हुए 'टू चाइल्ड पॉलिसी कर दिया और इसी साल वहाँ इसे' थ्री चाइल्ड पॉलिसी, में बदल दिया गया है। आँकड़ों के अनुसार, भारत आबादी के मामले में चीन के बाद दूसरे स्थान पर है। 135 करोड़ से ज़्यादा जनसंख्या को देखते हुए भारत में जनसंख्या नियन्त्रण क़ानून की माँग उठती रहती है। देश में 'हम दो-हमारे दो' के नारे और परिवार नियोजन के कार्यक्रमों को लेकर सरकारें जागरूकता बढ़ाती रही हैं। बीते कुछ दशकों में भारत में साक्षरता दर बढ़ने के साथ प्रजनन दर में कमी दर्ज की गयी है। वर्ष 2000 में प्रजनन दर 3.2 प्रतिशत थी, जो 2016 में 2.4 प्रतिशत पहुँच गयी। भारत में जैसे-जैसे साक्षरता बढ़ रही है, बड़ी संख्या में लोग बच्चे पैदा करने से पहले सभी स्थितियों का आँकलन कर 'फैमिली प्लानिंग' अपनाते हैं। इसका सीधा असर प्रजनन दर पर पड़ता है। भारत में जनसंख्या में वृद्धि की दर वर्ष 1990 में 2.07 प्रतिशत थी, जो वर्ष 2019 में 1.0 प्रतिशत पर आ चुकी है।

चीन के अतिरिक्त ईरान, सिंगापुर, वियतनाम, ब्रिटेन और हांगकांग सहित कई अन्य देशों ने भी दो बच्चों की नीति को लागू किया। लेकिन बाद में उन्हें इस नीति को बदलना पड़ा। क्योंकि इससे उम्मीद के मुताबिक कामयाबी नहीं मिली, सामाजिक समस्याएँ अलग से खड़ी हो गयीं।

मेडिकल जर्नल लांसेट के एक शोध में अनुमान लगाया गया था कि दुनिया में 21वीं सदी के अन्त तक जनसंख्या वृद्धि का क्या हाल रहेगा? इस शोध के अनुसार 21वीं सदी के आख़िर में भारत की जनसंख्या 109 करोड़ ही रह जायेगी। इस शोध

के नतीजों को पाने के लिए लांसेट ने 15 साल से लेकर 49 साल तक की महिलाओं की प्रजनन दर के साथ साक्षरता, परिवार नियोजन आदि मानकों को शामिल किया था। जिसके आधार पर लांसेट ने दावा किया था कि भारत में जनसंख्या वृद्धि बहुत बड़ी समस्या नहीं है। हालाँकि, शोध में कहा गया था कि 2048 तक भारत की जनसंख्या क़रीब 160 करोड़ तक पहुँच सकती है। लेकिन, इसके बाद जनसंख्या में कमी दर्ज की जाने लगेगी। शोध में कहा गया है कि वर्ष 2048 के बाद भारत में प्रजनन दर गिरकर 1.29 प्रतिशत तक आ जायेगी।

इसी बात की पेशकश मुख्यमन्त्री श्री नीतीश कुमार भी अपने हवाले से कर रहे हैं। उनका ज़ोर है कि इस तरह की समस्याओं को आप क़ानून के भय से नहीं अपितु सामाजिक शैक्षणिक स्तर को उठाकर कर सकते हैं। बिहार जैसे राज्यों में इसका सीधा असर देखने को मिला है। बुद्धिजीवियों का भी समूह इसी बात की ओर इशारा कर रहा है कि जनसंख्या नियन्त्रण, क़ानून के ज़रिये सम्भव नहीं है। यह जन जागरूकता और स्त्री शिक्षा से जुड़ा हुआ मसला अधिक है।

पाँचवें राष्ट्रीय परिवार स्वास्थ्य सर्वेक्षण के आँकड़ों के मुताबिक बिहार में वर्ष 2015-16 में जहाँ दसवीं पास महिलाओं का प्रतिशत 22.80 प्रतिशत था, उस स्थिति में प्रजनन दर 3.4 प्रतिशत थी। जब वर्ष 2019-20 में दसवीं पास महिलाओं का प्रतिशत 28 प्रतिशत हुआ तो प्रजनन दर घटकर 3.0 प्रतिशत पर पहुँच गया।

जब बारहवीं पास युवतियों के बीच सर्वे हुआ तो यह बात सामने आयी कि दसवीं पास महिलाओं की तुलना में परिवार नियोजन के आँकड़ों और सामग्रियों के प्रति यह वर्ग और अधिक गम्भीर है। इस प्रकार यह बात सामने आयी कि बिहार जैसे राज्यों में बिना शिक्षा के प्रचार-प्रसार के जनसंख्या पर नियन्त्रण सम्भव नहीं है। इसीलिए बिहार में लड़कियों की शिक्षा के लिए राज्य सरकार दिन-रात काम कर रही है। साइकिल योजना, पोशाक योजना, अलग-अलग परीक्षाओं को पास करने के बाद पुरस्कार योजना ये सभी स्त्री-शिक्षा से जुड़ी हुई योजनाँयें हैं, जिसका सकारात्मक परिणाम भी राज्य को मिल रहा है। इस क्रम में मुख्यमन्त्री कन्या उत्थान योजना की भी जितनी प्रशंसा की जाये, उतनी कम है।

हमारे यहाँ सामाजिक स्तर पर भी अभी तक कई तरह की ऐसी मान्यताएँ और कुरीतियाँ भी विद्यमान हैं, जो परिवार नियोजन के आधुनिकतम तकनीक से आज की पीढ़ी को दूर करती हैं। राज्य सरकार उन सामाजिक कुरीतियों को भी दूर करने के लिए सामाजिक स्तर पर भी निरन्तर प्रयास कर रही है।

2021

जदयू एक्सपेरिमेंट में विश्वास करती है...

जनता दल (यूनाइटेड) गांधी, लोहिया और जयप्रकाश नारायण के सिद्धान्तों पर चलने वाली पार्टी है। हम अन्य पार्टियों से अलग भी इसी मायने में हैं कि हम अपने सिद्धान्तों से कभी समझौता नहीं करते। हाँ, इतना अवश्य है कि बदलते समय में हम अपने सिद्धान्तों के नवीनीकरण के पक्षकार भी बने रहते हैं। इस समय जहाँ अन्य राजनीतिक दल अपनी विरासत और सिद्धान्तों को छोड़ आधुनिक तकनीक और मैनेजमेंट के पैरवीकार बन चुके हैं, जदयू ऐसे समय में भी अपने महापुरुषों के सिद्धान्तों को आगे बढ़ाने में व्यस्त है। हमारी राजनीति का मकसद केवल 'सत्ता' तक सीमित नहीं होता, वरन उस सत्ता के आसपास के भूगोल में समाज, संस्कृति, धर्म, पर्यावरण और अन्तिम जन की चिन्ता भी समाहित होती है।

बदलते समय और आधुनिकता के दबाव में भी हम राजनीति के साथ-साथ अन्य सामाजिक व सांस्कृतिक मुद्दों को अपने एजेंडे में समाहित कर ऐसा कॉकटेल तैयार करते रहते हैं, जो समाज को नये ढंग से सोचने की दिशा में विवश करता है। यह कॉकटेल पौराणिक सिद्धान्त और आधुनिक विचार का मिश्रण होता है। और हम इन्हीं अर्थों में देश भर में एक अकेली प्रयोगवादी पार्टी बनकर उभरते हैं। यह स्टाइल ही हमें ख़ास बनाता है। साइकिल-पोशाक योजना, वृक्षारोपण, जल-जीवन-हरियाली, मद्य-निषेध इन योजनाओं के ज़रिये हमने प्रयोग ही तो किया है। आज जनता दरबार की आधुनिक परिकल्पना भी तो प्रयोग ही है, उससे भी तो सत्ता और सरकार की समीक्षा दुनिया के सामने हो रही है। आम जनता तो यह समझ पा रही है कि सरकार किन मानदण्डों के साथ चल रही है?

हम गांधी के ग्राम स्वराज के मॉडल पर भी चलते हैं और लोहिया-जेपी के दिये गये सिद्धान्तों को भी मानते हैं। हम एक साथ गुड गवर्नेंस, सामाजिक कुरीतियों के ख़िलाफ़ क्रान्ति, नर-नारी समानता, न्याय के साथ विकास, बिहारी-अस्मिता की लड़ाई, पर्यावरण की चिन्ता और विकासवादी मॉडल पर काम करने वाले संगठन भी हैं।

हमारे नेता मुख्यमन्त्री श्री नीतीश कुमार की एक अलग पहचान भी इसीलिए है कि उन्होंने अपनी राजनीति को कभी खाँचे में कसने की ज़िद्द नहीं पाली। वह फ्लैक्सिबल और एक्सपेरिमेंटल होकर अपने राजनीतिक सिद्धान्तों को नये रूप रंग में ढ़ालते रहे हैं। लेकिन उनकी प्राथमिकताओं में 'बिहार का विकास' हमेशा पहले नम्बर पर रहा है।

हम यह दावे के साथ कह सकते हैं कि हमारे तौर-तरीक़े और सांगठनिक अनुशासन के प्रशंसक बहुतायत में हैं। हम रिस्क लेकर चुनाव मैदान में उतरने के पक्षकार रहे हैं। हम यह चिन्ता नहीं करते कि हमारे निर्णय का प्रभाव वोट-बैंक पर क्या पड़ेगा? हम तो जनता की आँखों की चमक ढूँढ़ने की ज़िद्द में सारे राजनैतिक फ़ैसले कर डालते हैं। जदयू के लिए जनता फर्स्ट है, उसके बाद ही सरकार, संगठन और अन्य तकनीक।

सत्ता सँभालते हमारा फोकस 'गुड गवर्नेंस' था। राजनीति में बढ़ रहे अपराधीकरण, क़ानून-व्यवस्था की समस्या और समाज में फैल रहे जातीय वैमनस्य को हैंडल करना उस समय की प्राथमिकता थी। बाद में हमारी प्राथमिकताओं में सामाजिक सरोकार और पर्यावरण की चिन्ता जैसे मुद्दे भी सम्मिलित हुए। हम उन मुद्दों की ओर उन्मुख हुए, जिससे समाज में व्याप्त जड़ता को चोट पहुँचे और भविष्य में मानव-संस्कृति अक्षुण्य रहे।

बीते दशक में बिहार कितना बदल चुका है, इसकी समीक्षा अब होनी ही चाहिए। लम्बे समय तक बिहार के शासन की बागडोर सँभालते हुए समाज के एक बड़े हिस्से में अब तक मुख्यमन्त्री नीतीश कुमार की छवि एक विकास पुरुष के रूप में विकसित हो चुकी है। बिहार की जनता अब जात-पात को छोड़ विकास के नाम पर वोट करने लगी है। यही कारण है कि सार्वजनिक मंचों से लेकर बौद्धिक लोगों के बीच बिहार की बदलती तस्वीर पर चर्चाएँ होती हैं।

आज राष्ट्रीय-अन्तरराष्ट्रीय स्तर पर बिहार अपने पुराने गौरव को हासिल करने की दिशा उन्मुख में है। बिहार अब बीमारू व अवसाद ग्रस्त राज्य के रूप में कहीं भी चिह्नित नहीं किया जाता है। दूसरे राज्यों के विकास दर की तुलना में हम अधिक बेहतर राज्य हैं। जदयू की अगुवाई में सरकार ने बिहार को अपराध, अपहरण और असुरक्षा से लगभग मुक्त कर लिया है। हम कोरोना महामारी से निपटने में भी अन्य राज्यों की तुलना में अधिक कुशल दिखे।

पिछड़ेपन की व्याख्या किये बग़ैर हम इतना ही कहेंगे कि विकास का सीधा मतलब है कि समाज जहाँ खड़ा है, उससे आगे बढ़ना या अपने लक्ष्य की ओर अग्रसर होना। बिहार आज विकासोन्मुख है। बिहार का समाज, संस्कृति, रहन-सहन, मानसिक चिन्तन व व्यवहार को मापदण्ड बनाते हुए विकास यात्रा की समीक्षा की जा सकती है। एक ऐसे बिहार को जहाँ बिजली, सड़क, शिक्षा, स्वास्थ्य, सुरक्षा कुछ था ही नहीं, वहाँ से लेकर आज एक ऐसे बिहार की परिकल्पना जहाँ जन-आकांक्षाए कुलाँचें मार रही हों, सचमुच सामान्य घटना नहीं है। सच पूछिए तो इस परिवर्तन से हमें भी सन्तुष्टि मिलती है।

जदयू ने बिहार की सामाजिक कुरीतियों पर जड़ से प्रहार करने का साहस दिखाया है। देश भर में मुझे ऐसा कोई संगठन नहीं दिखता, जो कुरीतियों के दुष्प्रभाव से चिन्तित हो। लेकिन हमने नशा से समाज को मुक्त करने के लिए अर्श से फ़र्श तक युद्ध छेड़ दिया। यह जदयू का बोल्ड स्टेप था। याद करिए, क्या गांधी का सपना मद्यनिषेध नहीं था?

मुख्यमन्त्री नीतीश कुमार ने महिलाओं को उनकी चहारदीवारी से बाहर निकाल समाज के विकास की समान रेखा पर ला खड़ा कर दिया है। आज बिहारी महिलाओं का आत्म सम्मान और आत्म विश्वास बहुत बढ़ चुका है।

दलितों पिछड़ों को ग़ुलामी की ज़ंजीरों से मुक्त कर उन्हें बिहार के सामाजिक परिवेश में बराबर लाकर खड़ा कर दिया है। यह है हमारी उपलब्धि और इसीलिए हम कहते हैं कि हम औरों से अलग हैं।

बिहार में विकास केवल भौतिक ही नहीं हुआ है, अपितु बिहार के समाज और आम जनता के सोचने समझने के स्तर पर व्यापक मानसिक बदलाव के चिह्न अब दिखायी पड़ते हैं। उनकी जिंदगियां बदली हैं। महिलाओं के रसोई का भूगोल बदला है। बच्चों के आहार से लेकर उनके शिक्षण व प्रबन्धन में गुणात्मक बदलाव आये हैं।

बावजूद इसके अभी बहुत काम शेष हैं। बिहार की उन्नति और ख़ुशहाली के लिए अभी कई पड़ावों को और लाँघना बाकी है। विश्वास है उसे भी हम हासिल करेंगे।

2021

जनता का सीएम और जनता दरबार

जनता दरबार का कॉन्सेप्ट ख़ुद में एक अच्छा व सराहनीय कॉन्सेप्ट है। बिहार के मुख्यमन्त्री नीतीश कुमार ने इसकी शुरुआत भी पहले की तुलना में अच्छी की है। धीरे-धीरे यह कोशिश राज्य की कार्य संस्कृति का हिस्सा बन जायेगी, इसमें मुझे कोई संकोच नहीं दिखता।

लोग जानते हैं कि राज्य की संस्थायें कई लेयर्स में काम करती हैं। उन लेयर्स तक सत्ता की दखलन्दाज़ी हो और सरकारी नीतियाँ वास्तविक रूप में ज़मीन पर पहुँचकर जन उपयोगी हों, इसकी समीक्षा भी इस कार्यक्रम का मूल उद्देश्य है। इस बार के जनता दरबार कार्यक्रम को न्याय, पारदर्शिता और त्वरित समस्याओं के निराकरण ने इसे ख़ास बना दिया है।

स्त्री-शिक्षा, मद्य-निषेध, न्याय के साथ विकास, लॉ एंड ऑर्डर को सँभालने के साथ ही 'जनता दरबार' के कॉन्सेप्ट ने नीतीश कुमार को न सिर्फ़ अब तक के सबसे लोकप्रिय मुख्यमन्त्री के रूप में स्थापित किया है अपितु उन्हें 'सुशासन बाबू' के तौर पर भी विख्यात करते हुए कई बार सत्ता के शीर्ष पर बैठाया है। जनता के बीच से फीडबैक, अधिकारियों की कार्य प्रणाली और सत्ता के आचरण की समयानुकूल समीक्षा 'जनता दरबार' को बहुत मायनों में जन कल्याणकारी नीतियों से जोड़ देती है। वह इस मायने में भी कि लोकतन्त्र में हाशिए पर बैठा हुआ आदमी भी सत्ता में अपनी भागीदारी को सुनिश्चित करता है।

जनता दरबार में शामिल होने के लिए नवादा से चलकर आयी ईशु कुमारी कहती हैं, "हम मुख्यमन्त्री बालिका प्रोत्साहन राशि के लिए यहाँ आये हैं। हम वर्ष 2019 में मैट्रिक और वर्ष 2021 में इंटर फ़र्स्ट डिवीज़न से पास किये लेकिन प्रोत्साहन राशि नहीं मिली। ऑनलाइन अप्लाई भी किये लेकिन कहीं कुछ पता नहीं चला। मोबाइल पर देखे कि जनता दरबार लग रहा है। अप्लाई कर दिये। बीडीओ का फ़ोन आया

और फिर यहाँ तक आ गये। उम्मीद है कि हमको प्रोत्साहन राशि मिल जायेगी।"

यहाँ छात्रवृत्ति, शिक्षा वास्ते लोन, पेंशन, राशन, स्टूडेंट क्रेडिट कार्ड, सरकारी आवास, दहेज उत्पीड़न, सम्पत्ति विवाद जैसे सैकड़ों समस्याओं के साथ प्रत्येक सोमवार को लोग आते हैं। जनता से घिरे मुख्यमन्त्री जनता दरबार में पूरे जोश-खरोश के साथ उनकी समस्याओं को सुनकर उनका निपटारा करते हुए विभागीय स्तर पर कई तरह के सुधार की गुंजाइशों को लेकर अधिकारियों को निर्देश देते हैं। इस पूरी कवायद में मुख्यमन्त्री नीतीश कुमार सत्ता के व्याकरण को बदलने की कोशिश भी कर रहे होते हैं।

इसे देखते हुए यह सच साबित होता है कि वर्तमान राजनीतिक परिवेश में मुख्यमन्त्री नीतीश कुमार जैसा 'एक्सपेरिमेंटल लीडर' देश भर में विरले हैं।

बिहार जैसे राज्य में सुदूर खेतों तक बिजली और पानी का सपना, मद्य-निषेध क़ानून, दहेज़ बन्दी, अच्छी सड़कें, स्वास्थ्य सुविधा और दुरुस्त क़ानून-व्यवस्था मुख्यमन्त्री के गुड-गवर्नेंस का ही ठोस परिणाम है। जनता दरबार आने वाले समय में गुड गवर्नेंस का पर्याय बन उभरेगा, इसमें कोई शक नहीं। मैं उम्मीद करता हूँ कि इसी तरह जनता दरबार आगे भी सजता रहे। लोकतान्त्रिक मूल्यों में जनता की आस्था बढ़ती रहे...ताकि लोकशाही आबाद रहे।

2021

नामवर सिंह के विदा होने पर...

हिन्दी के मूर्धन्य आलोचक नामवर सिंह अब इस दुनिया में नहीं रहे। उनका जाना हिन्दी की बड़ी क्षति है। एक आलोचक, एक चिन्तक व एक अच्छे सम्पादक, शिक्षक की भूमिका में जीवन पर्यन्त वह शीर्ष पर विराजमान रहे। इस शोक की घड़ी में जनता दल (यू) उनके प्रति श्रद्धांजलि अर्पित करता है।

श्री नामवर सिंह हिन्दी ज्ञात में बड़ी पहचान वाले व्यक्तित्व थे। बेहद अनुशासित, मृदुभाषी और गम्भीरता उनके व्यक्तित्व को और अधिक विशाल बना देता था। मेरे पास उनके कई संस्मरण हैं। हम मिल बैठ साथ-साथ कई अवसरों पर भूँजा के साथ समाजवादी शिल्पों पर बात किया करते थे। हम जब भी उनके बग़ल में बैठते तो वह हमें रेणु, दिनकर, नागार्जुन और बेनीपुरी जी के लिए ही कुछ करने को प्रेरित करते रहे। मेरे अतिरिक्त बिहार के मुख्यमन्त्री श्री नीतीश कुमार जी के साथ भी उनका बेहद आत्मीय निजी सम्बन्ध था। नीतीश कुमार जी भी उन्हें बहुत मानते थे।

साहित्यकार जानकी बल्लभ शास्त्री की स्मृति में उनके नाम पर एक पीठ स्थापित हो, इसकी माँग कुछ विद्वान प्रोफ़ेसरों के साथ मिलकर उन्होंने कुछ ही वर्ष पूर्व बिहार सरकार के समक्ष रखी थी। हम इस बात से आज सन्तुष्ट हैं कि वह पीठ आज मूर्त रूप ले चुका है।

इसके अतिरिक्त नामवर सिंह अलग-अलग अवसरों पर बिहार सरकार का आतिथ्य स्वीकार करते रहे। उम्र और अपनी असुविधा को नज़रन्दाज़ करते हुए उन्होंने बिहार स्थापना दिवस के अतिथि बनने का न्योता स्वीकार कर हमारा मान बढ़ाया था। बिहार की धरती से एक ख़ास तरह का प्रेम उनके हर पड़ावों में आप खोज सकते हैं। मुझे लगता है कि भारत की राजनीतिक पार्टियों के भीतर जितना सम्मान नामवर जी का था, उतना सम्मान किसी और साहित्यजीवी को नहीं मिला होगा।

साहित्य में 'दूसरी परम्परा की खोज' करने वाला यह आलोचक दरअसल राजनीति और समाज में भी दूसरी परम्परा की खोज की पैरवी करता रहा था। हिन्दी

आलोचकों की समृद्ध परम्परा में नामवर सिंह अन्तिम आलोचक थे। मुझे इस बात की चिन्ता है कि हिन्दी साहित्य और इसकी आलोचना की दिशा को अब कौन नियन्त्रित करेगा?

आज प्रात:काल उनके जाने की सूचना मिली। यह भी पता चला कि वह कई दिनों से एम्स में भर्ती थे। जीवन की डोर पर अब तक किसका अधिकार रहा है? मृत्यु अन्तिम सच है, इस बात को नामवर भी अपने अन्तिम दिनों में महसूस करने लगे थे।

उनकी स्मृति को नमन।

प्रयास यह होगा कि उनके शेष बचे सुझावों पर हम अमल करेंगे।

रघुवंश बाबू के विदा होने पर...

रघुवंश प्रसाद सिंह विदा हो गये, यह विश्वास करना कठिन हो रहा है। वे समाजवादी राजनीति के अन्तिम विभूति थे, यह कहने में भी मुझे संकोच नहीं है। वेश-भूषा, रहन-सहन से लेकर उनकी सार्वजनिक उपस्थिति बेहद शालीनता से लिपटी रहती थी।

शायद रघुवंश बाबू को अपनी मृत्यु का पूर्वाभास हो चुका था, इसलिए अन्तिम कुछ घण्टों में वह राजनीतिक तौर पर सक्रिय हो उठे थे। कोरोना को मात देने के बाद भी काल के ग्रास ने उन्हें बख़्शा नहीं। इस तरह अनन्त यात्रा की ओर वह निकल पड़े। शुचिता, समर्पण के जीवित प्रतीक के रूप में रघुवंश बाबू सदैव याद किये जाते रहेंगे।

जीवन और मृत्यु के संघर्ष के अन्तिम क्षण में भी वह आम और अन्तिम जन के लिए चिन्तित रहे। शायद अन्तिम दिनों में वह अपनी राजनैतिक यात्रा के हासिल पर अधिक सोच रहे थे। उनकी लड़खड़ाती लेखनी की अन्तिम चिन्ता में भी वही लोग रहे, जिनके साथ उन्होंने पूरी जिन्दगी बिता दी। मुख्यमन्त्री नीतीश जी के नाम पत्र लिखकर शायद वह विदा हो जाना चाहते थे। और विदा हो चले। वर्तमान राजनीति में उनके जैसा व्यक्तित्व शायद की कोई और दिखे।

ग़रीब, शोषित और पीड़ितों के हक़ में सदैव खड़े रहने वाले रघुवंश बाबू से जब भी मेरी मुलाक़ात होती, ऊर्जस्वित महसूस करता था। उनसे मतभेद के बाद भी मुझे एक ख़ास तरह की निकटता महसूस होती थी।

आज वह नहीं हैं। उनकी यादें ही अब शेष हैं। जीवन और मृत्यु के चक्र में एक न एक दिन सबको विदा होना ही है। रघुवंश बाबू थोड़ा पहले चले गये...।

उनकी स्मृति को मेरा प्रणाम है। ईश्वर उनके परिवार के लोगों को इस दुःख की वेला में साहस और हिम्मत दे।

लोकतन्त्र, संवैधानिक मूल्य मर्यादा और गांधी

बिहार विधानसभा प्रांगण के भीतर बीते कुछ दिनों पूर्व जिस दृश्य को हमने देखा है, उस दृश्य को देखकर इस देश के प्रत्येक संवेदनशील नागरिक को चिन्तित होना चाहिए। भारत में ऐसा पहली बार हुआ है, इस तथ्य को थोपने की कोशिश भी हमारी नहीं है। लेकिन इस घटना ने लोकतन्त्र और उनके मूल्यों का चीरहरण कर बिहार की लाखों जन आकांक्षाओं को ध्वस्त ज़रूर किया है।

लगभग ऐसा ही या इससे कुछ कमतर दृश्य कई मौक़ों पर हमने भारतीय संसद व अन्य राज्यों की विधानसभाओं में भी देखा है। इस तरह ढ़हते संसदीय मर्यादा की चिन्ता एकल नहीं है, वरन उसका भूगोल बेहद व्यापक और विस्तृत है।

आज विधानसभाओं की गिरती मर्यादा और संसदीय अव्यवस्था राष्ट्रीय चिन्ता है। संसदीय अव्यवस्था को ध्यान में रखते हुए ही 23 और 24 सितम्बर 1992 को संसद के केन्द्रीय कक्ष में पीठासीन अधिकारियों, दलीय नेताओं, संसदीय कार्यमन्त्रियों और सचेतकों का एक सम्मेलन हुआ था। सम्मेलन में एक आचार संहिता बनायी गयी थी। इसके बाद 26 अगस्त, 1997 से 1 सितम्बर, 1997 तक लोकसभा का स्वर्ण जयन्ती सत्र हुआ था। सभी ने सर्वसम्मत संकल्प में कहा था कि 'सभा की नियमावली के सम्पूर्ण नियमों व कार्य संचालन सम्बन्धी पीठासीन अधिकारियों के निर्देशों के अनुसार संसद की प्रतिष्ठा का परीक्षण और संवर्द्धन किया जाये। विशेषकर प्रश्नकाल की गरिमा बनाये रखकर, नारेबाज़ी न करके और राष्ट्रपति के अभिभाषण में व्यवधान न डालकर।'

ब्रिटिश संसद में भी शोरगुल होता है। गांधीजी ने वर्ष 1909 में ही ब्रिटिश संसद पर तीखी टिप्पणी की थी कि 'यह संसद बाँझ है।' बाँझ इसलिए कि उसने कोई अच्छा काम नहीं किया, लेकिन ब्रिटेन की संसद में भारत जैसे कथनी-करनी के भेद नहीं होते। अमेरिकी संसद 'कांग्रेस' में भी प्रतिनिधि सभा व सीनेट नाम के दो सदन हैं। अमेरिकी कांग्रेस के पास राष्ट्रपति के विरुद्ध महाभियोग के अधिकार हैं, लेकिन

यहाँ भारतीय तर्ज़ वाले हंगामे नहीं होते। स्विट्ज़रलैंड, चीन और फ्रांस आदि देशों में भी संसद अपना काम बखूबी करती है।

भारत के संविधान और संवैधानिक भारत के सन्दर्भ में विश्लेषण करते समय हम महात्मा गांधी के मन के संविधान को सन्दर्भ में न लेकर एक बड़ी भूल करते हैं। यूँ तो ख़ुद गांधी जी ने कोई संविधान नहीं लिखा, लेकिन गांधीवादी अर्थशास्त्री श्रीमन् नारायण अग्रवाल ने गांधी जी की बातों और लेखनी का विश्लेषण करके 'स्वतन्त्र भारत का गांधीवादी संविधान–द गांधीयन कांस्टीट्यूशन ऑफ़ फ्री इंडिया' नाम का 60 पन्नों और 22 अध्यायों का एक दस्तावेज़ ज़रूर लिखा। इसमें बुनियादी सिद्धान्त, मूलभूत अधिकार और कर्तव्य, आंचलिक सरकार, केन्द्र सरकार और न्यायपालिका सरीखे विषय शामिल थे। इस दस्तावेज़ की भूमिका में महात्मा गांधी ने लिखा कि "श्रीमन् नारायण अग्रवाल ने जो लिखा है, वह मेरे विचारों से असंगत नहीं है।"

इस दस्तावेज़ में बुनियादी रूप से यह मान्यता समाहित थी कि कोई भी देश अपनी सभ्यता, संस्कृति और परम्पराओं के आधार पर अपना संविधान बनाये तो ही वह श्रेष्ठ है। भारत ईसा से पूर्व ही लगभग हर प्रकार की राज्य व्यवस्था–राजशाही, एकतन्त्र (एकाधिकारवादी), प्रजातन्त्र, गणराज्य व्यवस्था और यहाँ तक कि अराजकतावादी व्यवस्था का अनुभव हासिल कर चुका था। 'द गांधीयन कांस्टीट्यूशन ऑफ़ फ्री इंडिया' में के. पी. जायसवाल के हवाले से लिखा गया है कि "प्राचीन भारत में विभिन्न स्वराज्य व्यवस्थाएँ मौजूद थीं। यहाँ व्यवस्था संचालन के कई ऐसे प्रयोग हुए हैं, जिनका प्रयोग दुनिया के किसी अन्य देश या समाज में हुआ ही नहीं। ऐसे में यह साफ़ है कि भारत ऐतिहासिक रूप से संविधान व्यवस्थाओं के निर्माण की सक्रिय प्रयोगशाला रहा है।"

स्वाभाविक है कि महात्मा गांधी दुनिया के दूसरे देशों या पश्चिम के देशों की व्यवस्था को सिर-माथे पर बिठाकर भारत का संविधान बनाने के विचार के पक्ष में नहीं थे। यह एक महत्त्वपूर्ण बात थी कि महात्मा गांधी ने भारत के संविधान के निर्माण की प्रक्रिया में कभी अपने विचारों को थोपा नहीं। वे अपनी बातों और विचारों को समय-समय पर अभिव्यक्त करते गये। उन्हें यह अहसास था कि जो संविधान बनेगा, वह उनके मन का संविधान नहीं होगा। उनका सदैव आग्रह यही रहा कि हमें ऐसा संविधान बनाना चाहिए, जिसके केन्द्र में समाज और गाँव हों न कि राज्य व्यवस्था।

वास्तव में संविधान केवल राज-काज की व्यवस्था चलाने की किताब नहीं मानी जा सकती। संविधान किसी भी समाज के निर्माण, राष्ट्र के स्वभाव और उसके

चरित्र के निर्माण के मूल्यों और सिद्धान्तों का संग्रह होता है। भारत ने दुनिया के सामने एक बेहतर संविधान प्रस्तुत किया किन्तु यह भी सच है कि यह महात्मा गांधी के संविधान से पूरा मेल नहीं खाता है।

यह स्पष्ट करना ज़रूरी है कि गांधी जी भारत में पंचायत राज व्यवस्था की स्थापना चाहते थे लेकिन भारत के अधिकतर तत्कालीन नेता और नीति-निर्माता सहमत नहीं थे। यह भी सच है कि इस संविधान ने मूलभूत अधिकारों, कर्तव्यों और अल्पसंख्यक समुदायों की स्थिति पर बहुत तार्किक विकल्प प्रस्तुत किये थे।

लोकतन्त्र केन्द्रीयकृत प्रतिनिधित्व की व्यवस्था से चलने वाला लोकतन्त्र कोई अच्छा लोकतन्त्र नहीं होगा। स्वतन्त्र भारत के गांधीवादी संविधान में वर्ष 1945 में लिख दिया गया था कि "वर्तमान लोकतन्त्र की व्यवस्थाओं में धन की ताक़त के घातक उपयोग के साथ ही चुनावों की व्यवस्था भी बेहद दोषपूर्ण और अनुपयुक्त है। बहुत बड़े निर्वाचन क्षेत्र मतदाताओं और उम्मीदवारों के बीच न तो कोई संवाद होने देते हैं और न कोई रिश्ता कायम होने देते हैं। जिसे हम जानते नहीं हैं, उसे हम अपना प्रतिनिधि चुनते हैं। षड्यंत्रों और मिथ्या प्रचार के बीच लोग नैतिक-अनैतिक का फ़ैसला कर पाने में अक्षम हो जाते हैं।" तब गांधी जी कहते हैं कि "हम लोकतन्त्र की नहीं, भीड़तन्त्र की स्थापना करते हैं। सुसभ्य, सक्षम और शालीन व्यक्ति चुनाव हार जाता है और बेईमान, मोटी चमड़ी वाले लोग हथियारों और भ्रष्टाचार के बल पर जीत जाते हैं।"

मौजूदा लोकतन्त्र में चुनाव की व्यवस्था ऐसी है कि लोगों को उसमें अपना वजूद कहीं नज़र नहीं आता। चुनाव मशीनी होते जाते हैं और उनमें समाज के हित की कोई बात नहीं होती। उसमें स्थानीयता का कोई सन्दर्भ भी नहीं होता। लोग उम्मीदवार को जानते भी नहीं हैं। तब व्यवस्था का केन्द्रीयकरण होता जाता है। व्यवस्था में जनहित मायने नहीं रखते हैं। तब मतदाताओं की उदासीनता लोकतन्त्र को एक निर्जीव मुहावरा बना देती है। ऐसी लोकतान्त्रिक व्यवस्था में केन्द्रीयकरण बढ़ता जाता है।

गांधी जी का बहुत स्पष्ट विचार था कि "भारत में लोकतन्त्र होगा पर यह एक केन्द्रीयकृत लोकतन्त्र नहीं होगा, बल्कि भारत के सात लाख गाँवों में से हर एक में एक मज़बूत लोकतान्त्रिक व्यवस्था होगी। हर गाँव की आर्थिक, राजनीतिक, सामाजिक और न्यायिक व्यवस्था होगी। उनकी यह सोच कतई नहीं रही कि जाति व्यवस्था, वर्ण व्यवस्था, छुआछूत, स्त्रियों को दोयम दर्जे की नागरिकता जैसी अमानवीय व्यवस्थाएँ और व्यवहार के साथ लोकतन्त्र का निर्माण हो सकता है। वे भारतीय समाज के इस चरित्र को बदलकर लोकतन्त्र की स्थापना करने का ख़्वाब देख रहे थे।

गांधी जी भारत में ऐसी संसदीय व्यवस्था की उम्मीद कर रहे थे, जो भारतीय व्यवस्था की सबसे छोटी इकाई यानि गाँव से शुरू होकर केन्द्र तक पहुँचती हो। वे इस बात से कतई सहमत नहीं थे कि भारत के लोकतन्त्र में केन्द्र से व्यवस्था शुरू हो और गाँव तक जाये।

उस वक़्त दुनिया भर में अमेरिकी और ब्रिटिश लोकतान्त्रिक व्यवस्था को ही एक तरह से आदर्श व्यवस्था के रूप में देखा जा रहा था। हिन्द स्वराज में उन्होंने लिखा कि "अंग्रेज़ों को निकाल बाहर करना चाहिए, लेकिन उन्हें क्यों निकालना चाहिए, इसका कोई ठीक ख़याल किया गया हो, ऐसा नहीं लगता। मान लीजिए कि हम माँगते हैं, उतना सब अंग्रेज़ हमें दे दें तो फिर उन्हें यहाँ से निकाल देने की ज़रूरत आप क्या समझते हैं? मुझे लगता है कि उनके चले जाने के बाद भी उनका बनाया विधान हम चालू रखेंगे और राज का कारोबार चलायेंगे। वास्तव में हमें अंग्रेज़ी राज्य तो चाहिए पर अंग्रेज़ शासक नहीं चाहिए। कहा जाता है कि अंग्रेज़ों की संसद सांसदों की माता है, किन्तु मुझे नहीं लगता कि उस पार्लियामेंट ने एक भी अच्छा काम किया हो। जब तक उस पर कोई दबाव न हो, वह कुछ काम नहीं करती है।"

गांधी जी ने स्वराज, लोकतन्त्र और संसदीय व्यवस्था का जो डरवाना चारित्रिक चित्र खींचा, आज वह पूरी दुनिया पर छाया हुआ दिखाई देता है। उनकी सोच थी कि "लोग संसद में अच्छे सदस्य चुनकर भेजें, जो तनख़्वाह न लें, लोगों की भलाई के लिए संसद में जायें। वे ख़ुद सुशिक्षित और संस्कारी हों ताकि उनसे भूल न हो। ऐसी संसद में न तो अर्ज़ी की ज़रूरत होनी चाहिए और न दबाव की।"

"बात बहुत स्पष्ट है कि संसद के सदस्यों का समाज से इतना गहरा जुड़ाव और संवाद होना चाहिए कि किसी को अपना दुःख कहने की ज़रूरत ही न पड़े और संसद पहल कर दे। ऐसी स्थिति आनी ही नहीं चाहिए कि लोगों को झुण्ड में तब्दील होना पड़े और संसद को अपनी बात सुनाने के लिए चीख़ना और चिल्लाना पड़े। वे लिखते हैं, "लेकिन इसके उलट इतना तो सब कबूल करते हैं कि पार्लियामेंट के सदस्य दिखावटी और स्वार्थी पाये जाते हैं। सब अपना मतलब साधने की सोचते हैं। सिर्फ़ डर के कारण ही संसद कुछ काम करती है। बड़े सवालों पर चर्चा के समय उसके मेम्बर पैर फैलाकर लेटते हैं या बैठे-बैठे झपकियाँ लेते रहते हैं। उसके मेम्बर इतने ज़ोर से चिल्लाते हैं कि सुनने वाले हैरान और परेशान हो जाते हैं।"

गांधी जी ने "पार्लियामेंट यानी संसद को बेसवा कहा यानी उसका कोई मालिक नहीं होता, लेकिन जब उसका कोई मालिक बनता है–जैसे प्रधानमन्त्री, तब भी उसकी

चाल एक सरीखी नहीं होती। प्रधानमन्त्री को पार्लियामेंट की थोड़ी परवाह रहती है, वह तो अपनी सत्ता की मद में मस्त रहता है। अपना दल कैसे जीते, इसी की लगन उसे रहती है। पार्लियामेंट सही काम कैसे करे? इसका वह बहुत कम विचार करता है। मुझे प्रधानमन्त्रियों से द्वेष नहीं है, लेकिन अपने तजुर्बे से मैंने देखा है कि वे सच्चे देशाभिमानी नहीं कहे जा सकते हैं। मैं हिम्मत के साथ कह सकता हूँ कि उनमें शुद्ध भावना और सच्ची ईमानदारी नहीं होती।"

उनका दृढ़ विचार था कि केन्द्रीयकृत लोकतन्त्र से व्यक्ति या व्यक्तियों का समूह ताक़तवर बनता है और ताक़त उन्हें पथभ्रष्ट कर देती है। ऐसी स्थिति में ऐसा विकेन्द्रीकृत लोकतन्त्र प्रभावी हो सकता है जिसमें लोगों की प्रत्यक्ष भागीदारी हो। वे भारत के लोगों को उदासीन मतदाता के रूप में परिवर्तित होते नहीं देखना चाहते थे।

वस्तुतः महात्मा गांधी मानते थे कि मूलभूत अधिकार किसी भी व्यक्ति के जीवन के मूल आधार होते हैं। जब-जब व्यक्ति को मूलभूत अधिकार मिलेंगे, तभी वह समाज और राष्ट्र के प्रति अपने कर्तव्यों का निर्वहन कर सकता है। जिन परिस्थितियों में भारत आज़ाद हुआ था, वह दमन, शोषण, साम्प्रदायिक हिंसा, जातिवादी भेदभाव, ग़रीबी और उपेक्षा की परिस्थितियाँ थीं। ऐसी परिस्थितियों में रहने वाले नागरिकों में उम्मीद जगाने के लिए ज़रूरी था कि उनके मूलभूत अधिकारों की सुरक्षा की जाये। आज़ादी मिल गयी है, यह साबित करने का पहला चरण ही यह था अन्यथा लोग दमन, हिंसा, ग़रीबी, छुआछूत, शोषण के जाल में ही फँसे रह कर कैसे यह महसूस कर पाते कि वे आज़ाद हो गये हैं?

स्वतन्त्र भारत का गांधीवादी संविधान में मूलभूत अधिकार वाले अध्याय में दर्ज है कि 'क़ानून के समक्ष सभी नागरिक समान होंगे और जाति, वर्ण, पन्थ, लिंग, धर्म या सम्पत्ति के आधार पर कोई भेदभाव नहीं होगा'। इन आधारों पर वे रोज़गार, लोक सम्मान, व्यापार और वाणिज्य में किसी भी क़िस्म की अक्षमता का सामना नहीं करेंगे। अहिंसा और सार्वजनिक / लोक नैतिकता के अधीन हर नागरिक को अपनी बात कहने, संगठन बनाने और संवाद करने की स्वतन्त्रता होगी। इसके साथ ही लोक व्यवस्था और नैतिकता के सिद्धान्तों के अधीन हर नागरिक को अपनी निजी और सामाजिक परम्पराओं का पालन करने की स्वतन्त्रता होगी। सभी नागरिकों को अपनी लिपि, भाषा और संस्कृति को सहेजने और विकसित करने की आज़ादी होगी। सभी नागरिकों को कुओं, तालाबों, मार्गों, विद्यालयों, स्थानीय निकायों या राज्य या निजी व्यक्तियों द्वारा स्थापित सार्वजनिक स्थानों का उपयोग करने की स्वतन्त्रता

होगी। हर नागरिक को नि:शुल्क बुनियादी शिक्षा (नयी तालीम) हासिल करने का अधिकार होगा। हर नागरिक हो हिंसा या विपरीत परिस्थितियों में पुलिस का संरक्षण पाने, अपने ईमानदार काम के एवज़ में जीवनयापन के लिए न्यूनतम वेतन पाने, स्वास्थ्य सेवाएँ पाने और मतदान करने का अधिकार होगा।"

कर्तव्य

इसमें कोई शक नहीं है कि महात्मा गांधी अधिकारों की बराबरी में कर्तव्यों को बिठाते थे। उनका नियम तो यही था कि जो जब कर्तव्य निभाये जायेंगे तो अधिकार भी मिलेंगे ही। अगर कर्तव्य नहीं निभाये जायेंगे तो अधिकार मिलना सम्भव नहीं है। कर्तव्यों के मामले में वे इन बातों से सहमत थे कि "हर नागरिक राज्य के प्रति निष्ठा रखेगा; ख़ासतौर पर राष्ट्रीय आपदाओं और विदेशी आक्रमण के समय। हर नागरिक लोक कल्याण के विस्तार के लिए राज्य निधि में नकद, सामग्री या श्रम के रूप में योगदान करेगा। हर नागरिक यह निरीक्षण करेगा कि किसी भी व्यक्ति का व्यक्ति के द्वारा शोषण न किया जाये और यदि वह शोषण देखता है तो उसका विरोध करेगा।"

यानी समाज में अन्याय होने पर वह उसका विरोध करेगा। साथ ही राष्ट्र के प्रति निष्ठा को अपने जीवन का मूल्य मानेगा।

अधिकार और समानता

"अधिकारों की उत्पत्ति का सच्चा स्रोत कर्तव्यों का पालन है। यदि हम सब अपने कर्तव्यों का पालन करें तो अधिकारों को ज़्यादा ढूँढ़ने की जरूरत नहीं रहेगी। जीवन की आवश्यकताओं को पाने का हर एक आदमी को समान अधिकार है। यह अधिकार पशुओं और पक्षियों के भी हैं और चूँकि प्रत्येक अधिकार के साथ एक सम्बन्धित कर्तव्य जुड़ा हुआ है और उस अधिकार पर कहीं से कोई आक्रमण हुआ हो तो उसका वैसा इलाज़ भी है। इसलिए हमारी समस्या का रूप यह है कि हम उस प्रारम्भिक बुनियादी समानता को सिद्ध करने के लिए उस समानता के अधिकार से जुड़े हुए कर्तव्य और इलाज़ ढूँढ़ निकालें। वह कर्तव्य यह है कि हम अपने हाथ-पाँवों से मेहनत करें और वह इलाज़ यह है कि जो हमें हमारी मेहनत के फल से वंचित करे, उसके साथ हम असहयोग करें।"

यह लेख सम्पादित है, अधिकांश उद्धरण हिन्द स्वराज से लिये गये हैं।

बिहार के साहित्यकारों के लिए...

सेवा में,

श्री राजनाथ सिंह

गृह मन्त्री, भारत सरकार

महानुभाव, जब देश में अघोषित आपातकाल जैसी स्थिति बन गयी हो। संसद बिल्कुल ठप्प पड़ा हो। विचारधारा के अन्त की घोषणा दिल्ली से दूर बैठी जनता कर रही हो। संसद से सड़क तक असुरक्षा और भय के बादल मँडरा रहे हों। लेखक, रंगकर्मी, बौद्धिक अपनी क़लम उठाने से डर रहे हों। फ़िल्मकारों की फ़िल्म जबरन रोकी जा रही हो। ऐसे में अतीत के पन्नों में घूमकर कुछ चिन्तकों व कुछ कवियों की पंक्ति गुनगुनाने में दिल को सन्तोष व शान्ति मिलती है। इस अवसाद के क्षण में मुक्तिबोध सहज ही याद आ जाते हैं, जिन्होंने चिन्तातुर होकर मृत्यु शय्या पर कहा था कि 'पार्टनर, अब तो फासिस्टों का राज आ जायेगा।' इस बीभत्स समय की भविष्यवाणी उन्होंने बहुत पहले अपनी कविता 'अँधेरे में' में कर दी थी।

आज देश के लगभग सभी केन्द्रीय विश्वविद्यालयों व भाजपा शासित राज्यीय विश्वविद्यालयों में मानविकी विषयों, ख़ासकर साहित्य के विषयों को हाशिये पर धकेलने की कोशिशें तेज हैं। डिजिटल इंडिया और मशीनी सिंह की दहाड़ में सरकार देश के बौद्धिकों व कवियों की आवाज़ नहीं सुनना चाहती है। 'खोखली विचारधारा' व 'संकीर्ण राष्ट्रवाद' को गढ़ने के लिए संघ ने विश्वविद्यालयों के भीतर स्वयंसेवकों की पूरी कम्पनी उतारने की तैयारी कर ली है। संघ इस कार्य को दो तरीक़े से अंजाम दे रहा है, पहला अपनी विचारधारा को थोपकर और दूसरा विरोधी विचारधारा को नष्ट कर। ऐसे में मेरी दृष्टि दिनकर, नागार्जुन, फणीश्वरनाथ रेणु, शिवपूजन सहाय, रामवृक्ष बेनीपुरी और जानकी बल्लभ शास्त्री की ओर जाती है। इन सभी साहित्यकारों ने अपने-अपने तरीक़े से जनतन्त्र को बचाये रखने और इसे गढ़ने की दिशा में बिहार

की धरती से प्रयास किया था। ये सभी ख़ास सन्दर्भों में क्रान्तिकारी थे। किसी ने पुरस्कार लौटाया तो किसी ने अपनी कविता के ज़रिये राजनीति की दुर्दशा की नंगी तस्वीर रख दी थी। समय-समय पर सरकार को चेतावनी भी दी और इसके कारण जेल भी गये। लेकिन अन्तिम ज़िद्द तक अपने प्रतिरोधी स्वर को बनाये रखा।

मैं आपके माध्यम से भारत सरकार से पूछना चाहता हूँ कि इन साहित्यकारों के सम्मान में अब तक क्या किया गया? क्या इन कवियों की कविताओं को वैचारिक आधार पर सहेजा गया? या संघ के दबाव में इन कवियों को पाठ्यक्रमों से विदा देकर एक जश्न की तैयारी की जायेगी?

रामधारी सिंह 'दिनकर' स्वतन्त्रतापूर्व के विद्रोही कवि के रूप में स्थापित हुए और स्वतन्त्रता के बाद राष्ट्रकवि के रूप में प्रतिष्ठित भी हुए। वे छायावादोत्तर कवियों की पहली पीढ़ी के कवि हैं। एक ओर उनकी कविताओं में ओज, विद्रोह, आक्रोश व क्रान्ति का आवाहन है तो दूसरी ओर कोमल शृंगारिक भावनाओं की गुदगुदाती अभिव्यक्ति है। इन्हीं दो प्रवृत्तियों का चरम उत्कर्ष 'कुरुक्षेत्र' और 'उर्वशी' में मिलता है।

महोदय, दिनकर के साथ-साथ नागार्जुन भी उतने ही महत्त्वपूर्ण कवि हैं। उन्हें यदि हम 'आधुनिक कबीर' कह दें तो कोई गलती नहीं होगी। फक्कड़पन और घुमक्कड़ी प्रवृत्ति नागार्जुन के जीवन की अन्य विशेषताओं में से एक है। व्यंग्य उनके व्यक्तित्व में स्वभावतः सम्मिलित था। चाहे सरकार हो, समाज हो, राजनीति हो, उनके व्यंग्य बाण से कोई बच नहीं पाया। जहाँ भी अनुशासन टूटा, उनकी क़लम उठ जाती थी। अपने बेबाकीपन के कारण उन्हें कई बार जेल भी जाना पड़ा। भारत माता की दुर्दशा से चिन्तित होकर ही उन्होंने लिखा था–

"अन्दर संकट, बाहर संकट, संकट चारों ओर
जीभ कटी है, भारत माता मचा न पाती शोर
देखो धँसी धँसी ये आँखें पिचके पिचके गाल
कौन कहेगा, आज़ादी के बीते तेरह साल।"

आज तेरह क्या तिरेपन साल भी बीत गये, स्थिति और भी बिगड़ गयी है। आज तो भारतमाता लहूलुहान है। नागार्जुन के पास इस तरह की सैकड़ों कविताएँ हैं, कुछ मैथिली में और कुछ बंगला में हैं।

फणीश्वर नाथ रेणु आजीवन शोषण और दमन के विरुद्ध संघर्षरत रहे। इसी प्रसंग में सोशलिस्ट पार्टी से जुड़े और राजनीति में अपनी सक्रिय भागीदारी निभायी। वर्ष 1942 के आन्दोलन में जेल भी गये। वर्ष 1950 में नेपाली दमन क्रान्ति रणसत्ता के विरुद्ध सशस्त्र क्रान्ति के वे सूत्रधार रहे। वर्ष 1954 में 'मैला आँचल' के ज़रिये रेणु को अपार यश और ख्याति मिली। जयप्रकाश आन्दोलन में सक्रिय भागीदारी से उनमें एक धार आयी जो बाद तक बनी रही। सत्ता द्वारा दमन के विरोध में उन्होने 'पद्मश्री' का त्याग भी किया। 'मैला आँचल','परती परिकथा', 'कलंक मुक्ति', 'पल्टू बाबा' आदि इनकी महत्त्वपूर्ण रचनाएँ हैं।

बक्सर में जन्मे शिवपूजन सहाय की लिखी हुई पुस्तकें विभिन्न विषयों से सम्बद्ध हैं। 'बिहार का विहार', में उन्होंने बिहार की तस्वीर खींची है वहीं 'विभूति' नामक कृति में कई कहानियों को समेटा है। 'देहाती दुनिया' उनकी प्रयोगात्मक चरित्र प्रधान औपन्यासिक कृति है।

हिन्दी गद्य साहित्य में सहाय जी का विशिष्ट स्थान है। उनकी रचनाएँ हैं—'मतवाला', 'माधुरी', 'गंगा', 'जागरण', 'हिमालय', 'मेरा जीवन', 'स्मृति शेष' आदि।

रामवृक्ष बेनीपुरी भी ख़ासे महत्त्वपूर्ण हैं। दिनकर ने उनकी मृत्यु के बाद कहा था कि "पंडित बेनीपुरी केवल साहित्यकार नहीं थे, उनके भीतर केवल वही आग नहीं थी जो क़लम से निकलकर साहित्य बन जाती है। उस आग के भी धनी थे जो राजनीतिक और सामाजिक आन्दोलनों को जन्म देती है। जो परम्पराओं को तोड़ती है और मूल्यों पर प्रहार करती है। जो चिन्तन को निर्भीक एवं कर्म को तेज बनाती है। बेनीपुरी जी के भीतर बेचैन क्रान्तिकारी, बेचैन कवि, बेचैन चिन्तक, निर्भीक योद्धा सभी एक साथ निवास करते थे। लम्बे समय तक जेल में रहने वाले बेनीपुरी सच्चे अर्थों में क्रान्तिवीर थे। उनकी मुख्य रचनाएँ हैं—'माटी की मूरतें', 'आम्रपाली', 'जयप्रकाश', 'नेत्रदान' आदि।

हिन्दी साहित्य के क्षेत्र में जानकी बल्लभ शास्त्री का नाम भी बेहद महत्त्वपूर्ण है। हिन्दी में उनकी प्रतिष्ठा एक कवि, एक आलोचक और एक चिन्तक की रही है। शास्त्री जी ने कविता के क्षेत्र में कुछ प्रयोग भी किये और सन् चालीस के दशक में कई छन्दबद्ध काव्य कथाएँ भी लिखीं, जो 'गाथा' नामक संकलन में संकलित हैं। इसके अलावा उन्होंने कई काव्य नाटकों की रचना की और 'राधा' महाकाव्य से ख़ूब विख्यात हुए। गीत और ग़ज़ल ने उनके व्यक्तित्व को और अधिक प्रभावी बनाया। 'बाललता', 'अंकुर','उन्मेष','अवन्तिका' आदि इनकी प्रसिद्ध रचनाएँ

हैं। न जाने किस कारणवश शास्त्री जी को जो प्रतिष्ठा मिलनी चाहिए थी, वह नहीं मिली। कहीं न कहीं सरकारी विभागों की उदासीनता भी इसके लिए ज़िम्मेवार है।

महानुभाव, आपके माध्यम से मैं सरकार से यह माँग करता हूँ कि शास्त्री जी के सम्मान और सच्ची श्रद्धांजलि के ख़ातिर उनके नाम पर एक युवा पुरस्कार घोषित किया जाये। 'जानकी बल्लभ शास्त्री युवा सम्मान' के नाम से यदि यह पुरस्कार घोषित हो तो यह युवा लेखकों के लिए हर्ष का विषय होगा और उन्हें प्रोत्साहन भी मिलेगा।

महानुभाव, हमें यदि देश की साझी संस्कृति और विरासत को बचाये रखना है तो हमें इन लेखकों के विचारों और साहित्यों को बचाये रखना पड़ेगा। हमें यदि जनतन्त्र को बचाये रखना है तो प्रतिरोधी स्वरों को भी सुनना पड़ेगा। यह स्वर और विरासत को बचाये रखने की संजीवनी तो हमें इन्हीं लेखकों की पंक्तियों से मिलती है। ऐसे में आवश्यक है कि सरकार इन सभी साहित्यकारों के जन्मदिन को राजकीय सम्मान के साथ मनाने में अपनी दिलचस्पी दिखायें। केन्द्रीय विश्वविद्यालयों में इन कवियों के नाम पर भी भवन बनाये जायें साथ ही साथ इन कवियों के गृह ज़िलों में एक न्यास की स्थापना हो, जहाँ इनकी कृतियाँ सहेजी जायें और ज्ञान के विकास में इन न्यासों की भागीदारी भी सुनिश्चित कीया जायें, इस दिशा में यदि सरकार ठोस क़दम उठाती है तो मैं इस पुनीत कार्य के लिए आपका और सरकार का आभारी रहूँगा।

सकर्मक राजनीति के पर्याय नीतीश कुमार

सकर्मक राजनीति के लगभग पर्याय बन चुके मुख्यमन्त्री श्री नीतीश कुमार के सुरुचि के भूगोल में बहुत से ऐसे तत्त्व और विचार हैं, जिन पर चर्चा अपेक्षित है। आज इस सन्दर्भ को मैंने केवल इसलिए उठाने की कोशिश की है कि एक व्यक्ति अब उस प्रस्थान बिन्दु पर खड़ा है, जहाँ से इतिहास की लम्बी लकीरें खिंचती हैं।

हमारी राजनीति समान आन्दोलन के गर्भ से उपजी हुई है। हम एक-दूसरे के साक्षी रहे हैं। आज बिहार और उसकी अस्मिता को अन्तरराष्ट्रीय मंच पर यदि प्रतिष्ठा मिली है तो उसका सारा श्रेय श्री नीतीश कुमार को जाता है। सोयी हुई जन-आकांक्षाओं को उन्होंने जगाया है। बिहार के लोगों को राज्य के बाहर और भीतर आत्मविश्वास से लबरेज़ किया है। विकास की पटरियों के बीच से सामाजिक उत्थान की आँधी को चलाया है। न केवल चलाया है वरन विकसित बिहार का सपना भी लोगों को दिखाया है।

हाल के दिनों में बिहार में मुख्यमन्त्री नीतीश कुमार ने जो काम किया है, उससे बिहार की प्रतिष्ठा बढ़ी है। यह साहसिक क़दम उन जैसे व्यक्ति से ही सम्भव था। शराब बन्दी से लेकर दहेज बन्दी और भी कई मसलों पर नीतीश जी ने जो कौशल दिखाया है, वह प्रशंसनीय है। इस पूरे उद्यम से न केवल बिहार बल्कि उनकी छवि नये सिरे से स्थापित हुई है। राष्ट्रीय राजनीति के फ़लक पर उनके हस्तक्षेप को समझे बग़ैर आगे बढ़ जाना अब सम्भव नहीं है।

भारतवर्ष कई आन्दोलनों व कई वैचारिक बदलावों का साक्षी रहा है। इसने नेहरू का समाजवाद भी देखा है, ज़मींदारी उन्मूलन के संघर्ष भी देखे हैं और लोहिया से लेकर जयप्रकाश को भी देखा और परखा है। इस क्रमबद्धता में यदि हम वर्तमान राजनीति को देखते हैं तो मुझे केवल निराशा ही हाथ लगती है। यह सब सोचते हुए मैं उदास हो जाता हूँ। सनसनीखेज क़िस्सों के ज़रिये मसालेदार राजनीति आज का

मुख्य विषय बन चुका है। मूल्यों और आदर्शों की बलि दी जा चुकी है। ऐसे में सत्ता का उन्मादी आचरण दिखना स्वाभाविक ही है।

कुर्सी, जब भी सत्ता का पर्यायवाची बन जाती है, सामाजिक समस्याएँ जटिल होती चली जाती हैं। आज केन्द्र की राजनीति में मुझे कोई गम्भीरता नज़र नहीं आती है। दूरदर्शिता के अभाव की बात तो सभी मान ही चुके हैं। यदि केवल बोलने या नारा गढ़ने से समस्याओं का समाधान हो जाता तो हमारे देश में पहले भी कई वाक्पटु लोग अवतरित हो चुके हैं, फिर तो समस्या शेष हो चुकी होती। लेकिन ऐसा हुआ नहीं और न ही कभी होगा। लोग कहते हैं कि पहली बार देश को बोलने वाला प्रधानमन्त्री नसीब हुआ है। मुझे इस प्रसंग में कुछ भी नहीं कहना है ...

मेरा इतना भर कहना है कि दर्शन और सिद्धान्त के बग़ैर कोई भी राजनीतिक कार्यक्रम विपरीत असर डाल सकता है। राजनीति केवल आश्वासन का तिकड़मी खेल मात्र नहीं है। वह अपने आचरण में बहुत ही संरचनात्मक और सकर्मक है। पवित्रता, मर्यादा और दूरदर्शिता इसके आभूषण हैं। यदि ये तीन चीज़े नहीं हैं, फिर सब कुछ प्रबन्धन मात्र है और यह टिकाऊ तो बिल्कुल भी नहीं हो सकता। इतिहास अपने पन्नों में इन चीज़ों को दर्ज भी नहीं करता।

भारतीय राजनीति में भारी कोलाहलों के बीच एक ऐसा नेता भी हमारे बीच है, जो विरुद्धों के बीच सामंजस्य स्थापित करने में माहिर है। धैर्य, साहस व अपने कौशल से उसने बिहार को सींचा है, उसे नयी ऊँचाई दी है। सत्ता संचालन में जिस कौशल का उपयोग अब तक उस व्यक्ति ने किया है, उसका पर्याय मुझे समकालीन राजनीति में नहीं दिखता है। सत्यता को ईमानदारी से जनता के बीच में रखने वाले सी.एम. को आपने कहीं और भी देखा है?

यदि दिल्ली और बिहार की राजनीति की तुलना की जाय, तो मुझे लगता है कि सब कुछ साफ़ और स्पष्ट हो जायेगा। मैं लम्बे अन्तराल से मुख्यमन्त्री नीतीश कुमार के सामाजिक और राजनीतिक प्रयोगों का साक्षी रहा हूँ। मैंने जितना सोचा था, कहीं उससे आगे बढ़कर मेरी धारणा को नये सिरे से गढ़ने के लिए उस व्यक्ति ने मुझे विवश किया है। आज उनका जन्मदिन है। मैं उन्हें बधाई और शुभकामना देता हूँ और यह उम्मीद भी करता हूँ कि इसी कौशल से वह राजनीति के इतिहास में अपने पन्नों को जोड़ते रहें...

अस्पताल से...
2 मार्च 2017

बहुआयामी हिन्दी

राष्ट्रभाषा, राजभाषा, जनभाषा, सम्पर्क भाषा और विश्वभाषा

हिन्दी भाषा ने अपनी हज़ार साल से ज़्यादा की यात्रा में अनेक पड़ाव पार किये हैं। उसकी इस विकास यात्रा की एक बड़ी विशेषता यह रही है कि वह सदा 'जन' की ओर प्रवाहित होती रही है। चाहे बोलियों और भाषाओं के बीच सम्पर्क की बात हो या व्यापार-वाणिज्य और ज्ञान-विज्ञान से लेकर धर्म-अध्यात्म और राष्ट्रीयता की चेतना के अखिल भारतीय प्रसार की बात हो। दक्षिण एशिया के लोगों के आपसी वार्तालाप की बात हो या फिर विश्व भर में फैले भारतवंशियों की भारतीय पहचान की बात हो, हिन्दी इन सारी भूमिकाओं को बखूबी निभाती आयी है और निभा रही है क्योंकि उसमें जन से जुड़ने की अद्‌भुत शक्ति विद्यमान है। अपनी जनशक्ति के कारण ही यह भाषा स्वतन्त्र भारत में 'राष्ट्रभाषा' और 'राजभाषा' का स्थान प्राप्त कर पायी।

14 सितम्बर 1949 को भाषा सम्बन्धी प्रावधानों को संविधान सभा ने स्वीकृत किया था। यह तय किया गया था कि 15 वर्ष के भीतर हिन्दी को व्यवहारत: उसका संवैधानिक अधिकार दिलाने के लिए आवश्यक प्रयास किये जायेंगे। लेकिन ऐसा नहीं हो पाया, इसलिए हिन्दी को हर क्षेत्र में प्रसारित करने के लिए राष्ट्रभाषा प्रचार समिति, वर्धा ने वर्ष 1953 में सम्पूर्ण भारत में 14 सितम्बर को प्रति वर्ष हिन्दी दिवस के रूप में मनाना शुरू किया। आगे चलकर केन्द्र सरकार ने इसे सरकारी कार्यालयों में एक अनिवार्य आयोजन का रूप दे दिया। संविधान लागू होने के 15 वर्ष बीतते-बीतते कुछ राज्यों में भाषाई राजनीति का ऐसा उबाल आया कि हिन्दी के साथ अंग्रेज़ी को सह-राजभाषा बना दिया गया। हिन्दी का विरोध करने वाले राज्यों की सहमति की अनिवार्यता के कारण हिन्दी के व्यावहारिक रूप में भारत संघ की राजभाषा बनने की सम्भावनाओं पर पानी फिर गया।

फिलहाल, जहाँ तक भारतीय संविधान में राजभाषा सम्बन्धी व्यवस्था का प्रश्न है, यह भारत की जातीय अस्मिता और सांस्कृतिक विरासत को अक्षुण्य बनाये रखने तथा विकसित करने के उद्‌देश्य से की गयी है। इसे केवल सरकारी कामकाज की भाषा तक सीमित रखना उचित नहीं होगा। सच तो यह है कि हिन्दी का सामासिक स्वरूप राजभाषा की अपेक्षा व्यापक जनसम्पर्क, शिक्षा, साहित्य, सिनेमा, मीडिया, वाणिज्य, व्यवसाय, ज्ञान-विज्ञान और तकनीकी भाषा के रूप में उसके व्यापक व्यवहार द्वारा ही सम्भव है। विभिन्न संवैधानिक संस्थाओं के माध्यम से यह माँग उठनी चाहिए कि हिन्दी का जो संवैधानिक अधिकार लम्बे समय से लम्बित पड़ा है, उसे तुरन्त बहाल किया जाये। ज़रूरी हो तो इसके लिए न्यायालय की शरण में भी जाया जा सकता है।

बहुभाषिकता की दृष्टि से भारत सम्भवतः विश्व भर में सर्वाधिक विविधताओं और विचित्रताओं वाला देश है। हज़ारों मातृभाषाएँ यहाँ हज़ारों साल से बोली जाती हैं। भिन्न भाषा-भाषियों के बीच परस्पर संवाद के लिए अलग-अलग सन्दर्भों में कई भाषाएँ सम्पर्क भाषा का काम करती हैं। भारत की जिस धार्मिक और सांस्कृतिक एकता की प्रायः चर्चा की जाती है, उसका आधार सम्भवतः ऐसी सम्पर्क भाषा रही होगी जिसके माध्यम से देश भर में पर्यटन, तीर्थाटन और व्यापार-व्यवसाय करने वाले परस्पर विचार-विनिमय करते रहे होंगे। प्राचीन भारत में यह भूमिका संस्कृत ने निभाई। आधुनिक भारत में यह काम हिन्दी कर रही है। यह भी देखा जा सकता है कि जब-जब भारत में कोई धार्मिक, सामाजिक, राजनैतिक आन्दोलन खड़ा हुआ या किसी लोकनायक ने सम्पूर्ण देश को एक साथ सम्बोधित करना चाहा, तब-तब उन आन्दोलनों और लोकनायकों ने उस काल की सम्पर्क भाषा को अपनाया। यही आवश्यकता 19वीं और 20वीं शताब्दी में स्वतन्त्रता आन्दोलन के नायकों ने अनुभव की। निर्विवाद रूप से हिन्दी को व्यापक जनसम्पर्क के लिए सर्वाधिक समर्थ भाषा के रूप में पाया और स्वीकार किया। महात्मा गांधी और उनके समकालीनों ने इसीलिए हिन्दी को राष्ट्रभाषा के रूप में प्रतिष्ठा प्रदान की। राजभाषा के रूप में भी हिन्दी की प्रतिष्ठा का यही आधार रहा। इसलिए यह आवश्यक है कि हिन्दी के प्रयोक्ता अपने दैनन्दिन व्यवहार से लेकर औपचारिक अवसरों तक सर्वत्र हिन्दी के व्यवहार को व्यापकतर बनाएँ ताकि उसकी सर्वग्राह्यता बढ़ती रहे।

हम आज की बात करें तो संचार क्रान्ति के इस दौर में टेलीविज़न और स्मार्ट फ़ोन सम्प्रेषण के महत्त्वपूर्ण और लोकप्रिय माध्यम हैं और इन माध्यमों के सहारे

हिन्दी अखिल भारतीय ही नहीं बल्कि वैश्विक स्तर के नये आयाम छू रही है। आज इन माध्यमों पर दिखने वाले विज्ञापनों या प्रमोशनल वीडियो की भाषा के रूप में आने वाली हिन्दी शुद्धतावादियों को भले ही पच न रही हो, युवा वर्ग ने उसे देशभर में अपने सक्रिय भाषाकोश में शामिल कर लिया है और इसके साथ स्वयं को बहुत ही सहज पाता है। इसे हिन्दी के सन्दर्भ में संचार माध्यम की बड़ी देन कहा जा सकता है। अपनी समावेशी प्रवृत्ति के कारण हिन्दी इस तरह अपनी स्वीकार्यता का विस्तार करती दिखाई दे रही है। यहाँ यह ध्यान रखने की बात है कि भाषा-मिश्रण भाषा- विकास का एक चरण भर है। इससे आतंकित होना उचित नहीं। बल्कि हमें ख़ुश होना चाहिए कि हमारी भाषा में नये-नये वैविध्य सम्भव हो पा रहे हैं। थोड़ा ध्यान दें तो पायेंगे कि जहाँ एक तरफ़ साहित्य-लेखन की भाषा आज भी संस्कृतनिष्ठ बनी हुई है, वहीं दूसरी तरफ़ संचार माध्यमों की भाषा ने जनभाषा का रूप धारण करके व्यापक जनस्वीकृति प्राप्त की है। दूसरे शब्दों में कहें तो नये संचार माध्यमों के कारण हिन्दी भाषा बड़ी तेजी से तत्समता से सरलीकरण की ओर जा रही है। उसे अखिल भारतीय ही नहीं बल्कि वैश्विक स्वीकृति प्राप्त हो रही है।

यहाँ यह जानना दिलचस्प होगा कि स्वतन्त्रता प्राप्ति के समय तक हिन्दी दुनिया में तीसरी सर्वाधिक बोली जाने वाली भाषा थी परन्तु आज वह दूसरी सर्वाधिक बोली जाने वाली भाषा बन गयी है। यदि हिन्दी जानने-समझने वाले हिन्दीतरभाषी देशी-विदेशी हिन्दी-भाषा-प्रयोक्ताओं को भी जोड़ लिया जाये तो हिन्दी विश्व की प्रथम सर्वाधिक व्यवहार वाली भाषा सिद्ध होगी। हिन्दी के इस वैश्विक विस्तार का बड़ा श्रेय भूमण्डलीकरण और संचार माध्यमों के विस्तार को जाता है। यह कहना ग़लत न होगा कि संचार माध्यमों ने हिन्दी के जिस विविधतापूर्ण सर्वसमर्थ नये रूप का विकास किया है, उसने भाषा समृद्ध समाज के साथ-साथ भाषा-वंचित समाज के सदस्यों को भी वैश्विक सन्दर्भों से जोड़ने का काम किया है। यह नयी हिन्दी कुछ प्रतिशत अभिजात वर्ग के दिमाग़ी शगल की भाषा नहीं बल्कि अनेकानेक बोलियों में व्यक्त होने वाले ग्रामीण भारत की नयी सम्पर्क भाषा है। आज के भारत तक पहुँचने के लिए बड़ी से बड़ी बहुराष्ट्रीय कम्पनियों को भी हिन्दी और भारतीय भाषाओं का सहारा लेना पड़ रहा है।

हिन्दी को जो चीज़ जीवन्त बनाती है, वह है इसकी गतिशीलता। यह हिन्दी का बुनियादी चरित्र है। अपनी लचीली प्रकृति के कारण हिन्दी स्वयं को विभिन्न सामाजिक आवश्यकताओं के लिए आसानी से बदल लेती है। इसी कारण इसके

अनेक ऐसे क्षेत्रीय रूप विकसित हो गये हैं जिन पर उन क्षेत्रों की भाषा का प्रभाव साफ़-साफ़ दिखाई देता है। ऐसे अवसरों पर हिन्दी व्याकरण और संरचना के प्रति अतिरिक्त सचेत नहीं रहती बल्कि पूरी उदारता के साथ इस प्रभाव को आत्मसात कर लेती है। यह प्रवृत्ति हिन्दी के निरन्तर विकास का आधार है। जब तक यह प्रवृत्ति है तब तक हिन्दी का विकास रुक नहीं सकता। बाज़ारीकरण की अन्य कितने भी कारणों से निन्दा की जा सकती हो लेकिन यह मानना होगा कि उसने हिन्दी के लिए अनुकूल चुनौती प्रस्तुत की। बाज़ारीकरण ने आर्थिक उदारीकरण, सूचना क्रान्ति तथा जीवन शैली के वैश्वीकरण की जो स्थितियाँ भारत की जनता के सामने रखीं, उनमें पड़कर हिन्दी भाषा के अभिव्यक्ति कौशल का विकास ही हुआ। अभिव्यक्ति कौशल के विकास का अर्थ भाषा का विकास ही है।

एक और महत्त्वपूर्ण बात यह कि बाज़ारीकरण के साथ विकसित होती हुई हिन्दी की अभिव्यक्ति क्षमता भारतीयता के साथ जुड़ी हुई है। यदि इसका माध्यम अंग्रेज़ी हुई होती तो अंग्रेज़ियत का प्रचार होता। लेकिन आज प्रचार माध्यमों की भाषा हिन्दी होने के कारण वे भारतीय परिवार और सामाजिक संरचना की उपेक्षा नहीं कर सकते। इसका अभिप्राय है कि हिन्दी का यह नया रूप बाज़ार सापेक्ष होते हुए भी संस्कृति निरपेक्ष नहीं है। विज्ञापनों से लेकर धारावाहिकों तक के विश्लेषण द्वारा यह सिद्ध किया जा सकता है कि संचार माध्यमों की हिन्दी सही अर्थों में अंग्रेज़ी और अंग्रेज़ियत की छाया से मुक्त है और अपनी जड़ों से जुड़ी हुई है। कहा जा सकता है कि हिन्दी और अन्य भारतीय भाषाओं ने बाज़ारवाद के ख़िलाफ़ उसी के एक अस्त्र बाज़ार के सहारे बड़ी फतह हासिल कर ली है। अंग्रेज़ी भले ही विश्व भाषा हो, भारत में वह डेढ़-दो प्रतिशत की ही भाषा है। इसीलिए भारत के बाज़ार की भाषाएँ भारतीय भाषाएँ ही हो सकती हैं, अंग्रेज़ी नहीं। उन सबमें हिन्दी की सार्वदेशिकता पहले ही सिद्ध हो चुकी है।

चन्द्रशेखर : एक अद्वितीय व्यक्तित्व

मैं आज अपने को गौरवान्वित महसूस कर रहा हूँ कि पूर्व प्रधानमन्त्री चन्द्रशेखर जैसे अद्वितीय व्यक्ति से मेरा घनिष्ठ सम्बन्ध रहा। बहुत नज़दीक से उन्हें देखने, समझने और एक लम्बे समय तक सामाजिक व राजनीतिक क्षेत्र में काम करने का मौक़ा मिला। सही मायने में मैं चन्द्रशेखर जी के विचारों से छात्र जीवन से ही प्रभावित था। जब बिहार में वर्ष 1974 का छात्र आन्दोलन शुरू हुआ, जिसे जयप्रकाश नारायण ने एक नया आयाम दिया था तब चन्द्रशेखर जी ने कांग्रेस कार्यसमिति के सदस्य रहते हुए भी आन्दोलन के प्रति न सिर्फ़ सहानुभूति दिखायी बल्कि आगे बढ़कर नैतिक, वैचारिक और सैद्धान्तिक समर्थन भी दिया। वह एक ऐसा दौर था जब तत्कालीन प्रधानमन्त्री श्रीमती इन्दिरा गांधी का कांग्रेस पर भारी दबदबा था। उनके ख़िलाफ़ बोलने का साहस किसी कांग्रेसी नेता में नहीं था। वर्ष 1975 में उन्होंने कांग्रेस पार्टी छोड़ दी तथा आपातकाल के दौरान 19 महीने काल कोठरी में बिताये। वे चाहते तो कांग्रेस में रहकर सत्ता सुख प्राप्त करते रहते लेकिन उन्होंने अन्याय के ख़िलाफ़ आवाज़ उठायी, त्याग किया और कष्ट व संघर्ष का रास्ता चुना।

वर्ष 1977 भारत के लोकतन्त्र के इतिहास में एक अहम वर्ष था। आपातकाल के बाद मार्च वर्ष 1977 में आम चुनाव हुआ और श्री मोरारजी देसाई के प्रधानमन्त्रित्व में कांग्रेस विरोधी कई पार्टियों को मिलाकर बनी जनता पार्टी की सरकार का गठन हुआ। इस पार्टी की बागडोर चन्द्रशेखर जी को सौंपी गयी। वे पार्टी के अध्यक्ष बने। वे चाहते तो मन मुताबिक सरकार में पद प्राप्त कर सत्ता सुख हासिल कर सकते थे, लेकिन उन्होंने संगठन को मज़बूत करने और जनता के सम्पर्क में रहने का निश्चय किया। यह भी एक विडम्बना ही थी कि जनता पार्टी में आपसी मतभेद से फूट पड़ गयी। सरकार भी गिर गयी। लेकिन चन्द्रशेखर जी लम्बे समय तक जनता पार्टी के अध्यक्ष रहे। वह अपने समर्थकों व अनुयायियों के बीच 'अध्यक्ष जी' के नाम से मशहूर हुए।

चन्द्रशेखर जी ज़मीन से जुड़े हुए नेता थे। आम लोगों के साथ सम्पर्क स्थापित करने और जन समस्याओं को नज़दीक से देखने तथा समझने के उद्‌देश्य से उन्होंने वर्ष 1983 में कन्याकुमारी से राजघाट, दिल्ली तक की पदयात्रा की। यह पदयात्रा बहुत चर्चित रही और सामान्य जन के बीच चन्द्रशेखर जी इससे काफ़ी लोकप्रिय हुए। इस पदयात्रा के दौरान राजनैतिक कार्यकर्ताओं को प्रशिक्षित करने के लिए उन्होंने कई राज्यों में 'भारत एकता केन्द्र' स्थापित किये। जनता को उनके कर्तव्यों व अधिकारों के प्रति जागरूक करने के लिए यह उनका अहम प्रयास था। भारत की विविधताओं में एकता और शान्ति स्थापित करना उनके जीवन का एक मुख्य लक्ष्य था। तमिलनाडु, केरल, महाराष्ट्र (पुणे), यूपी, गुजरात, हरियाणा, बिहार (किशनगंज) आदि स्थानों पर स्थापित ये भारत एकता केन्द्र रचनात्मक कार्यक्रमों को बढ़ावा देने वाले अद्‌भुत केन्द्रों के रूप में विकसित हुए। इनमें हरियाणा के गुड़गाँव में भोडसी स्थित चन्द्रशेखर जी का आश्रम उनकी श्रम शक्ति और कल्पनाशीलता का अनोखा नमूना कहा जा सकता है। धूसर पहाड़ी पर एक लाख पौधारोपण, झील का निर्माण और डेरी की स्थापना यहाँ की गयी। यहाँ लोगों को प्रेरित करने के लिए चन्द्रशेखर जी ने ख़ुद भी कुदाल चलाई। माता भुवनेश्वरी का आश्रम यहाँ चिन्तन और अध्यात्म का अद्‌भुत केन्द्र है।

बिहार में पश्चिमी चम्पारण के भितिहरवा ग्राम स्थित गांधी आश्रम से पटना तक की उनकी पदयात्रा भी उल्लेखनीय है। कृषि, रोज़गार और पेयजल समेत विविध ग्रामीण और जनपक्षीय मुद्‌दों को लेकर की गयी इस पदयात्रा में मैं भी उनके साथ था।

दिल्ली या सत्ता कभी उन पर हावी नहीं हुई। राजनीति में शीर्ष पर रहते हुए भी वे अपने गाँव और शुरुआती दिनों के साथियों को कभी नहीं भूले। इतने सरल कि अपने गाँव आने पर उनका भव्य स्वागत हुआ तो आँखों से आँसू बह निकले।

बलिया, उत्तर प्रदेश के एक छोटे से गाँव इब्राहिम पट्टी में जन्म लेकर विश्व के सबसे बड़े लोकतन्त्र का प्रधानमन्त्री बनने का गौरव चन्द्रशेखर जी को मिला। इतिहास में ऐसे उदाहरण नहीं के बराबर हैं। यह उनके नेतृत्व की कुशलता व क़ाबिलियत को दर्शाता है। देश के प्रधानमन्त्री के रूप में उनका कार्यकाल बहुत ही छोटा रहा लेकिन इस छोटे काल में ही उन्होंने कार्यकुशलता की अमिट छाप छोड़ी।

जब मैं संसद में निर्वाचित होकर आया तो चन्द्रशेखर को अत्यन्त नज़दीक से देखने का मौक़ा मिला। उनका भाषण सशक्त, धाराप्रवाह और मन्त्रमुग्ध कर देने

वाला होता था। जब वे सदन में बोलने के लिए खड़े होते थे तो सभी सदस्य उनका सम्मान करते और उन्हें ध्यानपूर्वक सुनते थे। उनका संसदीय भाषण अर्थपूर्ण और सार्थक होता था।

अटल बिहारी वाजपेयी सरकार के दौरान परमाणु परीक्षण के बाद इस विषय पर जब संसद में बहस हो रही थी, तब चन्द्रशेखर जी ने भारत के परमाणु विस्फोट पर तालियाँ पीट रही पूरी संसद की भावनाओं से एकदम उलट, मगर अर्थपूर्ण और ओजस्वी भाषण दिया। उन्होंने कहा आज सारा देश प्रसन्नता से तालियाँ बजा रहा है, मगर एक आदमी है चन्द्रशेखर, जो रो रहा है। परमाणु हथियारों से दुनिया के मसले हल नहीं होंगे। किसी मसले को हल करने के लिए वार्ता और अच्छा रिश्ता ही सबसे ज़्यादा उपयोगी है।

आम आदमी की समस्याओं को वे बड़ी ख़ूबी से उठाते थे। किसी भी विषय पर उनकी गहरी पकड़ रहती थी। वर्ष 1995 में उन्हें उत्कृष्ट सांसद पुरस्कार से सम्मानित भी किया गया। भारतीय लोकतन्त्र को सुदृढ़ बनाने का उन्होंने हमेशा प्रयास किया। वे सत्ता लोलुप नहीं थे। जब वर्ष 1991 में उन्हें लगा कि बहुमत उनके साथ नहीं है तो तुरन्त बिना किसी हिचक व दबाव के प्रधानमन्त्री पद से त्यागपत्र दे दिया।

श्री चन्द्रशेखर जी राजनेता के अलावा एक विचारक, पत्रकार और लेखक भी थे। देश में प्रगतिशील विचारधारा के विकास में उन्होंने उल्लेखनीय योगदान दिया। वे 'यंग इंडियन' के संस्थापक सम्पादक और सम्पादकीय सलाहकार बोर्ड के अध्यक्ष थे। यह पत्रिका हम लोग बड़े चाव से पढ़ते थे और उनके विचारों से अवगत होते थे। उन्होंने दो किताबें भी लिखी हैं। आपातकाल के समय जेल में रहते हुए उनकी लिखी 'मेरी जेल डायरी' काफ़ी चर्चित रही। इसके अलावा उनकी दूसरी किताब 'डायनॉमिक्स ऑफ़ सोशल चेंज' को उनके सामाजिक, मौलिक चिन्तन के लिए जाना जाता है।

चन्द्रशेखर लोकतान्त्रिक संस्थाओं के बड़े पक्षधर थे। वे हमेशा उनको बचाये रखने की वकालत करते थे। वे विचार की राजनीति करते थे। किसी भी मसले पर उनके वक्तव्य से उस विषय पर उनकी मज़बूत पकड़ का पता चलता था। कश्मीर, पंजाब, नागालैंड कोई भी विषय हो, उसकी वे गहरी जानकारी रखते थे। सार्क सम्मेलन में तैयार भाषण से हटकर दिया गया उनका विस्तृत वक्तव्य पूरे दक्षिण एशिया क्षेत्र के बारे में उनकी गहरी पैठ को दर्शाता है।

श्री चन्द्रशेखर जी अपने वक्तव्यों में अपना विरोध धारदार तरीक़े से प्रकट करते थे। मगर इसके कारण कोई कटुता नहीं आने देते। एक बार उनका जन्मदिन श्री अटल बिहारी वाजपेयी जी की अध्यक्षता में मनाया जा रहा था। श्री वाजपेयी जी ने चुटकी ली "चन्द्रशेखर जी मेरे अच्छे मित्र हैं। हमें मानते भी बहुत हैं। मगर जब ख़ुश होते हैं तो इस्तीफ़ा से कम नहीं माँगते।" इस पर चन्द्रशेखर जी ने कहा, "देश जिस प्रकार चल रहा है उससे मैं सहमत नहीं हूँ, मगर इस पार्टी में आप ही इसे चला भी सकते हैं।"

भारतीय राजनीति में चन्द्रशेखर जी का लगभग पाँच दशक लम्बा सफ़र रहा। वे पहली बार वर्ष 1962 में उत्तर प्रदेश से राज्यसभा के सदस्य चुने गये। तीन बार राज्यसभा और आठ बार लोकसभा के लिए निर्वाचित होना यह दर्शाता है कि वे कितने लोकप्रिय व कद्दावर नेता थे। वे मूलत: समाजवादी विचारधारा के सिद्धान्तों के प्रति हमेशा प्रतिबद्ध रहे। आचार्य नरेन्द्र देव के वह सच्चे अनुयायी थे। जयप्रकाश नारायण से उनका काफ़ी निकट का सम्बन्ध था। गांधी और लोहिया के विचार भी उनमें रचे-बसे थे। जब वे कांग्रेस में थे तो 'युवा तुर्क' कहे जाते थे। वे एक निर्भीक और सशक्त नेता थे। अपने सिद्धान्तों से उन्होंने कभी समझौता नहीं किया। शायद यही कारण रहा है कि जीवन के अन्तिम दिनों में कुछ अकेले पड़ गये। उन्होंने 'समाजवादी जनता पार्टी' बनायी। जब जुलाई वर्ष 2007 में उनका निधन हुआ, तब वे 14वीं लोकसभा में अपनी पार्टी के एक मात्र सदस्य थे। उत्तर प्रदेश सरकार ने चन्द्रशेखर जी के जन्मदिन पर राजकीय अवकाश घोषित किया जबकि बिहार में उनकी जयन्ती राजकीय समारोह के तौर पर मनायी गयी। इस महान दिवंगत अपने प्रिय राजनेता को मैं अपनी श्रद्धांजलि देता हूँ। वे अपने सिद्धान्तों के प्रति निष्ठा और समर्पित समाजवादी के रूप में हमेशा याद किये जायेंगे।

18 अप्रैल, 2015

बाबू वीर कुँवर सिंह का विजयोत्सव

बाबू वीर कुँवर सिंह ने 23 अप्रैल 1857 को अपने जगदीशपुर के क़िले पर से अंग्रेज़ों का यूनियन जैक उतारकर उसे भारतीय तिरंगा झण्डा फहराकर आज़ाद कराया था। इस दिन की घटना भारतीय स्वतन्त्रता आन्दोलन के लिए न केवल ऐतिहासिक थी बल्कि सम्भवत: किसी किले पर ध्वजारोहण की पहली घटना थी। आज़ादी के लिए बेचैन पूरे देश के लिए यह घटना रास्ता दिखाने वाला प्रेरक उदहारण भी बन गयी। इस दिन को पूरे बिहार में वीर कुँवर सिंह के विजयोत्सव के रूप में मनाया जाता है।

बाबू वीर कुँवर सिंह जी ने इस दिन के लिए लम्बा संघर्ष किया। अंग्रेज़ी सेना उनसे भय से थरथर काँपती थी। सीमित साधनों से ही कुशल रणनीति और ज़ोरदार हौसले के बल पर वे अंग्रेज़ी सेना के दाँत खट्टे कर देते थे। एक बार अंग्रेज़ों से लोहा लेते हुए उनकी बाँह में गोली लग गयी और ज़हर फैलने का ख़तरा हो गया तो 80 साल के इस निर्भीक योद्धा ने अपने ही हाथों तलवार से गोली लगा अपना दूसरा हाथ काट कर गंगा में समर्पित कर दिया। बाबू वीर कुँवर सिंह की बहादुरी के क़िस्से बिहार के गाँव-गाँव में कहे-सुने जाते हैं।

बाबू वीर कुँवर सिंह भारतीय या बिहारी सामाजिक परिस्थितियों के सच्चे राजा थे। उनमें जर्बदस्त सांगठनिक व सामरिक क्षमता थी। सामाजिक समरसता की भावना भी उनमें कूट-कूट कर भरी थी। राजपूत राजा होने के बावजूद उनके मन्त्रिमण्डल सेना में दलित, अल्पसंख्यक और पिछड़े वर्ग के लोग अति महत्त्वपूर्ण पदों पर थे। उन्होंने कई मस्जिद बनवायीं और ताजिये का जुलूस हर साल उनके यहाँ से निकलता था। होली के एक उत्सव में एक दलित बालिका ने जब उन पर परम्परा के अनुसार कीचड़ (या पानी) नहीं डाला तो समाज प्रेमी राजा ने बालिका से सवाल कर दिया। शिष्ट बालिका ने कहा– आप तो मेरे पिता तुल्य हैं, आप पर कैसे कीचड़ डालूँगी? इस पर ख़ुश होकर बाबू वीर कुँवर सिंह ने वह इलाक़ा उस बालिका के नाम कर दिया। आज भी वह इलाक़ा 'दुसाधी बाज़ार' के नाम से जाना

जाता है। बाबू वीर कुँवर सिंह द्वारा स्थापित आपसी एकता और भाईचारा आज भी वहाँ की सामाजिक-धार्मिक गतिविधियों में दिखता है। विभिन्न धर्मों और जाति के लोग मिलकर आज् भी रहते हैं।

कई बार ऐसा लगता है कि भारतीय स्वतन्त्रता आन्दोलन में बाबू वीर कुँवर सिंह जी का योगदान जितना बड़ा है, देश के स्तर पर उन्हें उस प्रकार से याद नहीं किया जाता। देश में स्वतन्त्रता आन्दोलन की नींव रखने वाले इस अमर सेनानी को उनके योगदान और सम्मान के अनुरूप याद किये जाने की ज़रूरत है ताकि नयी पीढ़ी अपने इस नायक को सही ढंग से जान सके और प्रेरणा ले सके।

इस वर्ष का बाबू वीर कुँवर सिंह विजयोत्सव कई मायने में महत्त्वपूर्ण है। देश आज फिर से संकट के दौर में है। अंग्रेज़ों की ईस्ट इण्डिया कम्पनी की ग़ुलामी की तरह दिल्ली की सत्ता पूरे देश को बहुराष्ट्रीय कम्पनियों के हाथों सौंप देने पर आमादा दिखती है। कॉर्पोरेट घरानों ने देश की सत्ता पर शिकंजा कस दिया है। किसानों से ज़मीन छीन लेने की साज़िश हो रही है। लोक कल्याण की सारी योजनाएँ ख़त्म की जा रही हैं। रोज़गार के अवसर ख़त्म किये जा रहे हैं। किसान आत्महत्या कर रहे हैं। शत्रु देश सीना ताने खड़े हैं। देश के अन्दर अलगाववादी ताक़तें खुलेआम सक्रिय हैं। ऐसा लगता है कि इन सब के ख़िलाफ़ पूरे देश को एक बड़ा युद्ध लड़ना होगा– सत्ता के सौदागरों से अलगाववादी ताक़तों से और अपने आप से भी।

बिहार एक बार फिर करवट ले रहा है। पूरे देश को वैकल्पिक राजनीति और परिवर्तन की सौगात देने के लिए। हमारे साथी श्री नीतीश कुमार के नेतृत्व में और सहयोगी दलों के समर्थन वाली हमारी पार्टी की सरकार ने जन भावनाओं के अनुरूप लगातार काम करके साबित कर दिया है कि भारतीय लोकतान्त्रिक व्यवस्था में भी गांधी, लोहिया और जयप्रकाश के रास्तों पर चलकर अच्छी सरकार चलाई जा सकती है।'न्याय के साथ विकास' और 'समावेशी विकास' ऐसे मूल मन्त्र हैं जिनका पालन करते हुए राज्य और इसकी जनता तरक़्क़ी के रास्ते पर है। अब बिहार तैयार है सत्ता के सौदागरों और अलगाववादी ताक़तों से लोहा लेने के लिए। बिहार ही देश को देगा नयी दिशा।

इस बार का बाबू वीर कुँवर सिंह विजयोत्सव पिछले वर्षों की अपेक्षा थोड़ी प्रसन्नता देने वाला भी रहा। राज्य सरकार द्वारा गठित सवर्ण आयोग की सिफ़ारिशों के अनुरूप राज्य सरकार ने ऊँची जातियों के डेढ़ लाख रुपये प्रतिवर्ष तक आय वाले लोगों के बच्चों के लिए दसवीं तक की पढ़ाई के लिए छात्रवृत्ति और प्रोत्साहन

राशि की घोषणा कर इसके लिए फण्ड भी जारी कर दिया है। पूरे प्रदेश में इसकी जय-जयकार हो रही है। यही तो है सबका साथ, सबका विकास।

कल 22 अप्रैल को आरा में बाबू वीर कुँवर सिंह विजयोत्सव मनाया गया। मैं भी उसमें बुलाया गया था। लोगों ने बड़ी तन्मयता से मुझे सुना। आज मुख्य समारोह पटना के श्रीकृष्ण मैमोरियल हॉल में हुआ। राज्य सरकार के मन्त्री और हमारी पार्टी के साथी श्री जयकुमार सिंह हर साल यह आयोजन करते हैं। मुख्यमन्त्री श्री नीतीश कुमार इसके उद्घाटनकर्ता और मुख्य वक्ता थे। सभी वक्ताओं ने बाबू वीर कुँवर सिंह को श्रद्धापूर्वक याद किया और समाज को जोड़ने की बात कही।

बिहार के वीर बाँकुरा को सादर नमन !

24 अप्रैल, 2015

बाल विवाह से जुड़े ऐतिहासिक सन्दर्भ

उन्नीसवीं सदी के उत्तरार्द्ध में भारत में दो महत्त्वपूर्ण आन्दोलन उभरे, उनमें से एक था औद्योगिक श्रमिकों की दशा में सुधार के लिए फैक्ट्री क़ानून बनाये जाने की माँग का आन्दोलन और दूसरा था बाल-विवाह विरोधी आन्दोलन। यह वही समय था जब भारत में महिलाओं और बच्चों के मृत्यु दर में काफ़ी तेज़ी देखी गयी थी।

वर्ष 1875 ई. में इस पहलू की जाँच करने के लिए एक कमेटी का गठन भी किया गया। काफ़ी चिन्तन-मनन के बाद वर्ष 1881 ई. में यह तय किया गया जिसमें वयस्क तथा बाल श्रमिक में भेद करते हुए व्याख्या की गयी कि 12 वर्ष से कम आयु का व्यक्ति 'बाल' कहलायेगा। कुछ ही दिनों बाद इस पहल का भी विरोध होना शुरू हो गया। परिणामस्वरूप भारत सरकार ने फिर से दो कमीशन का गठन किया। कमीशन के प्रोपोजल के मुताबिक 'बाल' का अर्थ है वह व्यक्ति जिसकी 14 वर्ष से कम आयु हो। सन्दर्भ–हिस्ट्री वर्कशॉप जर्नल 1941।

कारख़ाना क़ानून की माँग का अभियान जहाँ बचपन के सही निर्धारण तथा श्रमिक वर्ग परिवार के जीवन को संहिताबद्ध करने का पहला प्रयास नज़र आया वहीं दूसरी ओर बाल-विवाह के विरुद्ध चलाये गये अभियान में सुधारकों की यह चिन्ता मुखर होकर सामने आयी कि बाल-विवाह का घुन पूरी कौम को खाये जा रहा है।

हालाँकि वर्ष 1860 में विवाह की स्वीकृत उम्र 10 वर्ष निर्धारित कर दी गयी थी, लेकिन वर्ष 1890 ई. के आसपास ग़ैर हिन्दू बहरम मालाबारी ने इसे बदलने के लिए ज़बर्दस्त आन्दोलन चलाये। इस आन्दोलन को समाज के हर वर्ग ने सराहा और इसे हिन्दुओं की भी सहानुभूति मिली।

जिन लोगों के विचारों को श्री मालाबारी ने उद्धृत किया उनमें से अधिकांश पेशेवर वकील, डॉक्टर और सरकारी कर्मचारी थे। इस अभियान के समर्थकों की दलील थी कि बाल विवाह के कारण ही भारत का भौतिक और आध्यात्मिक पतन

हो रहा है या कि बाल-विवाह ही भारतीय कमज़ोरी के लिए ज़िम्मेदार है। उनकी राय यह थी कि "छोटी उम्र में विवाह होने से राष्ट्र की भौतिक शक्ति का ह्रास होता है। इसके कारण राष्ट्र की प्रगति और विकास तो अवरुद्ध होता ही है, बाल-विवाह लोगों के साहस और ऊर्जा को भी प्रभावित करता है। कम उम्र में हुआ विवाह समूची पीढ़ी को निर्बल और रुग्ण बना देता है।" (द जेसोर इंडियन एसोसिएशन) फिर जी. एच. देशमुख ने भी बाल विवाह को ख़तरनाक रिवाज़ मानते हुए कहा कि ऐसी प्रथा राष्ट्र को कमज़ोर ही करती है। फिर उसी समय कुछ बड़े डॉक्टरों के बयान भी बाल-विवाह के विरोध में आये।

चिकित्सकों ने यह माना कि कम उम्र में विवाह के कारण अस्वस्थ बच्चे पैदा हो रहे हैं और महिलाएँ भी अनेक बीमारियों की चपेट में आ रही हैं। हालाँकि उस समय ब्रिटिश इंडियन एसोसिएशन ने इन बातों को बहुत हद तक ख़ारिज करते हुए यह भी कहा कि "यह समिति इस बात से इन्कार करती है कि भारतीय मूल के पतन का मुख्य कारण मात्र लघुवय विवाह है। वातावरण, भोजन, उपचार की कमी तथा विवाह का अनुचित चयन ऐसे अनेक कारण हैं, जो भारतीय मूल के विकास में बाधक हैं।"

फिर इस मुहिम से कलकत्ता की महिला चिकित्सकों का एक जत्था भी जुटा। इस जत्थे ने एक हज़ार छह सौ हिन्दू महिलाओं की माँगों के साथ महारानी विक्टोरिया के समक्ष याचिका पेश की।

फिर देश में ऐसा दौर भी आया कि पूना में बाल विवाह के ख़िलाफ़ चल रही मुहिम के विरोध में भी आन्दोलन चलाये गये। इसी क्रम में हिन्दू पेट्रिएट ने घोषणा करते हुए कहा कि "हिन्दू समाज की रचना इस प्रकार की गयी है कि उसकी समाज व्यवस्था को बनाये रखने के लिए बाल-विवाह आवश्यक है। शीघ्र विवाह की रीति को मिटाने से संयुक्त परिवार और जाति व्यवस्था चरमरा जायेगी।"

उस समय से लेकर अब तक न जाने कितनी बार-बाल विवाह से जुड़े मुद्दों पर बहसें हुई हैं। कालान्तर में यह सबने माना कि यह प्रथा एक सामाजिक कलंक है। फिर भी गाँव देहातों में अपनी परम्परा की आड़ में इस कुरीति को प्रश्रय मिल रहा है।

बिहार सरकार अब बाल-विवाह को जड़ से समाप्त करने के लिए संकल्पित है। यह बड़ी मुहिम है। मैं जदयू की ओर से आप सभी लोगों का आह्वान करता हूँ कि आइए और इस सामाजिक कलंक को मिटा दीजिए।

10 दिसम्बर, 2017

शराब मुक्त समाज में ही तरक़्क़ी और ख़ुशहाली

नोएडा के ज़ेवर में साधु-सन्तों और महिलाओं के बीच नीतीश जी की जागरूकता रैली

शराब या कोई भी नशा ऐसी बुराई है, जो केवल पीने वाले को ही नहीं, उसके पूरे परिवार को बर्बाद करता है। इस बुराई को समाप्त करने के लिए व्यक्ति, समाज और सरकार सभी को प्रयास करने होंगे। जब तक समाज शराब समेत हर प्रकार के नशे से मुक्त नहीं होगा, आम लोगों के जीवन में ख़ुशहाली नहीं आयेगी। बिहार में पूर्ण शराब बन्दी लागू करने जैसा समाज परिवर्तनकारी क़दम उठाने वाले जदयू के राष्ट्रीय अध्यक्ष और बिहार के मुख्यमन्त्री श्री नीतीश कुमार ने यूपी के नोएडा में (ज़ेवर ग्राम में) बुधवार को साधु-सन्तों की एक बड़ी सभा को सम्बोधित किया। पश्चिमी उत्तर प्रदेश के बड़े इलाक़े में शराबबन्दी के लिए पहले से ही प्रयास कर रहे ये लोग अपने अभियान में नीतीश जी का मार्गदर्शन और नेतृत्व चाहते हैं।

मुख्यमन्त्री नीतीश जी ने बिहार में पूर्ण शराबबन्दी करके सबके जीवन में ख़ुशहाली लाने वाले एक बड़े समाज परिवर्तन की मशाल जलाई है। देशभर में जहाँ-जहाँ इस मशाल की रोशनी जाएगी, वहाँ-वहाँ ग़रीबों, वंचितों, आम लोगों और महिलाओं के जीवन में ख़ुशहाली आयेगी। सब जानते हैं कि अपने धुन के धनी और वायदे के पक्के श्री नीतीश कुमार जो कहते हैं, वह करते भी हैं। बिहार चुनाव के समय उन्होंने महागठबन्धन के नेता के तौर पर सात निश्चय का वादा किया और सरकार में आते ही उसे पूरा करने में लग गये। इसी प्रकार बिहार की महिलाओं से उन्होंने शराब बन्दी का वादा किया था। आखिर माताओं, बहनों और बेटियों से किया गया वादा कैसे पूरा नहीं करते?

बिहार में नीतीश जी द्वारा लागू पूर्ण शराब बन्दी को पूरे देश का समर्थन मिल रहा है। विभिन्न राज्यों में शराब बन्दी के लिए आन्दोलनरत जन संगठन, महिला संगठन और सामाजिक संगठनों ने बिहार की शराब बन्दी से प्रेरणा लेकर अपने अभियान

तेज़ कर दिये हैं। जगह-जगह से मुख्यमन्त्री नीतीश जी को नेतृत्व और मार्गदर्शन के लिए बुलाया जा रहा है। यूपी और झारखण्ड में इस प्रकार के कई बहुत ही सफल कार्यक्रम हुए भी हैं। यूपी के दो कार्यक्रम में ख़ुद मैं भी था। इनमें महिलाओं की भागीदारी साबित करती है कि अब भारत की महिलाएँ सामाजिक परिवर्तन की लड़ाई में आगे-आगे और बढ़-चढ़कर हिस्सा ले रही हैं।

कई राज्यों में बिहार की शराब बन्दी को प्रेरणा के रूप में लिया जा रहा है। तमिलनाडु में चुनाव के बाद फिर से सत्ता में आते ही शराब की 500 से ज़्यादा दुकानों को बन्द कर दिया गया और बाक़ी दुकानों के टाइम कम कर दिये गये। मगर हमारे पड़ोसी राज्य, अपने यहाँ के लोगों की इच्छा के विरुद्ध, बिहार की शराब बन्दी का नाजायज़ फ़ायदा उठा रहे हैं। बिहार से लगते उनके यहाँ के सीमावर्ती गाँवों में शराब की दुकानें बड़ी संख्या में खुल गयी हैं। मगर जब आप बड़ा और कठिन व्रत करते हैं तो सामने बड़ी-बड़ी कठिनाइयाँ आती ही हैं। यह सन्तोष और ख़ुशी की बात है कि मुख्यमन्त्री नीतीश जी के नेतृत्व में राज्य सरकार और उनका पूरा आबकारी और पुलिस-प्रशासन अमल शराब बन्दी को सख़्ती से लागू करने में लगा है।

यह दुखद है कि बिहार में बीजेपी और उसकी सहयोगी पार्टियाँ सार्थक विपक्ष की भूमिका न निभाकर और क्षुद्र स्वार्थ से प्रेरित होकर केवल सरकार की टाँग खिंचाई का काम करती हैं। शराब के मसले पर भी इनकी बयानबाज़ी शराब लॉबी के दबाव में दिखलाई पड़ती हैं। ये विभिन्न प्रकार से हल्ला करते हैं कि शराब बन्दी से राज्य को चार-पाँच हज़ार करोड़ रुपये का सालाना राजस्व घाटा होगा। मगर ये यह नहीं देखते कि शराब बन्दी से लोगों के कम-से-कम 20-25 हज़ार करोड़ रुपये सालाना बचेंगे। ये रुपये लोग शिक्षा और दूसरी पारिवारिक ज़रूरतों पर ख़र्च करेंगे। इससे भी तो राज्य में ख़ुशहाली आयेगी।

भारत और बिहार तो पुण्य आत्माओं की पवित्र भूमि है। हमारे प्राचीन काल के ऋषियों, मुनियों, सन्तों और विद्वानों ने किसी भी प्रकार के नशे का निषेध किया था। स्वतन्त्रता आन्दोलन के दौर में भी लगभग हमारे सभी ऐतिहासिक महापुरुषों ने शराब समेत सभी नशे का त्याग करने और उन्हें प्रतिबन्धित करने की वकालत की थी। जनवरी वर्ष 1925 में नशाबन्दी के लिए 30 हज़ार महिलाओं के हस्ताक्षरों से युक्त एक माँगपत्र भी वायसराय को दिया गया था। कांग्रेस ने भी अपने कार्यक्रमों में दवा में उपयोग को छोड़कर सभी नशों पर पूर्ण प्रतिबन्ध की माँग की थी।

महात्मा गांधी तो शराब के इतने ख़िलाफ़ थे कि राष्ट्रीय उत्थान के कार्यक्रमों में उन्होंने नशाबन्दी को प्रमुख स्थान पर रखा था। उन्होंने तो एक बार 'यंग इंडिया' में यहाँ तक लिखा था कि "अगर मैं केवल एक घण्टे के लिए भारत का सर्वशक्तिमान शासक बना दिया जाऊँ तो पहला काम यह करूँगा कि शराब की सभी दुकानें बिना कोई मुआवज़ा दिये तुरन्त बन्द करा दूँगा।" इसी प्रकार, हमारे देश के संविधान निर्माता डॉ. बाबा साहेब भीमराव अम्बेडकर ने भी शराब समेत सभी प्रकार के नशे को ग़लत बताया था। हमारे संविधान में भी नशे की बुराई को समाप्त करने की बात कही गयी है। देश में 'बहुजन आन्दोलन' के प्रणेता कांशीराम ने 80 के दशक में अपना पहला 'मोबिलाइजेशन मूवमेंट' शराब के मुद्दे पर ही प्रारम्भ किया था। बरेली, रामपुर, आजमगढ़, मेरठ, मुरादाबाद जैसी जगहों पर यह आन्दोलन फैला भी था। दलित महिलाओं ने इसमें बड़ी संख्या में भाग लिया था। आज भी उत्तर प्रदेश बहुजन आन्दोलन की बड़ी शक्ति महिलाएँ ही हैं।

प्रधानमन्त्री श्री नरेन्द्र मोदी ख़ुद भी शराब बन्दी के बड़े हिमायती हैं। जब वे गुजरात के मुख्यमन्त्री बने तो उनके यहाँ पहले से शराब बन्दी लागू थी। मोदी जी ने अपने पूरे कार्यकाल में अपने यहाँ शराब बन्दी लागू रखी, जो अब भी जारी है। हम उम्मीद करते हैं कि प्रधानमन्त्री होने के नाते पूरे देश में शराब और हर प्रकार के नशे को प्रतिबन्धित करने के लिए देर-सबेर वे कोई सार्थक पहल करेंगे।

30 जून, 2016

बिहार में मौन क्रान्ति की प्रस्तावना

(समाज सुधार वाहिनी के गठन के उपलक्ष्य पर)

किसी इतिहासकार के द्वारा यह ठीक ही लिखा गया है कि पूरी दुनिया में यदि स्त्री सबसे पहले आज़ाद हुई है तो वह धरती गोकुल है। जहाँ से राधा और गोपियों ने पूरी दुनिया को प्रेम का सन्देश दिया था। यही तो हमारी धार्मिक और सांस्कृतिक समन्वय की पहचान रही है।

वक़्त बदलता गया और समाज में औरतों के लिए लक्ष्मण रेखा खिंचती रही। समय ऐसा भी आया कि औरतें चहारदीवारी में क़ैद होती चली गयीं। हमारी पुरानी परम्परा समाज में औरतों के बराबरी की पेशकश हमेशा करती रही है।

आज जब दुनिया के हर कोने से औरतें अपनी स्वतन्त्रता के जश्न को लेकर भारत आ रही हैं, ऐसे में हमारा और राजनीतिक संगठनों का दायित्व बढ़ जाता है। इक्कीसवीं सदी के सपने को हासिल करना औरतों को बिना साथ लिए अधूरा है।

महान समाज सुधारक गांधी, लोहिया और जयप्रकाश ने औरतों को मुख्य धारा में शामिल करने से लेकर उनके बेहतर भविष्य को लेकर अपने-अपने समय में काफ़ी चिन्ता व्यक्त की थी। मैं यदि इन तीनों राजनेताओं के लिए समाज सुधारक शब्द का प्रयोग कर रहा हूँ तो केवल इस ख़ातिर कि ये तीनों जितने बड़े नेता थे कहीं उससे अधिक सुधारक भी थे। जनवरी 1930 ई. में गांधी ने इर्विन के नाम एक ग्यारह सूत्री अल्टीमेटम जारी किया था, जिसमें आम तथा ख़ास सभी माँगें उठाई गयी थीं। इन माँगों में शराब बन्दी सबसे अधिक प्रभावी थी। गांधी ने कई स्थलों पर माना है कि शराब बन्दी के ज़रिये ही स्त्री-हिंसा को बहुत हद तक काबू में किया जा सकता है। यह बताने की आवश्यकता नहीं है कि गांधी स्त्रियों को मुख्य धारा में लाने के सबसे बड़े पैरवीकार थे। राजनीति का एक कर्तव्य समाज को परिष्कृत करना भी है और इन तीनों ने इस कार्य को भली-भाँति अंजाम भी दिया। अफ़सोस कि राजनीति की समकालीन व्याख्या में इन चीज़ों को कोई शुमार नहीं करता।

मुझे इस बात को कहने में तनिक भी हिचक नहीं कि पूरे भारत के साथ बिहार में भी औरतों को मुख्य धारा में लाने का काम अभी भी बहुत कुछ शेष है। इसके कई कारण हो सकते हैं। आज उन कारणों पर बात नहीं करूँगा। लेकिन आज भी हम उसी समाज में रह रहे हैं, जहाँ बेटियों को बोझ माना जा रहा है। सामाजिक कुरीतियाँ व मानसिक जड़ता इसके लिए सीधे तौर पर ज़िम्मेवार हैं। ऐसा नहीं कि इन कुरीतियों के ख़िलाफ़ अब तक आवाज नहीं उठी है, लेकिन हर आवाज़ विवशता की भेंट ही चढ़ती रही है। राजनीति का कार्य सामाजिक संरचनाओं का परिमार्जन भी है। उसका हर अन्तिम मकसद नागरिकों की ज़िम्मेदारी है। हमने शराब बन्दी के ज़रिये एक लक्ष्य हासिल कर लिया है। हमें इस मुहिम में व्यापक सफलता भी मिल चुकी है। इस समय हमने बाल-विवाह और दहेज के ख़िलाफ़ मुहिम छेड़ रखी है और यह तय मानिए कि हमें यहाँ भी सफलता हासिल होगी।

यह सच है कि हमारी संस्कृति ने अब तक कई रीतियों के साथ कई कुरीतियों को भी ढ़ोया है। राष्ट्रीय अपराध रिकार्ड ब्यूरो के मुताबिक भारत में हर घण्टे में दहेज के लिए एक बेटी को मार दिया जाता है। वर्ष 2007 से 2011 के बीच इन आँकड़ों में भारी बढ़ोतरी देखी गयी है। एक आँकड़ा एक डरावने सच की मिशाल भर है। दहेज के कारण ही आज पढ़ी-लिखी युवतियों को भी परिवार बोझ मानता है। कई अवसरों पर तो यह देखा गया है कि परिवार के दर्द को न सह पाने के कारण भी बेटियां आत्महत्या कर लेती हैं। दहेज के ख़ातिर ही बेमेल शादियाँ भी हमारे ही समाज में होती हैं। जिसके परिणामस्वरूप एक ओर जहाँ बेटी की ज़िन्दगी तबाह होती है, वहीं दूसरी तरफ़ भोगवादी मानसिकता को शह मिलती है। भविष्य में दहेज से बचने के ख़ातिर ही भ्रूण हत्या को अंजाम दिया जाता है।

औरतों को मुख्य धारा में लाने हेतु बिहार सरकार और हमारी पार्टी ने सबसे पहले बिहार पुलिस में 35 प्रतिशत आरक्षण का प्रावधान किया था। औरतों के बीच इस पहल के उत्साह और रोमांच से हमने फिर सभी विभागों और संवर्गों में 35 प्रतिशत आरक्षण की व्यवस्था की है। इस व्यवस्था में हमारी कोई राजनीतिक विवशता नहीं थी। हमने केवल सुधारवादी होकर इस कार्य को अंजाम दिया है। हमने इस कार्य के ज़रिये जेपी और लोहिया की शपथ को दोहराया है।

बिहार नया इतिहास का पैरवीकार बनने जा रहा है। महिला आरक्षण, शराब बन्दी, दहेज विरोध, बाल-विवाह निषेध आदि के ज़रिये वह एक ऐसी मौन क्रान्ति की प्रस्तावना लिख रहा है, जिसका असर अगली पीढ़ियों के संस्कार और शिक्षा में दिखाई देगा। राजनीति में भी एक अलग ट्रेंड शुरू हो जाये तो और अच्छी बात होगी।

8 जनवरी, 2018

भारतीय कृषि की सामयिक चुनौतियाँ

एक ऐसे समय में जब हिन्दुस्तान से कृषि योग्य ज़मीन लगातार घट रही हो और उस पर निर्भर होने वालों की संख्या तेज़ी से बढ़ रही हो, ऐसे में यह ज़रूरी हो जाता है कि कृषि की ढाँचागत व्यवस्था को नये सिरे से पारिभाषित किया जाय। ख़ासकर बिहार, उत्तर प्रदेश और मध्य प्रदेश जैसे राज्यों के लिए यह सर्वाधिक ज़रूरी है।

देश की खाद्यान्न आवश्यकताओं की पूर्ति के लिए हमें कृषि क्षेत्र में 5 प्रतिशत से अधिक विकास दर की आवश्यकता है जबकि अभी हम इसके आधे से भी पीछे हैं। ताज़ा ऑकलन बताते हैं कि चालू वर्ष में यह स्थिति बेहतर हो सकती है। कृषि विशेषज्ञों का अनुमान है कि आने वाले 15-20 वर्षों में खाद्यान्न संकट और बढ़ सकता है तथा उसका मुक़ाबला करने के लिए कृषि क्षेत्र को सिर्फ़ पारम्परिक खेती के भरोसे ही नहीं छोड़ा जा सकता बल्कि इसमें समावेशी कृषि तथा दुग्ध, फल और मांस जैसे कृषि आधारित कुटीर उद्योगों को शामिल किया जाना आवश्यक हो गया है। चालू बजट से पूर्व आर्थिक समीक्षा रिपोर्ट में कृषि के बारे में चौंकाने वाले तथ्य पेश करते हुए बताया गया है कि दो दशक के भीतर कृषि योग्य ज़मीन में 28 लाख हैक्टेयर की कमी आ चुकी है। देश की आबादी के बड़े हिस्से की कृषि पर निर्भरता को देखते हुए यह तथ्य चिन्ताजनक है।

भारतीय कृषि की सबसे बड़ी विशेषता यह है कि यहाँ विविधीकरण सम्भव है। यहाँ अगर छह प्रकार की ऋतुएँ हैं तो दर्जनों प्रकार की मिट्टी भी है, जो प्राय: हर प्रकार की फ़सल का उत्पादन यहाँ सुगम बनाती हैं। भारतीय उप महाद्वीप को छोड़कर विश्व में अन्यत्र यह सम्भव नहीं। बावजूद इसके भारतीय कृषि अभी बहुत कुछ पारम्परिक तौर-तरीक़ों पर ही निर्भर है। हालाँकि पारम्परिक तरीक़ों ने कृषि को चिन्तामुक्त और टिकाऊ बना रखा था लेकिन छोटी होती जा रही जोत, आबादी की विस्मयकारी वृद्धि से उत्पन्न आवश्यकताएँ तथा समाज में बढ़ते धन के महत्त्व के कारण किसान भी अब पारम्परिक खेती के भरोसे नहीं रह सकता। इसी क्रम में यह कहा जा सकता है कि कृषि का आधुनिकीकरण भी पूर्णत: सरकार पर ही निर्भर

करता है। कृषि में हो रहे क्षरण और आने वाले दिनों की दिक़्क़तों का आभास तो हर बजट से पूर्व आर्थिक समीक्षा में कराया ही जाता रहा है लेकिन उससे निपटने के उपायों के बारे में नहीं बताया गया है।

18वीं सदी के प्रख्यात वैज्ञानिक 'थॉमस मैल्थस' ने एक दिलचस्प भविष्यवाणी करते हुए कहा था, "आने वाले समय में भुखमरी को रोका नहीं जा सकता क्योंकि आबादी ज्यामितीय तरीक़े से बढ़ रही है और खाद्यान्न उत्पादन अंकगणतीय तरीक़े से।" मैल्थस के उक्त अनुमान की चाहे जितने तरीक़े से व्याख्या की जाय लेकिन दुनिया भर में इन दिनों जिस तरह खाद्यान्न संकट दिख रहा है, और जिस तरह इस संकट के हौव्वे की आड़ में महँगाई बे-रोकटोक बढ़ती जा रही है, उससे निपटने का आधारभूत तरीक़ा कृषि व कृषि आधारित सह-उत्पाद बढ़ाना ही हो सकता है।

भारतीय कृषि की एक विडम्बना यह भी है कि देश का सबसे बड़ा और अति महत्त्वपूर्ण क्षेत्र होने के बावजूद यह अपने विषेशज्ञों पर नहीं बल्कि उन नौकरशाहों पर निर्भर है जिनके बारे में यह मान लिया गया है कि देश की समस्त बीमारियों की एकमात्र दवा वही हैं। यह तथ्य चौंकाने वाले हैं कि महत्त्वपूर्ण कृषि नीतियाँ निर्धारित करने वाली कुर्सियों पर कृषि विशेषज्ञ नहीं ज़्यादातर आई.ए.एस. अधिकारी बैठे हुए हैं। ऑल इंडिया फेडरेशन ऑफ़ एग्रीकल्चर एसोसिएशन के एक प्रवक्ता का दावा है कि देश में ऐसे एक हज़ार पदों पर नौकरशाह काबिज हैं।

कुछ ही वर्ष पूर्व रिज़र्व बैंक के पूर्व गवर्नर डी. सुब्बाराव ने एक बयान में कहा था कि खाद्य वस्तुओं में आ रही महँगाई को रोकने के लिए कृषि उत्पादों को बढ़ाना पड़ेगा और इसके लिए तत्काल क़दम उठाये जाने की ज़रूरत है। इसके साथ ही उन्होंने एक और हरित क्रान्ति की वकालत करते हुए कहा था कि कृषि में औसत उत्पादकता बढ़ाने की आवश्यकता है। उन्होंने पंजाब का हवाला देते हुए कहा कि यदि देश के आधे राज्य भी पंजाब की प्रति हैक्टेयर उत्पादकता को प्राप्त कर लें तो खाद्य वस्तुओं की किल्लत से प्रभावी ढंग से निपटा जा सकता है। यहाँ यह जानना दिलचस्प होगा कि जहाँ कृषि उत्पादकता का राष्ट्रीय औसत 1909 किलोग्राम प्रति हैक्टेयर है, वहीं पंजाब का खाद्यान्न उत्पादन 4231 किलोग्राम प्रति हैक्टेयर है। स्वाभाविक ही है कि यदि इतने बड़े अन्तर को हम प्राप्त कर लें तो यह राष्ट्रीय कृषि क्रान्ति नहीं बल्कि विश्व कृषि क्रान्ति हो सकती है।

अब मूल प्रश्न यही है कि क्या राष्ट्रीय औसत को पंजाब के औसत तक पहुँचाया जा सकता है? असल में कृषि उत्पादन और औद्योगीकरण बढ़ाने के जिस तरह के प्रयास पंजाब में आज़ादी के तुरन्त बाद से ही किये गये, देश के अन्य हिस्सों में उस

तरह नहीं हो सका। दूसरे पंजाब में कृषि जोतों का आकार काफ़ी बड़ा है। वहाँ के निवासियों की अन्य स्रोतों से भी पर्याप्त आय है जिसका निवेश वे कृषि में करते हैं और खेती वहाँ उद्योग सरीखे की जाती है। इन तमाम कारणों में कृषि जोतों का बड़ा होना ही सबसे महत्त्वपूर्ण कारक है। पंजाब में खेती का पर्याप्त मशीनीकरण हो चुका है और आय अधिक होने के कारण वहाँ मानव श्रम पर भी देश के अन्य हिस्से के मुक़ाबले ज़्यादा ख़र्च किया जाता है। इसके बजाय देश के अन्य हिस्सों में स्थिति यह है कि तीन चौथाई से अधिक किसान लघु और सीमान्त कृषक की श्रेणी में आते हैं। इनके लिए खेती बमुश्किल अपने खाने के लिए धान व गेहूँ पैदा कर लेना ही है। ऐसी खेती करने वाले अधिकांश किसान अपने ख़ाली समय में मज़दूरी भी करते हैं गणना होते समय वे किसान और मज़दूर या श्रमिक दोनों श्रेणियों में गिने जाते हैं। कुछ ही वर्ष पहले केन्द्रीय श्रम मंत्रालय ने एक रपट जारी कर कहा था कि अब आधे से भी कम लोग यानी सिर्फ़ साढ़े 45 प्रतिशत लोग ही कृषि पर निर्भर रह गये हैं। यह हालत कृषि के खोखलेपन को बताती है।

सह कृषि के रूप में बागवानी, मत्स्य पालन, पशुपालन, कुक्कुट पालन, मधुमक्खी पालन तथा फूड प्रोसेसिंग आदि अनेक कार्य शामिल हैं जिनसे न सिर्फ़ पारम्परिक कृषि पर बोझ कम होता है बल्कि वे उत्पादों में भिन्नता लाते हैं और कृषि का विकल्प भी बनते हैं। अफ़सोस है कि इनमें से अधिकांश पदों पर कृषि विशेषज्ञ नहीं बल्कि भारतीय प्रशासनिक सेवा के अधिकारी बैठे हुए हैं, जिन्हें खेतीबाड़ी का कोई ज्ञान ही नहीं है। कृषि आज भी देश की प्राथमिक आवश्यकता है और संसद में पेश आँकड़ों के अनुसार देश के कुल 40 करोड़ 22 लाख श्रमिकों में लगभग 57 प्रतिशत लोग कृषि में ही समायोजित हैं। स्थिति यह है कि देश में इस वक़्त कोई किसान आयोग ही नहीं है। कृषि को जब तक लाभकारी नहीं बनाया जायेगा और किसानों को उनकी कृषि योग्य ज़मीन पर खेती करने के बदले एक निश्चित आमदनी की गारंटी नहीं दी जायेगी, जैसा कि अमेरिका सहित तमाम विकसित देशों में है, तब तक किसानों को खेती से बाँधकर या खेती की तरफ़ मोड़कर नहीं किया जा सकता। खेती से होने वाली आमदनी को बढ़ाने के प्रयास इस तरह किये जाने चाहिए कि किसान धीरे-धीरे सरकारी अनुदान से मुक्त होकर खेती पर निर्भर रह सकें। भारतीय कृषि सिर्फ़ खाद्यान्न उत्पादन योजना भर नहीं बल्कि एक समृद्ध परम्परा रही है। इसे सामूहिक खेती के भरोसे भी नहीं छोड़ा जा सकता। राष्ट्र की सामाजिक समरसता इससे बनती है। आज भी देश के गाँवों में जाकर इस संस्कृति को देखा जा सकता है।

(14 दिसम्बर, 2017)

बिहार की राजनीति और सामाजिक सुधार की रूपरेखा

शराब बन्दी और दहेज विरोधी आन्दोलनों का भारत में अपना इतिहास रहा है। इन आन्दोलनों को आश्चर्यजनक तरीक़े से भारत में अलग-अलग तरीक़ों से स्त्रियाँ चलाती रही हैं। जिसका एक सिरा समाज सुधार से जुड़ता है तो वहीं दूसरा सिरा नारीवादी आन्दोलनों की पृष्ठभूमि को आधार देता है। नारीवादी आन्दोलन की पृष्ठभूमि ही स्वतन्त्र भारत में महिलाओं की उपेक्षा, शोषण और श्रम में लिंग आधारित भेदभाव को समाप्त करने तथा बराबरी के सिद्धान्तों की नीति को लेकर आगे बढ़ा।

जनवरी, 1930 ई. में गांधी ने इर्विन के नाम एक ग्यारह सूत्री अल्टीमेटम जारी किया था, जिसमें आम तथा ख़ास सभी माँगें उठाई गयी थीं। इन माँगों में शराब बन्दी सबसे अधिक प्रभावी थी। गांधी ने कई स्थलों पर माना है कि शराब बन्दी के ज़रिये ही स्त्री-हिंसा को बहुत हद तक क़ाबू किया जा सकता है। साथ ही यह बताने की आवश्यकता नहीं है कि गांधी स्त्रियों को मुख्यधारा में लाने के सबसे बड़े पैरवीकार थे। हालाँकि दांडी मार्च की सूची में जब गांधी ने किसी महिला को शामिल नहीं किया था, तब राष्ट्रवादी महिलाओं ने गांधी का मुखर विरोध भी किया था। और बाद में वह शामिल भी हुई थीं। नारियों के ज़िद्द और उपेक्षा के कारण ही गांधी को झुकना पड़ा था। सरल भाषा में कहूँ तो यह वही समय था, जब भारत में नारी आन्दोलनकारियों की छवि निर्मित हो रही थी।

नारीवाद का यही आन्दोलन आज़ाद भारत में कई रूपों में अपना विस्तार कर गया। सत्तर-अस्सी के दशक में यही आन्दोलन सरकार से लेकर न्यायालयों तक में दहेज, बाल-विवाह जैसी सामाजिक कुरीतियों की ओर ध्यान खींचने में सफल रहा।

सत्तर-अस्सी के दशक में घरेलू हिंसा, दहेज हत्या के मामले बढ़ने लगे। पत्र-पत्रिकाओं में इससे सम्बन्धित मुद्दों पर विचार होने लगे। उस समय में प्रकाशित 'इन सर्च ऑफ़ आंसर्स' में छह नवविवाहिताओं के आत्महत्या के पूर्व लिखे पत्रों

को छापा गया। जिसमें एक पत्र बहुत भावुक कर देने वाला था, जिसे राजनीति के गलियारों से लेकर चौराहों तक पर पढ़ा गया। इस पत्र ने दहेज-विरोधी आन्दोलन को एक मुकाम तक पहुँचाया और दहेज हत्या को लेकर क़ानून बनवाया।

पत्र का अंश–

"मैं बहुत दूर जा रही हूँ। मुझे माफ़ कर देना...

जब से मैं आपके घर में आयी हूँ, आपके परिवार की कठिनाइयाँ बढ़ गयी हैं। मेरा आपके घर आना आपके लिए शुभ नहीं है। इसलिए मैं दूर जा रही हूँ। मैं इस बात की पूरी कोशिश कर रही हूँ कि मैं किसी भी हाल में जीवित न बचूँ क्योंकि मेरे जीवित बच जाने से मेरे साथ-साथ आपका जीवन भी तबाह हो जायेगा। मुझे इलाज के लिए अस्पताल न ले जाना...

मैं अपने साथ मेरे गर्भ में पलने वाले आपके बच्चे को भी लेकर जा रही हूँ। इसके लिए भी मुझे माफ़ कर देना। आपकी दुबारा विवाह करने की इच्छा थी। दूसरा विवाह ज़रूर करना। दहेज में जो कपड़े मैं अपने साथ लायी थी आप उन्हें या तो जला देना या फिर मेरे माता-पिता को वापस कर देना। जो कपड़े मुझे आपके परिवार की ओर से दिये गये थे आप उन्हें प्रेस कराकर नयी दुल्हन के लिए रख देना...

नयी दुल्हन के आने के बाद उसकी बातों को सुनने की कोशिश करना, उसके साथ झगड़ा मत करना। अगर उसके माँ-बाप आपका ज़्यादा ख़याल न रखें तो भी ख़ुश रहना। आपको ऐसी बातों को नज़रन्दाज़ करना होगा वरना उसकी जिंदगी भी बर्बाद हो जायेगी। अगर वह तुमसे अकेले में कोई बात करे तो उस बात को अपने घर के भीतर किसी अन्य सदस्य को मत बताना।

केवल तुम्हारी"

समकालीन नारीवादी आन्दोलन में दहेज के विरुद्ध प्रारम्भिक विरोध हैदराबाद में वर्ष 1975. ई. में प्रगतिशील महिला संगठन द्वारा दर्ज करवाया गया था। फिर बाद में नये सिरे से यह आन्दोलन दिल्ली में शुरू हुआ जो देश के कई कोनों तक पहुँचने में सफल रहा। वर्ष 1979 ई. में दहेज की ख़ातिर दिल्ली में ही तरविंदर कौर की हत्या कर दी गयी। पुलिस ने इसे आत्महत्या बताकर केस को ख़त्म करने की कोशिश की, जिसके प्रतिकार में भयंकर जुलूस निकला और उसके बाद प्रदर्शनों की बाढ़ सी आ गयी।

दहेज-विरोधी आन्दोलन के एक वर्ष बाद अनेक राज्य सरकारों ने दहेज हत्या के विरुद्ध क़ानून बनाना शुरू कर दिया। सन् 1978 में तत्कालीन प्रधानमन्त्री चौधरी

चरण सिंह ने दहेज के लिए महिलाओं के उत्पीड़न को रोकने के लिए संसद के अगले सत्र में विधेयक प्रस्तुत करने की पहल की। दिल्ली पुलिस ने दहेज से सम्बन्धित घटनाओं को देखने के लिए अलग समिति बनायी। समाज सुधारकों ने दहेज-लोलुप परिवारों को सामाजिक बहिष्कार का आह्वान किया।

दहेज को सामाजिक अपराध घोषित करने की परिकल्पना तो मूर्त रुप ले चुकी। लेकिन व्यावहारिक तौर पर यह अपराध बहुत हद तक अमूर्त ही बना रहा। इसके कई कारण हैं। समाज सुधारकों ने इसे अपना टास्क मान लिया और राजनेताओं ने अपने सुधारवाद को बहुत हद तक सीमित कर लिया। राजनीतिक एजेंडे से धीरे-धीरे यह ग़ायब होता चला गया।

आश्चर्यजनक रूप से यह भी देखा गया कि नारीवादी आन्दोलन कई मुद्दों पर बिखर भी गया। अधिकांश नारीवादी महिलाओं ने नारीवाद की पाश्चात्य व्याख्या करनी शुरू कर दी। देहमुक्ति आन्दोलन इसी मानसिकता का प्रतिफल है। भारतीय महिलाओं की रोज़ की दिक़्क़तों से दूर नारीवाद देहवादी व्याख्या में मशगूल हो गया। उसके एजेंडे से समरसता और सामंजस्य का लोप हुआ और उसने पितृसत्ता की आड़ में अपने निशाने पर पुरुष समाज को ही ले लिया। बहुत से ऐसे सन्दर्भ भी सामने आये, जहाँ परिवार के बच सकने की सम्भावनाओं के बाबजूद भी आत्मनिर्भरता की पैरवी करते हुए नारीवादियों ने स्वच्छन्द जीवन शैली को प्रश्रय दिया। यह नारीवादी मुहिम की सीमा है। बहुत ज़रूरी है इसके आवश्यक सन्दर्भों के विस्तार की। पार्टीगत राजनीतिक एजेंडे को बढ़ाने की ख़ातिर नारीवाद का सर्वाधिक नुक़सान हुआ। प्रगतिशीलता को सामयिक और सामाजिक परिप्रेक्ष्य दिये बग़ैर उनका मिशन अधूरा रहेगा।

आज प्रगतिशील महिलाओं की चुप्पी बहुत ही निराशा और सन्देह को छोड़ती है। बिहार में पूर्ण शराब बन्दी और दहेज-विरोधी क़ानून के लागू होने के मसले पर बिहार की महिलाएँ ख़ुश हैं। आन्दोलन की शुरुआत भले ही बंगाल और दिल्ली से हुई थी, लेकिन उसका सकारात्मक परिणाम बिहार में ही दिख रहा है।

शराब बन्दी और दहेज बन्दी दोनों ही मसले एक-दूसरे से जुड़कर ही औरतों को समाज में सम्मान दिलवा सकते हैं। आत्मनिर्भर बनाने के लिए हमने औरतों के लिए आरक्षण के प्रावधान किये हैं। शराब के मद के कारण ही औरतों को केवल देह के रूप में देखने की परिपाटी विकसित हुई। इसी कारण घरेलू हिंसा को बल मिलता रहा। आज बिहार औरतों को इन बुराइयों से मुक्ति दिलाने की प्रस्तावना लिखने जा रहा है।

यह "मौन क्रान्ति" ही है जो अब किसी भी बिहार की बेटी को दहेज और घरेलू हिंसा की ख़ातिर आत्महत्या की दहलीज तक नहीं पहुँचने देगी।

दिल्ली की राजनीति

दिल्ली की राजनीति लम्बे वक़्त से त्रिकोण में फँसी हुई है। यहाँ की जनता मुक्ति-मार्ग को तलाश रही है। भारतीय राजनीति की यह अजीब विडम्बना रही है कि कभी भी 'नागरिक सुविधाओं' के इर्द-गिर्द बात नहीं होती है। दल अपने एजेंडे के रूप में इसे स्वीकार नहीं करते है। अन्य देशों की राजनीति में यह प्राथमिक मुद्दा होता है। बावजूद इसके भारतीय जनमानस की यह ख़ासियत रही है कि कई बार धोखा खाने के बाद भी वह लोकतन्त्र में 'आस्थावादी' रही है। वह प्रतिकार तो करती है, लेकिन लम्बे अन्तराल के बाद और बिल्कुल नये अन्दाज़ में। यह प्रतिकार आन्दोलनों व विरोध-प्रदर्शन के रूप में फूटता रहा है। मुझे लगता है कि आज़ादी के बाद से ही लोकतन्त्र के प्रति जिस आस्था-भाव का परिचय भारत के नागरिकों ने दिया है, वैसा समर्पण विश्व के किसी देश के नागरिकों ने नहीं दिया होगा। 'कम संसाधनों में भी सदैव सन्तुष्टि का भाव' हमारे देश के नागरिकों की विशेषता रही है।

दिल्ली नगर-निगम के चुनाव में बीते कई दशकों से अनधिकृत कालोनियों का मुद्दा उठता रहा है। हर चुनाव में कालोनियों को नियमित करने से लेकर पक्की रजिस्ट्री और नागरिक सुविधाएँ प्रदान करने की बात होती रही है। मुख्यमन्त्री नीतीश कुमार जी ने अपने सम्बोधन में बिल्कुल ठीक ही कहा है कि 'दिल्ली की कई कालोनियों की स्थिति गाँव से भी बदतर है। न वहाँ स्वच्छ पानी है, न स्वास्थ्य और शिक्षा सुविधा है। सड़क और अन्य सुविधाओं पर तो बात ही बेमानी होगी। स्मार्ट सिटी की परिकल्पना को गढ़ने वाली सरकार जब देश की राजधानी को ही दुरुस्त नहीं कर पा रही है फिर ऐसे में देश के अन्य शहरों को स्मार्ट बनाने का दावा खोखला ही होगा।

दिल्ली की लगभग 2000 अनधिकृत कालोनियों में गुज़र-बसर करने वाले लोग मेहनतकश पूर्वांचलवासी हैं। वह दशकों से यहाँ वोट डालते रहे हैं, लेकिन उनकी जीवन-शैली में अब तक कोई परिवर्तन नहीं हुआ है और अभी भी नारकीय जीवन

जीने को वे लोग अभिशप्त हैं। इस चुनाव में नये विकल्प के रूप में जनता दल पू दस्तक दे रही है। पार्टी के पास एक मॉडल है, विकास को लेकर एक समावेशी नीति है। पार्टी का यह प्रयोग बिहार में सफल रहा है।

एक मुद्दा 'शराब बन्दी' भी है। बिहार में इसके सफल प्रयोग के बाद अब देश के अन्य भागों में भी शराब बन्दी की माँगें ज़ोर-शोर से उठी हैं। सुप्रीम कोर्ट ने भी समय अनुकूल उचित हस्तक्षेप किया है। इसी का नतीजा है कि उत्तर प्रदेश, मध्य प्रदेश, उत्तराखंड, छतीसगढ़ आदि राज्यों की महिलाओं ने इस मुद्दे को लेकर आन्दोलन छेड़ रखा है। यह तय मानिए कि नगर निगम के चुनाव में यदि जदयू को सफलता मिलती है तो शराब बन्दी को लेकर हम यहाँ भी व्यापक अभियान चलाएँगे। आप देख लीजिए बिहार में शराब बन्दी के बाद अपराध, दुर्घटना और छेड़ छाड़ जैसी घटनाओं में कितनी कमी आयी है। यह बात भी उतनी ही सच है कि इस बंदी से राजस्व में कमी आती है। सरकार का ख़ज़ाना कम होता है। लेकिन मेरा मानना है कि राजस्व या ख़ज़ाना नागरिक हित और सुरक्षा से बढ़कर नहीं है।

तो आइए दिल्ली नगर निगम के चुनाव में हम नये विकल्प की ओर नये संकल्प के साथ बढ़ते हैं।

गांधी के बहाने

पिछले दिनों बिहार सरकार के 'अखिल भारतीय स्वतन्त्रता सेनानी समारोह' आयोजित किया गया। चम्पारण-सत्याग्रह के सौ वर्ष पूरे होने के उपलक्ष्य में यह एक अनूठा प्रयास था। इस अवसर पर मंच से 840 स्वतन्त्रता सेनानियों और 2154 स्वतन्त्रता सेनानियों को उनके घर पर ही सम्मान दिया गया। यह हमारे लिए सौभाग्य की बात रही कि इस अवसर पर भारत के राष्ट्रपति श्री प्रणव मुखर्जी का हमें सान्निध्य मिला। साथ ही देश भर से आये सेनानियों की आँखों में जो ख़ुशी देखी गयी, वह भी अभूतपूर्व थी।

गांधी जी 10 अप्रैल, वर्ष 1917 ई. को पटना आये थे और उसी दिन मुज़फ़्फ़रपुर गये, वहाँ चार दिन रहने के बाद चम्पारण गये। वर्ष 1917 ई. में गांधी जी के नेतृत्व में चम्पारण में जो सत्याग्रह आन्दोलन हुआ, उसके ऐतिहासिक महत्त्व को इतिहासकारों ने लिखा ही है। राजकुमार शुक्ल जी के निरन्तर प्रयास के बाद गांधी जी चम्पारण आये थे तब चम्पारण ज़िले में नील की खेती करने वाले किसानों पर बगान मालिकों और नीलहों का अत्याचार जारी था। बगान मालिकों और नीलहों के मन में यह भय सता रहा था कि गांधी एक सफल सत्याग्रही हैं। मोतिहारी के एस.डी.ओ. कोर्ट में 18 अप्रैल, वर्ष 1917 ई. को गांधी ने अपना जुर्म क़बूल किया और बाहर न जाने का फ़ैसला किया। उन्होंने कहा कि 'यह उनकी अन्तरात्मा की आवाज़ है। उनके दृढ़ निश्चय, विश्वास और लोकप्रियता के कारण गांधी जी को बिना जमानत के छोड़ना पड़ा और मुक़दमा भी वापस लेना पड़ा। बाद में एक जाँच कमेटी बनायी गयी, जिसमें गांधी जी भी सदस्य के रूप में थे और तमाम दस्तावेज़ के आधार पर तीनकठिया प्रथा की समाप्ति हुई। यह वही आन्दोलन था, जिसके बाद आज़ादी की लड़ाई ने जन आन्दोलन का स्वरूप ले लिया।

यह बिहार के लिए गौरव का क्षण था कि इस अवसर पर देश के कोने-कोने से आये स्वतन्त्रता सेनानियों को सम्मानित किया गया। आगे सरकार प्रचार वाहन

'गांधी रथ' प्रत्येक पंचायत में घूम-घूमकर फ़िल्म, गीत और वृत्तचित्र के माध्यम से गांधी जी के विचारों को जन-जन तक पहुँचाएगा।

आज भारत की जो स्थिति बन गयी है, उसमें गांधी के आदर्शों को अपनाने की, गांधी के विचारों को आत्मसात करने की सबसे ज़्यादा ज़रूरत है। देश के सामने धार्मिक भेदभाव, बेरोज़गारी, भूख और अशिक्षा जैसी समस्याएँ अब भी विकराल रूप में खड़ी हैं। गांधी ने जिस भारत का सपना देखा था, आज आज़ादी के इतने वर्ष बीत जाने के बाद भी हम उस भारत को नहीं रच सके हैं। हमें गांधी के सपनों को साकार करने के लिए उन्नत भारत एवं सशक्त भारत को रचने की ज़रूरत है और यह सामूहिकता में ही सम्भव है।

भारतीय राजनीति और शुचिता का सफ़र

आज राजनीति में नैतिकता, मर्यादा और शुचिता जैसे शब्द भले ही अर्थ खोते दिख रहे हों, लेकिन सच यह है कि ये शब्द न केवल आज भी हैं, बल्कि उतने ही प्राणवान और ऊर्जा से ओतप्रोत हैं जितने अपने निर्माणकाल में रहे होंगे। न तो इन शब्दों का आत्मबल घटा है और न ही इनकी सम्प्रेषणीयता में कोई कमी आयी है। साफ़ शब्दों में कहा जाये तो इन शब्दों के अस्तित्व में रहने के कारण ही राजनीति आज भी करने, रहने और सहने लायक है। हाँ, समय-समय पर इन शब्दों को 'अतिक्रमण' व 'आक्रमण' का शिकार ज़रूर होना पड़ता है। लेकिन क्या इससे इनका मोल और महत्त्व कम हो जायेगा? कतई नहीं। बल्कि ऐसी स्थिति में इनकी विश्वसनीयता और बढ़ जायेगी। ठीक वैसे ही जैसे रात ज़रूरत से अधिक काली हो जाये तो सुबह की रोशनी उसी अनुपात में अधिक सुकून देती है।

कभी-कभी ऐसे उदाहरण भी देखे गये हैं जब सार्वजनिक जीवन या सत्ता के शीर्ष पर आसीन किसी व्यक्ति ने इन शब्दों में जबरन अपना अर्थ भरने की कोशिश की हो, पर महाभारत के युद्ध से लेकर वर्ष 1977 के आपातकाल तक इतिहास गवाह है कि ऐसी कोशिश करने वालों को हमेशा मुँह की खानी पड़ी है। ऐसे उदाहरणों की भी कमी नहीं, जब राजनीति में नैतिकता, मर्यादा और शुचिता बनाये रखने की ख़ातिर इस देश की विभूतियों ने बड़े से बड़ा त्याग करने में भी हिचक नहीं दिखायी। पिता के वचन की मर्यादा की ख़ातिर 14 साल का वनवास झेलने वाले भगवान राम से शुरू होने वाली ये परम्परा आज़ादी के बाद और उसके भी बाद तक देखी जा सकती है। चलिए, ज़रा पड़ताल करें।

आधुनिक समय में गांधी और जेपी नैतिकता के दो बड़े मानदण्ड हैं, इतने बड़े कि आज उन्हें छू पाना भी शायद कठिन हो। गांधी आज़ादी की तो जेपी सम्पूर्ण क्रान्ति की धुरी रहे। अपने-अपने समय में सत्ता का शीर्ष ही इन्होंने तय किया लेकिन स्वयं

उसकी लालसा से अछूते रहे। ये तो हुई पद को ही अपनी नैतिकता के आड़े न आने देने की बात। अगर पद पर रहते हुए नैतिकता का क़द बड़ा रखने का उदाहरण देखना हो तो हमें शास्त्रीजी की ओर रुख़ करना होगा। छोटे क़द के लाल बहादुर शास्त्री ने सार्वजनिक जीवन में नैतिकता का इतना बड़ा मानदण्ड स्थापित किया कि आज भी उसकी मिसाल दी जाती है। क़िस्सा कुछ इस प्रकार है। वर्ष 1956 में शास्त्री जी के नेहरू सरकार में रेलमन्त्री रहते महबूब नगर में एक रेल हादसा हुआ। शास्त्री जी ने तत्काल इसकी नैतिक ज़िम्मेदारी ली और इस्तीफ़ा दे दिया, जिसे नेहरू जी ने स्वीकार नहीं किया। पर महबूब नगर की घटना के तीन महीने बाद ही अरियालूर में फिर रेल दुर्घटना हुई और शास्त्री जी ने फिर इसकी ज़िम्मेदारी लेते हुए इस्तीफ़ा दिया। इस बार नेहरूजी ने इस्तीफ़ा स्वीकार किया पर संसद में उन्होंने जो कहा वो ध्यान रखने की बात है। उन्होंने कहा था, वह इस्तीफ़ा इसलिए नहीं स्वीकार कर रहे कि जो कुछ हुआ शास्त्रीजी इसके लिए ज़िम्मेदार हैं, बल्कि इसलिए स्वीकार कर रहे हैं कि इससे संवैधानिक मर्यादा की एक मिसाल कायम होगी।

शास्त्री जी ने जो मिसाल कायम की उस पर आगे भी अमल हुआ। एक उदाहरण तो बिहार के वर्तमान मुख्यमन्त्री व जेडीयू के राष्ट्रीय अध्यक्ष नीतीश कुमार का ही है, जब वर्ष 1999 में रेलमन्त्री रहते गैसल रेल दुर्घटना की नैतिक ज़िम्मेदारी लेते हुए उन्होंने तत्काल इस्तीफ़ा दे दिया था।

वैसे नैतिकता व मर्यादा के कई और उदाहरण हैं। उनमें से कुछ तो ख़ासे दिलचस्प हैं। अब वर्ष 1958 के मूंदड़ा कांड को ही लें, जिसके बाद तत्कालीन वित्त मन्त्री टीटी कृष्णमाचारी को इस्तीफ़ा देना पड़ा था। तब प्रधानमन्त्री नेहरू थे और इस मामले को और किसी ने नहीं फिरोज गांधी ने उठाया था, जो न केवल उन्हीं की पार्टी के सांसद थे बल्कि उनके दामाद भी थे। कृष्णमाचारी के ऊपर आरोप था कि उन्होंने वित्त मन्त्री रहते उद्योगपति हरिश्चंद्र मूंदड़ा को लाभ पहुँचाने वाला निर्णय लिया था। अब जबकि कुछ चुनिन्दा उद्योगपति ही हमारे देश की आर्थिक नीति तय करने की स्थिति में हैं, ये उदाहरण कितना बड़ा है, कहने की ज़रूरत नहीं।

एक अन्य उदाहरण तो और भी दिलचस्प है। ये तब की बात है जब इन्दिरा गांधी प्रधानमन्त्री थीं और कमलापति त्रिपाठी उनकी सरकार में रेलमन्त्री थे। उन्होंने अपने पद से केवल इसलिए इस्तीफ़ा दे दिया था कि इन्दिरा जी ने एक प्रेस कॉन्फ्रेंस में यह कह दिया था कि अन्य मन्त्रालयों के काम तो ठीक चल रहे हैं, लेकिन रेल मन्त्रालय में कुछ सुधार की आवश्यकता है।

बहरहाल, बदलते समय के साथ सब कुछ बदला। राजनीति भी बदली और नैतिकता को परखने का मानदण्ड भी। उदारीकरण का दौर आने तक 'अर्थ' ने बहुत अनर्थ कर दिया था। स्वतन्त्र भारत का पहला घोटाला कहे जाने वाला वर्ष 1948 का जीप घोटाला था जो तब 80 लाख का था, बाद के समय के घोटालों के सामने बहुत घोटाला होता साबित हुआ। अब घोटाले हज़ार और लाख करोड़ में हो रहे हैं। इस दौर में नैतिकता या राजनीतिक शुचिता का पैमाना ये कहा जा सकता है कि काजल की कोठरी में रहकर भी आप कैसे बेदाग रहें? वैसे आदर्श स्थिति तो अब भी यही कही जानी चाहिए कि काजल की ये कोठरी ही न हो, लेकिन ये सोच शायद अतिवादी हो जायेगी।

वैसे कुछ उदाहरण बाद के दौर के भी हैं। इनमें से एक वर्ष 1996 का है, जब बहुचर्चित हवाला काण्ड सामने आया। इस मामले में नाम आने के बाद लालकृष्ण आडवाणी और शरद यादव जैसे लोगों ने नैतिकता के आधार पर संसद की सदस्यता से इस्तीफ़ा दे दिया था। हालाँकि बाद में वे दिल्ली हाईकोर्ट से बाइज़्जत बरी किये गये। एक अन्य उदाहरण वर्ष 2005 का है, जब वोल्कर समिति की रिपोर्ट में नाम आने के बाद तत्कालीन विदेश मन्त्री नटवर सिंह ने मनमोहन सिंह सरकार से इस्तीफ़ा दिया था। उस समय उन पर तेल कूपन मामले में अपने बेटे को लाभ पहुँचाने का आरोप था।

वैसे ढूँढ़ने पर उदाहरण और भी मिल जायेंगे। पर यक्ष प्रश्न यह है कि क्या इनसे दोराहे पर खड़ी बिहार की राजनीति को दिशा मिल पायेगी? जो भी हो, ये तमाम बातें इसी उम्मीद से कही गयी हैं।

नैतिकता का तकाजा और पद से इस्तीफ़ा : एक नज़र में

- वर्ष 1956 में हुए रेल हादसे के बाद तत्कालीन रेलमन्त्री लालबहादुर शास्त्री का नैतिक ज़िम्मेदारी लेते हुए अपने पद से इस्तीफ़ा, जिसे स्वीकारते हुए नेहरूजी ने संसद में कहा था कि वह इस्तीफ़ा इसलिए स्वीकार नहीं कर रहे कि जो कुछ हुआ शास्त्रीजी इसके लिए ज़िम्मेदार हैं, बल्कि इसलिए स्वीकार कर रहे हैं कि इससे संवैधानिक मर्यादा की एक मिसाल कायम होगी।
- वर्ष 1958 में मूंदड़ा काण्ड पर तत्कालीन वित्तमन्त्री टीटी कृष्णमाचारी का इस्तीफ़ा, जिन पर फ़िरोज गांधी ने आरोप लगाया था कि उन्होंने उद्योगपति हरिश्चंद्र मूंदड़ा को लाभ पहुँचाने वाला निर्णय लिया।

- इन्दिरा गांधी सरकार में रेलमन्त्री कमलापति त्रिपाठी का अपने पद से त्यागपत्र का कारण महज़ ये था कि प्रधानमन्त्री इन्दिरा गांधी ने एक प्रेस कॉन्फ्रेंस में यह कह दिया था कि अन्य मन्त्रालयों के काम तो ठीक चल रहे हैं लेकिन रेल मन्त्रालय में कुछ सुधार की आवश्यकता है।
- वर्ष 1996 में हवाला काण्ड में नाम आने पर लालकृष्ण आडवाणी, शरद यादव और माधवराव सिन्धिया का संसद की सदस्यता से इस्तीफ़ा। बाद में दिल्ली हाईकोर्ट से बरी।
- वर्ष 1999 में गैसल रेल दुर्घटना के बाद तत्कालीन रेलमन्त्री नीतीश कुमार का नैतिक ज़िम्मेदारी लेते हुए इस्तीफ़ा।
- वर्ष 2005 में वोल्कर समिति की रिपोर्ट में नाम आने के बाद तत्कालीन विदेश मन्त्री नटवर सिंह का मनमोहन सिंह सरकार से इस्तीफ़ा। उन पर आरोप था कि उन्होंने तेल कूपन मामले में अपने बेटे को लाभ पहुँचाया।

युवा तुर्क चन्द्रशेखर

विलम्बित...

कल चन्द्रशेखर जी की पुण्य तिथि थी। मेरा उनके साथ लम्बा राजनीतिक व व्यक्तिगत रिश्ता रहा है। यह मेरा सौभाग्य रहा है कि मैंने उनके विशाल व्यक्तित्व को अलग-अलग समयों में कई कोणों से देखा और समझा है।

मुझे यदि शब्दों की छूट दी जाये तो मैं उनके व्यक्तित्व की तुलना पहाड़ की ऊँचाई से करना चाहूँगा। उस ऊँचाई में सब कुछ समाहित है। समाज, राजनीति, परिवार, धर्म और संस्कृति सब कुछ। सत्ता के शीर्ष पद पर बैठकर भी उन्होंने अपनी आंचलिकता को नहीं त्यागा वरन उस आंचलिकता को ज़्यादा तरजीह दी। बलिया के ठेठ भोजपुरिया सन्देश में उनका राजनीतिक व्याकरण छुपा हुआ होता था। दिल्ली में रहते हुए भी 'देसी' बने रहने की ज़िद्द ने तो उन्हें और ख़ास बना दिया था।

प्रधानमन्त्री बनने के बाद 'सार्क सम्मेलन' के भाषण को आप सुन सकते हैं। उनकी विद्वत्ता, तार्किकता, अध्ययनशीलता व राजनीतिक दक्षता सब कुछ एक साथ देखने व सुनने को मिल जायेगा। उनके भाषण की शैली को उस समय के राजनयिक लालायित होकर सुनते थे।

और हाँ, चन्द्रशेखर महान यात्री भी थे। घूमना उनके जीवन का महत्त्वपूर्ण हिस्सा था। वह मानते थे कि देश की अन्त:कथा को जानने के लिए भारत यात्रा ज़रूरी है। भारत के ग्रामीण अंचलों में भटकते हुए उन्होंने अपनी राजनीति के शिल्प को गढ़ा था और यही उनकी विशेषता भी थी।

यह बात अलग है कि बाद के दिनों में उनकी पार्टी छोटी हो गयी थी, बाबजूद इसके जब संसद में चन्द्रशेखर बोलने के लिए उठते तो समूची संसद एकाग्र हो उठती थी। संसद के भीतर जो सम्मान उन्होंने अर्जित किया था, वह दूसरों को नसीब नहीं था। उन्होंने संसद में मर्यादा की जो लकीर खींची थी, वह आज भी अनुकरणीय है।

देश के कई महत्त्वपूर्ण पदों पर रहते हुए भी वह आम जनों की आवाज़ बने रहे। पूर्व राष्ट्रपति बेंकटरमन ने सही लिखा है कि "यदि चन्द्रशेखर को और अधिक अवसर मिलता तो देश और ऊँचाई पर होता।"

राजनीति को आलोचकीय परिधि के भीतर मानने वाले चन्द्रशेखर राजनीतिक व व्यक्तिगत रिश्तों को अलग-अलग निभाते थे। इन्दिरा गांधी जी की नीतियों के कटु आलोचक होते भी निजी तौर पर वे उनके प्रशंसक थे। वे मानते रहे कि राजनीति न केवल मर्यादा सिखाती है, वरन नीतिमूलक होकर आगे का पथ प्रदर्शन भी करती है। इस परिप्रेक्ष्य में उनके कई साहसिक फ़ैसलों को याद किया जा सकता है।

कई अवसरों पर स्वत: पद परित्याग कर उन्होंने लोगों को चौंकाया भी। वे कहते थे कि व्यक्ति से बड़ा कभी पद नहीं हो सकता। आने वाली पीढ़ी चन्द्रशेखर के आदर्शों के साथ बढ़ेगी, ऐसी आशा तो मैं करता ही हूँ।

चन्द्रशेखर युवाओं के दिल में बसते थे, इसीलिए तो युवा तुर्क थे। आइए युवा तुर्क को श्रद्धांजलि अर्पित करते हैं।

सामाजिक कुरीतियों को विदा किये बग़ैर विकसित भारत का सपना अधूरा

यह बात सही है कि इन दिनों देश के भीतर विकास को लेकर एक नयी चेतना दिखायी पड़ रही है। लेकिन यह बात भी उतनी ही सच है कि विकसित भारत का सपना केवल भौतिक विकास के ज़रिये हासिल नहीं किया जा सकता है।

विकसित राष्ट्र के निर्माण के लिए हमें सामाजिक स्तर पर भी विकसित और सुदृढ़ बनना पड़ेगा। वर्षों से जड़ जमाये हुए सामाजिक कुरीतियों को विदा किये बग़ैर हमारे यहाँ विकास की हर अवधारणा अधूरी ही रहेगी और समय-समय पर इसकी अतार्किक व्याख्या भी होती रहेगी।

आज भी हम उसी समाज में रह रहे हैं, जहाँ बेटियों को बोझ माना जा रहा है। सामाजिक कुरीतियाँ व मानसिक जड़ता इसके लिए सीधे तौर पर ज़िम्मेदार हैं। ऐसा नहीं है कि इन कुरीतियों के ख़िलाफ़ अब तक आवाज़ नहीं उठी हो, लेकिन हर आवाज़ विवशता की भेंट ही चढ़ती रही है।

राजनीति का कार्य सामाजिक संरचनाओं का परिमार्जन भी है। उसका हर अन्तिम मक़सद नागरिकों की ज़िम्मेदारी है। हमने शराब बन्दी के ज़रिये एक लक्ष्य हासिल कर लिया है। हमें इस मुहिम में व्यापक सफलता भी मिल चुकी है। इस समय हमने बाल-विवाह और दहेज के ख़िलाफ़ मुहिम छेड़ रखी है और यह तय मानिए कि हमें यहाँ भी सफलता हासिल होगी।

यह सच है कि हमारी संस्कृति ने अब तक कई रीतियों के साथ कई कुरीतियों को भी ढोया है। राष्ट्रीय अपराध रिकार्ड ब्यूरो के मुताबिक़ भारत में हर घण्टे में दहेज के कारण एक बेटी को मार दिया जाता है। वर्ष 2007 से 2011 ई. के बीच इन आँकड़ों में भारी बढ़ोतरी देखी गयी है। एक आँकड़ा एक डरावने सच की पेशगी भर है। दहेज के कारण ही आज पढ़ी-लिखी युवतियों को भी परिवार बोझ मानता है।

कई अवसरों पर तो यह देखा गया है कि परिवार के दर्द को न सह पाने के कारण भी बेटियाँ आत्महत्या कर लेती हैं। दहेज के ख़ातिर ही अनमेल विवाह भी हमारे ही समाज में होता है, जिसके परिणाम में एक ओर जहाँ बेटी की ज़िन्दगी तबाह होती है, वहीं दूसरी तरफ़ भोगवादी मानसिकता को शह मिलती है। भविष्य में दहेज से बचने की ख़ातिर ही भ्रूण हत्या को अंजाम दिया जाता है।

बाल-विवाह भी हमारे समाज के ऊपर एक कलंक ही है। भारत की कई संस्कृतियाँ इसे आज भी ढो रही हैं। बाल-विवाह के कारण बेटियाँ असमय गर्भधारण करती हैं और बदले में उसको कई भीषण बीमारियों से भी जूझना पड़ता है। बाल-विवाह को रोकने के लिए इतिहास में कई लोग आगे आये जिनमें सबसे प्रमुख राजाराम मोहन राय, केशवचन्द्र सेन आदि प्रमुख हैं। जिन्होंने ब्रिटिश सरकार द्वारा एक बिल पास करवाया जिसे Special Marriage Act कहा जाता है। इसके अन्तर्गत शादी के लिए लड़कों की उम्र 18 वर्ष एवं लड़कियों की उम्र 14 वर्ष निर्धारित की गयी एवं बाल-विवाह को प्रतिबन्धित कर दिया गया। फिर भी सुधार न आने पर बाद में Child Marriage Restraint नामक बिल पास किया गया। इसमें लड़कों की उम्र बढ़ाकर 21 वर्ष और लड़कियों की उम्र बढ़ाकर 18 वर्ष कर दी गयी। स्वतन्त्र भारत में भी सरकार द्वारा इसे रोकने के कई प्रयत्न किये गये और कई क़ानून बनाये गये जिससे कुछ हद तक इनमें सुधार आया परन्तु ये पूर्ण रूप से समाप्त नहीं हुआ। सरकार द्वारा कुछ क़ानून बनाये गये हैं जैसे बाल-विवाह निषेध अधिनियम 2006 जो अस्तित्व में है। ये अधिनियम बाल-विवाह को आंशिक रूप से सीमित करने के स्थान पर इसे सख़्ती से प्रतिबन्धित करता है। इस क़ानून के अन्तर्गत, बच्चे अपनी इच्छा से वयस्क होने के दो साल के अन्दर अपने बाल-विवाह को अवैध घोषित कर सकते हैं। बावजूद इसके सब कुछ हो रहा है। कारण हमारे समाज की जड़वादी मानसिकता है।

आज समाज के सबसे निचले पायदान पर गुज़र बसर करने वालों में भी शिक्षा की अलख जगी है। अभी हाल ही में मुझे ज्ञात हुआ है कि कचरा चुनने वाले समूहों से भी कई प्रतिभाशाली बच्चे सामने आये हैं। सबके लिए शिक्षा और स्वास्थ्य सरकार की प्राथमिक ज़िम्मेदारी है। सामाजिक रूढ़िवादिता और कुरीतियों को उखाड़े बिना हम अपना लक्ष्य हासिल नहीं कर सकते हैं।

हमारी कोशिश है कि सामाजिक सुधार के मुद्दे भी राजनीतिक एजेंडे का विषय बनें। राष्ट्रीय स्तर पर इन कुरीतियों के ख़िलाफ़ मुहिम चले। जब तक हम सामाजिक स्तर पर पिछड़े रहेंगे तब तक हमारा समर्थ और विकसित भारत का सपना अधूरा होगा।

नीतीश कुमार

बिहार की राजनीतिक परिस्थितियाँ पिछले कई घण्टों में बहुत ही तेज़ी से बदली है। राजनीतिक रूप से हाल के दिनों में जो घटनाएँ घट रही थीं, उससे बिहार की जनता के मानस में एक अजीब सी असहजता दिखने लगी थी। ज़ाहिर है, यह असहजता केवल जनता के स्तर पर ही नहीं बल्कि सरकार के स्तर पर भी बीते कई दिनों से दिखलाई पड़ रही थी।

बदलते समय के साथ कई स्तरों पर परिमार्जन राजनीति की एक स्वाभाविक प्रक्रिया है। हर संगठन और संगठन के मुखिया को इस परिमार्जन को समय के साथ अपनाना पड़ता है। पार्टी के संचालन और सरकार के संचालन के तरीक़े अलग-अलग होते हैं। पार्टी का संचालन अपने नीति, सिद्धान्तों और सामयिक राजनीतिक परिस्थितियों के आधार पर तय होता है, जबकि सरकार का संचालन निश्चित कार्यक्रम और आपसी सामंजस्य सहमति के आधार पर होता है। पिछले दिनों के घटनाक्रम में सहयोगी संगठनों ने इस विभेद को मिटा दिया था।

जब भी दो या दो से अधिक दलों के बीच गठबन्धन होता है, तो उस स्थिति में गठबन्धन के संचालन की सर्वाधिक ज़िम्मेदारी उसके नेता की ही होती है। गठबन्धन के स्वास्थ्य बिगड़ने पर उसके नेता की छवि और कौशल पर कई तरह के प्रश्नचिह्न लगने लगते हैं। जनता उसी से जवाब माँगती है।

हमने तो मर्यादा को ध्यान में रखते हुए अपने सहयोगी से इस्तीफ़ा भी नहीं माँगा। हाँ, हमारी इच्छा ज़रूर थी कि आरोपों को लेकर बिन्दुवार सफ़ाई दी जाय। चूँकि यह जनमानस की माँग थी। लेकिन ऐसा न होते देख नीतीशजी ने स्वयं इस्तीफ़ा देकर भ्रष्टाचार को लेकर ज़ीरो टॉलरेंस की बात को स्थापित करने का कार्य किया। यह उनके अन्तर्मन की आवाज़ थी।

जब किसी नेता को पोजीशन और अथॉरिटी को ही गठबन्धन के सहयोगी दल द्वारा चुनौती मिलने लगे। सार्वजनिक मंचों पर नेता को लेकर अभद्र भाषा का प्रयोग होने लगे तो ऐसी स्थिति में सरकार की कार्य शैली में कई तरह के उलझाव दिखायी

पड़ने लगते हैं। बीते कई दिनों से सरकार की ऊर्जा गठबन्धन के साथियों की ज़िद्द के सामने विवश थी। एक ओर भ्रष्टाचार के नये-पुराने कई मामले खुल रहे थे, वहीं दूसरी ओर सुशासन, विकास और न्याय की व्यापक परिकल्पना थी। भारी अन्तर्विरोध और खींचातानी के बाद की परिणति आज आपके सामने है।

हमने पहले भी कहा था और आज भी कह रहे हैं कि नीतीश कुमार छवि और प्रतिष्ठा के साथ समझौता नहीं करते। हमारे लिए बिहार की तरक़्क़ी और जनता की माँग प्राथमिक है। हम ऐसा महसूस करने लगे थे कि विकास की गति मन्थर पड़ने लगी है। अपराधियों को शह मिलने लगी है।

नीतीशजी की जो भी छवि आज तक बन पायी है, उसमें उनके द्वारा किये गये विकास कार्यों की महत्त्वपूर्ण भूमिका है। राजनीति के साथ जनजागृति और समाज सुधार उनके लिए आवश्यक मानदण्ड हैं। इन्हीं भूमिकाओं के बदौलत आज उसकी राष्ट्रीय स्तर पर प्रसिद्धि और सम्मान हासिल है। नीतीशजी की कार्यशैली का अहम हिस्सा है–गुड गवर्नेंस और विकास। और इन्हीं प्रतिमानों के साथ हम आज से फिर आगे बढ़ेंगे। आज भारी भरकम सिद्धान्तों के की तुलना में रोटी, कपड़ा और मकान की समस्या प्राथमिक है। भ्रष्टाचार के ख़िलाफ़ जिस जंग को हमने वर्षों पहले शुरू किया था, उसके साथ किसी भी तरह से समझौता जनता के साथ धोखा है।

राजनीति यदि चारदीवार के बीच घिरी रहती है तो नीचे की ओर ही जाती है। राजनीति यदि सेवा और विकास से जुड़कर अपना सामंजस्य बिठाती है तो वह इतिहास का हिस्सा बन जाती है। साथ ही साथ जनमानस पर भी सकारात्मक प्रभाव छोड़ती है। राजनीतिक जीवन में रहने वाले लोगों से जनता शुचिता और नैतिकता की अपेक्षा तो करती ही है।

राज्य के हित में कभी-कभी नेता को कठोर फ़ैसले लेने पड़ते हैं। हमें सरकार चलाने में कई स्तरों पर दिक़्क़तें आ रही थीं। हम असहज और विवश होने लगे थे। यदि सरकार की भूमिका ही कारगर और प्रभावी नहीं बची थी, तो ऐसे में सरकार चलाने का हमारे लिए कोई मतलब नहीं था।

आज की परिस्थिति में मुख्य चुनौती यह है कि हम बिहार को राष्ट्रीय स्तर पर कैसे समृद्ध और सशक्त बनाएँ? कैसे उसके विकास की गति को तेज़ करें? कैसे जनता की आँखों की चमक को हासिल करें?

आज नीतीशजी ने नये मित्र के साथ पुनः सरकार चलाने की ज़िम्मेदारी उठाई है। उम्मीद करते हैं बिहार फिर से नयी अंगड़ाई लेगा...

धन्यवाद।

चुनाव, राजनीति का हिस्सा मात्र है

पाँच राज्यों के विधानसभा चुनाव के परिणाम हमारे सामने हैं। भारतीय राजनीति के जानकार इन परिणामों का कई तरीक़ों से विश्लेषण कर रहे हैं। परिणाम और उसके बाद उठने वाली प्रतिक्रियाओं को देखकर मुझे लगता है कि भारतीय राजनीति में अब वह समय आ गया है, जब ठहरकर समस्त राजनीतिक प्रतिमानों की समीक्षा की जाये। ख़ासकर समाजवादी राजनीति करने वालों को गहन चिन्तन-मनन करने की आवश्यकता है।

मुझे लगता है कि आधुनिकीकरण के दौर में समाजवादी तौर-तरीक़ों का भी नवीनीकरण ज़रूरी है। यदि आधुनिक प्रचार माध्यमों के ताम-झाम से कोई राजनीतिक दल सत्ता में आता है तो हमें भी उसका जवाब नये तौर-तरीक़ों से देना चाहिए। आज इस ज़रूरत को कमोबेश सभी समाजवादी नेता महसूस कर रहे होंगे? ऐसा मैं उम्मीद करता हूँ। आधुनिक प्रचार माध्यम जनता के जनमानस को अलग तरीक़े से प्रभावित कर रहा है और यह 'प्रभाव' किस रूप में अपना असर दिखाता है? इसकी समीक्षा भी समयानुकूल अपेक्षित है। मुझे चिन्ता इस बात से होती है कि कहीं इस पूरे राजनीतिक उद्यम और शोरगुल में जनता की मूलभूत समस्या कहीं गौण न हो जायें। सभी नागरिकों के लिए भोजन, वस्त्र और आवास को उपलब्ध करना सरकार की प्राथमिक ज़िम्मेदारी है। दुखद स्थिति यह है कि आज़ादी के इतने वर्षों बाद भी हम इस ज़िम्मेदारी को नहीं निभा सके हैं। ऐसे में वर्तमान राजनीतिक चुनौतियों को समझते हुए हमें नये राजनीतिक परिदृश्य के निर्माण की पहल करनी चाहिए।

मैं देख रहा हूँ कि एक तरफ़ जहाँ लोगों में लोकतन्त्र के प्रति उत्साह जाग्रत हुआ है, वोट के प्रति जागरूकता बढ़ी है वहीं दूसरी तरफ़ बेरोज़गारी और सामाजिक असुरक्षा से लोग प्रभावित और परेशान हो रहे हैं। हमें इस पैटर्न को समय रहते ही समझना होगा।

हाल के चुनावी नतीजों के परिप्रेक्ष्य में कांग्रेस अपने जनाधार को सँभाल कर रखने में विफल होती दिख रही है। यद्यपि हम मानते हैं कि भाजपा के बाद अभी भी सबसे बड़ी पार्टी कांग्रेस है, जिसका जनाधार लगभग सभी प्रदेशों में है और हर राज्य में वह अपनी उपस्थिति पेश करने में सक्षम है। लेकिन इन सबके बीच सवाल यह उठता है कि वर्तमान राजनीति की ज़रूरत क्या है? और उसकी खोज के सुलभ तरीक़े क्या हो सकते हैं?

समय, परिस्थिति और संयोग भारतीय राजनीति के प्रतिमानों को हमेशा से बदलते रहे हैं और आज भी बदलाव की अपेक्षा की जा रही है। आज ज़रूरत है कि धर्मनिरपेक्ष और समाजवादी मॉडल को लेकर चलने वाली पार्टियाँ एकजुट हों और उन्हें अपने पूर्वाग्रह त्यागकर आगे भी आना चाहिए। चाहे न्यूनतम साझा कार्यक्रम बनाकर ही क्यूँ न साथ आयें। कांग्रेस, विपक्षी दलों में सबसे बड़ी पार्टी है। इसलिए कांग्रेस की ही ज़िम्मेदारी बनती है कि वह इस दिशा में सकारात्मक पहल करे। यह प्रासंगिक और समीचीन भी होगा।

यह देश साझी संस्कृति का देश रहा है। इस देश ने कई आन्दोलन और उससे निकले नायकों को भी देखा है। चुनाव में हार-जीत होती ही रहती है। मैं तो यहाँ तक मानता हूँ कि चुनाव सिर्फ़ राजनीति का एक हिस्सा मात्र है, वह सम्पूर्ण राजनीति कतई नहीं है।

फ़िलहाल नये मुख्यमन्त्रियों को बधाई...

जयप्रकाश, लोहिया और जॉर्ज की वैचारिक राजनीति के वाहक श्री नीतीश कुमार

समुन्नत भारतवर्ष के लिए आज़ादी से पहले एक सपना महात्मा गांधी ने देखा था। वैसा भारत, जो आत्मनिर्भर हो, जहाँ धर्म,जाति और वर्ण के आधार पर कोई भेदभाव न हो। मुझे कहने में संकोच नहीं कि समतामूलक समाज की स्थापना के साथ जिस 'रामराज्य' की परिकल्पना गाँधी ने की थी, वैसी सामाजिक स्थितियाँ उनके रहते न हो सकीं।

बाद में जयप्रकाश नारायण और लोहिया सरीखे समाजवादी नेता ने गांधी के स्वप्न को साकार करने की दिशा में ज़रूर आगे बढ़े। समाज और हाशिये पर पड़ी आबादी को उन्होंने हिम्मत दी और इस रूप में जेपी और लोहिया सामाजिक क्रान्ति के अग्रदूत बनकर भारत के नक़्शे पर उभरकर आये। जेपी और लोहिया की राजनीति में गाँधी कुछ इस तरह घुले-मिले से थे कि उन्हें पृथक करना बड़ा मुश्किल कार्य है।

गाँधी केवल अंग्रेज़ी राज से मुक्ति मात्र के लिए नहीं लड़ रहे थे। वे अपने समय में ग़रीबी, निरक्षरता, अस्पृश्यता जैसी सामाजिक कुरीतियों से भी लड़ रहे थे। गांधी ने अपनी कृति 'मेरे सपनों का भारत' में लिखा है कि "मैं भारत को स्वतन्त्र और बलवान देखना चाहता हूँ।" भारत के लिए गांधी का सपना देश में स्वराज स्थापित करने का था, जो किसी भी जाति या धार्मिक उद्‌देश्य को मान्यता नहीं देता है। आज यह देश गाँधी के मूल्यों पर कितना खरा उतर सका, यह विवेचनीय है।

सच्चे अर्थों में गांधी हर व्यक्ति के आँखों से आँसू पोंछना चाहते थे। वह चाहते थे कि हम भारत के लोग हमारे देश के लिए शान्ति के वाहक के रूप में कार्य करें और हम अपने देश के लिए अन्तिम साँस तक संघर्ष करें। उनका स्वप्न था कि भारत में ग्रामीण उद्योगों और कुटीर उद्योगों पर आधारित अर्थव्यवस्था हो। नया भारत स्वदेशी संकल्पना पर आधारित होकर शिक्षित और समुन्नत राष्ट्र के रूप में विकसित हो।

गांधी के बाद आज़ाद मुल्क में एक सपना जयप्रकाश ने भी देखा। वह सपना गांधी के सपने का ही सुचिन्तित विस्तार था। सम्पूर्ण क्रान्ति की बागडोर सँभाले जयप्रकाश ने कभी कहा था कि "यह क्रान्ति है मित्रो और सम्पूर्ण क्रान्ति है। विधानसभा का विघटन मात्र इसका उद्देश्य नहीं है। यह तो महज मील का पत्थर है, हमारी मंज़िल तो बहुत दूर है और हमें अभी बहुत दूर तक जाना है।"

इसी कड़ी में आगे जयप्रकाश ने अपने समय की सत्ता की आलोचना करते हुए कहा कि "भ्रष्टाचार मिटाना, बेरोजगारी दूर करना, शिक्षा में क्रान्ति लाना ऐसी चीज़े हैं, जो आज की व्यवस्था से पूरी नहीं हो सकती हैं। क्योंकि यह सब इसी व्यवस्था की उपज है और वह तभी पूरी हो सकती है, जब सम्पूर्ण व्यवस्था बदल दी जाये और सम्पूर्ण व्यवस्था के परिवर्तन के लिए क्रान्ति, सम्पूर्ण क्रान्ति आवश्यक है। इस व्यवस्था ने जो संकट पैदा किया है वह सम्पूर्ण और बहुमुखी है और इसका समाधान भी सम्पूर्ण और बहुमुखी होगा। व्यक्ति का अपना जीवन, समाज की रचना बदले, राज्य की व्यवस्था बदले तब कहीं बदलाव पूरा होगा और मनुष्य सुख और शान्ति के साथ जीवन जी सकेगा।"

जयप्रकाश नारायण ने सम्पूर्ण क्रान्ति में राजनीतिक, आर्थिक, समाजिक, बौद्धिक, शैक्षणिक और आध्यात्मिक क्रान्ति को शामिल कर समाज के नवनिर्माण का बीड़ा उठा लिया। यही कारण है कि आज़ादी और देश में लोकतान्त्रिक व्यवस्था की स्थापना के बाद महात्मा गांधी की परम्परा को आगे ले जाने में जिन नेताओं की भूमिका को सबसे ज़्यादा याद किया जाता है, उनमें जयप्रकाश सबसे महत्त्वपूर्ण हैं।

एक समय में महात्मा गांधी भी उनके विचारों से इतने प्रभावित थे कि उन्होंने सार्वजनिक रूप से यह घोषणा की थी कि समाजवाद के बारे में जो लोग जयप्रकाश को नहीं जानते हैं, उन्हें इस देश में दूसरा भी कोई नहीं जानता है। भारतीय राजनीति में जेपी ने अपने आपको ऐसे शख़्स के रूप में पेश किया, जिसके जीवन का मूल ध्येय मात्र जनकल्याण था।

आज़ादी के बाद गांधी के सपनों को एक ओर यदि जयप्रकाश अपनी कोशिशों से साकार करने में व्यस्त रहे, वहीं दूसरी ओर राममनोहर लोहिया भी अपने राजनीतिक प्रयोगों की बदौलत परोक्ष-अपरोक्ष रूप से गांधी के विचारों को ही आगे बढ़ा रहे थे।

लोहिया की समाजवादी विचारधारा शिल्प औद्योगिक पूँजीगत अर्थव्यवस्था में मौजूद और इसके द्वारा उत्पन्न असमानताओं की प्रतिक्रिया के रूप में सामने आयी। लोहिया ने अपने अनुभव में ऐसी सात प्रकार की असमानताओं को चिह्नित किया,

जिनसे एक साथ लड़ने की आवश्यकता थी। स्त्री और पुरुष के बीच असमानता, रंग के आधार पर असमानता, जाति के आधार पर असमानता, कुछ देशों के द्वारा दूसरे देशों पर औपनिवेशिक शासन, आर्थिक असमानता, नागरिक स्वतन्त्रता के लिए क्रान्ति और सत्याग्रह के पक्ष में हथियार समर्पण अर्थात अहिंसा का अनुगमन, ये सात क्रान्तियाँ लोहिया के समाजवादी दर्शन में सप्तक्रान्ति के रूप में विख्यात होकर राजनीति की मुख्य धुरी बनी। इन सातों संकल्प में बहुत हद तक गांधी और जेपी के विचार झाँकते हुए हमें दिखाई पड़ते हैं।

इससे पृथक् लोहिया ने किसानों-मज़दूरों के हक़ में 'दाम बाँधों' का नारा दिया। पर्यावरण बचाने के लिए कई मंचों पर संघर्ष किया। भाषा-नीति पर स्पष्ट रूप से अपने विचार को अभिव्यक्त किया।

गांधी, जेपी और लोहिया के बाद इस मुल्क में समाजवाद के सिद्धान्तों पर चलते हुए समाज के दिनहीन, शोषित-पीड़ित, असहाय, किसान-मज़दूरों के लिए यदि किसी नेता ने संघर्ष का रास्ता चुना तो वे थे–जॉर्ज फर्नांडीस। उनकी यात्रा लोकतन्त्र की किताब का एक मुकम्मल पाठ है।

आपातकाल के ख़िलाफ़ उनके भूमिगत संघर्ष ने उन्हें एक प्रमुख विपक्षी नेता के रूप में पहचान दी। बिखरे बाल और हाथों में बेड़ी वाली तस्वीर उस दौर की सबसे यादगार तस्वीरों में से एक है। वर्ष 1967 ई. में दिग्गज नेता एस.के. पाटिल को लोकसभा चुनाव में हराकर 'द जॉइंट किलर' के रूप में वे विख्यात हो गये। वर्ष 1974 ई. में कुशल मज़दूर नेता के रूप में रेलवे हड़ताल का नेतृत्व कर सीधे सरकार को चुनौती दी। अपने जीवन के शुरुआती दिनों में मुम्बई के रेहड़ी-पटरी पर सोने वाले जॉर्ज ने भारतीय राजनीति में एक ऐसे रोचक अध्याय को जन्म दिया, जिनकी मूल चिन्ता में मज़दूर, टैक्सी ड्राइवर, फैक्ट्री कर्मचारी आदि थे। जॉर्ज की इसी राजनीति ने उन्हें 'फायर ब्रांड मज़दूर नेता' के रूप में स्थापित कर दिया। इतना ही नहीं ,जॉर्ज ने मज़दूरों के लिए सहकारी बैंक तक की स्थापना कर डाली। देशभर में मज़दूरों के मंच पर केवल जॉर्ज-ही-जॉर्ज छाये हुए थे।

जेपी, लोहिया और जॉर्ज ने एक सच्चे समाजवादी नेता के रूप में अपने-अपने समय में जिस शिल्प को गढ़ा था, उसी शिल्प को श्री नीतीश कुमार आगे बढ़ा रहे हैं। और यह विस्तार उनकी जिद है। इन महान विभूतियों की कड़ी में नीतीश कुमार इसलिए उल्लेखनीय हैं कि जहाँ एक ओर वे जेपी और लोहिया के सामाजिक जागरण, नर-नारी समानता व पर्यावरण की चिन्ता को लेकर आगे बढ़ रहे हैं, वहीं

दूसरी ओर गांधी के शराब बन्दी, ग्राम पंचायतराज की मज़बूती, स्वरोज़गार आदि मुद्दों पर काफ़ी गम्भीर दिखाई देते हैं। लगातार नीतीश कुमार ने अपने कार्यक्रमों के ज़रिये अन्धविश्वास, पाखण्ड और सामाजिक कुरीतियों पर प्रहार किया है। बाल-विवाह, दहेजबन्दी जैसी कुरीतियों से लबलबाते बिहार को नीतीश कुमार ने लगभग मुक्त कर दिया है। आज के नीतीश कुमार की यह बेमिसाल उपलब्धि है कि अपने कमिटमेंट के कारण उन्होंने समाजवादियों की सूची में अपनी ख़ास जगह बना ली है। समाजवादी राजनीति की भविष्य की व्याख्या नीतीश कुमार के बिना अधूरी मानी जायेगी।

नीतीश कुमार के नेतृत्व में जेपी, लोहिया और जॉर्ज के पद-चिह्नों पर चलकर नयी लकीर खींचेगी, इसमें कोई शंका नहीं है।

हिन्दी

15 अगस्त, 1947 को महात्मा गांधी ने बी.बी.सी. को इंटरव्यू देते हुए कहा था कि "दुनियावालों से कह दो कि गांधी अंग्रेज़ी नहीं जानता।" यह बात गांधी ही कह सकते थे। गांधी जानते थे कि किसी देश का व्यक्तित्व अपनी भाषा से ही बनता है, विदेशी भाषा से नहीं। यह विडम्बना ही रही कि पहले फ़ारसी और फिर अंग्रेज़ी भारत पर लगभग एक हज़ार वर्षों तक विदेशियों का शासन रहा और विदेशी भाषाएँ शासकीय या राजभाषा के पद पर आरूढ़ रहीं।

वर्ष 1857 ई. के प्रथम स्वाधीनता संग्राम में हिन्दी-उर्दू और अंग्रेज़ी का राजनीतिक उद्‌देश्य से पहली बार ठोस प्रयोग हुआ। यह वही वर्ष है जहाँ से भाषायी विवाद मज़हबी विवाद के रूप में सामने आने लगा था। इस बात में कोई शक नहीं कि इसके पीछे अंग्रेज़ों की चाल थी। बाद में फिर यही विवाद हिन्दी बनाम अंग्रेज़ी के रूप में हमारे सामने आया। जब भारतीय संविधान का मसौदा तैयार होने लगा तब यह समस्या ज़ोरों पर उभरी। बहुत वाद-विवाद के बाद अन्तत: संविधान सभा ने 14 सितम्बर, 1949 को यह तय किया कि भारतीय संघ की राजभाषा देवनागरी लिपि में लिखित हिन्दी होगी। यहीं से इस तिथि को हिन्दी दिवस के रूप में मनाया जाने लगा। उद्‌देश्य यह था कि कार्यालयों, शिक्षण संस्थानों आदि में हिन्दी ही अपनी भाषा होगी। बड़े दुख की बात है कि आज भी हमारे यहाँ हिन्दी अपने सम्मान को नहीं पा सकी है और अंग्रेज़ी लिखने-पढ़ने वाले लोग हिन्दीभाषी की तुलना में अपने को अभिजात्य मानने में शर्म महसूस नहीं करते।

हिन्दी के अब तक पिछड़ने के पीछे समाज की उदासीनता रही है। हिन्दी प्रेमी लोग भी अपनी अगली पीढ़ी को अंग्रेज़ीदाँ बनाने की मुहिम में लगे हैं। राजभाषा को सशक्त करने के लिए सरकारी प्रयासों को ज़िम्मेदार माना जा सकता है। दूसरी ओर कुछ सरकारी संस्थान आज भी राजभाषा के नाम पर महज़ खानापूर्ति करने में लगे हुए हैं।

हिन्दी को सशक्त बनाने में कई मनीषियों ने अपना बहुमूल्य योगदान दिया है। रवीन्द्रनाथ टैगोर, भूदेव चटर्जी, रामानन्द चटर्जी, सरोजिनी नायडू, क्षितिमोहन सेन, भारतेन्दु, नेहरू और गांधी जैसे लोगों ने हिन्दी को मज़बूत आधार दिया है। क्षितिमोहन सेन यहाँ तक कह गये हैं कि हिन्दी को राष्ट्रभाषा बनाने हेतु जो अनुष्ठान हुए हैं, उनको मैं संस्कृति का राजसूय यज्ञ समझता हूँ। भारतेन्दु ने हिन्दी को राजपद दिलाने की माँग करते हुए लिखा कि–

"निज भाषा उन्नति अहै, सब उन्नति के मूल
बिन निज भाषा ज्ञान के, मिटे न हिय को शूल"

गांधी के इस कथन को देखिए, उन्होंने कहा कि "आज की अंग्रेज़ी शिक्षा ने हमें निकम्मा और नकलची बना दिया है। मैं अपने देश के बच्चों के लिए यह ज़रूरी नहीं समझता कि वे अपनी बुद्धि के लिए विदेशी भाषा का बोझ अपने सिर पर ढोएँ और अपनी उगती हुई शक्तियों का ह्रास होने दें। मेरी मातृभाषा में कितनी ही खामियाँ क्यों न हों, मैं इससे उसी तरह चिपटा रहूँगा जिस तरह बच्चा अपनी माँ की छाती से चिपटा रहता है। वही मुझे जीवनदायिनी दूध दे सकती है। अगर अंग्रेज़ी उस जगह को हड़पना चाहती है जिसकी वह हकदार नहीं है तो मैं उससे सख़्त नफ़रत करूँगा। वह कुछ ही लोगों के सीखने की चीज़ हो सकती है, लाखों-करोड़ों लोगों की नहीं। मैं यदि तानाशाह होता तो आज ही विदेशी भाषा में शिक्षा का दिया जाना बन्द करा देता। सारे अध्यापकों को स्वदेशी भाषाएँ अपनाने को मजबूर कर देता। जो आनाकानी करते उन्हें बर्ख़ास्त कर देता। मैं पाठ्यपुस्तकों का इन्तजार नहीं करता।

आश्चर्य इस बात का है कि हम गांधी के उस सपने को भूलने लगे हैं जिसमें उन्होंने हिन्दी को स्वराज के लिए आवश्यक माना था। हम अब भी बीते कई दशकों की तरह पाठ्यपुस्तक रचने में ही लगे हुए हैं। आज ज़रूरत है, संकल्प लेकर हिन्दी को स्थापित करने की...

बहुत बहुत बधाई

महात्मा गांधी

हम स्वतन्त्रता दिवस के उपलक्ष्य में आप सभी प्रदेशवासियों और देशवासियों को शुभकामना देते हैं। हम इस अवसर पर उन शहीदों को भी नमन करते हैं, जिन्होंने देश को ख़ातिर अपनी जान कुर्बान कर दी। हम इस अवसर पर महात्मा गांधी सरीखी महान विभूतियों को भी याद करते हैं, जिन्होंने सत्य और अहिंसा के मार्ग पर चलकर हमें आज़ादी दी दिलायी।

गांधी जी का कहना था कि भारत से केवल अंग्रेज़ों को हटाने से भारत को अपनी सच्ची सभ्यता और स्वराज्य नहीं मिलेगा। हम अंग्रेज़ों को हटा दें और उन्हीं की सभ्यता का और उन्हीं के आदर्श को स्वीकार करें तो भी हमारा उद्धार नहीं होगा। हमें अपनी आत्मा को बचाना चाहिए। भारत के कुछ शिक्षित लोग पश्चिम के मोह में फँसे हुए हैं। जो लोग पश्चिम के असर तले नहीं आये हैं, वे भारत की धर्मपरायण नैतिक सभ्यता को ही मानते हैं। उनको अगर आत्मशक्ति का उपयोग करना सिखाया जाय, सत्याग्रह का रास्ता बताया जाय, तो वे पश्चिमी राज्य-पद्धति का और उससे होने वाले अन्याय का मुक़ाबला कर सकेंगे तथा शस्त्र बल के बिना भारत को स्वतन्त्र करके दुनिया को भी बचा सकेंगे।

आज ज़रूरत है कि इन सन्दर्भों में हम अपनी स्वतन्त्रता की व्याख्या करें और इसे समझें, बूझें। हमें आज़ादी ज़रूर मिल चुकी है, लेकिन अभी भी इस देश में एक बड़ा वर्ग आज़ादी के जश्न से अपने को दूर महसूस कर रहा है।

हमारी आज़ादी तब तक अधूरी है जब तक कि हम अपने सभी देशवासियों को भूख से आज़ादी नहीं दिला देते और हम सभी अपनी आत्मा को पवित्र नहीं कर लेते अन्यथा हमारी आज़ादी बेमानी है।

हम इस बात के लिए गौरवान्वित हैं कि हम आज़ादी के बाद से अब तक लोकतन्त्र को मज़बूत बनाने में सफल रहे हैं। विश्व पटल पर हमारी इस उपलब्धि को लोग सराहते हैं।

देश की एकता और अखण्डता ही हमारी असली शक्ति है, इसे हमें पहचानना होगा। गांधी ने एक प्रश्न के उत्तर में कहा है कि हिन्दुस्तान में चाहे जिस धर्म के आदमी रह सकते हैं, उससे यह राष्ट्र मिटने वाला नहीं है। जो लोग इसमें दाख़िल होते हैं, वे उसकी प्रजा को तोड़ नहीं सकते, वे उसकी प्रजा में घुलमिल जाते हैं। ऐसा हो तभी कोई मुल्क एक राष्ट्र माना जायेगा। हिन्दुस्तान ऐसा था और आज भी है। यों तो जितने आदमी उतने धर्म मान सकते हैं। एक-राष्ट्र होकर रहने वाले लोग एक-दूसरे के धर्म में दख़ल नहीं देते, अगर देते हैं तो समझना चाहिए कि वे एक-राष्ट्र कहलाने के योग्य नहीं हैं। अगर हिन्दू मानें कि सारा हिन्दुस्तान सिर्फ़ हिन्दुओं से भरा होना चाहिए, तो यह एक सपना मात्र है। मुसलमान अगर ऐसा मानें कि उसमें सिर्फ़ मुसलमान ही रहें तो उसे भी सपना ही समझिए। फिर भी हिन्दू, मुसलमान, पारसी, ईसाई जो इस देश को अपना वतन मानकर बस चुके हैं–एक देशी हैं, एक मुल्की हैं, वे भाई हैं और उन्हें एक-दूसरे के स्वार्थ के लिए भी एक होकर रहना पड़ेगा। दुनिया के किसी भी हिस्से में एक राष्ट्र का अर्थ एक धर्म नहीं किया गया है, हिन्दुस्तान में तो ऐसा था ही नहीं।

गांधी अपने आचरण में पवित्रता के हिमायती रहे। उन्होंने शराब की घोर निन्दा की और इसे समाज का दूषण माना। हम आज शराबबन्दी के ज़रिये गांधी के सपने की ओर बढ़ रहे हैं। आप भी इस अवसर पर यह शपथ लें कि अपने समाज से शराब को दूर कर देंगे तभी जाकर हम गांधी को सच्चा और स्वतन्त्र भारत समर्पित कर सकेंगे। अपनी स्वतन्त्रता को आप इन्हीं आशयों में समझेंगे तो मुझे बेहद ख़ुशी होगी।

शुभकामनाओं के साथ...

पद यात्रा

भारतवर्ष में 'पद-यात्रा' का अपना एक सांस्कृतिक और राजनैतिक महत्त्व सदियों से रहा है। यह बहुत ही ख़ुशी की बात है कि युवा जदयू, इस समय सरकार की उपलब्धियों को बताने और जनता को सरकार को शासन प्रणाली में प्रत्यक्ष तौर पर सम्मिलित करने के उद्देश्य से 'भीतिहरवा' के लिए पद-यात्रा पर है। बदलते वक़्त में हम अपने सामाजिक-राजनीतिक जीवन में पदयात्रा की ज़रूरत को भूल चुके थे। पद यात्रा की सांस्कृतिक व राजनीतिक उपलब्धियों को गांधी ने अपने समय में ज़रूर समझा था और महसूस भी किया था। जब भी अंग्रेज़ी हुकूमत अत्याचार के चरम पर जाती, गांधी सत्याग्रह या फिर यात्रा को चुनते थे। मुझे लगता है कि जनता से सीधे संवाद स्थापित करने का यह सर्वोतम विकल्प है। यह पहल युवाओं में अनुशासन बनाये रखने की अपील भी है और इससे व्यापक जनभागीदारी भी सुनिश्चित होती है। गांधी ने अपने समय में दांडी यात्रा की थी। दांडी मार्च से अभिप्राय उस पैदल यात्रा से है, जो महात्मा गांधी और उनके स्वयंसेवकों द्वारा 12 मार्च, 1930 ई. को प्रारम्भ की गयी थी। इसका मुख्य उद्देश्य था– "अंग्रेज़ों द्वारा बनाये गये नमक क़ानून को तोड़ना।" गांधी जी ने अपने 78 स्वयंसेवकों, जिनमें वेब मिलर भी एक था, के साथ साबरमती आश्रम से 358 कि.मी. दूर स्थित दांडी के लिए प्रस्थान किया। लगभग 24 दिन बाद 6 अप्रैल, 1930 ई. को दाण्डी पहुँचकर उन्होंने समुद्रतट पर नमक क़ानून को तोड़ा। महात्मा गांधी ने दाण्डी यात्रा के दौरान सूरत, डिंडौरी, वांज, धमन के बाद नवसारी को यात्रा के आख़िरी दिनों में अपना पड़ाव बनाया था। यहाँ से कराडी और दांडी की यात्रा पूरी की थी। नवसारी से दांडी का फ़ासला लभभग 13 मील का है।

बल्लभभाई पटेल की इच्छा थी कि वर्ष 1930 में हुई गांधी जी की गिरफ़्तारी के विरोध में जनता उसका मुँहतोड़ जवाब दे। सत्याग्रहियों से जेल भर जायें। टैक्स के भुगतान के बिना शासन की कार्यप्रणाली ठप्प हो जाये। इस सम्बन्ध में जब उन्होंने खेड़ा जिले के रास ग्राम में लोगों के आग्रह पर भाषण करना शुरू किया तो पुलिस

ने उन्हें गिरफ़्तार कर लिया। 9 मार्च, 1930 को रविवार का अवकाश होने के बाद भी मजिस्ट्रेट ने अदालत खुली रखकर सरदार पटेल को 3 माह की सज़ा सुनाई। साबरमती जेल जाते हुए गांधी जी के दर्शन कर उन्होंने उनका आशीर्वाद लिया। 9 मार्च, 1930 को ही गांधी जी ने लिखा, "इसमें सन्देह नहीं कि यदि गुजरात पहल करता है, तो पूरा भारत जाग उठेगा।" इसलिए 10 मार्च को अहमदाबाद में 75 हज़ार नागरिकों ने मिलकर सरदार पटेल को हुई सज़ा के विरोध में लड़ने की प्रतिज्ञा की।

11 मार्च को गांधी जी ने अपना वसीयतनामा कर इच्छा जताई कि आन्दोलन लगातार चलता रहे, इसके लिए सत्याग्रह की अखण्ड धारा बहती रहनी चाहिए, क़ानून भले ही भंग हो, पर शान्ति रहे। लोग स्वयं ही नेता की जवाबदेही निभाएँ। 11 मार्च की शाम नदी किनारे रेत पर प्रार्थना हुई, उस समय गांधी जी निकले—

मेरा जन्म ब्रिटिश साम्राज्य का नाश करने के लिए ही हुआ है। मैं कौए की मौत मरूँ या कुत्ते की मौत, पर स्वराज्य लिए बिना आश्रम में पैर नहीं रखूँगा।

दांडी यात्रा की तैयारी देखने के लिए देश-विदेश के पत्रकार, फ़ोटोग्राफर अहमदाबाद आये थे। आज़ादी के आन्दोलन की यह महत्त्वपूर्ण घटना 'वाइज ऑफ़ अमेरिका' के माध्यम से इस तरह प्रस्तुत की गयी कि आज भी उस समय के दृश्य, उसकी गम्भीरता और जोश का प्रभाव देखा जा सकता है। अहमदाबाद में एकजुट हुए लोगों में यह भय व्याप्त था कि 11-12 की दरम्यानी रात में गांधी जी को गिरफ़्तार कर लिया जायेगा। गांधी जी की जय और 'वंदे मातरम्' के जयघोष के साथ लोगों के बीच गांधी जी ने रात बिताई और सुबह चार बजे उठकर सामान्य दिन की भाँति दिनचर्या पूर्ण कर प्रार्थना के लिए चल पड़े। भारी भीड़ के बीच पण्डित खरे जी ने अपने कोमल कण्ठ से यह गीत गाया—

"शूर संग्राम को देख भागे नहीं,
देख भागे सोयी शूर नाहीं"

प्रार्थना पूरी करने के बाद जब सभी लोग यात्रा की तैयारी कर रहे थे, इस बीच अपने कमरे में जाकर गांधी ने थोड़ी देर के लिए एक झपकी ली। लोगों का सैलाब आश्रम की ओर आ रहा था। तब सभी को शान्त और एकचित्त करने के लिए खरे जी ने 'रघुपति राघव राजाराम' की धुन गंवाई। साथ ही उन्होंने भक्त कवि प्रीतम का गीत बुलन्द आवाज़ में गाया—

"ईश्वर का मार्ग है वीरों का
नहीं कायर का कोई काम
पहले-पहल मस्तक देकर
लेना उनका नाम
किनारे खड़े होकर तमाशा देखे
उसके हाथ कुछ न आये
महा पद पाया वह जाँबाज़
छोड़ा जिसने मन का मैल।"

अहमदाबाद के क्षितिज में मंगल प्रभात हुआ भारत की ग़ुलामी की ज़ंजीरें तोड़ने के लिए भागीरथ प्रयत्न शुरू हुए। 12 मार्च को सुबह 6.20 पर वयोवृद्ध 61 वर्षीय महात्मा गांधी के नेतृत्व में 78 सत्याग्रहियों ने जब यात्रा शुरू की तब किसी को बुद्ध के वैराग्य की, तो किसी को गोकुल छोड़कर जाते हुए कृष्ण की, तो किसी को मक्का से मदीना जाते हुए पैगम्बर की याद आयी। गांधी जी के तेजस्वी और स्फूर्तिमय व्यक्तित्व के दर्शन मात्र से स्वतन्त्रता के स्वर्ग की अनुभूति करते लाखों लोगों की क़तारों के बीच दृढ़ और तेज़ गति से क़दम बढ़ाते गांधी जी और 78 सत्याग्रहियों का दल अन्याय, शोषण और कुशासन को दूर करने, मानवजाति को एक नया शस्त्र, एक अलग ही तरह की ऊर्जा और अमिट आशा दे रहा था। महात्मा गांधी की दांडी यात्रा के बारे में सुभाषचन्द्र बोस ने लिखा है—"महात्मा जी की दांडी मार्च की तुलना 'इल्बा' से लौटने पर नेपोलियन के 'पेरिस मार्च' और राजनीतिक सत्ता प्राप्त करने के लिए मुसोलिनी के 'रोम मार्च' से की जा सकती है।"

हमारा उद्देश्य इतना मात्र था कि हम आपको इतिहास के कुछ रोचक क़िस्सों के ज़रिये पद-यात्रा की उपादेयता को बताएँ और लोकतन्त्र में आपकी सक्रिय भागीदारी को सुनिश्चित करें। हमारा देश विविधताओं का देश है, यहाँ कई संस्कृतियाँ हैं, कई धर्म के लोग हैं, कई पर्व-त्योहार हैं। यही हमारी असली पहचान है। भारत अपना गौरव विविधताओं के बीच से एकता को बनाये रखकर ही अब तक विश्व पटल पर प्रतिष्ठित रहा है। लेकिन आज हमारे सामने कई आसन्न संकट मौजूद हैं, उन संकटों से निपटने के लिए हमें युवाओं को ऊर्जावान बनाये रखने की आवश्यकता है। भारत के युवाओं में हर विषम परिस्थितियों से लड़ने का साहस और धैर्य है।

इस समय राष्ट्रीय स्वयं सेवक संघ भारतीय समाज को तोड़ने से लेकर इतिहास को नये सिरे से लिखने की तैयारी में है। हमारे सदियों पुराने सांस्कृतिक मूल्यों को

ध्वस्त कर वह अलग तरह की संस्कृति को थोपने की तैयारी कर रहा है। इसी प्रक्रिया में वह कभी जेएनयू तो कभी डीयू और हैदराबाद यूनिवर्सिटी पर हमला करता रहा है। अपने दूषित विचारों के ज़रिये युवाओं को गुमराह करने की साज़िश संघ पहले से ही करता रहा है। युवाओं को नशामुक्त समाज, बेहतर संसाधन, रोज़गार के अवसर को उपलब्ध करवाने के लिए हम कृत संकल्पित हैं। शराब बन्दी के ज़रिये हमने एक समुन्नत समाज की नींव रखी है। हम इस अभियान को राष्ट्रीय स्तर पर चलाएँगे और अन्य लोगों से भी अपील करेंगे कि अपराधमुक्त समाज को रचने के लिए वह इस मुहिम का हिस्सा बनें।

संघ के इस अपरोक्ष आक्रमण का मुँहतोड़ जवाब हम और हमारे युवा देंगे। 'राष्ट्रीय स्वयं सेवक मुक्त भारत' के ज़रिये ही हम अपने समाज को बिखरने से बचा पायेंगे। यह वक़्त की माँग है। ऐसे में चुप बैठना ठीक नहीं है। जब तक हम संघ के हर एक मन्सूबों को नाकामयाब नहीं करेंगे तब तक हमारी अपनी संस्कृतियाँ असुरक्षित रहेंगी।

इसी सन्देश को लेकर युवा आपके बीच से गुज़रते हुए चम्पारण की ओर बढ़ रहे हैं। हम आप से भी अपील करते हैं कि जिस तरह का साहस आपने हस्ताक्षर अभियान और वृक्षारोपण के समय दिखाया था, उसी साहस के साथ आप भारत को बचाने, अपनी पहचान को बचाये रखने के लिए आगे आयें और इस मुहिम का हिस्सा बनें।

राजनीति का संक्रमण काल

मुझे यह कहने में कोई हिचक नहीं है कि इस समय भारत की राजनीति संक्रमण के दौर से गुज़र रही है। 'विचार का संकट' उसके सामने खड़ा है और अवसरवाद से उसे निपटना भी शेष है। बीते कुछ वर्षों में इस तरह की प्रवृत्तियाँ और अधिक बढ़ी हैं। केन्द्र सरकार की अदूरदर्शी योजना के कारण समाज का हर तबका हताश और निराश है। दलितों और मुस्लिमों पर लगातार प्रहार किये जा रहे हैं। महँगाई, बेरोज़गारी अपने चरम पर है। सरकार की घोषित लगभग सभी योजनाएँ औंधे मुंह गिर पड़ी हैं। ऐसे माहौल में राजनीति का कुछ कर्तव्य बनता है, जिसे निभाना अभी शेष है।

देश के भीतर प्रायोजित घटनाओं को अंजाम दिया जा रहा है और इन घटनाओं के ज़रिये भाजपा चुनावी फ़ायदे उठाने के लिए मचल रही है। गो रक्षा दल के सदस्यों ने मध्य प्रदेश में मुस्लिम महिलाओं के साथ मारपीट की, गुजरात में दलित युवकों को बेरहमी के साथ पीटा गया। हाल के दिनों में जंतर मंतर पर दलितों पर भाजपा के लोगों ने हमला किया। उत्तर प्रदेश के भीतर मुस्लिमों के साथ दोयम दर्जे की राजनीति होती रही और सरकार चुपचाप इन सन्दर्भों को समेटने में मशगूल रही।

कश्मीर में हालत और अधिक बिगड़ते जा रहे हैं। पाकिस्तानी प्रधानमन्त्री खुलेआम कश्मीर को लेकर अपना बयान जारी कर रहे हैं और हमारी राजनीति और विदेश नीति असफल रही है।

मैं एक बार फिर से कह दूँ कि भाजपा यह सब कुछ उत्तर प्रदेश के चुनाव के मद्‌देनज़र कर रही है। धार्मिक ध्रुवीकरण उसके चुनावी एजेंडे में हमेशा से ऊपर रहा है, भाजपा ऐसे कार्यों को पहले भी करती रही है। उत्तर प्रदेश की जनता दरअसल त्रिकोणीय काँटे में बरसों से फँसी है। वहाँ की जनता परिवर्तन के लिए कसमसा रही है। इस बात के साफ़ संकेत नीतीश कुमार की सभाओं से मिल रहे हैं। लोग हमारी पार्टी की रैलियों में भारी संख्या में शिरकत कर रहे हैं। शराब बन्दी को लेकर हमने अभियान चलाया हुआ है, उत्तर प्रदेश की जनता इस अभियान को लेकर उत्साहित

है। नीतीश कुमार के जदयूके राष्ट्रीय अध्यक्ष बनने के बाद लोगों ने उनके व्यक्तित्व में एक नये नेतृत्व की उम्मीद खोजने की शुरुआत कर दी है। यह बात कई मायनों में सच भी है कि नीतीश कुमार का व्यक्तित्व पहले की तुलना में अधिक विराट और समावेशी होकर उभरा है। धर्म निरपेक्ष राजनीति और समावेशी विकास नीतीश कुमार की कसौटी है। उत्तर प्रदेश की जनता को इन कसौटियों से काफ़ी उम्मीद है।

पिछले दिनों उत्तर प्रदेश की राजनीति में जो कुछ हुआ, इससे यह साफ़ तौर पर ज़ाहिर होता है कि वहाँ का राजनीतिक व्याकरण बिगड़ चुका है। लगातार आस्था पर प्रहार हो रहा है। भाजपा के नेताओं ने दिल्ली और बिहार के चुनाव में इसी तरह अपना आगाज़ किया था, परिणाम क्या हुआ यह सबको पता है। गाली-गलौज, हिंसा, दंगा इनकी पुरानी पटकथा है, जिसकी शुरुआत उत्तर प्रदेश में भी हो चुकी है। मुझे लगता है कि राजनीति के सर्वाधिक निकृष्ट अध्याय को लिखने की तैयारी में भाजपा वहाँ बैठ चुकी है।

उत्तर प्रदेश भौगोलिक दृष्टि से भी बिहार और दिल्ली से जुड़ता है, ऐसे में जनता फिर उसी पाठ को दोहरायेगी, जिससे लोकतन्त्र मज़बूत होगा और अहंकारी राजनीति के छक्के छूटेंगे।

संसद का सत्र जारी है, देखते हैं क्या-क्या होता है। आज इतना ही...

मेरा देश

क्या सचमुच मेरा देश बदल रहा है। देश आगे बढ़ रहा है या फिर हमारा देश एक संकट के काल से अपना साक्षात्कार कर रहा है? या फिर देश के भीतर दो देश (अमीरों और ग़रीबों का) को पिछले दो सालों से गढ़ा जा रहा है। जवाब हमें ही खोजना होगा।

आमतौर पर ऐसे समय में सरकार अपनी उपलब्धियों का मूल्यांकन करती है और जनता के बीच अपनी योजनाओं की वास्तविक स्थितियों को रखती है। ख़ैर, सरकार अभी इस मुद्रा में नहीं है, वह जश्न मनाने में मशगूल है। क्या यह जश्न इसलिए मनाया जा रहा है कि इस जश्न के धूमधाम में वह कड़वी आवाज दब जाये, जो सरकार से कुछ प्रश्न करना चाहती है और प्रधानमन्त्री जिसे 'विरोधवाद' कह रहे हैं।

अच्छे दिनों के वादे 'बुरे दिन' में बदल चुके हैं। ग़रीबों की थाली से दाल-सब्ज़ी ग़ायब हैं। हज़ारों किसान अत्महत्या कर चुके हैं। लाखों युवा बेरोज़गार बैठे हुए हैं। देश में दंगा हो रहे हैं, अपराध बढ़ रहे हैं। विदेश नीतियाँ चरमरा रही हैं। जनता के ऊपर ताबड़तोड़ हमले हो रहे हैं। और सरकार कह रही है कि 'मेरा देश बदल रहा है'? यह अजीब स्थिति है जहाँ केवल लफ़्फ़ाजी और झूठ की बिक्री हो रही है।

पिछले दो वर्षों में मोदी सरकार हर मोर्चे पर असफल रही है। उसकी दिशाहीनता हर सन्दर्भ में दिखायी पड़ती है। विदेश नीति के नाम पर केवल भ्रमण को अंजाम दिया जाता रहा है और तो और जिन मुल्कों से हमारा रिश्ता पहले ठीक था, अब वह भी बिगड़ चुका है। विदेश से सरकार केवल सेल्फ़ी लाती रही और झूमती रही। स्किल डेवलपमेंट के नाम पर केवल झूठे सपने बेचने का कौशल सिखाया जाता रहा।

दो सालों के भीतर लगभग 3200 किसानों ने आत्महत्या की है। जश्न में उन किसानों को श्रद्धांजलि नहीं दी गयी। किसानों से जो वादे किये गये थे, वह वादे अभी तक पूरे नहीं हुए। कृषि विकास दर अप्रत्याशित रूप से गिर गया और सरकार देखती रह गयी। इस अवसर पर सरकार यह बताये कि इन वर्षों में उनके लिए क्या किया गया, हाँ क़र्ज़ से दबाने के लिए कई घोषणाएँ कर दी गयीं।

पिछले दो वर्षों में सरकार ने 'अभिव्यक्ति की आज़ादी' का हरण कर लिया। लेखकों, बौद्धिकों, शिक्षकों के शरीर को लहूलुहान किया जाता रहा। कई अवसर पर उनके प्राण तक ले लिए गये। संस्थानों पर हमला कर सरकार ने नया कीर्तिमान बनाया। हैदराबाद में दलित छात्र रोहित की हत्या से लेकर जेएनयू को ध्वस्त करने की परियोजना बनायी जाती रही। सरकार ने अपने ताण्डव से इन संस्थानों को रौंदने की भरसक कोशिश की। शिक्षा के निजीकरण और भगवाकरण करने के लिए सारे दरवाज़े खोल दिये गये। शिक्षा के क्षेत्र में 55% की फंड कटौती की गयी। विश्वविद्यालयों के शिक्षकों को नौकरी से निकालने के फरमान तक दिये गये। आज इसीलिए उच्च शिक्षा संघर्षरत है।

बात भ्रष्टाचार और कालेधन की भी करूँगा। व्यापम घोटाले पर क्या कार्रवाई हुई? ललित मोदी प्रकरण में क्या हुआ? विजय माल्या कहाँ हैं? सरकार तो कह रही थी कि सौ दिन के भीतर काले धन को लाया जायेगा। आज तो दो वर्ष बीत गये। उल्टा हमारे देश का पैसा लेकर माल्या और ललित मोदी बाहर भाग गये। अब तो पन्द्रह लाख आने की बात छोड़ ही दीजिए।

दो साल के भीतर सरकार ने दो प्रदेशों की चुनी हुई सरकार को अस्थिर कर लोकतन्त्र की हत्या की। अरुणाचल प्रदेश और उत्तराखण्ड में कैसा उत्पात मचाया गया, यह किसी से छुपा नहीं है। लोकतन्त्र को सरकार ने खिलौना बना दिया। 56 इंच के छाती के बाद भी चाय बेचने वाले का प्रचार होता रहा। आतंकी हमले होते रहे और हमारे जवान शहीद होते रहे।

दो वर्षों में कई प्रदेशों के भीतर पानी की किल्लत दूर नहीं हुई लेकिन वहाँ स्मार्ट सिटी और बुलेट ट्रेन चलाने की योजना है। देश के भीतर बेरोज़गारी चरम पर है। युवा हताश हैं और सरकार जश्न के मूड में है।

'बेटी बचाओ, बेटी पढ़ाओ' के नाम पर बीएचयू के भीतर सरकार के प्रचारक ने बेटियों को पीटा, अपमानित किया। भाजपा द्वारा महिलाओं को कई-कई बच्चे पैदा करने की नसीहतें दी गयीं। राष्ट्रवाद को दूसरे तरीक़े से गढ़ा गया। ख़ैर... सन्दर्भ तो और भी कई हैं, लेकिन अन्त में कुछ सवाल...

नमामि गंगे का क्या हुआ? जन धन योजना का क्या हुआ? स्वच्छता अभियान का क्या हुआ? मेक इन इंडिया का क्या हुआ? संसद आदर्श ग्राम योजना का क्या हुआ? अटल पेंशन योजना का क्या हुआ? डिजिटल इंडिया का क्या हुआ? स्टार्ट अप का क्या हुआ?

इन प्रश्नों से गुज़रे बिना हमारा देश भला कैसे बदलेगा?

बढ़ चला बिहार विकास की ओर...

हमारी पार्टी यह मानती है कि भाजपा और आरएसएस की विभाजनकारी नीतियों से संसदीय लोकतन्त्र को ख़तरा है। महागठबन्धन ऐसी नीतियों के ख़िलाफ़ पूरी ताक़त और दृढ़ता से काम करेगा। हमारा लक्ष्य न्याय के साथ विकास, सामाजिक सौहार्द और स्वाभिमान के साथ बिहार का समग्र विकास है। इसी कड़ी में हमने सात निश्चय के कार्यक्रम की योजना आपके समक्ष पेश की है। 'आर्थिक हल, युवाओं को बल', 'आरक्षित रोज़गार, महिलाओं का अधिकार', 'हर घर बिजली', हर घर नल का पानी, घर तक पक्की गली-नालियाँ, शौचालय निर्माण, घर का सम्मान, अवसर बढ़े आगे पढ़ें ये सात हमारे निश्चय हैं। इन निश्चयों के क्रियान्वयन में हमने महिलाओं के लिए आरक्षण की व्यवस्था कर दी है। बिजली के लक्ष्य को हम जल्द ही पूरा करने जा रहे हैं। शिक्षा के क्षेत्र में हमने कई तकनीकी विश्वविद्यालय स्थापित करने की घोषणा की है। वर्षों से ख़ाली पड़े विश्वविद्यालयों के शिक्षकों की नियुक्ति चल रही है। हम जल्द ही उच्च शिक्षा को भी प्राइमरी और मिडिल शिक्षा की तरह पूरी तरह से ठीक कर लेंगे। पढ़ाई के लिए हमारे युवा अब राज्य में ही बेहतर अवसर उपलब्ध कर सकेंगे। बिहार के हर नागरिक को स्वच्छ पेयजल मिले, इसके लिए सभी घरों में पाइप से से जल की सुविधा निश्चित की जायेगी। खुले शौच से मुक्त, स्वस्थ और स्वच्छ बिहार के लिए हर घर शौचालय की व्यवस्था की जायेगी। बीस से पच्चीस वर्ष के बेरोज़गार युवाओं को रोज़गार तलाशने के दौरान हम आर्थिक मदद देंगे। इसको लेकर भी हम काम कर रहे हैं। बिहार के सर्वांगीण उत्थान के प्रति हम कृतसंकल्प ले चुके हैं, इसलिए सामान्य वर्गों के ग़रीबों के कल्याण व उत्थान के लिए सवर्ण आयोग गठित करने की योजना भी इसमें सम्मिलित है।

इन सबके बीच हमने पूर्ण शराब बन्दी भी लागू की है। लगभग एक महीने बीतने के बाद हम इस अभियान को लेकर इन अर्थों में सन्तुष्ट हैं कि यह हमारी उम्मीद से बड़ी सफलता है। इस जागरूकता अभियान को लेकर हम देश के हरेक कोने-कोने

में जायेंगे और इसको सांस्कृतिक-सामाजिक अभियान के रूप में देश की जनता से समर्थन भी माँगेंगे। आज समय है कि हम जागरूक होकर शराब के विषैले पक्ष को जानें और समझें। मुझे लगता है कि शराब बन्दी को लेकर सभी दलों को एकजुट होना चाहिए। कल से हमारा यह जागृति अभियान केरल से शुरू हो रहा है। इस यात्रा में धनबाद, लखनऊ, बनारस आदि जगह भी सम्मिलित हैं। महिलाओं के बीच इस अभियान को लेकर काफ़ी ख़ुशी है। कई राज्यों से इस अभियान को आगे बढ़ाने के लिए हमें न्योता भी मिला है। हम उम्मीद करते हैं कि आगे आने वाले दिनों में यह माँग और ज़ोर पकड़ेगी। असम, तमिलनाडु से लेकर बंगाल के विधानसभा चुनावों में इसका ख़ासा असर रहा है। केन्द्र सरकार को भी राजनीति से ऊपर उठकर इस पहल के साथ आना चाहिए। लोक हित जैसे मुद्दों को हमें पहले आगे बढ़ाना चाहिए।

आज संसद से लेकर सड़क तक कोहराम मचा हुआ है। अगुस्ता डील पर विपक्ष और केन्द्र आमने-सामने है। तेज धूप में विपक्ष सड़क पर मार्च कर रहा है। इन सबके बीच संसद की ओर देश की निगाहें टिकी हुई हैं। सरकार और मुद्दों की तरह बिहार के स्पेशल स्टेटस के मुद्दे पर केन्द्र सरकार बैकफुट पर है। पी. एम. द्वारा चुनावी दिनों में घोषित पैकेज का सही आँकड़ा सरकार उपलब्ध नहीं करवा पा रही है। जिस आँकड़े की बात सरकार अब तक कर रही है उसमें भी कई विरोधाभास हैं। बावजूद इसके सरकार केवल नयी-नयी घोषणाएँ किये जा रही है। आज इतना ही शेष कभी और...

शिक्षा में 'स्वायत्तता' के प्रश्न

उच्च शिक्षा की स्वायत्तता क्या वाकई ख़तरे में है? सरकार की ओर से क्या शिक्षकों और प्रोफ़ेसरों को भी नौकर मान लिया गया है? एनसीईआरटी के पाठ्यक्रमों में क्या सरकार अपनी विचारधारा को थोप रही है?

यदि हाँ, तो फिर देश के अकादमिक वर्ग, बौद्धिक, शिक्षाविद् व शिक्षकों को इसका विरोध करना चाहिए। शिक्षा के क्षेत्र में राजनीतिक हस्तक्षेप को किसी भी तरीक़े से हम जायज़ नहीं ठहरा सकते। हमारे यहाँ लोकतन्त्र में विरोध की संस्कृति के लिए पर्याप्त अवसर हैं। सरकारें जब-जब निरंकुश हुई हैं तब-तब बौद्धिकों ने ही सरकार को अनुशासित किया है। इतिहास में ऐसे कई प्रसंगों की मौजूदगी है। ख़ैर...

मुझे याद है कि नीतीश जी के ड्रीम प्रोजेक्ट 'नालन्दा यूनिवर्सिटी' के चांसलर पद से इस्तीफ़ा देने के ठीक बाद अमर्त्य सेन ने 'न्यूयॉर्क रिव्यू आफ़ बुक' के अगस्त अंक में "The stormy revival of an international university" के नाम से अपने लेख में यह बात उठायी थी कि उन्हें विश्वविद्यालय के भीतर मुक्त होकर काम नहीं करने दिया जा रहा था। उन्होंने केन्द्र सरकार पर यह भी आरोप लगाया था कि शैक्षणिक व अनुसन्धान संस्थानों की 'स्वायत्तता' पर संकट है। सार्वजनिक सेवाओं के महत्त्व को सरकार तवज्जो नहीं देती है जबकि अर्थव्यवस्था भी इसके बिना फल-फूल नहीं सकती। इस पूरे सन्दर्भ को पढ़ते हुए मुझे बहुत दुख हुआ था। चूँकि नालन्दा के ऐतिहासिक महत्त्व को समझते हुए ही नीतीश जी ने उसके पुनरुद्धार का बीड़ा उठाया था। नालन्दा विश्वविद्यालय किसी ज़माने में विश्वविख्यात रह चुका है। अमर्त्य सेन को पाकर इस विश्वविद्यालय ने कई ठोस व अकादमिक निर्णय लिए थे, जिससे सम्भवत: यह संस्थान अपनी पुरानी पहचान को कायम कर सकता था। अफ़सोस, लेकिन वह नहीं हो सका।

लेख के भीतर उन्होंने जिन तथ्यों को उठाया था, आज के हालात में अक्षरश: घटित हो रहा है। देश के कुछ संस्थानों को छोड़कर अब 'स्वायत्तता' की बात कोई

नहीं करता। ऐसे में जो संस्थान बचे हैं, उन्हें ही यह लड़ाई लड़नी है। लेकिन हालात ऐसे हैं कि ये संस्थान सरकार की सीधे-सीधे रुचि को प्रभावित करते हैं। पिछले दिनों हैदराबाद यूनिवर्सिटी, जेएनयू आदि की घटनाओं से इस बात को समझा जा सकता है। दिल्ली विश्वविद्यालय भी इस तरह के हस्तक्षेप से सबसे अधिक प्रभावित रहा है। चार वर्षीय पाठ्यक्रम से लेकर सीबीसीएस तक और अब नये ग़ज़ट के कारण वर्कलोड की मार भी सबसे अधिक इसे ही झेलनी पड़ेगी। केन्द्र सरकार के नये ग़ज़ट के मुताबिक देश भर में हज़ारों प्रोफ़ेसर बेरोज़गार कर दिये जायेंगे। एक ओर हम इस चिन्ता से ग्रस्त थे कि उच्च शिक्षा में शिक्षकों की कमी को जल्द से जल्द दूर किया जाये तो दूसरी ओर यह विरोधाभासी फ़ैसला। यह सब कुछ निजी विश्वविद्यालय को स्थापित करने और उन्हें आगे बढ़ाने की कोशिशों का नतीजा है। इस पूरे प्रकरण में शिक्षा की गुणवत्ता का हाल कैसा होगा आप अन्दाज़ लगा सकते हैं।

इस अवसर पर विश्वविद्यालय के शिक्षकों को यह तय कर लेना चाहिए कि उनकी स्वायत्तता किन-किन अर्थों में है। क्या उन्हें प्रशासनिक, वित्तीय व अकादमिक तीनों ही स्वायत्तता प्राप्त हैं? या फिर स्वायत्तता का सीमा निर्धारण पहले से किया जा चुका है या फिर स्वायत्तता महज़ नारेबाज़ी को शक्ल अख़्तियार कर चुकी है। अब तक उन्हें व्यावहारिक रूप में केवल अकादमिक स्वायत्तता प्राप्त थी। जिस कारण वे अपना पाठ्यक्रम, एडमिशन जैसे मुद्दों का नीति निर्धारण कर पाते थे। लेकिन अब वह अधिकार भी छीने जा चुके हैं। उनको क्या पढ़ना-पढ़ाना है, कितने घण्टे पढ़ाना है, कहाँ पढ़ाना है और कैसे पढ़ाना है? यह सभी कुछ सरकार निर्धारित करेगी और वह भी अपने एजेंडे के साथ। यह भी सम्भव है कि उनके विरोध को सरकार जनता के बीच ग़लत तरीक़े से पेश करे। चूँकि इस तरह के कृत्य में सरकार पीछे नहीं रहती है। मेरे हिसाब से जब तक प्रशासनिक, वित्तीय और अकादमिक तीनों ही तरह की स्वायत्तता उन्हें नहीं मिलती है, तब तक 'स्वायत्तता' का कोई अर्थ नहीं होता। आज हार्वर्ड या ऑक्सफोर्ड विश्वविद्यालय इसीलिए अव्वल हैं चूँकि उन विश्वविद्यालयों को तीनों स्वायत्तता प्राप्त हैं और वहाँ की सरकार किसी भी तरीक़े से संस्थान के अन्दरूनी मसलों में दखलब्दाज़ी नहीं करती है।

कुछ वर्ष पूर्व दिल्ली विश्वविद्यालय में राष्ट्रपति गये हुए थे। वहाँ उन्होंने निराश होकर कहा था कि विश्व के प्रथम दो सौ विश्वविद्यालयों में हमारे एक भी विश्वविद्यालय के नाम नहीं हैं। उनकी यह माँग कैसे पूरी की जा सकती है जब सब कुछ केन्द्रीय मन्त्री ही कर लिया करेंगी। यदि यही हालात रहे तो दूर-दूर तक उनका सपना पूरा नहीं हो सकता है।

मुझे लगता है कि कोई भी विश्वविद्यालय बेहतरीन तभी बनता है जब उसके पास तीन संसाधन प्रभावी रूप से हों। पहला पूर्ण स्वायत्तता, दूसरा अभाव रहित वित्त और तीसरा योग्य शिक्षक। केन्द्रीय विश्वविद्यालयों की स्वायत्तता का हरण पहले हो ही चुका था। उनके अनुदान में पचपन फ़ीसद की कटौती सरकार कर चुकी है। अन्त में जो शिक्षक बचे हैं उन्हें भी अब दिमाग़ी रूप से क़ैद कर लिया गया है या उन पर विचारधारा को आगे बढ़ाने के लिए दबाव बनाया जा रहा है। ऐसे में राष्ट्रपति जी की चिन्ता कैसे ख़त्म होगी, मेरी समझ से परे है।

यदि सरकार 'शिक्षा की गुणवत्ता' की बात करती हैं, तो उसे मानदण्डों की बात भी करनी होगी। 'सेंट्रल यूनिवर्सिटी बिल' के ज़रिये वह गुणवत्ता को कभी हासिल नहीं कर सकती। प्रशासनिक नियुक्तियाँ जब तक पारदर्शी नहीं होंगीं, तब तक शिक्षकों की आस्था ज्ञान केन्द्रों में नहीं बनेगी, यह सरकार को भी समझ लेना होगा।

सरकार को निजी संस्थानों का लोभ त्यागना होगा और शिक्षा के क्षेत्र से पूँजीपतियों को दूर रखना होगा। विश्वविद्यालयों की स्थिति सुधारनी होगी और योग्य शिक्षकों की नियुक्ति के लिए पारदर्शी व्यवस्था भी लानी होगी। हम अपने प्रदेश में जिस तरीक़े से शिक्षकों का चयन कर रहे हैं, उसकी प्रशंसा सभी कर रहे हैं। सरकार योग, वेद और अध्यात्म को पाठ्यक्रम में बाद में लाये, पहले संस्थानों की बुनियादी दिक़्क़तों को दूर करे।

सरकार ने यूजीसी का गठन वित्तीय अनुदान की व्यवस्था के लिए किया था। आज वह बौद्धिकों का बॉस बन बैठा है। वह उन्हें बता रहा है कि शिक्षण का उद्देश्य क्या है? बावजूद इसके कि यूजीसी के एक्ट के तहत उसे इस तरह की आज़ादी बिल्कुल नहीं है। अजीब विडम्बना है।

शिक्षा का सीधा जुड़ाव ज्ञान-विज्ञान से है। ज्ञान-विज्ञान नियन्त्रित और पराधीन अवस्था में विकसित नहीं होता। सरकार श्रेष्ठता का आडम्बर रचना बन्द करे और इस विरोध-प्रतिरोध के बीच अपनी जवाबदेही भी तय करे तभी जाकर स्थिति ठीक होगी और मोदीजी ज्ञान का निर्यात बाहर के देशों में कर सकेंगे। हाँ, क्वालिटी ऑफ़ एजुकेशन को केवल सरकार ही प्रभावित नहीं करती, हम और आप भी करते हैं।

वैसे कल 'नयी राष्ट्रीय शिक्षा नीति' की घोषणा होने वाली है, देखिए क्या ताण्डव होता है। आज इतना ही...

भारतीय राजनीति की चुनौतियाँ

आज भारतीय राजनीति के सामने कई कठिन चुनौतियाँ विद्यमान हैं। एक ओर जहाँ हम अश्वमेघी शंखनाद व विजय रथ पर सवार होने का दावा पेश कर रहे हैं वहीं दूसरी ओर देश के भीतर राजनीति, शिक्षा, संस्कृति व धर्म को लेकर एक छद्म आचरण को आगे बढ़ा रहे हैं। हम उस विकास की बात कर रहे हैं, जिसकी समकालीन परिभाषा से देश की एक बड़ी आबादी असन्तुष्ट व क्रुद्ध है। उन्हें अपने अस्तित्व को बचाये रख पाने, अपनी निजता व अधिकार की बात मनवाने में 'विकास के मॉडल' कील की तरह चुभते हैं। सर्वाधिक विडम्बना तो यह है कि यह बहुल वर्ग अपनी प्रश्नाकुलता का इजहार किससे करे? क्या केन्द्र में आसीन सरकार में कोई उनकी बातों को सुनने की इच्छा रखता है?

दूसरी बात, आज हमारी सबसे बड़ी चिन्ता यह भी है कि हम अपनी विचारधारा को कैसे बचाये रखें? ख़ासकर ऐसे समय में जब पश्चिमी बाज़ार व उपभोक्तावाद पूरे बल व षड्यंत्र के साथ हमें अपने शिकंजे में लेने की कोशिश कर रहा हो और आसीन सरकार अपने राजनीतिक आचरण में द्वन्द्व की सर्जना में ही अपनी पूरी ऊर्जा ख़र्च कर रही हो। यह कोशिश हो रही है कि देश का मध्य वर्ग पूँजीपतियों के प्रति सरकार की सिहानुभूति को विकास के एजेंडे से जोड़कर देखे। और सारा प्रपंच वह चाहे भूमि अधिग्रहण अधिनियम हो या अन्य मुद्दे, सभी को विकास और 'मेक इन इंडिया' से जोड़कर देखने की सोच सके। मुझे तो यह पूरा परिदृश्य नयी सदी में अपरोक्ष सामन्तवाद की नयी दस्तक लगती है। मशीनी सिंह (मेक इन इंडिया का लोगो) भारत के विकासशील या विकसित होने की गर्जना जितनी तेज करेगा, मध्यवर्ग का स्वर उतना ही निष्क्रिय, विवश सुनाई पड़ेगा। यह मशीनी सिंह, दरअसल अपने प्रभुत्व व आधिपत्य को उस वर्ग पर थोपने की जबरन कोशिश है। ऐसे में 'मेक इन इंडिया' का यह प्रतीक चिन्ह पश्चिमी बाज़ार या उपभोक्तावाद का मात्र प्रतीक बनकर रह जाता है।

पूर्व की कांग्रेस की सरकार व उसकी नीति को ही आज नयी सरकार आगे बढ़ाने में लगी हुई है। चाहे वह शिक्षा की बात या विदेशी नीति की बात हो या फिर पूँजीपतियों को संरक्षण देने की बात सरकार आम जन की ज़रूरतों को ध्यान में रखे बग़ैर एजेंडे को आगे बढ़ा रही है।

जहाँ तक शिक्षा की बात है, आज हमारी पूरी शिक्षा व्यवस्था अन्त के मुहाने पर खड़ी है। सरकारी स्कूलों की स्थिति चिन्ताजनक है। हम सरकारी स्कूलों को बेहतर सुविधा देने में अक्षम हैं। लगातार निजी स्कूलों का खुलते जाना और उसका फलना-फूलना चिन्ता का विषय है। इन स्कूलों की फीस आसमान छू रही है। शिक्षा अब व्यापारिक घरानों के हाथों में है। निजी स्कूलों में भारतीय भोजन व नाश्ता निषिद्ध हैं। हमारे बच्चों को आधुनिकता की भ्रमित शिक्षा दी जा रही है, जिसमें बच्चे आधुनिकता का अर्थ केवल निरूलाज या केएफसी जैसी कैंटीन के जंक-फूड और कोल्ड ड्रिंक को निगलना मात्र जानते हैं। उन स्कूलों में पश्चिमी शिक्षा को आधुनिकता के नाम पर परोसा जा रहा है। आज वहाँ हमारी अपनी भारतीय संस्कृति का देसीपन विलुप्त है। परिणाम यह है कि बच्चे बड़े होकर बुजुर्गों को वृद्धाश्रम भेजने में अब संकोच नहीं करते। अब थोड़ी विश्वविद्यालयों की बात भी कर लें। अपने देश में विदेशी विश्वविद्यालयों को जमने में आंशिक सफलता ही मिल पायी है। पिछले वर्ष नयी सरकार के गठन के बाद देश के सर्वाधिक प्रतिष्ठित दिल्ली विश्वविद्यालय की घटना याद आती है। इस विश्वविद्यालय के कुलपति ने पिछली सरकार के इशारे पर चार वर्षीय स्नातक पाठ्यक्रम को लागू किया था, जिसे भारी विरोध के चलते नयी सरकार ने वापस ले लिया था। यह पूरा खेल ही विदेशी विश्वविद्यालय को लाने के लिए रचा गया था। दुखद बात है कि अब हम ज्ञान के निर्यात की बात करने लगे हैं। बाज़ार हमारे ज्ञान के केन्द्रों पर क़ब्ज़ा चाहता है ताकि चिन्तन का सिलसिला ही बन्द हो जाये और वह निरंकुश होकर भारत में अपना पाँव पसार सके।

नयी सरकार के गठन के बाद उच्च शिक्षा के भगवाकरण की कोशिशें तेज़ हो चुकी हैं। पाठ्यक्रम बनाने वाली समितियों पर यह दबाव बनाया जा रहा है कि वह संघ के एजेंडे को चालाकी से लागू करें। ऐसे में जिस प्रतिरोध के सुर ज्ञान के केन्द्रों से उठने चाहिए थे, वह नहीं उठ रहे। उठें भी कैसे? यूजीसी के मुताबिक पचास फ़ीसद प्रोफ़ेसर के पद ख़ाली हैं या उन जगहों पर संविदा के आधार पर नियुक्तियाँ हुई हैं। नौजवान प्रोफ़ेसर अपने भविष्य को लेकर असुरक्षित हैं। सरकार उनके सपनों को अपने फ़ैसलों से लगातार रौंदने का कार्य कर रही है।

परिणाम हमारे सामने है। विश्वविद्यालयी राजनीति के ख़त्म होने, बौद्धिक लोगों व युवा शिक्षकों की घटती राजनीतिक अभिरुचि के कारण पार्टियों में 'इंटेलेक्चुअल क्राइसिस' की स्थिति आ गयी है। अब तो मुझे सदन में भी इसका सीधा असर दिखायी पड़ता है। वहाँ बौद्धिकता का अभाव दिखने लगा है। ऐसे में हमारे लोकतन्त्र और उसके मन्दिर का भविष्य क्या होगा? बौद्धिक लोग नहीं होंगे तो संसद में विरोधी स्वरों का सम्मान कौन करेगा? मेरे हिसाब से तो लोकतन्त्र केवल और केवल मुख्य स्वर और विरोधी स्वरों के बीच का सामंजस्य है, इसीलिए तो संसद सामंजस्य, सद्भाव का पवित्र मन्दिर माना जाता है, जहाँ आम जन की आस्था बसती है।

इधर, कुछ वर्षों में राजनीतिक सिद्धान्तों से समझौतापरस्ती और राजनीति में संकीर्णतावाद का साम्राज्य बढ़ा है। हमारा देश विविधताओं का देश है। हमारे यहाँ अलग-अलग धर्म, जाति, क्षेत्र, रंग के लोग वर्षों से रहते आये हैं। कुछ लोग हमारी एकता को भंग कर इसे बॉटने में लगे हुए हैं। आज हमारे सामने कट्टर हिन्दुत्व और उदार हिन्दुत्व के बीच संघर्ष तेज हो रहे हैं। हम रंग को धार्मिक चिह्न बनाने में लगे हुए हैं, जिससे हमें बचना चाहिए। आज धर्मान्तरण के मुद्दे पर हम लड़ते हैं और संसद के वक़्त को बर्बाद कर देते हैं।

यह ध्यान रखिए कि इस समय हमारी चुनौतियाँ क्या हैं? उपभोक्तावादी संस्कृति सबसे पहले विचारों को मारती है। जब विचार प्रभावित होने लगता है तब राजनीति का अनुशासन टूटने लगता है और उसमें तात्कालिकता या तुरन्तवाद का प्रवेश हो जाता है। तुरन्तवाद अपने आचरण में केवल मुनाफ़े की बात करता है। आज मीडिया के पत्रकार हों या सतर्क बौद्धिक, कहीं न कहीं सभी इस तुरन्तवाद से प्रभावित हैं। सोवियत संघ के विघटन के बाद जब बाज़ारवाद और भूमण्डलीकरण का नारा अमेरिका और यूरोपीय देशों ने दिया तब दुनिया अमीर और ग़रीब दो मुल्कों में बँट गयी। उत्तर के देश अमीर और दक्षिण के देश ग़रीब माने गये। भूमण्डलीकरण की प्रक्रिया में अमेरिका ने LDP का नारा दिया। LDP का आशय लिबरलिज़्म (उदारवाद), डेवलपमेंट और प्राइवेटाइजेशन को मुख्य माना गया। उदारवाद के नाम पर अमेरिका कहता है कि हर देश में सही डेमोक्रसी होनी चाहिए। लेकिन कैसी डेमोक्रसी, जो अमेरिका की विदेश नीति की पुष्टि करती हो। अमेरिका ने बिना युद्ध के MNC's के ज़रिये दूसरे देशों पर अपनी पकड़ बनायी। अमेरिका इस प्रोजेक्ट को ड्रीम-इंडस्ट्री कहता है, जिसमें आइ-पैड, मोबाइल, इंटरनेट व ई-मेल आदि का महत्त्व है। पश्चिमी बाज़ार ने सबसे अधिक मोबाइल को हथियार बनाया और अब

तो हर ग़रीब से लेकर अमीर भारतीय इसकी गिरफ़्त में है। नयी सरकार इसी प्रोजेक्ट को डिजिटल इंडिया का नाम देकर हम लोगों के लिए परोस चुकी है।

अब सार्वजनिक जगहों से प्याऊ या पानी के नल ग़ायब हैं। उसकी छाती पर बन्द बोतल पानी और कोल्ड-ड्रिंक पूरी ठसक के साथ कई गुने मुनाफ़े पर बिक रहे हैं। विकास के नाम पर बाज़ार के दबाव में जंगल और पहाड़ काटे जा रहे हैं, उसी का परिणाम है कि हम त्रासदी को सहने को मजबूर हो रहे हैं।

ऐसे विकट समय में हम अपने दायित्व और कर्तव्य को समझें और सचेत रहें। हमारी प्रश्नाकुलता के ख़त्म होते ही हमारे अस्तित्व खो जाने की आशंका है। लोकतन्त्र की मर्यादा टूटने का भय है और हमारा एकता के लहूलुहान हो जाने की आशंका भी...इसलिए प्रश्नाकुलता बनाये रखिए। फ़िलहाल इतना ही...

विचार का संकट

आज देश के सामने कई चुनौतियाँ हैं। सुविधा और सहूलियत की राजनीति ने विचारधारा को हाशिये पर धकेल रखा है और यह प्रक्रिया अभी भी जारी है। एक समय था जब मार्क्सवादी अपनी विचारधारा के कारण जनता के बीच सम्मान पाते थे। उनके लिए राजनीति से बढ़कर कहीं विचारधारा का मोल था।, लेकिन अब उन जगहों में भी विचारधारा से समझौता करने की प्रवृत्ति बढ़ी है। वहाँ भी अब केवल विचार के नाम पर कुछ अवशेष बचे हैं। विचार के संकट के कारण ही इस समय देश की राजनीति संक्रमण काल से गुज़र रही है। आरोप-प्रत्यारोप व नकारात्मक राजनीति ने देश के लोकतन्त्र पर भारी चोट पहुँचायी है। इस काल में बिहार चुनाव के परिणाम ने राष्ट्रीय स्तर पर छायी हुई वैचारिक शून्यता को भरने का कार्य किया है। देश के भीतर बढ़ रहे असन्तोष, असुरक्षा, कट्टरता से पीड़ित लोगों के लिए यह परिणाम सुखद है। साथ ही इससे लोकतन्त्र के हिलते-डुलते खम्भे को भी एक सहारा मिला है। हमने एक उम्मीद और आशा की रोशनी जलायी है।

केन्द्र में भाजपा के आरूढ़ होने के बाद यह संकट और अधिक गहरा गया है। एक ओर जहाँ राष्ट्रीय स्वयं सेवक संघ ने संवादधर्मिता के बुनियादी तत्त्वों पर चोट की है वहीं दूसरी ओर सत्ता के प्रतिरोधी स्वरों को दबाने की ख़ातिर आक्रामक रूप अख़्तियार कर लिया है। देश की विभिन्न अकादमियों और संस्थाओं पर इसी कड़ी में हमले हो रहे हैं और उसे ध्वस्त करने का ब्लू प्रिंट भी तैयार किया जा रहा है। संघ के द्वारा हमारी पुरानी मान्यताओं व आस्थाओं की लगभग रद्दी व्याख्या तैयार की जा रही है। उसे ही इतिहास घोषित करने का मन भी बना लिया गया है। भाजपा अपनी विचारधारा के अनुरूप इतिहास को फिर से गढ़ने की तैयारी में है। न केवल इतिहास बल्कि संवैधानिक संस्थाओं व पदों का दुरुपयोग करने में भी भाजपा पीछे नहीं है। अरुणाचल प्रदेश की विधान सभा की घटना और राज्यपाल के आचरण इस सन्दर्भ के उदाहरण हैं। भ्रष्टाचार को लेकर दोहरे मापदण्ड की बात तो इस सन्दर्भ

में बेमानी ही होगी। पहले सुषमा स्वराज, वसुन्धरा राजे और शिवराज सिंह चौहान को बचाने में और अब अरुण जेटली को बचाने में भाजपा अपनी सारी ऊर्जा ख़र्च कर रही है। भ्रष्टाचार उजागर करने वाले सांसद के साथ भाजपा ने कैसा सलूक किया है?, यह बताने की ज़रूरत नहीं है।

धार्मिक उन्मादीकरण, कट्टरता, राजनीतिक संकीर्णता के सहारे सत्ता पर काबिज़ रहने की योजना भी इस कड़ी में कम ख़तरनाक नहीं है। सन्तुलन, सोच व सम्यक दृष्टि के अभाव में भाजपा का अतिरिक्त झुकाव इस समय बाज़ारवाद की ओर है, परिणामस्वरूप हमारी प्राचीन संकल्पना 'वसुधैव कुटुम्बकम' के लिए कोई जगह शेष नहीं है। पहले ही बाज़ार ने हमारे यहाँ मानवीय मूल्यों, सरोकारों व संवेदनाओं को बहुत अधिक प्रभावित किया था। वर्तमान समय की नीति तो इसे ध्वस्त करके ही दम लेगी, ऐसा प्रतीत होता है। साझी संस्कृति, विविधता में एकता और संवादधर्मिता हमारे देश की पहचान और शक्ति रही है। इसी कारण हम विश्व मानचित्र पर सम्मान पाते रहे हैं। आज इस संस्कृति, एकता, अखण्डता, संवादधर्मिता पर आसन्न ख़तरा मौजूद है। पिछले दिनों देश के भीतर ख़ासकर बिहार चुनाव के दरम्यान जिस तरह की घटनाएँ घटीं, वह इस सन्दर्भ में ज्वलन्त उदाहरण है।

केवल बहुआवरणी प्रचार शैली, शारीरिक भंगिमा व आकर्षक चुनावी नारों के माध्यम से चुनाव जीतने की रणनीति ने लोकतन्त्र की आत्मा पर भीषण चोट की है। अब चुनाव के समय मुद्दों पर बात नहीं होती, भावी योजनाओं पर भी बात नहीं की जाती। इस तरह का नया कल्चर भाजपा ने गढ़ा है। चुनाव के समय अर्थव्यवस्था, बेरोज़गारी, रोटी कपड़ा और मकान की समस्या आदि नियोजित तरीक़े से ग़ायब कर दिये जाते हैं और इन मुद्दों पर धर्म का गहरा कोटिंग कर दिया जाता है।

बिहार में पिछले वर्षों से अब तक जिस नीति व उद्देश्य के साथ काम हुए हैं, उसके परिणाम सार्थक व प्रशंसनीय हैं। ख़ासकर शिक्षा, सड़क, बिजली, स्वास्थ्य, महिला सशक्तीकरण की दिशा में। हमारे यहाँ शासन का काम है 'अन्तिम जन' तक की सुधि लेना। हम अपनी नीति व एजेंडा उस वर्ग को ध्यान में रखकर ही सेट करते हैं। इसमें सभी तबकों को भागीदारी होती है।

आज केन्द्र सरकार जापान के साथ बुलेट ट्रेन चलाना चाहती है। डिजिटल इंडिया और स्मार्ट सिटी के कसीदे पढ़ रही है, लेकिन चौपट होती अर्थव्यवस्था, बढ़ती बेरोज़गारी की ओर ध्यान नहीं दे रही है, फिर देश की तरक़्क़ी सम्पूर्ण होगी या अपूर्ण, यह शोचनीय विषय है। कमज़ोर बुनियाद पर हम न तो बुलेट ट्रेन चला

सकते हैं और न ही स्मार्ट सिटी को जगमगा सकते हैं। ये कुछ बुनियादी सवाल हैं जिस पर सरकार को सोचना चाहिए।

मोदी जी के आगमन के बाद यह सच है कि देश में भ्रमण और सेल्फ़ी कल्चर को बढ़ावा मिला है, लेकिन इससे युवाओं की बुनियादी दिक़्क़तें तो दूर नहीं हो जाती हैं? इसके लिए ठोस रणनीति और इच्छा शक्ति की ज़रूरत है।

आज ज़रूरत है कि हम देश के भीतर की कॉमन समस्याओं पर विचार करें। ऐसे मॉडल बनाने की दिशा में आगे बढ़ें जो सभी प्रदेशों के लिए कारगर हो। भले ही हम अभी दूसरे, तीसरे राज्यों में उतने मज़बूत नहीं हैं लेकिन इच्छा शक्ति से ही सफलता का सृजन होता है अत: हमें यह भी याद रखना चाहिए। देश के भीतर मौजूद संकट व वैचारिक शून्यता को कांग्रेस भर नहीं सकती, हाँ वह सहयोगी ज़रूर बन सकती है। आज समय है कि सभी क्षेत्रीय दल एकजुट होकर इस दिशा में सकारात्मक पहल करें। अभी का दौर निरन्तर रचनाशील कार्य करने का है, इसलिए चिन्तन शिविर की प्रासंगिकता व्यावहारिकता और अधिक बढ़ जाती है।

एक बात सच है कि कठिन व विपरीत परिस्थिति में यदि सफल प्रयोग होता है तो उसका परिणाम इतिहास का विषय बन जाता है। आज ज़रूरत है कि हम संवाद के धर्म को बचाये रखें, समवेशी विकास की बात करें। हम भय, असुरक्षा से जनता को निकालें और बदलते वक़्त के साथ सिद्धान्तों का पुन:शोधन भी करें। हम दिशा दर्शक हैं, हम उत्पादक हैं, हमारी अपनी पहचान और अस्मिता है, हम 'याचक' नहीं हैं।

अभी 'समर शेष है' और लाखों झोंपड़ियों में उदासी छायी हुई है। हमे आगे बढ़कर उस उदासी को मिटाना है और उस घर में भी दीये जलाना है, जहाँ वर्षों से अँधेरा पसरा पड़ा है।

रेणु के पुत्र पद्‌म पराग के बहाने...

साहित्य के प्रांगण में फणीश्वरनाथ रेणु की ज़बर्दस्त प्रतिष्ठा है। उन्होंने अपने साहित्य और राजनीति के ज़रिये बिहार को सिंचित किया है। 'मैला आँचल' के ज़रिये उन्होंने बिहार को अलग रूप में परिभाषित किया है। उन्होंने लिखा है– "यह है मैला आँचल..., इसमें फूल भी है, शूल भी, धूल भी है गुलाब भी, कीचड़ भी है, चन्दन भी है, सुन्दरता भी है और कुरूपता भी है। मैं किसी से दामन बचाकर निकल नहीं पाया।" इस महान लेखक-कथाकार के योगदान को ध्यान में रखकर ही रेणु के सुपुत्र श्री पद्‌म पराग रेणु को भाजपा ने टिकट दिया था और वे चुनाव में विजयी भी हुए थे। आज भाजपा अपने भीतर ही वैचारिक संकीर्णता के दौर से गुज़र रही है, भारी अन्तर्विरोध व असन्तोष का ही परिणाम है कि भाजपा रेणुजी के उस योगदान को भी भूल गयी, जिसमें वे जेल गये और नजरबन्द रखे गये। आज भाजपा के लिए साहित्य सेवी और कला-प्रेमी कोई महत्त्व नहीं रखते तभी तो नयनतारा सहगल, अशोक वाजपेयी, उदय प्रकाश, सारा जोसेफ, सच्चिदानन्दन, कृष्णा सोबती जैसे नामचीन लेखकों ने साहित्य अकादमी पुरस्कार लौटा दिये कइयों ने इस्तीफ़ा दे दिया। देश भर के तमाम बुद्धिजीवी सरकार के आचरण के ख़िलाफ़ 'प्रतिरोध' के बैनर तले नवम्बर में एकजुट हो रहे हैं। आपको याद होगा मोदी सरकार के आने की आहट को पहचानते हुए ही यू. आर. अनन्तमूर्ति ने देश छोड़ने की बात कही थी। मोदी राज में उन पर हमले हुए। संयोग ऐसा कि उन्होंने इस ज़िन्दगी से ही विदा ले ली, अन्यथा उनकी वैसी ही हत्या होती जिस प्रकार गोविन्द पनसारे, कुल्वर्गी की हत्या कर दी गयी। आज अभिव्यक्ति की स्वतन्त्रता पर निरन्तर हमले हो रहे है। सारा जोसेफ ने ठीक ही कहा है, "अनन्तमूर्ति ने असल में उस दमनकारी जिन्दगी का पूर्वानुमान लगाया था जिसे मोदी के शासन में लेखकों को जीना पड़ता। उनके शब्द आज हक़ीक़त बन गये हैं। दादरी घटना पर प्रतिक्रिया करने में प्रधानमन्त्री ने नौ दिन का वक़्त लिया। उनकी चुप्पी ख़ौफ़नाक और निन्दनीय है।" वहीं अशोक

वाजपेयी ने कहा कि यह साहित्य, कलाओं, परम्परा और संस्कृति सबके लिए कठिन समय है। जिस बहुलता, समावेश, खुलेपन को बहुभाषिकता और बहुधर्मिता को हम पोसते व उससे शक्ति पाते रहे हैं, उस पर लगातार आक्रमण हो रहे हैं। हम इकहरेपन की तानाशाही के कगार पर पहुँच रहे हैं और बढ़ रहे हैं। अल्पसंख्यक होना लगभग अपराधी होना बन गया है, ऐसे समय में हम सृजन सम्प्रदाय के लोग चुप और उदासीन नहीं बैठ सकते। बावजूद इसके भाजपा पर कोई असर नहीं। उनके लिए आज 'उन्माद' ही प्रमुख विषय बन गया है। यह अच्छी बात है कि पद्म पराग रेणु हमारी पार्टी में सम्मिलित हो रहे हैं। कल भाजपा में अमूल्य योगदान देने वाले कैलाशपति मिश्र की पुतोहू ने हमारी पार्टी को ज्वॉइन किया है, यह हमारे लिए सुखद संकेत है। मुझे लगता है कि भाजपा में अब उन लोगों के लिए कोई जगह नहीं है, जिनका या जिनके परिवार का सांस्कृतिक या राजनीतिक इतिहास रहा हो। भाजपा अपने ही खण्डित नज़र से इतिहास का शोधन चाहती है, वह भी राष्ट्रीय स्वयं सेवक संघ की देखरेख में। भाजपा ने जिन्हें आग्रहपूर्वक पार्टी में बुलाया था, नयी भाजपा उन्हें इज़्जत नहीं दे रही। अमित शाह जिस अहंकार में दिखायी पड़ रहे हैं, उससे तो साफ़ दिखाई देता है कि बिहार फिर से दिल्ली चुनाव के परिणाम को ही दुहराने जा रहा है। ख़ैर...आज अमित शाह सिताबदियारा जयप्रकाश जी को श्रद्धा सुमन अर्पित करने पहुँचे हैं। जिनका विचार जे.पी. के दर्शन से कोसों दूर है, उनके द्वारा यह नाटकीय कृत्य शोभा नहीं देता। ख़ैर चुनाव के समय भाजपा ऐसे कृत्यों को करती रही है। जे. पी. अपने जीवनकाल में लोकतन्त्र और लोक के बीच सामंजस्य के हिमायती रहे। उन्होंने मोरारजी देसाई को शपथ लेते समय कहा था कि 'आपसे यही आग्रह है कि राज्य सरकारों की शक्तियों को बचाये रखना'। उनका बल राजनीति में पवित्रतावाद पर अधिक था। बिहार हमेशा से सजग रहा है, देश को प्रभावी नेतृत्व दिया है, याद करिए सत्याग्रह आन्दोलन को, वर्ष 1942 की क्रान्ति को, सम्पूर्ण क्रान्ति को, सदैव बिहार ने राजनीति की परिभाषा को गढ़ा है व इसका शोधन किया है। लेकिन आज बिहार के इर्द-गिर्द कुछ ऐसी अवसरवादी ताक़तों का जमघट है, जो सिद्धान्तों, विचारों, स्वस्थ परिचर्चा में विश्वास नहीं रखती हैं। वह केवल धन बल की राजनीति जानती है। नयी भाजपा दक्षिणपन्थ की जिस नयी परिभाषा को रच रही है, उसमें अटल बिहारी वाजपेयी सरीखे नेताओं के लिए कोई जगह बची नहीं है। स्वस्थ व सुन्दर माहौल में बहुत ही सतर्कता के साथ चुनाव को परखिये और भारी संख्या में मतदान करिए, चूँकि लोकतन्त्र की साख को भाजपा ने हाशिये पर धकेल रखा है।

दिनकर के बहाने...

साहित्यिक कार्यक्रमों में ऐसे कम अवसर आते हैं, जिनमें हमारे देश के प्रधानमन्त्री या उनके जैसा कोई बड़ा नेता अपनी सार्वजनिक उपस्थिति दर्ज करे। चूँकि हमारे यहाँ सरकारी एजेंडे में साहित्य, कला व संस्कृति हमेशा से अन्तिम पायदान पर ही सुशोभित रही है। आप सभी को मालूम ही होगा कि पिछले दिनों दिल्ली के विज्ञान भवन में दिनकर पर केन्द्रित एक आयोजन हुआ था। इस कार्यक्रम में हमारे प्रधानमन्त्री की गरिमामयी उपस्थिति थी। अवसर था, दिनकर की दो कृतियाँ 'संस्कृति के चार अध्याय' और 'परशुराम की प्रतीक्षा' के स्वर्ण जयन्ती वर्ष मनाने का। लेकिन सर्वाधिक विडम्बना तो यह कि आयोजकों को यह भी शायद मालूम नहीं था कि 'संस्कृति के चार अध्याय' (वर्ष 1956 ई.) का यह 59 वाँ वर्ष है और 'परशुराम की प्रतीक्षा' (वर्ष 1963 ई.) का 52वाँ वर्ष। ऐसे में इन दोनों ही कृतियों का स्वर्ण जयन्ती वर्ष कैसे? और सबसे बड़ी बात यह कि दिनकर की जिस कृति का यह स्वर्ण जयन्ती वर्ष है, उसे याद तक नहीं किया गया। पुस्तक 'लोकदेव नेहरू' का 24 मई, 2015 को पचास वर्ष पूरा हुआ। तो क्या इस व्यापक व बहुद्देशीय कार्यक्रम का मकसद बेहद संकीर्ण नहीं है? मंच पर हिन्दी के किसी बड़े आलोचक को क्यूँ नहीं बुलाया गया, जो आयोजकों और प्रधानमन्त्री दोनों को आयोजन की सच्चाई से अवगत करा देता? ख़ैर ...

मंच से प्रधानमन्त्री वर्ष 1961 में लिखे गये दिनकर के उस पत्र की चर्चा करते हैं, जिसमें उन्होंने जातीय संकीर्णता से उबरने की बात कही थी, लेकिन वक्ता जाति से उबरना तो दूर जाति में उलझने की बात अधिक करके चुपके से चले गये। कहीं ऐसा तो नहीं कि दिनकर जैसे महान कवि पर प्रधानमन्त्री और उनकी पार्टी कॉपीराइट पाने की कोशिश कर रही हो? यह कैसा दिनकर का सम्मान है, जिसमें उनके लिए भारत

रत्न की माँग तो की जा रही है, लेकिन उन्हें पढ़ने या समझने की कोशिश नहीं हो रही है। बस उन्हें एक जाति विशेष कवि के रूप में ब्रांड अम्बेसडर बनाने की कोशिशें तेज़ हैं। हकीकत में जाति का विरोध दिनकर ने आजीवन किया। उन्होंने लिखा है–

"जाति जाति का शोर मचाते केवल कायर क्रूर"

और

"मस्तक ऊँचा किये, जाति का नाम लिए चलते हो;
मगर, असल में शोषण के बल से सुख में पलते हो
अधम जातियों से थर थर काँपते तुम्हारे प्राण,
छल से माँग लिया करते हैं अँगूठे का दान।"

... ...

"जाति जाति रटते, जिनकी पूँजी केवल पाखण्ड
मैं क्या जानूँ जाति? जाति हैं ये मेरे भुजदण्ड।।"

ये वही रामधारी सिंह दिनकर हैं, जिन्होंने जयप्रकाश नारायण से कहा था कि मेरी उम्र भी आपको लग जाय। संयोग से कुछ ही दिनों बाद अपनी आयु जे.पी. को दान देकर वे धरती से विदा हो लिए थे। दिनकर को संघर्ष, क्रान्ति व आन्दोलन प्रिय था, वैसे उनका कोई अपना वाद नहीं था। हिन्दी के आलोचक गोपेश्वर सिंह ने ठीक ही लिखा है कि "वे मार्क्स के लाल रंग में सफ़ेद रंग मिलाकर अपना वैचारिक रंग तैयार करते हैं।" कुछ पार्टियों को यह भ्रम तो नहीं कि लाल और सफ़ेद मिलकर 'भगवा रंग' बनता है?

आरक्षण

भारतीय राजनीति में शुरू से ही आरक्षण एक महत्त्वपूर्ण विषय रहा है। वर्ष 1882 ई. में हंटर आयोग की नियुक्ति हुई। ज्योतिराव फुले ने निःशुल्क और अनिवार्य शिक्षा के साथ सरकारी नौकरियों में सभी के लिए आनुपातिक आरक्षण की माँग की थी। फिर वर्ष 1909 ई. में भारत सरकार अधिनियम के तहत आरक्षण का प्रावधान किया गया। वर्ष 1935 ई. में भारतीय राष्ट्रीय कांग्रेस ने प्रस्ताव पास किया, जो पूना समझौता कहलाता है, जिसमें दलित वर्ग के लिए अलग निर्वाचन क्षेत्र आवंटित किये गये। इसके बाद वर्ष 1942 ई. में आम्बेडकर जी ने अनुसूचित जातियों की उन्नति के समर्थन के लिए अखिल भारतीय दलित वर्ग महासंघ की स्थापना की। महासंघ ने सरकारी सेवाओं और शिक्षा के क्षेत्र में दलितों के लिए आरक्षण की माँग की। वर्ष 1947 ई. में भारत ने स्वतन्त्रता प्राप्त की। डॉ. आम्बेडकर को भारतीय संविधान के लिए मसौदे समिति का अध्यक्ष नियुक्त किया गया। भारतीय संविधान ने केवल धर्म, नस्ल, जाति, लिंग और जन्म-स्थान के आधार पर भेदभाव का निषेध किया है। बावजूद आरक्षण के मुद्दे पर संविधान में कई उपधाराएँ रखी गयी हैं। आज आरक्षण का मुद्दा फिर से चर्चा में है। आरक्षण का उद्देश्य दलितों-पिछड़ों को मुख्य धारा में सम्मिलित करना था। आज हमारे समाज से यह भेदभाव कहाँ तक ख़त्म हुआ है? आरक्षण अपने उद्देश्य में कहाँ तक सफल रहा है? यह विवेचनीय है और समय के मुताबिक़ विचारणीय है। लेकिन बिहार जैसे राज्य में अभी आरक्षण की ज़रूरत महसूस होती है। वहाँ आबादी का बड़ा भाग मुख्यधारा से परे है। ऐसे में कुछ नेताओं का फरमान हिटलरशाही का मात्र नमूना है। इससे उनका चरित्र सामने आ गया है। उनके आरक्षण सम्बन्धी एजेंडे को आने वाले दिनों में सरकार लागू करने जा रही है। इसका प्रमाण राजस्थान में हुए बदलाव से पता चल जाता है। ऐसे में आरक्षण मुद्दे पर सरकार के किनारे कर लेने से समस्या हल नहीं हो जाती है वरन जनता को

यह गुमराह भर करना है। आगे बिहार में चुनाव हैं, इन चुनावों में वे हर हथकंडे को आजमा लेना चाहती है। आवश्यकता है सतर्क रहने और उनके गर्भ में छुपे नापाक इरादे का पर्दाफ़ाश करने की। आरक्षण एक महत्त्वपूर्ण विषय है जिस पर व्यापक चर्चा की आवश्यकता है। इस मुद्दे पर बात करने से पहले हमें उन लोगों को भी चर्चा में सम्मिलित करना होगा जो सीधे-सीधे इससे प्रभावित हैं। इस मुद्दे पर उनके एजेंडे को लागू करना सरकार की संकीर्ण सोच को ही आगे लाता है।

बात तो होगी जे.एन.यू. की...

आज देश के सर्वाधिक प्रतिष्ठित विश्वविद्यालय का प्रांगण विवादों में है। यह विवाद अपनी निजता में जितना मौलिक है उससे कहीं अधिक कृत्रिम और प्रायोजित है। पहले हैदराबाद विश्वविद्यालय और फिर बाद में जवाहर लाल नेहरू विश्वविद्यालय के प्रांगण की आबोहवा को एक ख़ास रणनीति के तहत ख़राब किया गया है। इस पूरे प्रक्रम में सच केवल उतना ही नहीं जितना कि परोसा जा रहा है। फ़ासीवादी ताक़तों का विरोध यह संस्था अपनी स्थापना से ही करती आ रही है। ऐसे में फ़ासीवादी ताक़तों के निशाने पर यह संस्था बहुत पहले से रही है। वर्तमान में यह संस्था अपने इसी गुण के कारण परेशान है और देश की जनता से विवेक के इस्तेमाल और सच की तहक़ीक़ात की अपील भी कर रही है। प्रांगण के इस दर्द को देश के विद्यार्थी, शिक्षक, बौद्धिक, संस्कृतिकर्मी सभी समझ तो रहे हैं, लेकिन इस दर्द से उसे मुक्ति नहीं दिलवा पा रहे हैं। अजीब बिसात है जो प्रांगण अब तक दूसरों को ज्ञान के ज़रिये दिशा देता आ रहा था, आज उसे भटका और बेचारा माना जा रहा है। अपने युवापन में इस संस्था के देह यष्टि पर जैसी चोट दी गई है, उस चोट का निशान शायद ही कभी मिट पाये। इसने अपने सृजन काल में विखण्डन की प्रक्रिया को पहली बार देखा है। स्वच्छन्द विचार व विरोधों के सामंजस्य के बीच इस संस्था में कई उतार-चढ़ाव देखे हैं, लेकिन इस बार इसके प्रांगण के बीच से कई अवधारणाएँ अपनी परिभाषा को निश्चित कर लेना चाहती हैं।

देशभक्ति और देशद्रोह इतनी सरल अवधारणाएँ नहीं हैं जितना कि हम उन्हें समझते हैं। देशभक्ति का सबसे लोक प्रतिष्ठित रूप निःसंदेह वह है जो हनुमंथप्पा जैसे सैनिकों के आत्म बलिदान में दिखता है, पर देश की आन्तरिक विसंगतियों को समझना और वंचित वर्गों को मुख्यधारा में शामिल होने के लिए प्रेरित करना भी कोई छोटी देशभक्ति नहीं है। जेएनयू वह विश्वविद्यालय है जिसने भारतीय समाज के

सभी वंचित वर्गों के अधिकारों की लड़ाई को ठोस सैद्धान्तिक आधार देकर देश के भीतर आन्तरिक सामाजिक-आर्थिक लोकतन्त्र की स्थापना में अहम भूमिका निभाई है। इस योगदान को हल्के में नहीं लिया जा सकता। यह भी नहीं भूलना चाहिए कि अकादमिक अनुसन्धान का जो स्तर जेएनयू में दिखता है, बाक़ी विश्वविद्यालय उसके आसपास भी नहीं फटकते। यहाँ दो-तीन साल पढ़ चुका विद्यार्थी भी तर्कशक्ति और ज्ञान की गहराई के स्तर पर बाक़ी विश्वविद्यालयों के अधिकांश अध्यापकों पर भारी पड़ता है। इसलिए, मेरी राय है कि अपनी उत्कृष्ट संस्थाओं का अवमूल्यन करके हम देश का नुक़सान ही करेंगे।

देशद्रोह की धारणा पर भी विचार करने की गम्भीर ज़रूरत है। भारत को बर्बाद करने के नारे लगाना नि:संदेह देशद्रोह का मामला बनता है, पर क्या देशद्रोह यहीं तक सीमित है? क्या साम्प्रदायिक, भाषायी, क्षेत्रीय या नस्ली आधार पर देश के सामाजिक ताने-बाने को छिन्न-भिन्न कर देना ज़्यादा गम्भीर देशद्रोह नहीं है? क्या नीडो के हत्यारों ने देश की एकता और अखण्डता को इन नारे लगाने वालों से ज़्यादा नुक़सान नहीं पहुँचाया? क्या राज ठाकरे ने मराठी-बिहारी नफ़रत की आग लगाकर देश का ज़्यादा नुक़सान नहीं किया? क्या दादरी और मालदा की भीड़ों ने देश की एकता को कमज़ोर करने में कम भूमिका निभाई है? शायद हम सरल प्रतीकों में खो जाने वाले लोग हैं जिन्हें नारों के आधार पर ही देशभक्ति और देशद्रोह के तमगे पहनाने की आदत पड़ गयी है।

इसलिए, बेहतर होगा कि हम इस डिबेट को व्यापक स्तर तक पहुँचाएँ। जेएनयू में जिन्होंने 'भारत की बर्बादी' के नारे लगाये, उनके ख़िलाफ़ समुचित कार्रवाई करें; पर यह सरलीकरण न करें कि जेएनयू एक देशद्रोही विश्वविद्यालय है। ज़्यादा अच्छा होगा कि हम इस बहस के बहाने देशद्रोह की सही परिधि भी तय करें। नारों और प्रतीकों तक सीमित न रहकर उन देशद्रोहियों की भी पहचान करें जो पहली नज़र में देशभक्त दिखते हैं। मुझे डर है कि मुझमें और हममें से अधिकांश के भीतर एक न एक ऐसा चेतन-अचेतन हिस्सा हो सकता है जो हमें भी इसी वर्ग में ला खड़ा करेगा।

शराब बन्दी आधी आबादी की अभिलाषा

"शराब बन्दी हमारी राजनीतिक विवशता नहीं, आधी आबादी की अभिलाषा थी।"

हमारी सरकार ने कुछ दिनों पूर्व ही पूर्ण शराब बन्दी की घोषणा की है। शुरुआत में बहुत से लोगों के मन में यह आशंका थी कि क्या हमारे यहाँ पूर्ण शराब बन्दी सम्भव है?

आपको मैं बताता चलूँ कि हमारे लिए राजनीति केवल सत्ता तक पहुँचने का ज़रिया नहीं है। आमतौर पर लोग अब यही मानते हैं और इस मानने के पीछे के कारण को यदि हम थोड़ी गम्भीरता से सोचें तो इसके लिए राजनीतिक पार्टियाँ ही ज़िम्मेदार हैं। आज की विडम्बना यही है कि राजनीति में व्यापक जनभागीदारी, जनजागृति जैसे पद ग़ायब हैं। हमें यह समझना होगा कि हमारी समाज के प्रति जवाबदेही क्या है? राजनीति अपने आशयों में समाज और व्यक्ति के निर्माण की वकालत भी करती है। हमने राजनीति में सामाजिक उत्थान, जन जागृति को भी समेटा है और राजनीति को उस संकीर्ण परिभाषा से मुक्त करने की कोशिश भी की है, जिस संकीर्ण परिभाषा को गढ़ने में केन्द्र की सरकार कुछ दिनों से व्यस्त है।

पिछली बार हमने वृक्षारोपण किया था। पर्यावरण को बचाने के लिए लोगों से अपील की थी और इस बार हम लोगों को शराब से बचाने की अपील कर रहे हैं। बेहतर पर्यावरण के साथ बेहतर स्वास्थ्य हमारी मुख्य चिन्ताओं में शुमार है। हमारे प्रदेश की जनता जब स्वस्थ रहेगी तभी हमारे प्रदेश का विकास होगा और स्वच्छ व संकल्पित राजनीति को प्रश्रय मिलेगा।

हम यह जानते हैं कि शराब से सरकारी राजस्व को बड़ा मुनाफ़ा था। हमें चार हज़ार करोड़ की आमदनी थी, लेकिन हमने उसकी चिन्ता नहीं की। हमारे लिए राजस्व उतना महत्त्व नहीं रखता जितना कि हमारी जनता।

पूर्ण शराब बन्दी कर हमने पूरे देश के सामने एक मॉडल छोड़ा है। हम चाहते हैं कि अन्य प्रदेश की सरकारों से लेकर केन्द्र सरकार भी, इस जागृति को गम्भीरता से ले। चूँकि यह राजनीतिक मसला नहीं अपितु जन सरोकार का विषय है और कहीं न कहीं सामाजिक क्रान्ति का विषय भी है।

हमारे प्रदेश में ख़ासकर युवा और मज़दूर वर्ग सबसे अधिक शराब सेवन के आदी थे। युवा प्रतिभा और युवा शक्ति को यह नशा प्रभावित कर रहा था। मज़दूर अपनी दिहाड़ी शाम को ठेके पर भेंट कर आता था। ऐसे में संकेत साफ़ था कि एक दिन यह रोग महामारी का रूप धारण कर लेता और राज्य पूरी तरह चौपट हो जाता। इस सन्दर्भ में आपको यह बताना ज़रूरी है कि प्रति वर्ष भारत में अल्कोहल से मरने वालों की संख्या ढाई मिलियन है। इससे लगभग साठ तरीक़े की बीमारियाँ होती हैं। ऐसे में राज्य की यह चिन्ता स्वाभाविक थी।

हमारा राज्य बिहार वर्षों से बौद्धिक प्रतिभाओं का निर्यातक रहा है। हमारे यहाँ के युवा बुद्धि, प्रतिभा के ज़रिये देश-विदेश में हमारी अस्मिता को रचते हैं, हमारी पहचान को स्थापित करते हैं। हमें डर था कि शराब कहीं युवाओं के बौद्धिक कौशल को प्रभावित न करे। वैसे भी हमारे पास संसाधनों की भारी कमी है। उन संसाधनों की क्षति पूर्ति हमारे यही युवा ज्ञान के बदौलत करते रहे हैं।

मुख्यमन्त्री नीतीश जी के सुन्दर नेतृत्व में हमारी यह घोषणा और भी कई मायनों में महत्त्वपूर्ण है। शराब बन्दी के बाद आपराधिक घटनाओं में भारी कमी आयी है। चोरी, लूट, छेड़छाड़ आदि के आँकड़ों में भारी कमी हुई है। अब ग़रीबों के घर में चूल्हे जल रहे हैं। उनके लिये रोटी, कपड़े और मकान की व्यवस्था हो रही है।

शराब बन्दी हमारे लिए राजनीतिक मजबूरी नहीं थी। यह आधी आबादी के संघर्ष और सरकार से भरोसे बनाये रखने का प्रतिफल है। मुझे लगता है कि सरकार अब राज्य का निर्माण कर रही है और महिलाएँ अपने परिवार को निर्मित कर रही हैं। इस रूप में हमने राज्य की महिलाओं का भरोसा जीता है। अब महिलाएं सरकार के अन्य कार्यक्रमों में अपना सकर्मक योगदान दे रही हैं। इस क़दम से हमने महिलाओं को आत्मविश्वास दिया है। मुझे ख़ुशी है कि बिहार में घरेलू हिंसा में भारी कमी आयी है। हमने बेटियों को स्कूल पहुँचाया, शिक्षा के अवसर उपलब्ध करवाये, आरक्षण दिया और अब घर को सींचने के अवसर और सामाजिक सुरक्षा दी है।

आपको बताते चलें कि शराब बन्दी की ज़रूरत अब तमिलनाडु, केरल, असम, बंगाल को भी होने लगी है। वहाँ चुनावों में कई पार्टियों ने जनता से शराब बन्दी का वायदा किया है। दिल्ली की महिलाएँ भी अब इसके लिए संघर्ष की तैयारी कर रही हैं। आज ज़रूरत है इस अभियान को सामाजिक पटल पर रखने की। हम शराब मुक्त भारत चाहते हैं और आने वाले दिनों में राष्ट्रीय स्वयं सेवक संघ मुक्त भारत भी। शराब और संघ अपने आन्तरिक गुणों में कई कारणों से समधर्मा है। हमें इससे मुक्त होना है और नये समाज को बनाना है। उम्मीद है आप हम पर भरोसा बनाये रखेंगे...

विचार की एक यात्रा

वर्ष 1994 में मुख्यमन्त्री नीतीश जी ने एक छोटा-सा पौधा लगाने का काम किया था, जिसमें हम लोग भी शरीक थे। वह पौधा आज वृक्ष का आकार ग्रहण कर चुका है। अब उस पौधे को हमें सींचने की ज़रूरत नहीं है, वह तो लोगों को छाया और फल दे रहा है। यानी किसी काम को लगन और संकल्प के साथ करिएगा तो आने वाले समय में निश्चित रूप से न केवल वह फलता-फूलता हुआ दिखायी पड़ेगा, बल्कि समाज को प्रेरणा देने का काम भी करेगा। वर्ष 1994 से वर्ष 2019 के बीच का समय राजनीतिक रूप से बहुत ही महत्त्वपूर्ण समय रहा है। 1994 के बाद बिहार की राजनीति ने एक नयी करवट ली थी। क्या राजनीति का यही मतलब है कि वह केवल कुर्सी से जुड़ी हुई दिखायी पड़े या उसमें कोई गुणात्मक परिवर्तन भी होगा, यही हमारा मूल संघर्ष था। वर्ष 2005 तो हमारे लिए एक निर्णायक परिणाम देने वाला वर्ष रहा है। जेपी आन्दोलन के एक प्रसंग की चर्चा करना चाहूँगा। नीतीश जी ने तब शिक्षा का एक प्रस्ताव प्रस्तुत किया था, तभी मुझे यह आभास हो चुका था कि हमारे बीच एक ऐसी शख़्सियत भी मौजूद है, जो एक नयी तस्वीर खींच सकती है, एक नक़्शा बना सकती है और एक योजना भी।

पिछले दिनों की बात है, नीतीश जी के पार्लियामेंट में दिये गये भाषणों के संकलन का विमोचन कार्यक्रम था। उस आयोजन में जब मैं बोलने के लिए खड़ा हुआ, तो मुझे वर्ष 1974 याद आ गया। यद्यपि किसी व्यक्ति के जीवन में वर्ष 1974 से 2019 की राजनीतिक यात्रा कम नहीं होती। लेकिन मेरे जेहन में एक तस्वीर साफ़ थी कि जिस आदमी ने जेपी मूवमेंट के दौरान शिक्षा का मज़मून तैयार किया था, आज वह बिहार की बागडोर बख़ूबी सँभाल रहा है। उसी कार्यक्रम में मैंने कहा था कि प्रतिभा अवसर की तलाश करती है, यानी जिसके अन्दर क्षमता है और समाज ने यदि उसको अवसर दे दिया तो उस व्यक्ति का सम्पूर्ण रूप देखने को हमें मिल सकता है।

निश्चित रूप से उसकी क्षमता से हमारा समय और समाज लाभान्वित हो सकता है।

देश की राजनीति में आज एक ग्रहण दिखायी पड़ता है। वह ग्रहण है विचार का संकट। हमने तो अपनी राजनीतिक यात्रा में अपनी विरासत को सँजोने-सँवारने और उसे आबाद रखने का ही काम किया है। गांधी, लोहिया, जेपी के विचारों की जो यात्रा थी, उसके केन्द्र में आम आदमी हमेशा बना रहा। नीतीशजी उसी एजेंडे को आगे बढ़ाने का काम कर रहे हैं। जब हमारी विरासत इतनी मज़बूत है, तो लोकतन्त्र की चुनौतियों को स्वीकार करने में भी हम सक्षम हैं।

आम लोगों के लिए राजमार्ग की सड़कें दुर्लभ हुआ करती थीं, उन्हें सुगम और उपलब्ध बनाया गया। यही नीतीशजी के शासन की ख़ासियत रही है कि जो सड़कें कभी सपना हुआ करती थीं, आज उन मार्ग पर चलने के लिए सभी लोग स्वतन्त्र हैं। परिवर्तन को मापने के अनेक मापदण्ड हुआ करते हैं। आज देश के कई प्रगतिशील राज्य हैं, जो नीतीशजी के कार्यक्रमों और योजनाओं का अनुकरण कर रहे हैं। इसलिए मैं तो यही कहूँगा कि जो कुर्सी के साथ जीता है, वह मिटता भी चला जाता है, लेकिन कुर्सी पर बैठने वाला इन्सान जब दूसरों के लिए जीना शुरू करता है, तो वह कुर्सी की महत्ता को ही प्रतिष्ठित और बढ़ाता चला जाता है। नीतीशजी ने अपने सियासी जीवन में यही काम किया है।

साथियो, जिस तरह अर्जुन के सामने मछली की आँख थी, उसी तरह हमें भी अपना लक्ष्य निर्धारित कर लेना है। हमारे साथ विचार की एक यात्रा है। हमने राजनीतिक शुचिता के साथ सामाजिक व मानवीय कुप्रथाओं को मिटाने का संकल्प लिया है। 2020 की चुनौती हमारे काम के परीक्षा की कसौटी है। हमें पूरी एकजुटता और प्रतिबद्धता के साथ अब आगे बढ़ना है

(20.09.2019 को रवीन्द्र सदन, पटना में जदयू राज्य परिषद के नवनिर्वाचित सदस्यों की बैठक को सम्बोधित करते हुए माननीय सांसद सह प्रदेश अध्यक्ष आदरणीय श्री बशिष्ठ नारायण सिंह जी।)

जैक्सन हॉस्टल की एक शाम...

पटना कॉलेज से मेरा गहरा लगाव रहा है। गेट से अन्दर दाख़िल होते ही आज भी मैं भावुक हो जाता हूँ। मानसपटल पर कई तरह की स्मृतियाँ उभरने लगती हैं। आज मैं जो कुछ भी हूँ, इसी कैम्पस की देन हूँ। हम लोगों के समय में जैक्सन हॉस्टल में जिसका प्रवेश हो जाता था, गार्जियन यही सोचते थे कि उनका बच्चा अब सिविल सर्विसेज में सफल होगा या फिर शिक्षा के क्षेत्र में नाम रोशन करेगा। मेरे माता-पिता भी यही सोचते थे पर नियति को तो कुछ और ही मंजूर था।

विश्वविद्यालय में काउंसलर के लिए चुनाव होना था। राजनीति में मेरी भी दिलचस्पी थी। साथियों के कहने पर मैं त्रिनाथ मिश्रा जी से सुझाव लेने हॉस्टल के दूसरे तक पर पहुँचा। सुनते ही वे आग बबूला हो उठे और कहा कि निकल जाओ मेरे कमरे से। जैक्सन हॉस्टल का लड़का चुनाव लड़ेगा, गार्जियन ने क्या इसी काम के लिए यहाँ भेजा है? मैं सिर झुकाये सुनता रहा और फिर धीरे से खिसक लिया।

चुनाव होने में दो-चार रोज़ बाक़ी थे। त्रिनाथ मिश्रा नीचे चापाकल पर स्नान करने के लिए जा रहे थे, मैं भी स्नान के लिए जा रहा था। मुझ पर उनकी नज़र ठिठकी, पुकारा, बशिष्ठ जरा इधर सुनना। मैं सकपकाया, झिझकते हुए मेरे क़दम उनकी ओर बढ़े। पूछने लगे, चुनाव कब है? डाँट खा चुकी आँखों ने झुकते हुए धीमे से कहा कि सर, परसों चुनाव है। ठीक है, तुम छोटा-छोटा बीस-पच्चीस स्लिप बनाकर दे देना, तुम्हारा वोट मैं माँगूँगा। मेरी आँखें तैरने लगीं, लौटा तो पाँव में पंख लगे थे। उसी दिन पता लगा कि लगाव, प्रेम और सद्‌भावना क्या चीज़ होती है।

त्रिनाथ मिश्रा गेट के सामने खड़े हो गये। जो भी वहाँ से गुज़रता, उन्हें मेरी एक पर्ची थमा देते और वोट की अपील करते। तब विश्वविद्यालय में पाँच सीटों के लिए चुनाव होता था। मैंने सबसे ज़्यादा अन्तर से वह चुनाव जीता। साथियों के

बीच जश्न का माहौल था, पर मैं इतना साहस नहीं कर पाया कि अपनी जीत की ख़बर भी त्रिनाथ मिश्रा को दे पाऊँ। चुनाव परिणाम आने के तीन दिन बाद अचानक त्रिनाथ मिश्रा से आमना-सामना हुआ, पूछने लगे कि बशिष्ठ, मैंने तुम्हारे लिए वोट माँगा था, जीते कि नहीं? मैंने परिणाम बताया तो वह बहुत ख़ुश हुए, मेरी पीठ ठोंकी और शाबाशी दी। जब भी कोई उन्हें मिलता, वे ख़ुश होकर बतलाते कि बशिष्ठ हाईएस्ट वोट से चुनाव जीता है।

यहाँ के इंच-इंच और कण-कण से मेरा आत्मीय सम्बन्ध रहा है। मेरी रुचि की जो नींव वहाँ पड़ी, उसका साधक बनकर ही मैंने काम किया। राजनीति को मैंने निरन्तर एक प्रयास माना है। राजनीति धैर्य और लम्बे काल तक उसूल के लिए संघर्ष करने का नाम है। इसीलिए हम लोग भ्रष्टाचार, बेरोज़गारी, महँगाई, शिक्षा की नीति के परिवर्तन के लिए संघर्ष छेड़ने का काम रकते रहे। उसी की उपज नीतीश कुमार भी हैं। इस विश्वविद्यालय से जो हमें शिक्षा और प्रेरणा मिली, उसी का आज यह प्रतिफल है।

मैं रोज़ सुबह 3 बजे उठ जाया करता था और 3 बजे से 6 बजे तक सिर्फ़ पढ़ाई करता था ताकि दिन में इधर-उधर घूमने का गैप पूरा हो जाये। तब तक मेरे बाबूजी को भी यह पता नहीं था कि मैं राजनीति के रास्ते पर आगे बढ़ चला हूँ। सिक्स्थ ईयर में हम नेता हो चुके थे। न हॉस्टल था, न कॉलेज, वाइस चांसलर हो गये। आज के कई सीनियर नेता हैं, जो उस समय छात्र राजनीति में सक्रिय थे। मैं काफ़ी एक्टिव था। कभी इस हॉस्टल तो कभी उस कॉलेज मेरी भागदौड़ लगी ही रहती थी। कई लोग मेरी वजह से चुनाव जीते, विश्वविद्यालय के अध्यक्ष भी हुए। सन् 74 तक छात्रों के साथ मेरा सम्बन्ध और संवाद निरन्तर बना रहा। मेरे सियासी जीवन में विश्वविद्यालय के डिबेट कल्चर का अहम रोल रहा है।

राजनीति जब संकट में फँसती है, तो उससे उबारने का ज़िम्मा युवाओं के कन्धों पर होता है। जेपी मूवमेंट ने परिवर्तन का बिगुल फूँक कर देश की राजनीति को ही मोड़ दिया था और मोनोपॉली ख़त्म की थी। जब युवा शक्ति का उभार होता है तो देश की राजनीति नीतिमूलक हो जाती है और जब राजनीति नीतिमूलक हो जाती है तो सरकार के संचालन में एक नियन्त्रण की रेखा पैदा हो जाती है।

युवाओं को राजनीति में थोड़ा-बहुत हिस्सा ज़रूर लेना चाहिए। लोकतन्त्र तो जीवन की एक प्रेरणा है पद्धति है। ख़ुद जिएँ और दूसरों के जीने में सहायता प्रदान

करें। प्रतीक से भी प्रेरणा और शक्ति मिलती है। माँ-बाप चाहे अनपढ़ ही क्यूँ न हों, उन्हें हृदय में बसाकर रखना चाहिए। आधुनिकता की चकाचौंध क्षणभंगुर है। हमें अपनी संस्कृति और संस्कार को हमेशा ज़िन्दा रखना चाहिए। आपसे यही कहूँगा कि अपने लक्ष्य को पाने के लिए ईमानदार प्रयत्न और परिश्रम जारी रखिए, समाज की समस्या से परिचित होइए और उस पर बहस कीजिए, निदान ज़रूर होगा।

पटना का इंजीनियरिंग और साइंस कॉलेज शुरू से ही बहुत नामी कॉलेज रहा है, वहाँ के छात्र बहुत तेज और प्रतिभा सम्पन्न माने जाते रहे हैं। किसी कार्यक्रम में जब भी कोई नेता वहाँ पहुँचता, तो उसकी काफ़ी हूटिंग होती थी, सवालों की बौछार होती थी। जब मैं बिहार सरकार में मन्त्री बना, एक निमन्त्रण पर वहाँ जाना था। कुछ लोगों ने समझाया कि सवालों को सहने की शक्ति हो, तभी वहाँ जाइयेगा। मैंने कहा कि सहना ही तो लोकतन्त्र की ख़ासियत है। वहाँ पहुँचकर जब मैंने भाषण देना शुरू किया तो हॉल में पिन ड्राप साइलेंस की स्थिति थी। प्रिंसिपल ने लौटते वक़्त कहा कि आज आप बेदाग होकर जा रहे हैं। मैंने उनसे कहा कि मैं कोई ट्रेडिशनल नेता तो हूँ नहीं, छात्र राजनीति से निकला हूँ। सवाल सामने आते, तो सामना किया जाता, डर कैसा और शिकायत कैसी।

इसी कैम्पस में पूर्व राष्ट्रपति राधाकृष्णन को सुनने का मौक़ा मिला है। प्रकाशवीर शास्त्री को सुना है, अशोक मेहता को सुनने का सौभाग्य प्राप्त हुआ है। जेपी मूवमेंट के दौर में 'यूथ फ़ॉर डेमोक्रेसी' में बढ़-चढ़ कर हिस्सा लिया। तब विद्वत्‌जनों के भाषणों को सुनकर यह महसूस होता था कि राजनीति की ऊँचाई कितनी अधिक है। जॉर्ज जैकब पटना विश्वविद्यालय के वाइस चांसलर और अंग्रेज़ी के विद्वान थे। सीनेट हॉल में अशोक मेहता का भाषण होना था। अशोक मेहता इकोनॉमिक्स के बड़े जानकार और समाजवादी नेता थे। जॉर्ज जैकब जब स्वागत भाषण दे रहे थे, तो उनका पोएटिक एक्सप्रेशन या यूँ कहें कि अपने सम्बोधन में कठिन शब्दों का प्रयोग कर रहे थे। अशोक मेहता यह भाँप चुके थे कि वाइस चांसलर अपना इम्प्रेशन जमाने के लिए ऐसा कर रहे हैं। अशोक मेहता जब खड़े हुए, तो उनका पाँच-सात मिनटों का भाषण एक करारा जवाब भी था। राम शरण शर्मा जैसे कई सीनियर प्रोफ़ेसर भी वहाँ मौजूद थे। उनका अद्‌भुत और गज़ब का भाषण था, एक अर्थशास्त्री की धारणा को खण्डित करता हुआ। तब राजनीति में ऐसे ही लोग हुआ करते थे।

इसीलिए साथियो, आपसे कहना चाहूँगा कि जो इस हॉस्टल में आता है, सरस्वती का उसे वरदान प्राप्त है। इस हॉस्टल से बड़े-बड़े लोग निकले हैं, प्रतिभा सम्पन्न विभूतियाँ पैदा हुई हैं, जिन्होंने अलग-अलग क्षेत्रों में अपने व्यक्तित्व की छाप छोड़ी है। आपके ऊपर एक बड़ी ज़िम्मेवारी है कि आप अपने इतिहास को समृद्ध करें, उसकी कड़ी को जोड़ने का काम करें। और हाँ, नियम और अनुशासन के दायरे में ही अपना जीवन व्यतीत करें।

(11.02.2019 को सरस्वती पूजा समारोह के अवसर पर जैक्सन हॉस्टल, पटना विश्वविद्यालय के छात्रों के बीच अपनी कुछ स्मृतियाँ साझा करते हुए माननीय प्रदेश अध्यक्ष आदरणीय श्री बशिष्ठ नारायण सिंह जी।)

वित्त बजट पर बोलते हुए

सभापति महोदय, मैं भारत के वित्त मन्त्री ने जो बजट सदन में प्रस्तुत किया है, उसके पक्ष में बोलने के लिए खड़ा हुआ हूँ। मैं इस बात के लिए निश्चित रूप से श्री यशवन्त सिन्हा जी की प्रशंसा करना चाहूँगा कि जबकि भारत में वित्तीय संकट और विश्व व्यापार में मन्दी चल रही हो, जबकि भारत में बेरोजगारों की संख्या आज़ादी के इतने वर्षों के बाद बढ़ती गयी हो, जबकि भारत में आज यह भी सवाल उठ रहा हो कि गाँवों में लाखों-लाख की संख्या में लोगों के लिए अभी आवास का प्रबन्ध करना हो, जब देश के सामने ऐसा संकट भी हो कि कृषि प्रधान देश होते हुए भी ज़मीन की व्यवस्था आज तक ठीक से नहीं हो पायी हो, पानी का प्रबन्धन ठीक से नहीं हो पाया हो, जब मज़दूरों की संख्या अधिक बढ़ती गयी हो, जबकि भारी संख्या में लोन लेकर पचाने वालों की संख्या में भी कमी न आयी हो और हज़ारों करोड़ रुपये लोन लेकर उसका दुरुपयोग किया गया हो, जब ऐसी स्थिति वर्तमान हो तथा साथ-ही-साथ भारत के वित्त मन्त्री के सामने संसार का आर्थिक संकट और समृद्ध देशों की भारत पर आर्थिक पाबन्दियाँ भी हों, ऐसे समय में वित्त मन्त्री को बजट प्रस्तुत करने का जब मौक़ा आता हो, तब उनके सामने कितनी समस्याएँ और किस ढंग की दिक़्क़त होगी, इसे आसानी से समझा जा सकता है।

सभापति महोदय, जब यह वित्त बजट प्रस्तुत हुआ है, उसकी पृष्ठभूमि में आर्थिक पाबन्दियों की छाया भी बजट के साथ-साथ चलती आयी है।

सभापति महोदय, जब भारत का यह वित्त बजट पेश हुआ, उसके पहले देश ने परमाणु परीक्षण किया। इसके अलावा भी और कई ऐसी बातें हुई हैं आर्थिक पाबन्दियाँ लगाने के बाद और मल्टी नेशनल का विश्वव्यापी स्वरूप होने के बाद, भारत का यह बजट पेश हुआ। इसलिए वित्त मन्त्री के समक्ष उपस्थित कठिनाइयों को आसानी से समझा जा सकता है।

सभापति जी, मैं आँकड़ों में नहीं जाना चाहता हूँ, लेकिन यह ज़रूर कहना चाहता हूँ कि अभी इस देश में ऐसे लोगों की बहुत बड़ी संख्या है जो करोड़ों-अरबों रुपये के बैंक लोन पचाये बैठे हैं। मैं आँकड़े भी नहीं देना चाहता हूँ कि अभी इस देश पर कितना ऋण है और देश के राजस्व से कितनी प्राप्ति हुई है? हालाँकि इन सभी बातों पर विस्तार से कहने की आवश्यकता थी, लेकिन बोलने की समय सीमा निर्धारित कर दी गयी है इसलिए मैं इन सब बातों में नहीं जाना चाहता हूँ। मैं यह कहना चाहता हूँ कि यह इस वर्ष का प्रथम बजट है जो 'सिंहासनी भाषा' और 'सतही उपचार' से मुक्त होकर प्रस्तुत किया गया है। यह एक ऐसा बजट है जिसने भारत की समस्याओं को सही परिप्रेक्ष्य में पहचाना है।

सभापति महोदय, मैं सिंहासनी-भाषा से मुक्त और सतही उपचार वाला बजट जो कह रहा हूँ, ऐसा कहने के मेरे अर्थ स्पष्ट हैं। सतही उपचार जब मैं कह रहा हूँ। तो ऐसा कहने के पीछे इस देश की आज़ादी के इतने वर्षों की कहानियाँ छिपी हैं। इसलिए सतही उपचार का शब्द प्रयोग कर रहा हूँ। वित्त मन्त्री जी ने सभापति महोदय कुछ चीज़ों को छूने का काम किया है। चूँकि भारत की समस्या और विश्व के समृद्ध देशों की समस्या एक नहीं है। आज अमेरिका और यूरोपीय देशों के सामने जो सवाल हैं, वे सवाल भारत के लोगों के सामने नहीं हैं। समृद्ध देशों के लोगों के सामने आज यह सवाल है कि वे बेहतर जीवन कैसे जीयें, लेकिन भारत के लोगों के सामने सवाल यह है कि ज़िन्दगी को कैसे जिया जाये। इसलिए भारत का जो बजट होगा, उसमें इस चीज़ को निश्चित रूप से ध्यान में रखा जायेगा और इस बजट में इसका पूरी तरह से ध्यान रखा गया।

महोदय, मैं अर्थशास्त्री नहीं हूँ, इसलिए मैं इसकी बारीकियों में नहीं जाना चाहता हूँ, लेकिन मैं जितना अर्थशास्त्र जानता हूँ, उसके अनुसार मैं कह सकता हूँ कि भारत में पूँजी कम है लोग ज़्यादा हैं, ज़मीन कम है और काम करने वाले ज़्यादा हैं। यहाँ वित्तीय प्रबन्धन सबसे अच्छा वही हो सकता है और सबसे अच्छा वित्त मन्त्री वही हो सकता है, जो भारत की बहुसंख्यक आबादी जो गाँवों में रहती है, को देखने का प्रयास करे। मुझे कहना है कि वर्तमान वित्त मन्त्री ने उस चीज़ को देखने का प्रयास किया है कि भारत के गाँव कहाँ हैं। मैं इस मायने में कह रहा हूँ कि अब तक आज़ादी के बाद जितने भी बजट प्रस्तुत किये गये हैं, उनमें यह एक सबसे अच्छा बजट इस वर्ष वित्त मन्त्री महोदय ने प्रस्तुत किया है।

सभापति महोदय, फूड एंड प्रोसेसिंग पर और अधिक ध्यान देने की ज़रूरत है। वर्षों की आज़ादी के बाद भी हम कृषि में कहाँ खड़े हैं महोदय, इस बारे में आप बेहतर जानते हैं। भारत में यदि किसी क्षेत्र में सबसे अधिक रोजगार की सम्भावनाएँ हैं, तो वह क्षेत्र अभी तक केवल मात्र कृषि का क्षेत्र है। यदि एग्रोबेस्ड इंडस्ट्रीज़ को बढ़ाने का काम किया जायेगा तो भारत का उत्थान हो सकता है अन्यथा ऐसा कोई दूसरा क्षेत्र नहीं है। हमारे देश में कृषि का क्षेत्र ही व्यापक है, जहाँ बहुत रोजगार की सम्भावनाएँ हैं। उसके अतिरिक्त हमें कोई और दूसरा ऐसा व्यापक क्षेत्र दिखाई नहीं दे रहा है। कृषि को उन्नत करने की आवश्यकता है। उसके लिए दो काम किये जाने ज़रूरी हैं पहला कृषि को आधुनिक और वैज्ञानिक बनाने का काम और दूसरा वित्तीय प्रबन्धन इस ढंग से करने की ज़रूरत है कि कृषि से बोझ घटता चला जाये।

कृषि को लाभकारी, वैज्ञानिक और आधुनिक स्वरूप देने का काम भारत के बजट में हो, तभी भारत की समस्याओं का निदान हो सकेगा क्योंकि वे बोझ पड़ता जा रहा है। बेरोजगारों की संख्या बढ़ती जा रही है। यदि आज भारत पर वैज्ञानिक ढंग से सिंचाई, वैज्ञानिक ढंग से खेती के प्रयोग, वैज्ञानिक ढंग से मोड ऑफ़ प्रोडक्शन की बात हो तो शायद एक क्रान्ति हो सकती है।

मैं एक बात पर ज़ोर देना चाहता हूँ क्योंकि वित्त मन्त्री सदन में मौजूद हैं। अभी हम लोगों की उपज पैदा करने का जो तरीक़ा है और ढंग है, वह पुराना तरीक़ा ही है। पुराने तौर-तरीक़ों से ही हम चलने का प्रयास करते हैं। कभी भूमि टेस्टिंग का काम, भूमि की जाँच करने का काम बड़े पैमाने पर राष्ट्रीय स्तर पर कराया जाये तो भारत की उपज को बढ़ाने से कोई रोक नहीं सकता है। लेकिन भूमि का मृदा परीक्षण बड़े पैमाने पर नहीं हो रहा है, यदि सॉयल टेस्टिंग हो जाये तो किस भूमि पर कौन सी फ़सल ज़्यादा हो सकती है और कारगर तरीक़े से उपजायी जा सकती है, वह पता चल सकता है, इसलिए सॉयल टेस्टिंग पर ध्यान देना चाहिए।

इसके साथ ज़मीन के प्रबन्धन का भी सवाल है। कितनी भूमि हमने सिंचित एरिया में बदली है और कितने पैसे गलत ढंग से बर्बाद हुए हैं, उस सिस्टम को आज देखने की ज़रूरत है। आज बिहार में भूमि में सिंचाई की बात की गयी है। मैं एक बात कहना चाहता हूँ कि जितनी सिंचित भूमि का दावा बिहार में किया गया है, क्या उतनी भूमि की सिंचाई हो जाती है? चाहे पूर्णिया का इलाक़ा हो, चाहे भोजपुर, रोहतास का इलाक़ा। जितनी भूमि सिंचित दिखाई गयी है क्या वह सिंचित भूमि है, क्या उतनी भूमि में फ़सल ली जा सकती है?

श्री रघुवंश प्रसाद सिंह (वैशाली) : बिहार सरकार नौ सिंचाई परियोजनाएँ ये रोके हुए हैं इसलिए आप उनको बोलिए।

बशिष्ठ नारायण सिंह (बिक्रमगंज) : आप थोड़ा सा ध्यान दीजिए कि जितने उच्च स्वर में आप कह रहे हैं, जब आप पटना की धरती पर उतरें तो उतने ही उच्च स्वर में वहाँ भी इस मामले को रखें। यह मेरी आपसे कम-से-कम अपेक्षा है, जहाँ तक सिंचाई की बड़ी योजनाओं की बात है, वे पूरी तरह से सफल नहीं हुई हैं। मध्यम सिंचाई योजनाओं के माध्यम से बड़े पैमाने पर सिंचाई की व्यवस्था की जाये। लघु सिंचाई योजनाओं को क्रियान्वित किया जाये, तब सिंचाई की व्यवस्था अच्छे ढंग से हो सकती है और भारत की उपज भी बढ़ सकती है। आज बिहार में जितनी खाद की खपत होती है, उससे दोगुनी खाद की खपत उत्तर प्रदेश में हो रही है, हरियाणा और पंजाब की बात तो छोड़ दीजिए।

श्री रघुवंश प्रसाद सिंह : खाद के कारख़ानों को ये पैसे नहीं दे रहे हैं।

श्री बशिष्ठ नारायण सिंह : खाद के कारखानों की बात आपने सही उठायी है। श्री यशवन्त सिन्हा जी से मैं ज़रूर कहूँगा, इससे रघुवंश प्रसाद जी भी ख़ुश हो जायेंगे कि कहीं आप उदार बनने के चक्कर में और भारत की वित्तीय स्थिति को देखने में कहीं अपने राज्य के प्रति अनुदार न हो जायें, इसका ख़याल बराबर करते रहें। यह मैं ज़रूर आपसे कहना चाहूँगा, क्योंकि सिन्दरी बरौनी की हालत ख़राब हो गयी है।

...(व्यवधान)

श्री रघुवंश प्रसाद सिंह : सिन्दरी को इन्होंने रोक रखा है।

श्री बशिष्ठ नारायण सिंह : सिन्दरी के बारे में मैंने अभी कहा है। आप ज़रा थोड़ा सा ऐटेंटिव रहिए। अगर मैं कोई बात भूल जाऊँ तो उसे आप याद दिला दीजिए।...(व्यवधान) मुझे एक बात कहनी है कि सिंचाई व्यवस्था को ऐसे राज्यों में दुरुस्त करने की ज़रूरत है जो राज्य भूमि की उर्वरा शक्ति अधिक होने के बाद सिंचाई की असुविधा के कारण उतनी पैदावार नहीं दे पा रहे हैं जितनी बिहार, उत्तर प्रदेश और उड़ीसा आदि राज्यों में। आज इस ढंग की नीति बनानी पड़ेगी कि जो आर्थिक दृष्टि से कमज़ोर राज्य हैं, उनके लिए विशेष योजना बने और जो समृद्ध राज्य हैं, उनके लिए एक अलग योजना हो, तभी भारत का सम्पूर्ण विकास हो सकता है।

वित्त मन्त्री जी के लिए यह बड़ी चुनौती है कि जो राज्य पिछड़े हैं, उनके लिए ख़ास नीति अपनायी जाये। इस देश में अब वक़्त आ गया है कि ख़र्च पर सीमा लगाने की बात बड़े पैमाने पर चलायी जाये। जब तक ख़र्च पर सीमा नहीं लगेगी, तब तक

इस देश की समस्या का निदान नहीं हो सकता। दाम बाँधने का सवाल मैंने राष्ट्रपति के अभिभाषण के दिन उठाया था। मैंने उस दिन कहा था और आज भी कह रहा हूँ कि चाहे कारखाने का माल हो या कृषि का माल, एक समान नीति अपनायी जाये। मूल्य में असमान अन्तर नहीं हो तभी इस देश में सुधार हो सकते हैं। आज हमें ऐसी स्थिति पर विचार करने की ज़रूरत है।

कुछ ऐसे सवाल हैं जैसे मितव्ययिता की बात। हिमाचल प्रदेश के पूर्व मुख्य मन्त्री ने उसे उठाया है, चूँकि वित्त मन्त्री जी ने राजकोषीय और राजस्व घाटे की बात कही है, यह केवल भारत के वित्त मन्त्री के प्रयास से ही सम्भव नहीं है, इसके लिए नीति बन सकती है। इसमें राज्यों को भी सहयोग करना पड़ेगा और जब तक राज्य सहयोग नहीं करेंगे तब तक इसका निपटारा नहीं हो सकता। चाहे राज्य स्तर पर हो या केन्द्र स्तर पर हो, व्यवस्थागत ख़र्च बहुत बढ़ता चला गया है। देश को बचाने के लिए इन सवालों पर सभी ओर से गम्भीरता से विचार होना चाहिए तभी देश सँभल सकता है और देश को बचाया जा सकता है।

आज बेरोजगारी सबसे बड़ा संकट है। बेरोजगारों के लिए जो नीतियाँ अपनायी गयी हैं, उससे और ज़्यादा कठोर नीति अपनानी पड़ेगी क्योंकि अब भारत के वित्त मन्त्री के सामने सवाल उपस्थित होगा कि जिन्होंने ऋण लिया है, उनसे वसूली कैसे की जाये? उनके विरुद्ध सख़्त क़दम उठाने की आवश्यकता है। जो बेरोजगारों के लिए नीति बनी है, उसके कार्यान्वयन का सवाल है। हम आज वित्त मन्त्री जी के सामने एक प्रस्ताव रखना चाहते हैं और वह इसकी फिजीबिलिटी पर अवश्य विचार करने की कोशिश करेंगे। आप हर राज्य में सौ ऐसे स्थान चुनें, जहाँ उन स्थानों को प्रतीक माना जाये, जहाँ रोड का विकास, बेरोजगारी निवारण, पानी के प्रबन्धन का विकास पूर्ण रूप से हो, समग्र विकास की योजना बने। आपको सहायता के लिए राज्य सरकारों की ज़रूरत पड़ेगी। शायद वे सौ प्रतीक स्थान उस राज्य के विकास के लिए एक कड़ी का काम करेंगे। एक आदर्श स्थापित करने का काम करेंगे। इस पर आप विचार करेंगे, यह मेरा आग्रह और निवेदन है।

सभापति महोदय, आपकी घण्टी बज रही है और मैं समझता हूँ कि अब मुझे ज़्यादा देर न करके अपनी बात समाप्त करने की तरफ़ बढ़ना चाहिए। अभी मुल्क जिस हालत में है, भ्रष्टाचार एक बड़ा सवाल बन गया है। भ्रष्टाचार से लड़ने के लिए राज्य और केन्द्र स्तर पर सहमति बननी चाहिए। जो लोग आर्थिक मामलों के अपराधी हैं, जब तक उनको जेलों में नहीं डाला जायेगा, तब तक देश की व्यवस्था

में सुधार नहीं लाया जा सकेगा। इसके लिए आवश्यक और कठोर क़दम उठाने की ज़रूरत है तभी देश सुधर सकता है क्योंकि देश ऋण में डूब गया है।

मैं चाहूँगा कि वित्त मन्त्री जी लघु उद्योगों के विस्तार की तरफ़ ज़रूर ध्यान दें। यदि आप एक बड़ा उद्योग खड़ा करेंगे, उसमें आपको काफी रोजगार मिल सकता है। माना कि दस व्यक्तियों को रोजगार मिलेगा, यदि उतने ही पैसे से आप मध्यम श्रेणी के उद्योग खड़ा करेंगे तो 30 प्रतिशत अधिक लोगों को रोजगार मिल सकता है। उतने ही पैसे यदि लघु उद्योग इकाइयों में लगायेंगे तो 90 प्रतिशत ज़्यादा लोगों को रोजगार मिल सकता है। अब नीतियों में परिवर्तन करने की ज़रूरत है कि लघु उद्योगों का विस्तार किया जाये। मध्यम उद्योग का भी विस्तार किया जाये।

अब ज़रूरत है कि गाँव-गाँव में बिजली की व्यवस्था को और दुरुस्त किया जाये। आजकल तो लगता है कि बिजली विभाग की परिभाषा बदल गयी है। मैं कमेटी में हूँ। मैंने पूछा कि बिहार के कितने गाँवों में विद्युतीकरण किया गया है? तो जो जवाब आया, उससे वास्तव में हज़ारों गाँवों में विद्युतीकरण कम हुआ है। रिपोर्ट आ गयी और यदि कहा जाये कि यह भी एक बड़ा स्कैंडल है तो कोई अतिशयोक्ति नहीं होगी। विचित्र तर्क दिया गया कि गाँवों में अभी केवल पोल गड़े हैं जबकि विद्युतीकरण की रिपोर्ट दे दी गयी है। बिहार से जो रिपोर्ट आयी है, वह आश्चर्यजनक है। यदि आज गाँवों का पता लगाया जाये तो हज़ारों गाँव ऐसे हैं, जिनका अभी तक विद्युतीकरण नहीं हुआ है। यह एक बहुत बड़ा स्कैंडल है कि हज़ारों गाँवों का विद्युतीकरण नहीं हुआ लेकिन दावा कर दिया गया है। उतने गाँवों में वह पैसा कहाँ गया? यह तो बहुत बड़ा स्कैंडल है। बिजली और रोजगार एक दूसरे से जुड़े हैं। मैं चाहूँगा कि छोटे रोजगार को बढ़ावा दिया जाये, जिससे रोजगार चाहने वाले लोगों को रोज़गार मिल सके। यदि ऐसा नहीं हुआ तो हिंसात्मक गतिविधियाँ, जो देश में बड़े पैमाने पर और राज्यों के स्तर पर फैल रही हैं, उसका और विस्तार होगा। उसमें रोजगार के अभाव में घूमने वाले नौजवानों की भी बड़ी संख्या है।

अन्त में एक सवाल की तरफ़ मैं आपका ध्यान आकृष्ट करके और वित्त मन्त्री का ध्यान आकृष्ट करके अपनी बात समाप्त करूँगा। वह प्रवासी मज़दूरों का सवाल है। मुझे लगता है कि बजट में जिस तरीक़े से प्रवासी मज़दूरों की समस्याओं पर विचार।

...(व्यवधान)

श्री बशिष्ठ नारायण सिंह : सभापति महोदय, मैं प्रवासी मज़दूरों की समस्याओं पर इसलिए बात करना चाहता हूँ कि दिल्ली में एक न्यूज़ आयी है कि बड़ी संख्या में

बिहारी लोग रह रहे हैं। उस संख्या के चलते यहाँ गन्दगी बढ़ रही है। मैं यह कहना चाहता हूँ कि दिल्ली, बिहार और भारत के अन्य प्रदेशों के ग़रीबों से घिरती जा रही है। दिल्ली को इतना बेख़बर नहीं रहना चाहिए कि वह क्यों घिरती जा रही है? यदि उन राज्यों में रोजगार के अवसर रहते तो दिल्ली में आने वाले लोगों की संख्या इस अनुपात में नहीं बढ़ती, इसलिए इस सवाल पर कल्याणकारी क़दम उठाने के लिए, उनको क़ानूनी संरक्षण देने के लिए और उनको बेहतर ढंग से राहत पहुँचाने के लिए एक ऐसी व्यवस्था होनी चाहिए, जिससे उन लोगों को लगे कि हमारे प्रोटेक्शन में भी भारत का लॉ खड़ा है, हम निराश्रित नहीं हैं, हमारी रक्षा होगी। बस इतनी ही बात कहकर, इस बजट के समर्थन में अपनी बात रखकर मैं अपनी बात समाप्त करता हूँ। धन्यवाद।

15.3.1998, लोकसभा में

अध्यक्ष के सम्मान में...

श्री बशिष्ठ नारायण सिंह (विक्रमगंज) : सभापति महोदय, मैं राष्ट्रपति जी के अभिभाषण के पक्ष में बोलने के लिए खड़ा हुआ हूँ।

मैं आज अपनी बात इस देश के एक महान व्यक्तित्व के एक संस्मरण से शुरू करना चाहता हूँ। स्वर्गीय लोकनायक जयप्रकाश नारायण धनबाद गये हुए थे। धनबाद की उनकी सभा में भारी भीड़ इकट्ठी हुई थी। उसके बाद जब जयप्रकाश नारायण जी पटना लौटे तो वहाँ बहुत चिन्तित थे, बहुत उदास थे, बहुत उद्धिग्न थे और बहुत बेचैन थे। उस समय उनके पास हम लोगों को सुनने का मौक़ा मिला था। हम लोग वहीं थे। जयप्रकाश नारायण जी से उनकी उदासी का कारण, उनकी उद्धिग्नता का कारण, उनकी बेचैनी का कारण हम लोगों ने पूछा। जयप्रकाश नारायण जी ने उस समय यह जवाब दिया और आज इसीलिए मैं इसका उल्लेख इस सदन में करना चाहता हूँ कि आज के प्रसंग में उनकी उदासी का जो कारण था, वह बड़ा प्रासंगिक दिखता है। उन्होंने कहा था कि जनता की उम्मीदें और आकांक्षाएँ इस आन्दोलन से बहुत बढ़ गयी हैं। लोगों की उम्मीदें बहुत जग गयी हैं। जे.पी. आन्दोलन को आशा भरी नज़रों से लोग देख रहे हैं। मैं सोच नहीं पा रहा हूँ कि जो लोगों की आकांक्षाएँ हैं, उम्मीदें हैं, उनको मैं किस ढंग से पूरा कर पाऊँगा? किस ढंग से अपने कन्धों पर मज़बूती से लेकर चल सकूँगा?

आज इस प्रसंग उल्लेख मैं इसलिए करना चाहता हूँ कि जे.पी. आन्दोलन के समय में जो भीड़ इकट्ठी होती थी और आज जो भीड़ इकट्ठी हुई है, दोनों की आकांक्षाओं में थोड़ा फ़र्क़ ज़रूर है। जे.पी. आन्दोलन के समय जो भीड़ इकट्ठी हुई थी, वह भीड़ एक ऐसी भीड़ थी जो सड़क और संसद के बीच में एक संवाद भी स्थापित हो, इसके लिए भी वह आन्दोलन हो रहा था। लेकिन आज हमारे प्रधानमन्त्री श्री अटल बिहारी वाजपेयी जी की सभाओं में भी भारी भीड़ इकट्ठी हुई है, प्रसंग बदला ज़रूर है। एक ओर लोकशक्ति और राजशक्ति के समन्वय का आन्दोलन

चल रहा था। लोकशक्ति को चलाने वाला कोई दूसरा बड़ा व्यक्तित्व तो बाहर के मैदान में नहीं खड़ा है, लेकिन देश का एक ऐसा व्यक्ति प्रधानमन्त्री हुआ है, जिसकी सभाओं में काफ़ी भीड़ इकट्ठी हुई है।

और लोग उम्मीद से देख रहे हैं कि शायद अब तक की जो समस्याएँ हैं, उनके निदान का रास्ता निकल सके। राष्ट्रपति महोदय के अभिभाषण में सोशियो इकोनॉमी कंटेंटे पर भी चर्चा हुई, जबकि इस पर यहाँ विस्तार से चर्चा नहीं की गयी है। सोशियो इकोनोमी कंटेंट की बात इसलिए कह रहा हूँ कि जहाँ आर्थिक सवालों पर इसी सत्र में वित्त मन्त्री ने भारत की वित्तीय व्यवस्था की चर्चा की, वहीं हमारे रक्षा मन्त्री ने भारत के हालात की चर्चा की, ये दोनों ही स्थिति दुखद हैं। इससे निजात पाने की ज़रूरत है। वित्त मन्त्री ने इसी सदन में अपने भाषण में कहा था कि राजकीय कोष के लिए अनुमान से अधिक ख़र्च है। रक्षा मन्त्री ने भी इसी सत्र में अपने भाषण में कहा था कि 52 करोड़ की आबादी इस देश में दस रुपये के आधार पर अपना गुज़ारा कर रही है। इससे भयावह चित्रण भारत का और कोई दूसरा नहीं हो सकता।

मैं मानता हूँ कि अभिभाषण में जिन चीज़ों का उल्लेख किया गया है, वे तत्त्व ऐसे हैं, यदि उन पर ईमानदारी से और प्रभावकारी ढंग से विचार किया जाये तो इस देश की समस्याओं का निदान किया जा सकता है। इधर दो-तीन बरस से राष्ट्र में कुछ मुद्दों पर बहस चल रही है। राष्ट्रपति महोदय ने भी उनकी चर्चा की है। वे आज भी बहस के मुद्दे बने हुए हैं और आगे भी होंगे। जैसे महिलाओं को 33 प्रतिशत आरक्षण देने की बात राष्ट्रपति महोदय ने की है। एक और विशेष बात का उल्लेख राष्ट्रपति के अभिभाषण में किया गया है, जिसकी मैं प्रशंसा करना चाहता हूँ। हम बिहार के लोग, केवल बिहार के ही नहीं, पूर्वी उत्तर प्रदेश के, उड़ीसा के और मध्य प्रदेश के लोग आक्रान्त हैं, इस सवाल से कि जो पिछड़ा हुआ संघीय ढाँचा है, जो पिछड़ा हुआ इलाक़ा है, इसके लिए एक आयोग बनाया जायेगा, जिससे जो अमीर हैं, सम्पन्न हैं, उन राज्यों की तुलना में, यदि उनकी योजनाओं को विकास में प्राथमिकता दी जाये तो उनकी तुलना में वे भी खड़े हो जायेंगे, इस पर विशेष ध्यान दिया गया है।

कई ऐसी चीज़ों का उल्लेख किया गया है, जिन पर यदि ध्यान दिया गया तो राष्ट्र में अच्छी शुरुआत करने की प्रक्रिया शुरू हो सकती है। महिलाओं को स्नातक स्तर तक की मुफ्त शिक्षा की व्यवस्था करने की बात कही गयी है। यह

कोई साधारण चीज़ नहीं है और न ही कोई साधारण कार्यक्रम है। इसके अलावा और भी ऐसे कार्यक्रम हैं।

यहाँ कई सवाल आये हैं और कई मुद्दे उठाये गये हैं। सबसे बड़ी बात है 60 प्रतिशत बजटीय आरक्षण ग्रामीण क्षेत्रों में ख़र्च करने की। ग्रामीण संरचना के लिए अन्य बातों को भी उठाया गया है। इसी तरह से एग्रो इंडस्ट्रीज की बात कही गयी है। यदि इस पर देश को खड़ा कर दिया जायेगा, तभी यह देश बचेगा, बनेगा और चलेगा। आज हमारे सामने एक और ख़तरा खड़ा हो गया है। राजस्थान के भुजिया क्षेत्र में और राजस्थान में बने हुए पापड़ों के क्षेत्र में तथा मैसूर में बनी हुई सन्दल सोप के क्षेत्र में विदेशी कंपनीज प्रवेश कर रही हैं। आज यह ख़तरा पैदा हो गया है, इसलिए इससे निजात पाने के लिए छोटे उद्योगों और कुटीर उद्योगों को बढ़ावा देना पड़ेगा। इस पर भी राष्ट्रपति महोदय के अभिभाषण पर विशेष रूप से चर्चा की गयी है। यह एक ऐसी शुरुआत की गयी है, यदि इसको सबकी सहमति से लागू किया गया तो देश में एक ऐसा समय आ सकता है और आ रहा है जिसमें देश एक नयी दिशा में प्रवेश करेगा।

मैं कुछ बातों का और उल्लेख करना चाहूँगा। योजनाएँ पहले भी बनी हैं, अब भी बन रही हैं और भविष्य में भी बनेंगी। भारत के वर्तमान प्रशासन को और प्रधानमन्त्री तथा उसके मन्त्रिमण्डल को कुछ चीज़ों पर सोचना पड़ेगा कि जहाँ फ़िजूलख़र्ची पर रोक लगानी है, वहीं पर ख़र्च की सीमा पर नियन्त्रण भी करना पड़ेगा, तभी देश को विकास के रास्ते पर ले जा सकते हैं।

एक ओर आलीशान भवनों में रहने की प्रवृत्ति पर रोक न लगायी जाये। ख़र्च की सीमा पर अंकुश न लगाया जाये, दूसरी ओर विकास की योजनाएँ बनती जायें, आमदनी न बढ़ने पाये, सड़क पर सोने वालों की संख्या बढ़ती जाये तो इस देश को सोचना पड़ेगा कि किस ढंग से देश को चलाया जाये? आज इस प्रवृत्ति पर नियन्त्रण करने की ज़रूरत है।

सभापति महोदय, मेरे दो सवाल हैं–एक, प्रवासी मज़दूरों की दिल्ली में बढ़ती हुई संख्या और दूसरे, उनके सवाल पर गम्भीरता से इस सदन में विचार होना चाहिए। बिहार और उत्तर प्रदेश ऐसे राज्य हैं जिनके मज़दूर पंजाब, हरियाणा और दिल्ली में रोज़ी-रोटी की तलाश में आ रहे हैं। वे यहाँ फुटपाथों पर सोने के लिए मजबूर हैं। प्रवासी मज़दूरों के कल्याण, हिफ़ाजत, सुरक्षा और हालत में अनवरत सुधार और उनके साथ बरती जाने वाली विसंगतियों की तरफ़ विशेष ध्यान देने की ज़रूरत है।

आज दिल्ली में जहाँ यह सदन अवस्थित है, यदि मज़दूरों की तरफ़ हम देखें तो दिल्ली में भारी संख्या में बीस प्रतिशत के आसपास केवल बिहारी मज़दूरों की संख्या हो गयी है। बिहारी मज़दूरों की संख्या क्यों बढ़ती जा रही है? इसका कारण यह है कि बिहार में उन्हें रोजगार के अवसर नहीं मिल रहे हैं। विकास की किरणें वहाँ अभी नहीं पहुँच पायी हैं। अभी तक जो योजनाएँ चली हैं, वहाँ जितने केन्द्रीय प्रतिष्ठान हैं, उनमें से कुछ बन्दी के कगार पर हैं और कुछ बन्द हो गये हैं, चाहे वह डालमिया समूह का सवाल हो या किसी अन्य समूह का सवाल हो। वे सब मरणासन्न हालत में हैं। बिहार में औद्योगिक संरचना समाप्त होती जा रही है और दूसरे उद्योग-धन्धे भी ठप पड़ते जा रहे हैं। यह बात मैं बिहार की सिंचाई योजनाओं के लिए भी कह रहा हूँ। अंग्रेज़ों की दी हुई सिंचाई योजनाएँ आज बिहार में चरमरा गयी हैं। उनको केन्द्रीय सहायता से नये तरीक़े से खड़ा करने की ज़रूरत है तभी बिहार राज्य भी अन्य राज्यों के साथ बराबरी पर खड़ा हो सकता है।

मैं एक बात और कहना चाहता हूँ कि पिछड़े राज्यों के लोग रोज़ी-रोटी की तलाश में बाहर जा रहे हैं उनकी बेरोजगारी तभी दूर हो सकती है जबकि श्रम-शक्ति का साइंटिफिक तरीक़े से उपयोग किया जाये। बिहार में भूमि तथा पूँजी दोनों काफ़ी कम हैं। विज्ञान तथा कॅम्प्यूटर्स का इतना प्रयोग न किया जाये कि मज़दूर बेकारी के कगार पर पहुँच जायें। उन मज़दूरों का ख़याल रखा जाना भी ज़रूरी है।

एक माननीय सदस्य : बिहार के बारे में भी कुछ बोलिए।

श्री बशिष्ठ नारायण सिंह : आप मुझे बिहार के बारे में बोलने के लिए कह रहे हैं? क्या बिहार में सरकार नाम की भी कोई चीज़ है? क्या वहाँ क़ानून-व्यवस्था नाम की कोई चीज़ है? बोलिए।

श्री बशिष्ठ नारायण सिंह : जब बिहार में सरकार नाम की कोई चीज़ नहीं है तब सरकार के बने रहने का नैतिक आधार भी नहीं है।

इन्हीं शब्दों के साथ मैं अपनी बात समाप्त करता हूँ।

30.03.1998, लोकसभा में

राष्ट्रपति के अभिभाषण के धन्यवाद प्रस्ताव पर

श्री बशिष्ठ नारायण सिंह (विक्रमगंज) : सभापति महोदय, मैं राष्ट्रपति के अभिभाषण के धन्यवाद प्रस्ताव पर बोलने के लिए खड़ा हुआ हूँ। मुझ से पहले माननीय श्री मोहन सिंह जी ने सरकार की कुछ ख़ामियों की चर्चा की। मोहन सिंह जी की यह ख़ूबी है कि जब वह बोलते हैं सत्य से दूर भी बात हो तो उसे इस तरह सजा कर रखने का प्रयास करते हैं जिससे लगता है कि वह सत्य के काफ़ी निकट हैं। मैं उनकी दो बातों पर असहमति जताना चाहता हूँ। उन्होंने प्रधानमन्त्री की लाहौर यात्रा पर अपनी राय रखते हुए कुछ टिप्पणी की है। दूसरी ओर उन्होंने सहयोगी दलों की भूमिका की भी चर्चा की है। मैं इन दोनों बातों पर पूर्णतः असहमति रखते हुए अपनी बात रखना चाहता हूँ।

आज देश की राजनीति में कोलिशन पॉलिटिक्स यथार्थ बन गयी है। हम मानें या न मानें लेकिन देश का कोई भी जागरूक व्यक्ति इस पर अपनी सहमति प्रकट करेगा कि आने वाले समय में कोलिशन पॉलिटिक्स से छुटकारा पाने वाला दृश्य दिखाई नहीं दे रहा है। कोलिशन पॉलिटिक्स की कुछ ख़ूबियाँ और ख़ामियाँ हैं। इससे क्षेत्रीय विषमताओं का एक सीमा तक निदान हो सकता है।

जहाँ तक प्रधानमन्त्री की लाहौर यात्रा पर टिप्पणी करने की बात है, मैं इतना ही कहना चाहता हूँ कि प्रधानमन्त्री की यात्रा से भारत और पाकिस्तान के सम्बन्ध सुधरेंगे ही। कोई भी इस बात की गारंटी नहीं ले सकता लेकिन इतना ज़रूर कहा जा सकता है कि प्रधानमन्त्री ने आज़ादी के इतने वर्षों बाद एक साहसिक क़दम उठाया। उन्होंने सम्बन्धों को सामान्य और बेहतर बनाने के लिए तथा सम्बन्धों को नयी दिशा देने के लिए प्रयास किया। इसका कुछ मतलब है। क्या आप यह चाहते हैं कि कटुता, वैमनस्यता और दुश्मनी और बढ़ जाये? क्या इन सबको ऐसे ही छोड़ दिया जाये?

राजनेता की एक भूमिका होती है और उसके ऐसे साहसिक निर्णय न केवल राष्ट्र के मस्तिष्क को झकझोरने का काम करते हैं, बल्कि विदेश में रहने वाले लोगों

के दिल और दिमाग़ में अच्छा असर पैदा करते हैं। प्रधानमन्त्री के साहसिक भ्रमण से ऐसा काम हुआ है। जिस समय भारत और पाकिस्तान के प्रधान बॉर्डर पर मिल रहे थे, ऐसा लग रहा था कि बरसों से चली आ रही वैमनस्यता सद्भाव और प्रेम में बदल रही है। यह कोई साधारण उपलब्धि नहीं है। मैं विपक्षी दलों से कहना चाहता हूँ कि वे इस बात को समझने का प्रयास करें। यह अच्छी दिशा में उठाया गया एक प्रयास है। ज़रूरी नहीं है कि उसके परिणाम निश्चित रूप से अभी से रेखांकित किये जायें लेकिन इस प्रयास की महत्ता स्वीकार करनी चाहिए।

आज राष्ट्रपति के अभिभाषण पर चर्चा चल रही है और सदन में देश का बजट भी प्रस्तुत हो चुका है। मैं मानता हूँ कि इससे पहले ऐसी पहल नहीं हुई थी जिसके नतीजे अच्छे आये हों। मैंने जब वित्त मन्त्री के मुँह से सुना और जब समाचार पत्रों में आया कि देश में विदेशी मुद्रा भण्डार भरपूर मात्रा हो गया है तो मुझे बहुत ख़ुशी हुई। आज पूरा देश इस पर सन्तोष व्यक्त कर सकता है। मैं सहयोगी दल का सदस्य होने के नाते केवल सरकार की ख़ूबियों की चर्चा ही करूँगा। कई ऐसे निर्णय लिये गये हैं जिन्हें पहले लेना चाहिए था। जिन चीज़ों के परिणाण देश में अच्छे आने थे, उनको नहीं लिया गया। इस बार एग्रो बेस्ड इंडस्ट्री को आगे बढ़ाने के लिए अच्छा प्रयास किया गया है। बजट में इस पर विशेष ध्यान दिया गया है। मैं इसके लिए सरकार को बार-बार धन्यवाद देता हूँ।

सभापति महोदय, मैं सरकार को इस बात के लिए विशेष रूप से धन्यवाद देना चाहता हूँ कि लेबर कमीशन की स्थापना की घोषणा की गयी है। यह आर्गनाइज्ड और अनआर्गनाइज्ड लेबर्स के हितों की सुरक्षा के बारे में अपनी रिपोर्ट देगा। यही नहीं, अनुसूचित जातियों, अनुसूचित जनजातियों तथा पिछड़े वर्गों के हितों की सुरक्षा के लिए बजट में तिगुनी राशि का प्रावधान किया गया है। मैं सरकार की इस सन्दर्भ में भी प्रशंसा करना चाहता हूँ। आज देश आर्थिक संकट में हैं। मैं इस पक्ष और उस पक्ष के लोगों से चाहूँगा कि वे इस मामले में ठण्डे दिमाग़ से विचार करेंगे। जब वित्त मन्त्री कहते हैं या समाचार पत्रों में टिप्पणी आती है कि राजकोषीय घाटा ज़्यादा हो गया है, तो यह निश्चित रूप से चिन्ताजनक है। इसके लिए बेहतर प्रबन्धन की ज़रूरत है। मैं इस सदन में राजकोषीय घाटे के सवाल को जान-बूझकर उठा रहा हूँ। फ़ॉरेन रिजर्व तो बहुत अच्छा हो गया है लेकिन राजकोषीय घाटा बढ़ा है। सरकार ने इसके लिए जितने प्रयास किये हैं, उससे अधिक कठोर प्रयास किये जाने की आवश्यकता

है। मैं यह मानता हूँ कि मितव्ययिता के लिए न केवल केन्द्रीय स्तर पर बल्कि राज्य स्तर पर भी कठोर उपाय किये जाने की ज़रूरत है। सरकारी ख़र्चें में कैसे कटौती की जाये जिससे राजकोषीय घाटे को पूरा किया जा सके। लेकिन हम आज कहाँ पहुँच गये हैं? इस सरकार के आने से पहले कुछ सिग्नल इस देश में पैदा हुए हैं जिन पर विचार करने की आवश्यकता है। एक बार प्याज के मूल्य, फिर नमक के मूल्य बढ़ गये। इसके बाद सरसों के तेल के मूल्य बढ़े। एक बार पेट्रोल प्राइसेज बढ़े, प्याज के दाम बढ़े। इससे सत्ता परिवर्तन तक हो गया। ऐसी कौन सी शक्ति है, जो अफ़रा-तफ़री मचाने का काम करती है? इस षड्यन्त्र के ख़िलाफ़ सरकार को सुनियोजित और दीर्घकालीन राजनीतिक एवं प्रशासनिक निर्णय लेना पड़ेगा। जब प्याज के दाम बढ़े तब बहुच चर्चा की गयी लेकिन जब दाम कम हो रहे हैं तब कोई चर्चा नहीं करता। आज इस बात पर चर्चा होनी चाहिए। यद्यपि सरकार ने घोषणा की है कि फूड डिपार्टमेंट में एक सेल गठित किया गया है जो प्राइसेज की मॉनिटरिंग करेगा। इसी प्रकार कृषि मूल्यों पर नियन्त्रण रखने के लिए पहले से एक सेल है। मैं श्री मोहन सिंह और श्री रघुवंश प्रसाद जी की इस बात से सहमत हूँ कि किसानों द्वारा उत्पादित सामान और कारख़ाने से पैदा होने वाली चीज़ों का मूल्य तय करने के लिए एक-सी नीति होनी चाहिए, एक-सा मापदण्ड होना चाहिए। तभी देश में वस्तुओं के मूल्यों पर नियन्त्रण किया जा सकता है।

सभापति जी, मैं एक बात आपके माध्यम से वित्त मन्त्री और सरकार के सामने रखना चाहता हूँ। इस देश में बहुराष्ट्रीय कंम्पनियों का बहुत बड़े पैमाने पर प्रवेश हो चुका है। हमारे देश में कई ऐसी आइटम्स हैं, जिसमें भी बहुराष्ट्रीय कंपनियाँ प्रवेश कर गयीं, यहाँ तक कि राजस्थान की भुजिया पर भी उनकी नज़र चली गयी है। मैसूर का सन्दल सोप एक बेहतरीन साबुन है, इस क्षेत्र में भी जा सकते हैं। यह देश पर एक ख़तरा है।

मैं इतना ही कहना चाहता हूँ कि यदि विश्व में डेवलपमेंट और ग्लोबलाइज़ेशन की चर्चा होती है, तब भारत की अस्मिता की रक्षा करने के लिए कुछ ठोस निर्णय लेने होंगे। श्री अटल बिहारी वाजपेयी लाहौर जाकर नयी शुरुआत कर सकते हैं, जब सरकार के निर्णय से फ़ॉरेन रिजर्व बढ़ सकता है तो हमें विदेशी दवाब से सदा सतर्क रहना चाहिए। कहीं विश्व के प्रेशर में हम कोई ऐसी मजबूरी न दिखायें कि भारत के अन्दर पैदा होने वाले सामान के क्षेत्र में भी हम विदेशियों को आने का मौक़ा न दें, क्योंकि इससे भारतीय अस्मिता और संस्कृति पर चोट पहुँच सकती है।

सभापति महोदय, यहाँ बहुत प्रबुद्ध वर्ग के लोग और विद्वान साथी बैठे हैं। एक ही बात मैं चेयर से और सारे दलों के लोगों से आग्रह करना चाहता हूँ कि इतने वर्षों की आज़ादी के बाद मुल्क में कुछ चीज़ें स्पष्टत: लगती हैं कि वे तय हो चुकी हैं। उस पर एक नीति, एक राय बनाने की ज़रूरत पड़ गयी है। सभी लोग मानते हैं कि आज बेरोजगारों की संख्या बढ़ी है। सभी लोग मानते हैं कि महँगाई बढ़ गयी है। सभी लोग मानते हैं कि भ्रष्टाचार आज राजनीतिक जीवन को बर्बाद कर रहा है। सभी लोग मानते हैं कि आज देश में क्षेत्रीय विषमता बढ़ी है और सभी लोग मानते हैं कि कई राज्य ऐसे हैं जैसे–बिहार, जहाँ से मैं आता हूँ, वहाँ केन्द्रीय पैसा यदि जायेगा भी तो उसका उपयोग नहीं हो सकता है। कारण यह है कि मैचिंग ग्रांट्स वहाँ नहीं मिल पायेगी और जब मैचिंग ग्रांट्स नहीं मिल पायेगी तो केन्द्रीय योजनाओं का भी क्रियान्वयन नहीं हो पायेगा। सभापति महोदय, दो मिनट में मैं अपनी बात समाप्त करूँगा।

बिहार आज किस हालत में है? केन्द्रीय प्रतिष्ठानों में चाहे हटिया हो या बरौनी, अगझोर हो या सिन्दरी हो, सभी मरणासन्न हालत में हैं। आज डालमिया नगर बन्द है। यदि बिहार पर ध्यान नहीं दिया गया, विशेष योजनाएँ नहीं दी गयीं और पिछड़े राज्यों के लिए एक नीति नहीं बनायी गयी तो ख़तरनाक परिणाम आयेंगे। मल्टीनेशनल्स कम्पनियों के आने के बाद जो राज्य सम्पन्न हैं, वह और सम्पन्न होते जायेंगे और जो ग़रीब राज्य हैं, वे ग़रीबी की खाई में गिरते जायेंगे। इन बातों पर वशेष ध्यान देने की ज़रूरत है। इतना ही कहते हुए मैं अपनी बात समाप्त करता हूँ।

12.03.1999, लोकसभा में

किसानों की समस्याओं पर...

श्री बशिष्ठ नारायण सिंह (बिहार) : उप सभापति महोदय, एक गम्भीर विषय पर सदन में पहले भी चर्चा हुई है और आज भी हो रही है। जो तस्वीर देश के सामने अभी उपस्थित है, उससे मन में कुछ चिन्ताएँ पैदा हो रही हैं। एक ओर बाढ़ और सूखे की स्थिति और दूसरी ओर यह घोषणा कि सरकार के पास अन्न का पर्याप्त भण्डार है और भूख से इस देश में कोई व्यक्ति मरेगा नहीं...। यह एक ऐसी स्थिति है कि किसान अपनी उपज की उचित क़ीमत के लिए संघर्षरत हैं जिससे बहुत से लोगों के मन में अपने कृषि कार्य को छोड़ने का विचार उठ रहा है।

महोदय, किसान के पास अनाज के भण्डारण की पर्याप्त व्यवस्था नहीं है। यह बात अपने आप में चिन्ता पैदा करती है। कई जगह ऐसी भी शिकायतें आयी हैं कि जो अनाज सूखे के वक़्त सप्लाई किया जा रहा है, वह स्टैंडर्ड अनाज नहीं है। वह सड़ा हुआ अनाज है। देश के सामने यह एक विरोधाभासी तस्वीर है।

महोदय, इस स्थिति से तीन ही वर्ग ज़्यादा प्रभावित हो रहे हैं। एक वर्ग है सीमान्त किसानों का, दूसरा मज़दूरों का और यदि पशुओं को भी एक वर्ग मान लिया जाये तो वह तीसरा वर्ग है पशुओं का, लेकिन जब भी सूखे की चर्चा होती है, तब एक चौथा सवाल भी गम्भीर रूप से बहस के रूप में आता है और वह है देश में पेयजल की समस्या। महोदय, पेयजल की समस्या एक राष्ट्रीय समस्या है, लेकिन जब सूखे का वक़्त आता है तब पेयजल की चर्चा, भूतल के जल स्तर की कमी की चर्चा इसलिए व्यापक हो जाती है कि पीने के पानी की समस्या बड़े पैमाने पर लोगों के सामने खड़ी हो जाती है। इसलिए यह समस्या गम्भीर रूप धारण कर चुकी है। वह इस रूप में गहराई हुई है कि इसे हम एक दूसरे नज़रिये से देखने की ज़रूरत समझते हैं कि आज़ादी के इतने दिनों बाद इस समस्या से निपटने के सम्बन्ध में हमारी प्राथमिकताएँ क्या हों? अगर प्राथमिकताओं के आधार पर बाढ़ और सूखे से निपटा गया होता और विभागों के बीच कोऑर्डिनेशन का अभाव नहीं होता तो आज

बाढ़ का यह स्वरूप और सूखे की यह भयावहता दिखाई नहीं पड़ती। लेकिन हमने इन समस्याओं को प्राथमिकताओं के आधार पर देखने का प्रयास नहीं किया। अब इस प्रश्न पर बहस चल रही है। सरकार को जवाब देना है तो मेरा सरकार से आग्रह होगा कि वह तय करे कि देश की 80 प्रतिशत आबादी जिस व्यवसाय पर निर्भर है, उस व्यवसाय को प्राथमिकता के आधार पर यदि गम्भीरता से लेने का प्रयास नहीं किया जायेगा तो हर साल इसी ढंग से बहस चलती रहेगी। नयी-नयी समस्याएँ पैदा होती रहेंगी। इसलिए प्राथमिकताओं के चयन और कृषि से सम्बन्धित इन समस्याओं को देखने का प्रयास करना चाहिए, क्योंकि यह मूल समस्या है।

महोदय, मैं कुछ बिन्दु यहाँ सुझाव के तौर पर रखना चाहूँगा, जिन्हें अन्य माननीय सदस्यों ने भी कहा है। मुझे भी उन्हें रिपीट करना है। कई राज्य सरकारों ने अपने यहाँ स्कीम्स ज़ारी की हैं, लेकिन उनके कार्यान्वयन के बारे में विचार किया जाये तो काफ़ी त्रुटियाँ नज़र आती हैं। आपने फ़सल बीमा योजना शुरू की है जिसमें तहसील को इकाई बना दिया गया है, किसान को इकाई नहीं बनाया गया है। कैलामिटी (प्राकृतिक आपदा) फंड पर्याप्त नहीं रहने के कारण डिफरेंट स्टेट गवर्नमेंट्स की ओर से आरोप-प्रत्यारोप की बातें चलती हैं। फिर यह आरोप भी लगता है कि अनाज कहाँ गया, वह क्यों सप्लाई नहीं हो पाया? तो इस तरह के सवाल उठ रहे हैं।

महोदय, आजादी के पहले गाँवों में जल व्यवस्था के अन्तर्गत पोखर, कुएँ और आहर की व्यवस्था थी। आप भी जानते होंगे कि आपके प्रदेश और बिहार में जहाँ सरकारी नहरें नहीं थीं, वहाँ आहर की व्यवस्था थी जिसके चलते वहाँ सिंचाई की व्यवस्था हो पाती थी। आज उस तरफ़ ध्यान देने की ज़रूरत है। साथ ही इस बात की भी ज़रूरत है कि हमारे यहाँ क्रॉपिंग सिस्टम पर ध्यान दिया जाये। माननीय लालू प्रसाद जी ने भी यह बात कही थी और मैं भी उसका पुरजोर समर्थन करता हूँ। कृषि विभाग को इस पर ध्यान देना चाहिए। वह है क्रॉपिंग सिस्टम, वह है मोड ऑफ़ प्रोडक्शन। अगर आपने इस सिस्टम को और पैदावार के सिस्टम को बदलने का काम नहीं किया तो सूखे की समस्या से आप निजात नहीं पा सकते। मड़ुए की खेती, बाजरे की खेती और जो कम समय में पैदा हो सकते हैं, अगर इनकी पैदावार बढ़ाने की कोई योजना नहीं बनायी गयी तो यह देश सूखे से प्रभावित होता रहेगा।

महोदय, आज सूखे से इतने राज्य प्रभावित हो गये हैं। इसलिए अब तो हमको यह देखना पड़ेगा कि हम कितनी जगहों पर किस ढंग से सिंचाई की व्यवस्था कर सकते हैं? जिसके लिए एक बृहद् और कारगर योजना बनानी पड़ेगी। मैं इस बात

का समर्थन करता हूँ कि एक इफेक्टिव जल नीति बनायी जाये। मैं समझता हूँ कि जब तक यह एक बाँधने की और एक जोड़ने की जल नीति नहीं बनायी जायेगी, तब तक सूखे की स्थिति का निपटारा नहीं हो सकता है।

महोदय, मैं अन्त में आपके माध्यम से सरकार से, इस माननीय सदन से यह अपील करना चाहता हूँ कि अब प्राथमिकताओं के आधार पर कृषि को, सूखे को, बाढ़ को लेने का प्रयास करे, ताकि इस देश की एक बड़ी आबादी को भूख और संक्रामक बीमारियों से बचाया जा सके। देश को आने वाले समय में किसी भीषण संकट का सामना न करना पड़े। आज देश में एक लेबर मार्केट बनने की स्थिति जो पैदा हो गयी है, इस लेबर मार्केट को यदि नये ढंग से पैदावार के साथ नहीं जोड़ा गया और कृषि व्यवस्था को ठीक नहीं किया गया तो देश को मझधार में जाने से कोई रोक नहीं सकता।

महोदय, इतनी बात कहकर मैं अपनी बात समाप्त करता हूँ। धन्यवाद।

21.11.2002

सभापति के सम्मान में

श्री बशिष्ठ नारायण सिंह (बिहार) : सभापति महोदय, मैं सदन के अन्य माननीय सदस्यों की तरह अपनी ओर से और अपनी पार्टी की ओर से आपको बधाई देना चाहता हूँ। राजनीति में कुछ विरले व्यक्तित्व होते हैं जिनके पीछे पद भागते हैं। मेरी मान्यता है कि आप ऐसे कुछ विरले व्यक्तित्व में से एक हैं जिनके पीछे अभी तक पद भागता रहा है। महोदय, पद भागने के कुछ अर्थ होते हैं। पद उस व्यक्तित्व के पीछे भागता है जिसके अन्दर कई ख़ूबियाँ होती हैं। निष्काम कर्म सेवा की भावना, जिसके अन्दर होती है, उसी व्यक्ति के पीछे पद भागता है। मैं आपको बधाई देना चाहता हूँ कि आप एक बहुत बड़े पद को सुशोभित कर रहे हैं। इस सदन में बैठने के पूर्व आपके जो बाहर आये हैं, उनकी तरफ़ मैं आपका ध्यान दिलाना चाहता हूँ। आपके एक वक्तव्य को मुझको पढ़ने का मौक़ा मिला, जिसमें आपने राज्यसभा की बहस के स्तर को और ऊँचा उठाने की बात कही थी। साथ-साथ उस वक्तव्य में यह भी आया था कि 'मेरा प्रयास होगा कि राज्यसभा में सार्थक बहस हो।' मैं अपनी बात केवल इसी पर केन्द्रित करना चाहता हूँ। सभापति महोदय, पद पर जब कोई व्यक्ति बैठता है तब वह पद के दायित्व को सँभालता है लेकिन कुछ ऐसे व्यक्ति भी पद पर आते हैं जो अपने कामों से पद की गरिमा को और बढ़ाते हैं। मेरी शुभकामना होगी कि आपका यह कार्यकाल आपके द्वारा इस पद की गरिमा को और बढ़ायेगा। इस सदन में कई ऐसे अवसर आयेंगे, जब आपकी परीक्षा होगी लेकिन मैं आपसे यही आग्रह करना चाहता हूँ कि जब कोई विकट स्थिति इस सदन में भविष्य में उपस्थित हो तब न आप इधर देखेंगे, न उधर देखेंगे और न बीच में देखेंगे। आप केवल उधर ही देखने का काम करेंगे, जहाँ से सदन की गरिमा और प्रतिष्ठा और आगे बढ़ जाये। मैं अन्त में एक ही शुभकामना देकर अपनी बात समाप्त करूँगा कि जब भी कोई विकट स्थिति आपके सामने आये तो बहस को आप उधर ले जायें, जहाँ निर्धनता की रेखा के नजदीक रहने वाले लोगों की तस्वीर आपकी आँखों के सामने आ जाये

और वहीं बहस का अन्त होना चाहिए। मुझे लगता है कि जिस ढंग से देश चुनौतियों का सामना कर रहा है। निर्धनता की रेखा के अन्दर रहने वाले लोगों के लिये यहाँ बहस को प्राथमिकता मिल जाये। यही मैं अपनी तरफ़ से आपको शुभकामना दे रहा हूँ कि आपके नेतृत्व में बहस उस सीमा के अन्दर, उस निर्धनता की रेखा के नीचे रहने वाले लोगों के बीच चली जाये और अपनी इसी शुभकामना के साथ ही मैं अपनी बात समाप्त करता हूँ।

20.11.2023

जम्मू-कश्मीर के मुद्दे पर

उप सभापति महोदया, कश्मीर के सवाल पर, जिसका रिश्ता पास्ट से है, जब भी कोई बहस होगी, तब सामान्यत: तीन-चार बिन्दुओं की तरफ़ लोगों का ध्यान जायेगा। पहला बिन्दु तो यह है कि वहाँ की अद्यतन स्थिति क्या है? दूसरा सत्ताधारी दल और विपक्षी दलों के बीच असहमति के बिन्दु कहाँ हैं? तीसरा इस स्थिति को सुलझाने के लिए पास्ट के ईयर्स में सरकार ने जो क़दम उठाये हैं क्या उसकी गूँज आज भी सरकार को इस समस्या के निबटाने में उठानी पड़ रही है या नहीं? चौथा यह कि वर्तमान में सरकार ने जिस चुनौती को स्वीकार किया है, उस चुनौती को बख़ूबी स्वीकार किया है या नहीं? पाँचवाँ यह कि कौन से नये रास्ते अपनाये जा सकते हैं? यदि इन पाँच बिन्दुओं पर आज की बहस निश्चित की जाये और बहस को आगे ले जायें तो इस बहस के साथ न्याय हो सकता है। सदन में जिस स्तर पर बहस हुई है, उससे मुझे लगता है कि अद्यतन स्थिति के विषय पर लोगों को अपनी राय में विभिन्नता दिखाई नहीं पड़ती है। जहाँ तक विपक्ष और सत्ताधारी दल की बात है तो मैं यह मानता हूँ कि प्रथम बार सत्ताधारी दल और ख़ासकर गृह मन्त्री और उप प्रधानमन्त्री ने आज महीनों से जो स्टैंड लिया है, उसका समर्थन दूसरे पक्ष में भी हुआ है। मैं इस बात को इसलिए कह रहा हूँ क्योंकि एक रात में इस देश को, भारत को और बड़ी सफलता मिली है। उप सभापति महोदया, यदि हम कश्मीर पर बहस करेंगे तो हम ताशकन्द को भी ज़रूर याद करेंगे। यदि हम कश्मीर पर बहस करेंगे तो शिमला को भी ज़रूर याद करेंगे। यदि कश्मीर पर बहस करेंगे तो रूस को कभी भूल नहीं सकते हैं। अमेरिका को कभी भूल नहीं सकते हैं। ब्रिटेन को कभी भूल नहीं सकते हैं। मैं इस पर विस्तार में नहीं जाना चाहता क्योंकि विस्तार में जाने के लिए समय की बहुत ज़रूरत पड़ेगी। इस पर लोगों की मान्यताएँ डिफरेंट हैं। चाहे लाल बहादुर शास्त्री का ताशकन्द समझौते का सवाल हो, चाहे शिमला समझौता हो, चाहे ब्रिटेन का उस समय का रोल हो या फिर अमेरिका का इस समय का रोल

हो, सभी समय की यदि हम बात करेंगे तो बहुत डिटेल में जाना होगा। लेकिन मुझे लगता है कि जो हमसे कुछ भूलें हुई हैं, उन भूलों को स्वीकार करने की क्षमता हममें होनी चाहिए। उन भूलों से सबक लेने का भी प्रयास होना चाहिए। कई बातें ऐसी हुई हैं जिनमें देश में आलोचना हुई थी कि प्रायः सरकार को प्रभावित करने का प्रयास किया गया है। पास्ट में ऐसी अनेक तरह की चर्चाएँ होती रही हैं। लेकिन दो मुद्दों पर मैं सरकार की प्रशंसा करना चाहता हूँ और उसे बधाई देना चाहता हूँ। जब जनरल मुशर्रफ इस देश में आये और प्रधानमन्त्री अटल बिहारी वाजपेयी के साथ वार्ता में शामिल हुए, मैं भारत सरकार की इस बात के लिए बहुत प्रशंसा करना चाहता हूँ, उसे धन्यवाद और साधुवाद देना चाहता हूँ कि आतंकवाद जैसे गम्भीर मुद्दे को उस बैठक में उठाया गया। जिस पर विश्व के लोगों ने ध्यान नहीं किया था, लेकिन जब अमेरिका पर हमला हुआ तब आतंकवाद अन्तरराष्ट्रीय इश्यू हो गया। महोदया, एक नयी समस्या हो गयी जब से अमेरिका आतंकवाद की चपेट में आया है, तब से भारतीय आतंकवाद का स्वरूप कुछ बदलता जा रहा है। वहाँ से संयम बरतने की बात हो रही है। धैर्य बरतने की बात हो रही है। तुलसीदास जी ने ठीक ही कहा है कि "समरथ के नहीं दोष गोसाईं।" जो लोग वहाँ बैठे हुए हैं, वे जब बोल रहे थे तब मुझे बहुत आश्चर्य हो रहा था क्योंकि ये बहुत तरह की सलाह दे रहे थे। सरकार के संचालन में कुछ बड़ी दिक़्क़तें होती हैं। जब युद्ध की तरफ़ सरकार बढ़ने लगती है, तब संयम की अपील और उन्माद की ओर नहीं बढ़ने की सलाह लोगों को दी जाती हैं। जब बड़े-बड़े आक्रमण हो जाते हैं, तब विफलता की जिम्मेदारी सरकार पर थोपी जाती है। सरकार पर प्रहार किया जाता है। सरकार को इस बीच, इसी दोधारे के बीच में ले जाते हैं। जब गुलाम नबी आज़ाद साहब इस सदन में भाषण दे रहे थे और उन्होंने आडवाणी जी के विषय में यह कहा कि एक सक्षम व्यक्ति उप प्रधानमन्त्री की गद्दी पर बैठा हुआ है। हम उम्मीद करते हैं कि इस सदन ने रात्रि में जब गुजरात के ऐसे सवाल पर बहस की थी, तब एक आवाज़ में उठा था, वैसे ही आज जब डॉ. मनमोहन सिंह जी का भाषण मैं सुन रहा था, जब गुलाम नबी आज़ाद के जैसे आदमी का भाषण सुन रहा था तब लगता था कि इस सरकार और विपक्ष के नज़रिये में कश्मीर समस्या को सुलझाने के लिए एक नये प्रयास का दौर शुरू हो गया है। इस प्रयास के दौर में हमको बढ़ना चाहिए, लेकिन मुझे लगता है कि...(समय की घण्टी) आपकी घण्टी बजी है, इसलिए मुझे अपनी बात बहुत कम समय में समाप्त करनी चाहिए।

अब मैं कुछ सुझाव देना चाहता हूँ। मुझे लगता है कि इन सुझावों पर सरकार गम्भीरता से विचार करेगी। चूँकि सरकार के पास पर्याप्त आधार होंगे कि आज की स्थिति का कैसे निपटारा किया जा सकता है? हमको लगता है कि सरकार की मशीनरी कश्मीर और भारत सरकार के बीच में बेटर कोआर्डिनेशन की अब ज़रूरत आ गयी है। मुझको लगता है कि ख़ुफ़िया तन्त्र और सुरक्षा तन्त्र को नये ढंग से सजाने की आवश्यकता है। हमको लगता है कि आज तक जो विकास के तरीक़े कश्मीर में अपनाये गये हैं और उस विकास से अब तक कितने प्रतिशत लोग लाभान्वित हुए हैं? इसका एक मूल्यांकन किया जाये। मूल्यांकन के बाद यदि दो प्रतिशत लोग ही लाभान्वित हुए हैं तो कोशिश की जाये कि शेष 98 प्रतिशत लोगों को विकास की चहारदीवारी के भीतर लाया जाये, तभी कश्मीर की समस्या का समाधान हो सकता है। मुझको यह भी लगता है कि कूटनीति के स्तर पर एक नया प्रयास करने की कोशिश करनी चाहिए। मैं मानता हूँ कि जनरल मुशर्रफ को कॉन्फ्रेंस में आइसोलेट किया गया और उनके देश को आतंकवादी करार देने की भी कोशिश की गयी। इसमें कुछ सफलता भी मिली है। लेकिन मुझको लगता है कि नये तरीक़े से चाहे पाकिस्तान के पक्ष में जो कोई खड़ा हो, चाहे पश्चिमी देश जो बराबर कहीं-न-कहीं से तिकड़म करने का ढंग अपनाते हैं, उनके बीच में प्रचारतन्त्र का नये ढंग से सजाने के लिए एक नया तरीक़ा अपनाना चाहिए, जिसमें भारत का पक्ष जाना चाहिए। यह गम्भीरतम स्थिति है उप सभापति महोदया। लेकिन मैं मानता हूँ कि इस मुकुट में जो भारत की संस्कृति के प्रतीक बौद्ध, इस्लाम और हिन्दू हैं कश्मीर उसी नजारे पर खड़ा है। कश्मीर के साथ कभी यह सवाल नहीं उठने देना चाहिए कि इस सवाल पर कभी समझौता भी हो सकता है कि विदेशी पर्यवेक्षक वहाँ आयेंगे। भारत की अस्मिता की रक्षा करने के लिए विदेशी पर्यवेक्षकों की ज़रूरत नहीं है बल्कि भारत में इतनी सक्षमता है और डेमोक्रेसी इतनी मेच्योर हो गयी है कि हम अपने चुनाव स्वतन्त्र ढंग से करा सकते हैं। लेकिन विकास को नया रूप देने का प्रयास किया जाये। धन्यवाद।

31.07.2002

संविधान संशोधन बिल-2001 पर...

श्री बशिष्ठ नारायण सिंह (बिहार) : उप सभापति महोदय, आज माननीय सदन में इस बिल पर जो बहस हो रही है, मैं उसके पक्ष में अपनी राय व्यक्त करने के लिए खड़ा हुआ हूँ। मैं धन्यवाद देना चाहता हूँ मन्त्री जी को, मैं धन्यवाद देना चाहता हूँ सरकार को, केवल बिल प्रस्तुत करने के लिए ही नहीं, बल्कि इसलिए कि विरासत से यदि कोई समस्या आ जाती है और यदि उसका स्वरूप भयावह हो जाता है तो सरकार की ज़िम्मेदारी बढ़ जाती है। जो उसे स्वीकार करता है, वह बड़ा चुनौती भरा काम करता है। डॉ. मुरली मनोहर जोशी जी को इस चुनौती को स्वीकार करने के लिए मैं बधाई देता हूँ कि आज़ादी के इतने वर्षों के बाद कुव्यवस्था और कुप्रबन्धन के चलते शिक्षा की जो स्थिति हुई है और उस स्थिति से राष्ट्र को निपटने के लिए इस 'एनडीए' की सरकार ने एक चुनौती भरा क़दम उठाने का निर्णय लिया है।

महोदय, आज शिक्षा के मामले में एक बड़ी समस्या पैदा हो गयी है। मैं जानता हूँ कि समय की कमी है, इसलिए मैं विस्तार में नहीं जाऊँगा, लेकिन जहाँ एक ओर निर्धनता है तो दूसरी ओर निरक्षरता है, एक ओर गाँव है, तो दूसरी ओर शहर है, एक ओर रोजगार है दूसरी ओर बेरोजगारी है। आज कई दायरे में शिक्षा सिमट कर रह गयी है और एक ऐसी स्थिति में पहुँच गयी है कि इससे निपटने के लिए आपको कठोर से कठोर क़दम उठाना पड़ सकता है। मैं जानता हूँ कि जब वक्ता बोलते हैं या सरकार आँकड़े देती है तब प्रतिशत में बात की जाती है यानी औसतन कितने प्रतिशत लोगों ने शिक्षा प्राप्त की? उसमें दिखाया यह जाता है कि सरकार शिक्षा पर औसतन कितना प्रतिशत ख़र्च कर रही है? आबादी का कितना प्रतिशत एक से छह वर्ष के बच्चे का है, छह से चौदह वर्ष तक के कितने प्रतिशत बच्चे निरक्षर हैं और उसके ऊपर की आयु के कितने प्रतिशत किशोर निरक्षर है? शिक्षा के सम्बन्ध में कुछ बुनियादी चीज़ें आज सरकार के सामने उपस्थित हो गयी हैं।

अगर उसकी ओर ध्यान नहीं दिया गया तो इस बिल को सदन में लाने के बाद भी सार्थक परिणाम नहीं निकलेंगे।

महोदय, समाज में एक ओर ग़रीब लोग हैं और दूसरी ओर धनी लोग हैं। इससे एक संकट पैदा हो गया है और संकट इस मायने में पैदा हो गया है कि हमने अब तक जो व्यवस्था की है, उससे लगता है कि गाँव और शहर में शिक्षा के लिए एक विभाजक रेखा तैयार हो गयी है। आज गाँव से लोग भाग रहे हैं और गाँव का निर्धन व्यक्ति इस स्थिति में पहुँच गया है। मैं आपके माध्यम से सदन और सरकार का ध्यान दिलाना चाहता हूँ कि आज शिक्षा इस स्थिति में पहुँच गयी है कि एक ग़रीब बाप अपने बेटे को शिक्षा दिलाने के लिए क़र्ज़ के अलावा किसी दूसरे रास्ते का सहारा नहीं ले सकता। ऐसी स्थिति में सरकार की सबसे बड़ी ज़िम्मेदारी यह हो जाती है कि एक ग़रीब बाप को इतनी सहायता ज़रूर दे दी जाये कि वह अपने बच्चे को पढ़ाने का और एक अच्छा इन्सान बनाने का सपना देखता हो, तो उस सपने को वह पूरा कर सके। सन् 1977 में बिहार में माननीय कर्पूरी ठाकुर जी मुख्यमन्त्री थे। उस समय उन्होंने फ्री एजुकेशन और पाठ्यक्रम के अनुसार चौथी और पाँचवीं क्लास के बच्चों को स्कूल में मुफ्त किताबें दी जायें, ऐसी व्यवस्था की थी। मैट्रिक तक के लिए उन्होंने ऐसी व्यवस्था की थी कि बच्चे की फीस माफ़ हो जाये। आज मैं देखता हूँ कि इतने वर्षों की आज़ादी के बाद शिक्षा के लिए जिस ढंग से व्यवस्था की गयी है, उसमें एक प्रवृत्ति ऐसी आ गयी है कि शिक्षा को मुनाफ़ाख़ोरी से आज तक बचाया नहीं जा सका है।

महोदय, राज्य के लिए शिक्षा एक कल्याणकारी विषय है। चूँकि देश का पहले से एक नारा होता था कि हरिजन का पुत्र हो या राष्ट्रपति का पुत्र, सबको समान रूप से शिक्षा पाने का अधिकार है। मैं कुछ बातों का यहाँ ज़िक्र करना चाहता हूँ, लेकिन मैं यह भी जानता हूँ कि अगर उसकी व्याख्या करने लगूँगा तो समय लग जायेगा, इसलिए सिर्फ़ उद्धृत करना चाहूँगा। आगे कभी मौक़ा मिला तो इसकी एक-एक पंक्ति की मैं विस्तार से व्याख्या करूँगा। आज भारत की शिक्षा व्यवस्था कहाँ फँसी हुई है? देशी बनाम विदेशी, रोजगार बनाम बाज़ार, खेती बनाम उद्योग, निर्धनता और निरक्षरता, गाँव और शहर, ग़रीब और धनी, इन्हीं के बीच में शिक्षा आज फँसी हुई है।...(समय की घण्टी)...

महोदय, घण्टी बज चुकी है, मैं जानता हूँ कि मुझको अपना भाषण समाप्त करना है। मैंने जहाँ मन्त्री जी को बधाई दी है, वहीं कुछ चिन्ताएँ और कुछ प्रश्न

मेरे दिमाग़ में खड़े हो रहे हैं, जिनको मैं यहाँ पर भी रख देना चाहता हूँ। मैं एक ओर भारत सरकार की वित्तीय स्थिति, शिक्षा पर ख़र्च होने वाले बजटीय धनराशि को देखता हूँ, दूसरी ओर राज्यों की वित्तीय स्थिति को देखता हूँ और तीसरी ओर मुनाफ़ाख़ोर लोगों को देखता हूँ। शिक्षा के क्षेत्र में व्यवसायीकरण का स्वरूप, राज्यों की वित्तीय स्थिति और केन्द्र के द्वारा शिक्षा व्यवस्था पर ख़र्च के अनुपात या प्रतिशत को देखता हूँ तो मुझे लगता है कि आने वाले समय में कुछ समस्याएँ पैदा होंगी। उन समस्याओं से निबटने का सरकार को प्रयत्न करना चाहिए। इसमें बजटीय धनराशि ज़्यादा होनी चाहिए, ताकि आने वाली चुनौतियों का शिक्षा विभाग ज़्यादा प्रभावकारी ढंग से मुक़ाबला कर सके। मैं मन्त्री जी को बधाई देता हूँ, विशेषकर इस बात के लिए भी बधाई देता हूँ कि इतने दिनों के प्रबन्धन के चलते जो आज राष्ट्र के सामने चुनौती आ गयी है, उसको स्वीकार करने के लिये मन्त्री जी तैयार हुए हैं और यही कारण है कि पक्ष और विपक्ष के सभी सदस्यों ने इसके पक्ष में अपनी राय रखी है। अधिकांश वक्ताओं ने इस पर मौन रूप से ही नहीं, मुखर रुप से साथ दिया है।

मैं आशा करता हूँ कि राज्य तथा केन्द्र मिलकर भारत की शिक्षा व्यवस्था में एक क्रान्तिकारी सुधार और परिवर्तन लाने का काम करेंगे। धन्यवाद।

14.05.2002

गुजरात हिंसा के मुद्दे पर...

उप सभापति महोदय, आज एक महत्त्वपूर्ण विषय पर बहस हो रही है। इस बहस को हम लोग कहाँ ले जाना चाहते हैं? प्रधानमन्त्री हों, गृह मन्त्री हों या अपोजीशन के लीडर हों, सबकी सहमति हो चुकी है कुछेक बिन्दुओं पर और सब ने गुजरात की घटनाओं की निन्दा की है। हम बहस को कहाँ ले जाना चाहते हैं? क्या बहस को ले जाना चाहते हैं नरेन्द्र मोदी को हटाने तक और क्या बहस को ले जाना चाहते हैं कि गुजरात में जो हुआ है, उस पर कोई कार्रवाई हुई है या नहीं या क्या बहस को हम वहाँ ले जाना चाहते हैं कि गुजरात में आज जो स्थिति है और पहले की जो घटनाएँ थीं, उनमें कोई साम्यता है? उसमें कोई विभिन्नता है? हम अद्यतन स्थिति पर और गुजरात पर बहस करके अपनी भूमिका को समाप्त कर देना चाहते हैं या चाहते हैं कि एक नये तरीक़े से इन दंगों को देखने का प्रयास किया जाये?

महोदय, इस देश में दंगे बहुत हो चुके हैं, दंगों पर कार्रवाई बहुत हो चुकी है, दंगों पर कमीशन बहुत बैठ चुके हैं, लेकिन उसके नतीजे अभी तक देश में क्या निकले हैं? उसके नतीजे ये निकल रहे हैं कि नये प्रकार के दंगे हो रहे हैं, नये प्रकार की साज़िशें होती हैं और नयी तरह की प्रवृत्तियाँ भी पैदा होती जा रही हैं। क्या इनका मुक़ाबला इस तरीक़े से किया जा सकता है? आज हमें इसके लिए नये रास्ते खोजने होंगे। नये रास्ते इस मायने में खोजने होंगे कि देश रीजनल वायलेंस से एक तरह से तबाह होता जा रहा है। उस पर यदि यह कम्युनल वायलेंस भी चलता रहा तो देश कहाँ जायेगा? इसका कोई ठिकाना नहीं होगा। हम आपसे अर्ज़ करना चाहते हैं और निवेदन करना चाहते हैं कि आज इस पर सहमति के बिन्दु बनाये जायें। मैं जानता हूँ कि यह सर्वोच्च सदन आज अपनी राष्ट्रीय भूमिका और राष्ट्रीय कर्तव्य का निर्वाह कर रहा है। रात्रि के इस पहर में इस पर बहस कर रहा है कि यह देश कैसे चलेगा? यह देश विवाद से, बहस से और केवल तर्क के आधार पर ही नहीं बल्कि इस आधार

पर चलेगा कि सहमति के बिन्दु तैयार किये जायें। क्योंकि कोई भी धर्म नफ़रत और घृणा का भाव कभी नहीं फैलाता और चाहे वह हिन्दू का धर्म हो, चाहे मुसलमान का धर्म हो, धर्म की ख़ास विशेषता रहती है। राजा-महाराजाओं के महल के आगे से यदि कोई गुजरता है तो उसका मस्तक उस राज महल के सामने कभी नहीं झुकता, लेकिन यदि एक मज़ार के सामने से यदि कोई व्यक्ति जाता है तो उसका मस्तक झुक जाता है। वह मज़ार एक सन्देश देता है कि हमको कुछ लेना नहीं है, हमको कुछ देना है। यह देश अनेक मज़हबों, अनेक धर्मों और सम्प्रदायों से बना है। यदि उन सम्प्रदायों के बीच में कलह हुआ, तो वह कलह देश को कहाँ ले जायेगा? यह सोचने वाली बात है। इस देश की आधारभूत संरचना का कारण यही है कि यहाँ विभिन्न जातियों और सम्प्रदायों के लोग रहते हैं। यदि बहस इस पर होगी कि हिन्दू कितने मारे गये? यदि बहस इस पर चलेगी कि मुसलमान कितने मारे गये तो मुझे लगता है कि बहस के प्रति हम न्याय नहीं कर पायेंगे। बहस के प्रति न्याय तभी होगा जब हम यह विचार करें कि गुजरात में जो आग धधक रही है, उसको बुझाने के लिए सरकार तथा विपक्षी दलों की ओर से कौन से नये तौर-तरीक़े अपनाये जायें, कौन से रास्ते अपनाये जायें? क्या मीडिया की भूमिका के लिए मीडिया के लोग आपस में विचार नहीं कर सकते? आज तक दंगों से निबटने के लिए सरकार ने जो अपनी भूमिका बनायी है, क्या सरकार उसमें नयी भूमिका जोड़ने का प्रयास नहीं कर सकती? महोदय, अब तक विपक्षी दल के लोगों ने केवल आलोचना करने और सरकार पर प्रहार करने का काम किया है। क्या वे सकारात्मक भूमिका अपनाने पर विचार नहीं कर सकते? स्वयंसेवी संस्थाएँ जो अलग-अलग तरीक़े से अपनी भूमिका अदा कर रही हैं, क्या वे सकारात्मक भूमिका निभाने पर विचार नहीं कर सकती हैं? इस तरह की अनेक संस्थाएँ आज कार्यरत हैं। जब समाज पर कोई प्रहार होता है, जब राष्ट्र पर कोई संकट आता है तो उनको आगे आना चाहिए। चाहे वे संवाद एजेंसियाँ हों, चाहे वे समाचार पत्र हों, चाहे वे सरकारी एजेंसियाँ हों, चाहे वे विपक्षी दल हों, चाहे वे स्वयंसेवी संस्थाएँ हों, चाहे वे शैक्षणिक जगत के लोग हों, आज सभी लोगों को एक बार अपनी भूमिका पर विचार करना चाहिए कि इस राष्ट्र को कैसे बनाये रखा जाये, इस राष्ट्र को कैसे आगे ले जाया जाये। यह इस रूप में नहीं होना चाहिए कि सरकार को कठघरे में खड़ा कर दिया जाये। अगर सरकार को कठघरे में खड़ा किया जाता है तो वर्ष 1984 के दंगों में सरकार के जितने पदाधिकारी थे, वे भी कठघरे में खड़े किये जा सकते हैं। वर्ष 1989 में जिन लोगों के समय में भागलपुर दंगा हुआ, वे भी कठघरे में खड़े किये जा सकते हैं।

महोदय, मेरा एक ही आग्रह है कि कठघरे में खड़ा करने की राजनीति छोड़ी जाये। देश आज जिस चौराहे पर खड़ा है, उसे एक नये रास्ते पर ले चलने का संकल्प इस हाउस में लिया जाये। यह हाउस इस पर सहमति व्यक्त कर सकता है। चाहे वे भारतीय कम्युनिस्ट पार्टी के मेम्बर हों, चाहे वे सी.पी.एम. के मेम्बर हों, वे वहाँ जा सकते हैं। इतिहास में ऐसे अनेक उदाहरण मौजूद हैं, चाहे वह नरसिंहराव जी का उदाहरण हो, चाहे बिहार का भागलपुर दंगा हो, चाहे कांग्रेस पार्टी के बारे में सोमनाथ चटर्जी के भाषण हों...(व्यवधान)...

उप सभापति (श्री नीलोत्पल बसु) : अब ख़त्म कीजिए, आपका समय समाप्त हो गया है।

श्री बशिष्ठ नारायण सिंह : महोदय, ऐसे अनेक उदाहरण पड़े हुए हैं। मैं यह निवेदन करना चाहता हूँ कि आज विवाद को घटाने की ज़रूरत है, विवाद को आगे बढ़ाने की ज़रूरत नहीं है।

उप सभापति (श्री नीलोत्पल वसु) : अब ख़त्म कीजिए, आपका समय समाप्त हो गया है।

श्री बशिष्ठ नारायण सिंह : उप सभापति महोदय, आप चेयर पर हैं और मैं चेयर पर कोई कमेंट नहीं करना चाहता हूँ। चेयर सर्वोपरि है लेकिन यहाँ एक मेडन स्पीच की चर्चा चल रही थी और मेडन स्पीच है, यह कहकर एक मेम्बर को इतना अधिक बोलने का समय दे दिया गया कि उसमें कई मेम्बर्स का समय चला गया और जब कोई दूसरा मेम्बर मेडन स्पीच दे रहा है, तब व्यवस्था पर सवाल उठाये जा रहे हैं। आपने रूलिंग दी है और मैं उसका आदर करूँगा। मैं यह कहकर बैठना चाहूँगा कि दोषारोपण करने से और दोष देखने से कुछ नहीं होगा।

उप सभापति (श्री नीलोत्पल बसु) : आप जब हाउस में दोबारा बोलेंगे तब अर्ज़ कीजिएगा। उस समय चेयर पर जो भी रहेंगे, वे आपको अधिक समय दे देंगे। आपकी वह स्पीच मेडन स्पीच मानी जायेगी। अब आपका समय समाप्त हो गया है इसलिए आप अपनी बात समाप्त कीजिए।

श्री बशिष्ठ नारायण सिंह : मुझे इस बात की ख़ुशी है कि चेयर के अलावा, एक माननीय सदस्य मुझे भविष्य में संरक्षण देने के लिए तैयार हो गये हैं। इतना कहकर मैं अपनी बात समाप्त करता हूँ। धन्यवाद।

02.05.2002

गुजरात की घटनाओं पर...

उप सभापति महोदया, अभी आपने सही निर्देश दिया कि गुजरात की हाल की घटनाओं पर ही अपने विचार सदन में रखे जायें। मुझको लगता है कि चुनाव महत्त्वपूर्ण मुद्दा नहीं है। चुनाव महत्त्वपूर्ण मुद्दा इसलिए नहीं है कि हाल में दो यात्राएँ वहाँ पर हुईं, एक यात्रा मोदी जी की और दूसरी बाघेला जी की और दोनों यात्राएँ शान्तिपूर्ण ढंग से सम्पन्न हुईं। इसलिए चुनाव सही और शान्तिपूर्ण ढंग से होगा, इस पर कोई विवाद नहीं हो सकता।

महोदया, सबसे महत्त्वपूर्ण सवाल जो अभी सामने दिखाई देता है, वह यह है गुजरात को साज़िश का शिकार बनाया जा रहा है क्योंकि गुजरात में ही इस तरह की घटनाओं की पुनरावृत्ति होती जा रही है। आज सदन के सामने सबसे बड़ा सवाल यही है। इसी का जवाब ढूँढ़ने का हमें प्रयास भी करना चाहिए। क्या ऐसा नहीं हो सकता है कि गुजरात एक सीमावर्ती राज्य है, क्या ऐसा नहीं हो सकता है कि गुजरात के तटों पर अच्छा व्यवसाय है, क्या ऐसा नहीं हो सकता है कि गुजरात में गैस का भण्डार भी बहुत ज़्यादा है, इसलिए गुजरात को डिस्टर्ब करने की बात हो? गुजरात के साथ राष्ट्रपिता का नाम जुड़ा हुआ है। गाँधी जी के उसूल जुड़े हुए हैं स्वदेशी, स्वावलम्बन, देशभक्ति, रचना और संघर्ष, इन सारी बुनियाद पर प्रहार करने की सा ज़िश की जा रही हो? क्या ऐसा नहीं हो सकता है कि गुजरात, जिससे गांधी जी का नाम जुड़ा है, जो व्यवसाय के लिए देश का सम्मुनत राज्य है, उसी को डिस्टर्ब क्यों न कर दिया जाये ताकि वह भारत के लिए एक संवेदनशील और संकटग्रस्त राज्य के रूप में दिखाई पड़ने लगे? हमको ऐसा लगता है कि एक साज़िश रची जा रही है, ताकि गुजरात एक संकटग्रस्त राज्य के रूप में दिखाई पड़े, एक संवेदनशील राज्य के रूप में दिखाई पड़े।

महोदया, मैं कोई शिविरों के विषय में बात नहीं करूँगा क्योंकि शिविरों के सम्बन्ध में सरकार ने जो वक्तव्य दिया है, उसमें यह साफ़ है कि सरकार ने शिविरों

में जो शरणार्थी हैं, उन पर ध्यान देने का काम किया है। मैं यह ज़रूर कहना चाहता हूँ कि जो घटनाएँ गुजरात में हो रही हैं, उसने देश के लोगों के दिलों को हिला देने का, दहला देने का काम किया है। मुझे इस बात की ख़ुशी भी है कि गृह मन्त्री के पद पर जो व्यक्ति बैठे हुए हैं, जो देश के उप प्रधानमन्त्री भी हैं, उनके दो वक्तव्य आये हैं। इन दोनों वक्तव्यों से एक सुकून मिलता है कि उन्होंने देश की इस समस्या को सही रूप में देखने का प्रयास किया है। आज जो सत्ता में हैं और सत्ता की बागडोर को सँभाल रहे हैं, यदि उसका सामयिक और सही बयान समय पर आ जाता है तो मन को बहुत सन्तोष प्राप्त होता है। अक्षरधाम की घटना और रघुनाथ मन्दिर की घटना के बीच में दो वक्तव्य माननीय आडवाणी जी के आये हैं, वह यह हैं भारत यह हिन्दू राज्य नहीं हो सकता है। इसमें भारत की अस्मिता, भारत की धर्मनिरपेक्षता, भारत का वर्तमान स्वरूप, भारत का वर्तमान चरित्र, जिसकी आज रक्षा करनी है, इस वक्तव्य में सन्निहित है। साथ ही साथ जब रघुनाथ मन्दिर पर अटैक हुआ, इस पर भी वक्तव्य आया है और उसमें बताया गया है कि इसमें किन लोगों के हाथ हैं? तो सचेत होने के लिए बड़ा मौक़ा आया है। सचेत होने के लिए बड़े मौक़े के रूप में अब हम लोगों को सावधानी बरतनी है। सत्ता और प्रतिपक्ष में जो लोग हैं, उनके सामने यह सवाल है कि अब देश में इस तरह के फिरकापरस्त और मुट्ठीभर लोगों को दहशत और दबाव की राजनीति करने का मौक़ा नहीं मिले, दहशत और दबाव की राजनीति के ख़तरनाक परिणाम होते हैं। जो लोकतन्त्र को ख़तरा पैदा करती है साथ-ही-साथ समन्वय, सम्बन्ध, आत्मीयता, भाईचारे और लोकतान्त्रिक प्रणाली को ख़त्म करने का काम करता हैं। इसलिए आज इस सदन में महत्त्वपूर्ण मुद्दा यह है कि आगे इस ढंग की घटना की पुनरावृत्ति देखने को न मिले, इसके लिए सुनियोजित ठोस और कारगर उपाय किये जायें। भागलपुर से लेकर कई घटनाएँ देश में पहले हो चुकी हैं और यदि इस प्रकार की घटनाएँ आगे बढ़ती गयीं और गुजरात में भी पुनरावृत्ति हो गयी तो भविष्य में देश के सेकुलरिज़्म के लिए, इस देश की एकता और अखण्डता के लिए अच्छी बात नहीं हो सकती है। इसको रोकने का प्रयास किया जाना चाहिए। देखना चाहिए कि अब तक दंगों को रोकने के लिए कौन से उपाय किये गये हैं और वे उपाय आज के समय में आज की चुनौती का मुक़ाबला करने के लिए सही और सार्थक हैं या नहीं? पुलिस संगठन में कोई फेर बदल करने की आवश्यकता है या नहीं? इस बारे में सरकार के जो दायित्व हैं, उसके साथ स्वयंसेवी संगठनों को, अन्य संगठनों को, विश्वविद्यालयों को और जो

अन्य भिन्न-भिन्न तरह के सामाजिक और राजनीतिक संगठन हैं, उनको जोड़ने का काम किया जायेगा या नहीं? यही महत्त्वपूर्ण है।

महोदया, मुझको लगता है कि आज गम्भीर रूप से विचार करने की ज़रूरत है। मुझको एक पंक्ति याद आ रही है, "दिल के फफोले जल उठे सीने के दाग़ से, घर में आग लग गयी घर के चराग से।" घर में आग जब लग गयी है, तब उसको बुझाने की ज़िम्मेदारी शासक दल पर थोपकर यदि कोई लाभ उठाना चाहता है तो वह देश की भावना को ठीक से समझने का काम नहीं करेगा।...(समय की घण्टी)...इस घर में लगी हुई आग़ को बुझाने के लिए न केवल सत्ता पक्ष, बल्कि प्रतिपक्ष और देश के अन्य स्वयंसेवी संगठनों और सामाजिक और राजनीतिक दायित्व से जो जुड़े हुए हैं, उनकी भी ज़िम्मेदारी है। मैं उनसे भी आग्रह करना चाहता हूँ कि इस चुनौती का मुक़ाबला करने के लिए न केवल सत्ता के साथ बल्कि देश ने संविधान की रक्षा के लिए जो व्यवस्था बनायी है, आज ज़रूरत है कि सभी लोग एकजुट हो जायें और उस धारा को आगे बढ़ायें, जिसकी नींव महात्मा गाँधी ने इस देश में रखी थी। धन्यवाद।

27.11.2002

आर्थिक नीतियों पर...

उप सभापति महोदया, मुझे ख़ुशी है कि सदन में माननीय मनमोहन सिंह जी और वित्त मन्त्री श्री जसवन्त सिंह जी दोनों उपस्थित हैं। एक ने जिस नीति की शुरुआत की, दूसरा व्यक्ति उसको आगे बढ़ाने का संकल्प लेकर वित्त नीति को चला रहा है और आज दोनों सदन में मौजूद हैं। मैं एक ही बात विशेष रूप से आपके माध्यम से रखना चाहता हूँ कि इस आर्थिक नीति को लागू करने के 11-12 वर्षों के बावजूद दिल्ली शहर के चारों ओर अगर आप ध्यान दें तो बाहरी लोगों की आबादी बढ़ती जा रही है। दिल्ली में बाहर के लोगों की आबादी बढ़ती जाये और दिल्ली बेख़बर रहे, दिल्ली उसकी कोई सुनवाई न करे, दिल्ली उस पर विचार न करे तो भविष्य में बड़ा संकट पैदा हो सकता है। इस पर विचार करने की ज़रूरत है कि शहरों की आबादी बढ़ती जाये और दिल्ली में यह बहस सरकार के द्वारा और सरकार के कुछ प्रतिनिधियों के बीच में तथा कुछ लोगों के बीच चलती रहे। प्रदूषण बहुत हो गया है। दिल्ली के आसपास गन्दगी बढ़ती जा रही है। बाहर के लोग यहाँ आकर कई समस्याओं को जन्म दे रहे हैं। यह तस्वीर चिन्ताजनक है। ऐसी बात कही जा रही है कि अगर इसी नीति को उसी रूप में लेकर चलने का यदि हम प्रयास करते हैं तो क्या इसी तरह का रिजल्ट भविष्य में पैदा होगा या नहीं? क्या अहमदाबाद शहर, क्या हरियाणा के बड़े-बड़े शहर, क्या दूसरे राज्यों के शहर जहाँ अभी औद्योगिक घराने हैं, उनकी आबादी इससे प्रभावित नहीं होगी? महोदया, मैं यही कहना चाहता हूँ कि हमारी आर्थिक नीति के विषय में जो कुछ उपलब्धियाँ बतायी गयी हैं, वह तारीफ़ के योग्य हैं, उनकी तारीफ़ की जा सकती है और यह भी कहा जा सकता है कि उत्पादन बढ़ेगा। मैं चाहता हूँ कि जब बाद में मन्त्री जी जवाब दें तब इसको स्पष्ट करने की कोशिश करें। पैदावार बढ़ेगी तो लोगों को नौकरी मिलेगी व इनवेस्टमेंट होगा। लेकिन इतने दिनों के, इतने बरसों के अनुभव जो रहे हैं, उसके बाद क्या बेरोजगारी का कोई ठोस निदान निकल पाया है? इस बात पर सरकार को गम्भीरता

से विचार करना चाहिए। महोदया, एक चीज़ पर मैं ध्यान आकर्षित करना चाहता हूँ। अमेरिका की आबादी कितने प्रतिशत कृषि पर निर्भर है, केवल तीन प्रतिशत और भारत की 80 प्रतिशत। हमारा कॉन्सेप्ट अगर अमेरिका के पैटर्न पर होगा तो इस देश को गर्त में जाने से कोई बचा नहीं सकता है। हम वैज्ञानिक उपलब्धियों को ज़रूर स्वीकार करेंगे लेकिन अगर हम अपनी वास्तविकताओं को नज़रअन्दाज़ करेंगे तो इससे बड़ा ख़तरा आ सकता है। इसी ख़तरे से आगाह करने के लिए मेरे मन में यह सवाल बहुत पहले से आता रहा है। महोदया, मैं एक बार ट्रेन में ट्रेवल कर रहा था और एक बड़े व्यावसायिक व्यक्ति भी उसमें जा रहे थे। उन्होंने विदेश के सामान की प्रशंसा करनी शुरू कर दी तो मैंने मैसूर सैंडल सोप की चर्चा की। मैसूर सैंडल सोप के विषय में मैंने उनसे कहा कि विदेश का कौन सा सन्दल सोप है जो मैसूर के सैंडल सोप का मुक़ाबला कर सकता है? कल इस पर भी विदेशी कम्पनियों का यदि क़ब्ज़ा होगा तो देश कहाँ जायेगा? मैं आपका ध्यान इसलिए आकर्षित करना चाहता हूँ कि यह गांधी का देश है और गांधी के देश में गांधी ने अपनी जो धारणा बतायी थी, वह मध्यम उद्योग और कुटीर उद्योग बतायी थी। अर्थव्यवस्था पर कई तकनीकी विशेषज्ञों की फाइनेंस मिनिस्टर को रिपोर्ट मिलती होगी और मिलती रहेगी। मैं एक बात जानना चाहता हूँ और आशा करूँगा कि मन्त्री महोदय जवाब में इसका स्पष्टीकरण देंगे कि क्या यह सत्य नहीं है कि बड़े उद्योगों को खड़ा करने में जितनी पूँजी लगती है, यदि उसका कंपरिजन किया जाये तो उस पूँजी से 10 प्रतिशत लोगों को रोजगार मिलेगा। अगर उतनी ही पूँजी मध्यम श्रेणी के उद्योगों में लगायी जाये तो तीस गुणा अधिक लोगों को रोजगार मिलेगा। यदि उसको कुटीर उद्योग-धन्धों पर लगा दिया जाये तो 90 प्रतिशत लोगों को रोजगार मिलेगा। कौन सी नीति इस देश के लिए अच्छी हो सकती है? इस देश के लिए वही नीति अच्छी हो सकती है जो बड़े सेक्टर हैं, जिसमें बड़े उद्योग लगाये जायें लेकिन उनमें यह ख़याल ज़रूर रखा जाये कि इस देश की पहचान जिन उद्योगों के चलते हुई है, उनको कभी नष्ट होने का मौक़ा न दिया जाये क्योंकि इस देश के लोगों के सामने सवाल यह नहीं है कि अमेरिका के लोगों जैसी अच्छी ज़िन्दगी कैसे जीयें, बल्कि इस देश के लोगों के सामने सवाल यह है कि अपनी ज़िन्दगी सही ढंग से कैसे जीयें? अच्छी ज़िन्दगी जीने वालों की योजना और जिनके सामने ज़िन्दगी जीने का सवाल है, इनकी योजना, दोनों में कभी साम्यता नहीं हो सकती है, इसलिए इस पर विचार करना चाहिए।

महोदया, मैं आग्रह करूँगा कि दो-तीन बातों पर कम-से-कम सरकार ध्यान। मैं पॉइंट के रूप में सदन के सामने ये बातें रखना चाहता हूँ। पहली यह कि कारख़ाने का माल और जो कृषि उपज होगी, उसमें सन्तुलन रखने के लिए क्या कोई व्यापक और ठोस नीति जनता के सामने लायी जायेगी? एक तो कारख़ानों के सामान के दाम बढ़ते जायें और कृषि की उपज की उचित क़ीमत भी न मिले तो कहाँ जायेगी इस देश की 80 प्रतिशत आबादी जो इस पर निर्भर है?

दूसरा है, श्रमिक वर्ग जो इस देश का है। मैं एक बात आपके माध्यम से वित्त मन्त्री से यह आग्रह करना चाहता हूँ कि जिस दिन श्रम विभाग पर, रवीन्द्र वर्मा जी के कमीशन की रिपोर्ट इस सदन में डिसकस हो, उस दिन वित्त मन्त्री जी सदन में अवश्य उपस्थित रहें। यह मेरा विशेष आग्रह होगा, क्योंकि बड़ी आबादी के सामने जो समस्याएँ पैदा हो रही हैं, उस पर उस दिन बहस होगी। मैं यह मानता हूँ कि श्रमिक वर्ग को नयी तकनीक तथा रोजगारपरक शिक्षा देने के लिए, ख़ासकर जो ग़रीब राज्य है, उनमें इसकी विशेष व्यवस्था की जाये क्योंकि यह देश तो लेबर मार्केट बन गया है और जब लेबर मार्केट बन गया है, तो उनको कम-से-कम अच्छी शिक्षा तो दी जाये कि अगर इस देश में भी वे काम करें तो कारख़ानों में अच्छी मज़दूरी उनको मिल जाये। अगर बाहर जायें तो वहाँ भी अच्छी मज़दूरी मिल जाये, इस पर ध्यान देने की ज़रूरत है। कृषि और कृषि से सम्बन्धित जितने उद्योग हैं, उनको एक विशेष दृष्टि से देखने की ज़रूरत है। बेशक इन-फॉर्मेशन टेक्नालॉजी बढ़े लेकिन आम, लीची, अमरूद और इस तरह के अन्य जो कृषि से निकलने वाली उपज है, इनके उद्योगों की बड़े पैमाने पर विस्तार करने की योजना हो, नहीं तो राजस्थान की, जो बीकानेरी भुजिया बन रही है, उस पर भी संकट के बादल मँड़रा रहे हैं, वे बड़े ख़तरनाक साबित होंगे। महोदया, मैं यह भी कहना चाहता हूँ कि निर्धनता रेखा के नीचे रहने वालों की क्रय शक्ति इस देश में कैसे बढ़े? गवर्नमेंट के सामने सबसे बड़ा यह सवाल है और निर्धनता रेखा के नीचे रहने वालों को क्रय शक्ति बढ़ाने के लिए बड़े पैमाने पर आप योजनाओं को बनायें और उनको लागू करने के लिए एक ठोस कार्यक्रम लोगों के सामने प्रस्तुत करें।

महोदया, एक बात मैं और कहना चाहता हूँ कि बिजली बड़े पैमाने पर मिल जाये, लेकिन सस्ती, सुलभ और आम लोगों के पास नहीं जाये तो बिजली की पैदावार का कोई मतलब नहीं होता है। अन्त में मैं यही कहना चाहता हूँ कि जिन राज्यों की वित्तीय स्थिति ख़राब है। केन्द्र की योजनाओं को लागू करने की भी उनकी क्षमता

नहीं है, उन राज्यों को विशेष सुविधाएँ देकर जो सम्पन्न राज्य है, उनके बराबर लाने की कोशिश की जाये, नहीं तो एक ऐसी रेखा खिंच जायेगी जो बाद में और संकट और अन्य विवादों का कारण बन सकती है। इस पर सरकार को विशेष ध्यान देना चाहिए। इतनी बात कहकर मैं अपनी बात समाप्त करता हूँ।

18.12.2002

प्रधानमन्त्री की विदेश यात्रा पर...

उप सभापति महोदया, प्रधानमन्त्री जी के वक्तव्य के बाद दूसरी बार इस सदन में उनकी यात्रा के सम्बन्ध में विचार-विमर्श हो रहा है। यद्यपि कई सवाल पूछे गये हैं और उनकी यात्रा के बाद कई टिप्पणियाँ भी आयी हैं। मैं मानता हूँ कि हाल के वर्षों में अन्तरराष्ट्रीय मंचों पर भारत ने जितने जानदार और शानदार तरीक़े से अपने पक्ष को रखा है, उससे भारत की वैदेशक नीति की सफलता जाहिर होती है। प्रधानमन्त्री जी की इन चार देशों की यात्रा से व्यापारिक और अन्य मुद्दों पर भारी सफलता मिली है और भारत के पक्ष को विदेशों में समझाने में बड़ी सहायता मिली है। मैं मानता हूँ कि प्रधानमन्त्री जी ने इधर हाल के वर्षों में जो प्रयास किये हैं, उसकी सफलता का मूल्यांकन आज के समय में सही ढंग से नहीं किया जा सकता, लेकिन आने वाले वर्षों में किया जा सकता है, उसका असर भी होगा। लेकिन एक-दो सवाल दिल और दिमाग़ में उठते हैं और लगता है कि उन सवालों पर भी साफ़ दृष्टि आ जाये। मन में जो शंकाएँ पैदा होती हैं, उनका हल हो जाये तो यह बहुत अच्छी बात होगी। दस वर्षों के बाद चीन की यात्रा और वार्ता के लिए पाकिस्तान के साथ रास्ता खोला जाये, यह अपने आप एक बहुत बड़ी सफलता है। पड़ोसी देशों के साथ भारत के सम्बन्ध अच्छे हो जायें तो शायद आने वाले वर्षों में जो महाशक्तियाँ कहलाने वाले देश हैं, उनको इन देशों में हस्तक्षेप करने का मौक़ा भी समाप्त हो जायेगा। इस दिशा में प्रधानमन्त्री जी ने सोच-समझकर तथा भविष्य को दृष्टि में रखकर ऐसी पहल की है, यह बहुत बड़ी बात है। लेकिन एक चीज़ हम जानना चाहते हैं। इसी देश में तिब्बत के सवाल पर दलाई लामा जी रहे हैं। मानवाधिकार के सवाल, एट्रोसिटीज के सवाल, तिब्बती लोगों की जीवन शैली ये सवाल न केवल भारतीय परिधि के अन्तर्गत उन्होंने उठाने का काम किया है बल्कि विश्व के मंचों पर भी उठाने का काम किया है। क्या इस बार की यात्रा, यद्यपि, फॉरेन मिनिस्टर और प्रधानमन्त्री जी की भी बात स्पष्ट रूप से आ गयी है कि तिब्बत के स्टैंड पर हमारा कोई परिवर्तन नहीं आया है। पीस के

सवाल पर और ह्यूमन राइट्स के सवाल पर श्री दलाई लामा जी ने इतने वर्षों तक जो भी भारत में रहकर, न केवल भारत में बल्कि विदेश के स्तर पर काम किया है, क्या उस पर किसी स्तर पर कोई आँच तो नहीं आने वाली है? एक बात के लिए मैं इस बार बधाई देना चाहता हूँ कि प्रधानमन्त्री जी ने ब्यूरोक्रेटिक मोर्चे से की जाने वाली वार्ता को राजनायिक टेबल पर पूर्णतः लाकर एक बड़ी सफलता हासिल की है, शान्ति का एक नया दरवाज़ा और वार्तालाप का नया दौरा खोज दिया है। इसके लिए मैं उन्हें बधाई देता हूँ। यात्रा में जो सफलता मिली है, उसके लिए बधाई देकर अपनी बात समाप्त करता हूँ।

31.07.2003

राज्यों की वित्तीय स्थितियों पर...

श्री बशिष्ठ नारायण सिंह (बिहार) : उप सभापति महोदया, आज इस सदन में हम राज्यों की गम्भीर वित्तीय स्थिति तथा उनके विकास की गतिविधियों पर चर्चा कर रहे हैं। मैं इस बहस को तीन भागों में विभाजित करके अपनी बात रखना चाहता हूँ। एक पक्ष यह हो सकता है कि किन कारणों से आज हम विवश हैं कि इस विषय पर हमें इस रूप में विचार करना पड़ रहा है। इसकी वजह क्या है? इसका दूसरा पक्ष होगा कि आज हम कहाँ पहुँचे हैं? राज्यों की अद्यतन स्थिति क्या है और उसमें सेंटर की भूमिका क्या है? इसका तीसरा पक्ष यह है कि इसके निदान के लिए और इस गम्भीर स्थिति से निपटने के लिए क्या उपाय हो सकते हैं? मुझे लगता है कि यदि हम कारणों पर विचार करने लगेंगे तो जो आपने मुझे समय दिया है, उसमें मैं अपनी बात पूरी तरह से ठीक से नहीं रख सकूँगा। चूँकि अनेक कारण हैं। हमने वित्तीय प्रबन्धन को जिस तरीक़े से इस देश में लागू करने की कोशिश की है, उसमें कहीं-न-कही दृष्टिदोष है। मूल्यांकन और आंकलन करने तथा जो हमारी योजना बनाने की रीति और नीति रही है, उसमें कहीं-न-कहीं दोष है। उसमें कहीं-न-कहीं कोई ख़ामी है, कहीं-न-कहीं कोई त्रुटि है। कहीं-न-कहीं हमने वास्तविकता से अलग रहकर अपनी योजनाओं को प्राथमिकता के रूप में दिया, जिससे आज यह समस्या गम्भीर रूप में उपस्थित हो गयी है। राज्यों की हालत ख़राब हुई है और मुझको लगता है कि कुछ ख़ास ऐसे बिन्दु हैं, जिनको हम महत्त्व नहीं दे रहे हैं। यदि इन बिन्दुओं को महत्त्व नहीं दिया गया तो शायद आने वाले समय में इस समस्या का हम जो इसका इलाज करना चाहते हैं, इस बीमार अर्थव्यस्था का हम ठीक से इलाज नहीं कर पायेंगे। यदि कुछ शब्दों में आज की स्थिति का मूल्यांकन किया जाये तो दो बिन्दुओं पर दृष्टि जाती है। इस देश में एक समानान्तर अर्थव्यवस्था चल रही है और वह है काले धन की अर्थव्यवस्था। दूसरी जो सबसे महत्त्वपूर्ण समस्या अभी सामने आयी है, जिसका आज के प्रश्न संख्या 222 में भी उल्लेख किया गया है,

वह है राजकोषीय घाटा। चाहे वह घाटा सेंटर का या राज्य का हो, अब एक तरफ़ काला धन है और दूसरी तरफ़ राजकोषीय घाटा है। क्या काला धन रखने वालों के सामने राष्ट्र झुकेगा? काले धन को निकालने के लिए जितने उपाय किये गये हैं, क्या वे पर्याप्त हैं या कोई दूसरे उपाय किये जायेंगे? जिस राष्ट्र में धन रहते हुए भी राजकोषीय घाटा बढ़ता जाये और विकास के काम ठप होते जायें तो यह एक विडम्बना है। इसलिए पहले काले धन को निकालने के लिए ज़ोरदार प्रभावकारी और ठोस क़दम उठाये जाने की ज़रूरत है। मैडम, दस हज़ार करोड़ रुपये का एक आकलन है कि प्रतिवर्ष काला धन मार्केट में आ रहा है। दस हज़ार करोड़ रुपये में से यदि हम उसको टैक्सनेट में लेते हैं तो चार हज़ार करोड़ रुपये रेवेन्यू रिसीट्स में हम ले सकते हैं, जिनमें से 27 परसेंट राज्यों को जा सकता है। लेकिन इतने धन पर हमारा कोई नियन्त्रण नहीं हो और फिर हम दूसरे तरीक़ों पर विचार करते रहें? जो हमने नीतियाँ चलायी हैं उसमें परिवर्तन लाकर हम आगे जा सकते हैं। आज मैं काले धन की बात इसलिए कह रहा हूँ कि प्रति वर्ष एक हज़ार करोड़ रुपये विदेशों में चला जाये, यह एक ख़तरनाक प्रवृत्ति है। इस देश में जो लोग अपना एकाउंट्स नहीं दिखा पाते हैं, ग़लत तरीक़े से इन्कम टैक्स देते हैं, वे बड़ी संख्या में बड़े-बड़े प्लॉटों पर रुपये ख़र्चा करते हैं। वे अपने मनी को सही ढंग से इनवेस्ट नहीं करते हैं और राष्ट्र के पास पैसे हैं। इस पैसे को निकालने के लिए यशवन्त सिन्हा के समय जैसे वीआरएस स्कीम निकाली गयी थी और उसमें काफ़ी लोगों ने पैसे जमा कर दिये थे, आज इस ओर ठोस और आवश्यक क़दम उठाये जाने की आवश्यकता है, ताकि काले धन को हम बाहर निकाल सकें। जब तक काले धन को निकालने के लिए ठोस और निर्णायक क़दम नहीं उठाया जायेगा, भारत की अर्थव्यवस्था को एक अनुशासित तरीक़े से ले चलने में हम समर्थ नहीं हो पायेंगे। इसमें सबकी भूमिका हो सकती है। इसमें राज्यों की भूमिका हो सकती है, सेंटर की भूमिका हो सकती है। इसके लिए मैं वित्त मन्त्री जी से कहूँगा कि वे विशेष रूप से इस पर विचार करने की कोशिश करें, जिससे इस काले धन पर नियन्त्रण पाया जा सके। मैं एक बात के लिए वित्त मन्त्री जी को ख़ासकर बधाई देना चाहता हूँ कि आज राजकोषीय घाटे पर संख्या 222 पर जो प्रश्न हुआ था, उससे यह जानकारी मिलती है कि केन्द्र सरकार ने कई क़दम उठाये हैं। यदि राजकोषीय घाटा कम हो जाये तो अर्थव्यवस्था में अपने आप आमूल-चूल परिवर्तन हो जाये, लेकिन यदि राजकोषीय घाटा बढ़ता चला जाये और फिर हम अर्थव्यवस्था को अपने ढंग से संचालित करने की बात करें तो इन दोनों का कभी भी सामंजस्य नहीं हो सकता है। मैडम, यदि बहस चल ही रही है तो

इस बात पर भी ध्यान देना पड़ेगा कि अभी तक जो खर्च किये गये हैं, उस ख़र्च में से कितने ऐसे ख़र्च हुए हैं जो उत्पादकता बढ़ाने में व्यय हुए हैं, उन पर भी विचार करने की ज़रूरत है। कितना ख़र्च ऐसे हुआ है जो अनप्रोडिक्टिव एक्सपेंडीचर है, आज उसका भी मूल्यांकन करने की ज़रूरत है। हम मानते हैं कि राज्यों को जो पैसे भेजे जा रहे हैं, उसकी मोनिटरिंग करने की ज़रूरत है, उसे देखने की ज़रूरत है, राज्यों को डिसिप्लिंड करने की ज़रूरत है। यदि ऐसे क़दम नहीं उठाये जायेंगे तो बहुत भयंकर स्थिति हो सकती है। कुछ राज्यों में ऐसी भी स्थिति होती है। गांधी आज़ाद जी बोल रहे थे, मनमोहन सिंह जी ने नॉर्थ-ईस्टर्न राज्यों की चर्चा की, कई साथियों ने बिहार और उत्तर प्रदेश जैसे राज्यों की चर्चा की, अब मैं यह माँग करता हूँ कि राज्यों की जो आधार संरचना है, उसके आधार पर सेंटर को एक विशेष योजना बनानी चाहिए। नॉर्थ-ईस्टर्न राज्यों के लिए एक, सिक्किम के लिए दूसरी, उत्तरांचल के लिए तीसरी, बिहार, पूर्वी उत्तर प्रदेश, मध्य प्रदेश, राजस्थान के लिए अलग रणनीति बनानी चाहिए। जहाँ आबादी बहुत अधिक हो और जहाँ ज़मीन हो, वहाँ के लिए ऐसी योजना बने कि ज़मीन से जो उत्पादकता हो, उसके अधिक-से-अधिक पैसे वहाँ के लोगों को मिल सकें। यदि अधिक से अधिक पैसे वहाँ के लोगों को मिल सकेंगे तो वे इनवेस्टमेंट करेंगे और इनवेस्टमेंट करने का नतीजा यह होगा कि उस राज्य में दूसरे लोग भी इनवेस्ट करने के लिए बाध्य हो जायेंगे। जैसे बिहार का सवाल उठता है। यदि बिहार में किसी पैदावार को ठीक से वहाँ का जो आम है, लीची है, जो ऊख है, केला है, यदि इस तरह की फ़सलों को संरक्षण दिया जाये और उसका एक्सपोर्ट करने की व्यवस्था की जाये तो बिहार की संरचना, आर्थिक संरचना को एक बहुत बड़ा बल मिल सकता है। इसमें काफ़ी सुधार हो सकता है।

मैं यहाँ पर विशेष रूप से यह बात कहना चाहता हूँ कि इन सबके बावजूद हमें कई अन्य बातों पर ग़ौर करना होगा। जो राज्य समुन्नत हो चुके हैं, जो राज्य विकसित अवस्था में हैं और जो राज्य अर्द्धविकसित अवस्था में हैं, उनमें एक बड़ी खाई पैदा होती जा रही है। सेंटर स्टेट रिलेशन में कभी-कभी कडुआहट का सवाल है। जो राज्य विकसित हैं, उनका सवाल अलग है। जो राज्य अभी विकसित नहीं हैं, उनका सवाल अलग है। ये समस्याएँ ऐसी आ रही हैं, जो भविष्य में कई संकट पैदा कर सकती हैं। इसके लिए एक विशेष पैकेज। योजना की तरफ़ से बना देने की ज़रूरत पड़ेगी। तभी इसका समाधान हो सकता है।

एक इश्यू जो इसमें सबसे बड़ी भूमिका अदा कर सकता है, वह बैंकिंग पॉलिसी का है। बैंकिंग पॉलिसी और बिहार राज्य का राजकोषीय घाटा–मैं यह बात मानता

हूँ कि वहाँ का वित्तीय प्रबन्धन ठीक से नहीं हुआ है लेकिन साथ-साथ यह बात भी है कि बिहार के ग़रीब लोग जितने पैसे बैंको में जमा करते हैं, उन बैंकों के पैसे धनी राज्यों और जहाँ बड़े-बड़े पूँजीपति हैं, उनके पास चला जाता है। इतने पैसे यहाँ नहीं रह पाते हैं। यही स्थिति पूर्वी उत्तर प्रदेश की है, यही स्थिति अन्य राज्यों की हो सकती है। एक ओर आर्थिक विकास के लिए उनके पास ख़र्च करने के लिए पैसे नहीं हैं। ऐसे राज्य के ग़रीब किसान और ग़रीब मज़दूर पैसे जमा करते हैं, उस पैसे को उस राज्य में इनवेस्ट न करके दूसरे राज्यों में भेजने की योजना होती है। इस पर सरकार को एक ठोस पॉलिसी बनानी चाहिए। मैं इतनी माँग करना चाहता हूँ कि वे पैसे कम-से-कम वहाँ के विकास में लगें।

मैडम, मैं कुछ ख़ास बिन्दुओं की चर्चा करके अपनी बात समाप्त करूँगा। मैं वेतन आयोग की सिफ़ारिशों की तरफ़ ज़्यादा ध्यान नहीं दिलाऊँगा। इससे विसंगतियाँ ज़रूर पैदा हुई हैं, लेकिन मैं दो-तीन बिन्दुओं की तरफ़ आपका ध्यान दिलाना चाहूँगा। 'इंट्रेस्ट बर्डेन ऑफ़ स्टेट' से निजात दिलाने के लिए एक ठोस उपाय करना चाहिए। 'इंट्रेस्ट बर्डेन ऑफ़ स्टेट', ऋण को चुकाने के लिए राज्य ऋण लेते चले जायें तो यह ऋण कितना बढ़ता चला जायेगा, आज इस पर विचार करने की ज़रूरत है। इसके लिए ठोस उपाय किये जाने चाहिए। इस देश में एक्साइज कस्टम और इन्कम टैक्स की व्यवस्था में पूर्णतः सुधार की आवश्यकता है। इन्कम टैक्स में क्या होता है? इन्कम टैक्स का ऑफ़िसर पता लगा लेता है कि फैक्टरी से कितनी कारें गयीं, किन लोगों ने कार लीं, पब्लिक स्कूल में किनके बच्चों ने एडमिशन लिया था और इसी आधार पर नोटिस चला जाता है। बड़े-बड़े इकोनॉमिक ओफेडर्ज इन्कम टैक्स की पकड़ में नहीं आते हैं, लेकिन छोटे-छोटे जो दो लाख, तीन लाख रुपये में गाड़ी लेते हैं, उनको नोटिस चला जाता है। बड़े-बड़े इकोनॉमिक ओफेडर्ज, जिन्होंने सरकार के करोड़ों रुपये ले कर पचा लिये हैं, उन पर कठोर क़दम उठाये जाने की बात होनी चाहिए। कस्टम अधिकारियों की मिली-भगत से ही बड़े मामलों में स्मगलिंग होती है। इस पर भी इफेक्टिव तरीक़े से एक कार्य योजना बननी चाहिए, जिससे इसका निदान हो सके। पिछड़े राज्यों की एक समन्वित योजना बनाकर विकास की रूपरेखा तैयार की जाये। उन राज्यों में सम्भावनाओं के आधार पर केन्द्र सरकार उनकी मदद करे। आज इन सवालों पर गम्भीरता से विचार करने की ज़रूरत है, क्योंकि मुल्क के सामने एक बड़ा संकट पैदा हो रहा है। संकट यह पैदा हो रहा है कि सोशल मिज़र्स की विदाई हो रही है। जीवन को बेहतर ढंग से जीने के लिए जो उपयोगी सामान हैं, देश में कितने बड़े पैमाने पर हम उनका आयात कर सकते हैं, कितने बड़े पैमाने पर

निर्यात कर सकते हैं? इसकी तरफ़ तो हम जाते हैं, लेकिन झुग्गी-झोंपड़ियों के लोगों के जीवन-स्तर को सुधारने के लिए, उनकी आर्थिक दशा सुधारने के लिए, उनको कैसे लोन दिया जाये? उनकी हालत कैसे सुधारी जाये? उस तरफ़ हमारा ध्यान नहीं जाता। गाँवों से जो नौजवान निकल रहा है, आज के मल्टी नेशनल एज में उनके लिए कैसी योजना बनायी जाये? इसकी तरफ़ ध्यान देने की आवश्यकता है। इसके लिए विशेष योजना बनाने की ज़रूरत है। अब तक जो पॉलिसी अपनायी गयी है, उसके लिए हम यह आग्रह करेंगे कि हमारा आधार भारत की भूमि होनी चाहिए? हमारा आधार भारत के लोगों का हाथ होना चाहिए, हमारा आधार यहाँ के गाँवों की ज़मीन होनी चाहिए। एक ओर कुछ राज्यों में, जहाँ ज़मीन कम उवर्रक नहीं है, वहाँ पर टूरिज्म डेवलपमेंट की बात होनी चाहिए। कुछ राज्यों में जहाँ ज़मीन उर्वरक है, वहाँ कोशिश करनी चाहिए कि उसकी उर्वरकता को बढ़ायें। अभी स्वराज जी बोल रहे थे, उन्होंने हरियाणा की चर्चा की। लेकिन बिहार की आज यह क्षमता है कि बिहार में कृषि और कृषि से सम्बन्धित उद्योगों, पशुधन, वहाँ की सिंचाई व्यवस्था को, वहाँ की बिजली व्यवस्था को अगर ठीक किया जाये, तो बिहार दूसरे राज्यों से आगे बढ़ सकता है। लेकिन वह कराह रहा है। इस मायने में कराह रहा है कि केवल ऋण देने के लिए उसको ऋण लेना पड़ रहा है। ऋण लेते-लेते एक ऐसी स्थिति हो जायेगी कि डेवलपमेंट का काम वहाँ कोई नहीं हो पायेगा। इसलिए एक विशेष पैकेज के तहत इस पर विचार करने की ज़रूरत है।...(व्यवधान)...

श्री लालू प्रसाद : स्पेशल पैकेज की बात करिए।

श्री बशिष्ठ नारायण सिंह : लगता है कि आप हमारी पूरी बात नहीं सुन पाये हैं। मैंने स्पेशल पैकेज की ही बात कही है, इसलिए मैं इन बातों पर विशेष ध्यान देकर कहना चाहता हूँ कि ऐसी लकीर न खींची जाये कि एक ओर संटर-स्टेट रिलेशन के सवाल पर भविष्य में गम्भीर मतभेद पैदा हो और दूसरी ओर विकसित राज्यों और अल्प विकसित राज्यों के बीच में सवाल पैदा हो जाये। इन तमाम सवालों पर गम्भीर चिन्तन करने की ज़रूरत है। इन तमाम सवालों पर विचार करने की ज़रूरत है। तभी वित्तीय व्यवस्था ठीक ढंग से चल सकती है। सरकार चाहे केन्द्र में किसी की हो, राज्यों में किसी की हो, इनके बीच में सामंजस्य व समन्वय स्थापित हो, जिससे सबको लाभ मिल सके। बस, इतना ही कह करके मैं अपनी बात समाप्त करता हूँ। धन्यवाद।

05.08.2003

रेलवे भर्ती बोर्ड की नीतियों पर...

उप सभापति महोदय, आज हम लोग एक गम्भीर विषय पर चर्चा कर रहे हैं। इस सवाल पर अपनी बात रखने से पहले मैं दो घटनाओं का उल्लेख करना चाहता हूँ। एक घटना इन दोंनों सदनों से सम्बन्धित है और एक पंजाब से सम्बन्धित है, जिसको मुझे देखने का मौक़ा मिला और वहाँ मुझे जाने का मौक़ा मिला। 26 अगस्त, वर्ष 1997 से 1 सितम्बर तक लोकसभा में एक विशेष चर्चा हुई थी। लोकसभा में जो विशेष चर्चा थी, उसमें देश की महान हस्तियाँ, जो आज भी सदन में मौजूद हैं, उन लोगों ने भाग लेने का काम किया था। उस समय उनकी वाणी में कसक थी, उनकी वाणी में वेदना थी, उनकी वाणी में पीड़ा थी लेकिन साथ-साथ संकल्प भी था। महोदय, मैं उस घटना का उल्लेख आज इसलिए करना चहाता हूँ कि जिन बातों पर, कई सवालों पर उस समय जो प्रकाश डाला गया था, उनसे ही जुड़े हुए एक सवाल पर आज हम बहस करने के लिए और उस पर अपने विचार प्रकट करने के लिए इस बैठक में शरीक हैं, सम्मिलित हैं। उस बहस में चिन्ता प्रकट की गयी थी कि हमने क्या खोया है और क्या पाया है? उसमें चिन्ता व्यक्त की गयी थी कि आज देश की आज़ादी के पचास वर्षों के बाद भी हम कहाँ खड़े हैं और हमें कहाँ जाना चाहिए? लेकिन उस चिन्ता और उस पीड़ा के बाद उस हाउस में संकल्प भी व्यक्त किया गया था कि देश को हमें किधर ले जाना है? देश किस चौराहे पर खड़ा है और देश कहाँ जायेगा? किस रास्ते से जायेगा। आज असम और बिहार के इस सवाल को केवल दो प्रदेशों से जोड़कर देखने की ज़रूरत नहीं है। रेलवे भर्ती बोर्ड की जो पॉलिसी है, उसको देखने की ज़रूरत नहीं है। मुझे तो लगता है कि अगर मुझे अपनी बात शुरू करनी होगी, तो मैं तो रेल मन्त्री को एक बात के लिए बधाई देना चाहूँगा और शायद इस सदन के सभी सदस्य इस पर सहमति भी व्यक्त करेंगे। रेलवे भर्ती बोर्ड की पॉलिसी को इस व्यक्ति ने जब मन्त्री पद सँभाला-ट्रांसपेरेंट बनाकर, इसको

पारदर्शी बनाया है। यह एक बड़ी उपलब्धि है कि इसको अच्छे रूप में उन्होंने पेश किया है, इसके लिए मन्त्री जी बधाई के पात्र हैं। लेकिन दूसरे सवाल भी इसके साथ खड़े हुए हैं कि असम में हिंसा हुई है, इसलिए मैं एक घटना का विशेष रूप से उल्लेख करना चाहता हूँ।

जब बेअंत सिंह जी पंजाब में मुख्यमन्त्री थे और तब 25 बिहारी मज़दूरों की पंजाब में हत्या की गयी थी। मैं बिहार का उस समय श्रम मन्त्री था। मैं पंजाब में गया। लुधियाना के पास तीन गाँवों में बिहार के 25 मज़दूर मारे गये थे। उन गाँवों को जब मैं देखने गया–आज असम के जो भी भाई यहाँ इकट्ठे हैं, जो भी महाराष्ट्र के या किसी भी प्रदेश के लोग इकट्ठे हैं, उनको बताना चाहता हूँ कि जो कुछ भी मैंने वहाँ देखा, वह आज तक मुझे स्मरण हैं, वह मुझे ज़िन्दगी में प्रेरणा देने का काम करता रहेगा। जब मैं वहाँ तीन गाँवों में गया, तो वहाँ के गाँव के लोगों ने मुझसे कहा कि आप बिहार से आये हो, बिहार के लोगों को जाकर तुम बता देना कि पंजाब के हम भाई और पंजाब के गाँव के लोग पंजाब के निर्माण में जो बिहारियों का योगदान है, इसको कभी भूले नहीं हैं, न कभी भुलायेंगे। और बिहारी जो बचे हुए हैं, उनसे पूछने का काम कर लो कि इनके साथ हमारा कैसा व्यवहार होता है? उनसे पूछने का काम कर लो कि उनके खाने पीने में क्या हम दिक़्क़त पैदा करते हैं? उनसे पूछने का काम करो कि क्या इनके योगदान को हम लोग एप्रीशिएट करते हैं या नहीं? बहस को आज इसी ओर ले जाने की ज़रूरत है। बहस को इस ओर ले जाने की ज़रूरत नहीं कि पुलिस ने क्या किया? बहस को इस ओर ले जाने की ज़रूरत नहीं है कि एफआईआर में कितना विलम्ब हुआ और कितनी ग़लती हुई। बहस को इस ओर ले जाने की ज़रूरत नहीं है कि कितनी सम्पत्ति का नुकसान हुआ है और कितना कंपन्सेशन मिलना चाहिए। बहस को आज इस ओर ले जाने की ज़रूरत है कि इस देश की अखण्डता और एकता, जो इस देश की विशेषता है, इसको बनाये रखने के लिए हमें ढंग के कारगर उपाय भविष्य में करने चाहिए और उनकी तरफ़ हमें जाना चाहिए, ऐसा मुझे लगता है। थोड़े ही दिन पहले प्रधानमन्त्री जी का इस सदन में भ्रष्टाचार के सम्बन्ध में जो भाषण हुआ, उसमें जो उनकी वेदना थी कि हम कहाँ जा रहे हैं और जिन शब्दों में उन्होंने कहा था, उसी प्रकार क्षेत्रीयता एक बड़ा सवाल बनकर मुल्क के सामने खड़ा हो गया है, इसलिए इस सवाल पर गम्भीरता से विचार करना चाहिए।

श्री सभापति : बहुत-बहुत धन्यवाद।

श्री बशिष्ठ नारायण सिंह : सभापति जी, उन गाँवों में जाने के बाद जब मैं बेअन्त सिंह के पास गया, तो बेअन्त सिंह जी का जो व्यवहार मैंने देखा, मैं उसका वर्णन कर देना चाहता हूँ, क्योंकि देश की एकता और अखण्डता की रक्षा के लिए उस बयान का बहुत महत्व है। बेअन्त सिंह जी अब नहीं रहे। जब मैं उनके पास गया और जाने के बाद उनसे कहा कि बिहारी मजदूर पंजाब के खेतों में काम करते हैं, पंजाब की हरियाली बनाये रखने में उन्होंने योगदान दिया है, यदि आप कुछ क़दम नहीं उठायेंगे तो बिहार के मज़दूरों पर और बिहार से जो श्रमिक आये हैं, उनके ऊपर असर पड़ेगा। उन्होंने पूछा कि आप क्या चाहते हैं? हमने कहा कि जीवन और ज़िन्दगी की कीमत पैसे से नहीं आँकी जा सकती है लेकिन ये ग़रीब हैं और अब मर गये हैं, तो इनके परिवारों को भुगतान के रूप में कुछ देना चाहिए। उन्होंने पूछा कि आप क्या चाहते हैं? कई सवालों को रखा। उसमें एक सवाल यह भी था कि एक लाख रुपये आपको देने चाहिए। मुझे ख़ुशी है कि उन्होंने एक-एक लाख रुपये पच्चीस मज़दूरों को भिजवाये। यह रिकॉर्ड में बात है। मैं इस बात को केवल इसलिए नहीं कर रहा हूँ, कि जो मारे गये हैं उनके परिवार के सदस्यों को मुआवजा दिया जाये। मैं यह बात इसलिए कह रहा हूँ कि आज इस सदन में इस पर गम्भीरता से विचार करना चाहिए कि केवल रेलवे बोर्ड की पॉलिसी में ही चेंज करने की ज़रूरत नहीं है, बल्कि नियोजन की नयी पॉलिसी और केन्द्र और राज्यों को नये ढंग से, जो ग़रीब क्षेत्रीय राज्य हैं, उन्हें विशेष मदद देने की ज़रूरत है। स्पेशल पैकेजेज देकर उनकी योजनाओं को सफल बनाने की ज़रूरत है, उनकी बेरोजगारी को ख़त्म करने की ज़रूरत है और स्वरोजगार को बड़े पैमाने पर लागू करने की ज़रूरत है। तभी देश से ऐसी समस्या का निदान हो सकता है। सभापति जी, सात लाख लागों में...(व्यवधान)...

श्री सभापति : माननीय सदस्य आपका बहुत-बहुत धन्यवाद ।

श्री बशिष्ठ नारायण सिंह : बीस हज़ार लोगों को एंप्लाएमेंट मिल जाये, इससे बड़ी समस्या का हल नहीं हो जाता है। आपका मुझे बैठने का आदेश है, इसलिए मैं इतनी ही बात कहकर ख़त्म करूँगा कि राज्यों के लिए विशेष योजना बने, यही बड़ी बात हो सकती है। धन्यवाद।

11.12.2003

देश की अर्थव्यवस्था पर...

धन्यवाद उप सभापति महोदया, मैं वित्त मन्त्री जी को और सरकार को एक बात के लिए बधाई देना चाहता हूँ कि आर्थिक क्षेत्र में गाड़ी पटरी पर दिखाई पड़ रही है। महोदया, गाड़ी पटरी पर दिखाई पड़ रही है, यह कहने के कुछ तर्क हैं, जिन पर शायद सबकी सहमति होगी। देश में एक वातावरण ज़रूर तैयार हुआ है और विश्वास का वातावरण इस मायने में तैयार हुआ है कि इस देश में भी इन्वेस्टमेंट किया जा सकता है और कई स्तरों पर सरकार की ओर से और कई कंपनियों की ओर से देश में इसके चिह्न दिखाई पड़ रहे हैं। चाहे आईओसी का मामला हो, चाहे बालको का हो, चाहे नालको का हो, चाहे टाटा कैमिकल्स का हो, कई कंपनियों ने इस देश में बड़े इन्वेस्टमेंट करने की योजना बनायी है। इस प्रकार देश की आर्थिक स्थिति रिकवरी की ओर है। इस पर कोई सन्देह नहीं दिखाई पड़ता है। कुछ क्षेत्रों में कुछ ऐसे काम हुए हैं।

महोदया, जब भी किसी विशेष विषय पर बहस होगी, तब तीन बिन्दु खींचे जा सकते हैं, जिनके आधार पर बहस प्रारम्भ की जाये। पहला, वित्त मन्त्री ने जब चार्ज लिया हो, उसके पहले देश की स्थिति क्या थी? दूसरा जब वित्त मन्त्री चार्ज में हैं, उस समय देश की आर्थिक स्थिति क्या है? और तीसरा देश की आर्थिक योजना और आर्थिक नीति क्या है और देश को किधर ले जाना चाहते हैं? इन तीन कोणों पर विचार किया जा सकता है और तभी किसी आर्थिक नीति की परीक्षा ली जा सकती है। लेकिन आज इस पर ज़रूर विचार करने की ज़रूरत है कि आज हम कहाँ खड़े हैं और कहा जाना चाहते हैं? इस प्रकार नेशनल ग्रोथ रेट की जब बात की जाये तो इकोनॉमिक रिकवरी की बात नेशनल ग्रोथ रेट को देखने से पता चलती है। यदि हम मुद्रा भण्डारण की बात करते हैं, उसको देखने के बाद स्पष्ट प्रमाण मिलता है कि हमारी आर्थिक स्थिति अच्छी हो रही है और देश की नीति और कार्य योजना पर यदि हम विचार करते हैं, तो हमको लगता है कि जहाँ हम लोगों ने पहले कुछ खोया था,

जो हम लोगों ने भूलें की थीं, उन भूलों में हम लोगों ने सबक लेने की कोशिश की है।

उप सभापति महोदया, कुछ योजनाओं का मैं विशेष उल्लेख करना चाहता हूँ। एक प्रधानमन्त्री जी की ग्रामीण विकास योजना और दूसरा बिजली के क्षेत्र में जो क़दम उठाये गये हैं। तीसरा, शिक्षा के क्षेत्र में जो क़दम उठाये गये हैं, इनसे लगता है कि देश की जो बीमारी है, उस बीमारी को कम-से-कम परखने का, उसको जाँचने का और उसके मर्ज़ की दवा खोजने का प्रयास किया गया है। यदि अच्छा रेट होगा तो गाँव का किसान अपनी फ़सल को ले जाकर शहर में बेच सकता है। यदि बिजली की स्थिति अच्छी होगी तो पैदावार भी बढ़ सकती है और छोटे-मोटे उद्योग भी खड़े हो सकते हैं। इसकी ओर देश को देखने का और आगे ले जाने का प्रयास किया गया है। देश में कुछ ऐसे संकेत भी मिले हैं जिनकी ओर वित्त मन्त्री जी को ध्यान देना चाहिए। एक बात मुझे ज़रूर लगती है कि यदि उस बात को मैं कहूँगा तो यूटोपियन लग सकता है, लेकिन उस पर भी विचार करना चाहिए और वह है ख़र्च पर सीमा बाँधने की ज़रूरत। इस पर मैं विस्तार से तो चर्चा नहीं करूँगा। ख़र्च पर सीमा बाँधने की बात जब होगी तो इकोनॉमी को दूसरी दृष्टि से और क़ानून को नये ढंग से ले जाने की ज़रूरत पड़ेगी। उस पर मैं अभी विशेष बात नहीं करूँगा लेकिन ख़र्च पर सीमा की बात यदि देश में उठ जाये तो एक बहुत बड़ी बात हो सकती है और आर्थिक क्रान्ति हो सकती है। देश को नये ढंग से आगे ले जाया जा सकता है। (समय की घण्टी) लेकिन मैडम, हम दो-तीन बातों की ओर विशेष ध्यान देना चाहते हैं। इस सदन में बेरोजगारी पर चर्चा हुई और अभी कुछ ही दिन पहले रेलवे रिक्रूटमेंट पॉलिसी पर चर्चा चल रही थी। एक महत्त्वपूर्ण इन्फॉर्मेशन सदन में आयी कि 20,000 नौकरियों के लिए 55 लाख वैलेड एप्लीकेशंस पाये गये थे। इसका मतलब बेरोजगारी...(व्यवधान)...70 लाख एप्लीकेशंस की नहीं, मैं वैलेड एप्लीकेशंस की बात कह रहा हूँ। 70 लाख के करीब एप्लीकेशंस पहले आये। जो छँटे हैं, मैं उनकी चर्चा नहीं कर रहा हूँ। तो देश की इकोनॉमी को बेरोजगारी का निदान करने के लिए उधर ले जाने की ज़रूरत है। इसके लिए मैं वित्त मन्त्री जी से कहना चाहता हूँ कि बड़े पैमाने पर जितना इन्वेस्टमेंट बड़े लोग और बड़ी कंपनियाँ कर रही हैं, उससे अधिक ध्यान इस पर दिलाने की कोशिश कीजिए कि गाँव के लघु उद्योगों, कुटीर उद्योगों और ग्रामीण उद्योगों की आप बड़े पैमाने पर कैसे वृद्धि करा सकते हैं? अनइंप्लॉइमेंट को ख़त्म कराने के लिए कैसी योजना आप बना सकते हैं, इस पर यदि देश की अर्थव्यवस्था को ले जाने का काम करेंगे तो एक बहुत बड़ी

बात हो सकती है, क्योंकि अभी वही एक स्कोप बचा है। आर्थिक स्थिति में सुधार ज़रूर हुआ लेकिन अनइंप्लॉइमेंट बढ़ता जाये तो देश के लिए ख़तरा है (समय की घण्टी)। एक बात लालू जी कह रहे थे कि बिहार को बड़े पैमाने पर पैकेज दिया जाये। मैडम, एक मिनट और लूँगा। मैं पूर्णतः उनसे सहमति व्यक्त करता हूँ लेकिन उससे भी बड़ा सवाल एक यह है कि जो पैसे जायें, उसका प्रॉपर यूटिलाइजेशन हो, समय पर वे खर्च हो जायें, इसका रिजल्ट ओरिएटेड इनवेस्टमेंट हो, इस पर भी ध्यान देने की ज़रूरत है। समय कम है और आपकी वार्निंग को मैं समझ रहा हूँ कि मुझे अपनी बात समाप्त करनी चाहिए। मैं केवल इतना कहकर अपनी बात समाप्त करता हूँ कि आर्थिक नियोजन की योजना इस देश में इस ढंग से बनायी जाये जिसमें निर्धनता रेखा के नीचे रहने वाले लोगों को उम्मीद की किरण दिखाई पड़े। ग़रीब और बेरोजगार नौजवानों को कम-से-कम आशा की किरण दिखाई पड़ सके। झोंपड़ियों में रहने वाले लोगों को आशा की किरण दिखाई पड़ सके और गाँव के ग़रीब लोगों के लिए, जो झोंपड़ियों में रहते हैं, उनको दिखाई पड़े कि इस देश की अर्थव्यवस्था में हमारी तस्वीर भी कहीं दिखाई पड़ती है? केवल बड़े लोगों की तस्वीर ही दिखाई नहीं पड़ती है। इसलिए देश की अर्थव्यवस्था को नये ढंग से उधर ले जाने की कोशिश करनी चाहिए। मुझको लगता है कि देश की अर्थव्यवस्था में सुधार के जो उपाय किये गये हैं, इस सुधार के परिणामस्वरूप ग्रामीण अर्थव्यवस्था को नये ढंग से सँवारने में मदद मिलेगी। धन्यवाद।

22.12.2003

अन्तरिम बजट पर...

उप सभापति महोदया, हम यहाँ अन्तरिम बजट पर बहस कर रहे हैं। अन्तरिम बजट की कुछ सीमाएँ होती हैं। हमें उन सीमाओं में ही देखने का प्रयास करना चाहिए। यद्यपि अर्थशास्त्र के कुछ प्रचलित नियम हैं, उन प्रचलित नियमों के आधार पर इस बजट की परीक्षा की जाये। इस बजट को कसौटी पर रखा जाये तो मुझे लगता है कि वित्त मन्त्री जी ने शत-प्रतिशत सफलता प्राप्त की है। लेकिन भारत की एक दूसरी ही दशा है। इस दूसरे आधार पर ही हम बजट की परीक्षा और बजट को मापने का एक तरीक़ा अपना सकते हैं। यह देश अमेरिका नहीं है। अमेरिका में जीवन को बेहतर ढंग से जीने का सवाल है। लेकिन भारत की बहुसंख्यक आबादी के सामने अभी ज़िन्दगी जीने का सवाल है। इसलिए भारत के लोग इसको दूसरे ढंग से भी मापने का प्रयास करेंगे। अर्थशास्त्र के विशेषज्ञों और अर्थशास्त्रों के पण्डितों की दृष्टि से जसवन्त सिंह जी ने जो बजट प्रस्तुत किया है, यदि उस पर हम विचार करते हैं तो लगता है कि जसवत सिंह जी ने इसमें सफलता प्राप्त की है। इसका आधार हो सकता है कि हमारा विदेशी मुद्रा भण्डार किस रूप में है? सकल घरेलू उत्पाद में आशातीत वृद्धि हुई है। हमारा शेयर बाज़ार आसमान छू रहा है। मुद्रास्फीति को नियन्त्रित करने में भी इन्हें सफलता मिली है। ये मापदण्ड हो सकते हैं। ये मेजरिंग रॉड हो सकते हैं। लेकिन एक आधार और है कि ग़रीबी रेखा के नीचे रहने वाले लोगों का स्थान इस बजट में कहाँ है? भारत की बहुसंख्यक आबादी अभी जिस स्तर पर जी रही है, उसको इस बजट ने छूने का प्रयास किया है या नहीं? एक अर्थशास्त्रीय आधार पर इसका विवेचन करने का प्रयास करें और दूसरी तरफ़ इस बजट को देखने का प्रयास करें कि जो ग़रीब हैं, उनको यह बजट किस रूप में भाता है। महोदया, इन्सान के जीवन के कुछ सत्य हैं कोई भी व्यक्ति ग़रीब नहीं रहना चाहता है। जो व्यक्ति ग़रीब नहीं रहना चाहता और जिनके जीवन की मूलभूत समस्याएँ अभी हल नहीं हो पायी हैं, वित्त मन्त्री जी ने उनकी तरफ़ भी देखने का प्रयत्न किया है। इसके लिए मैं इनको बधाई देता हूँ, धन्यवाद देता हूँ कि दो करोड़ ग़रीबी रेखा के नीचे रहने

वाले लोगों को भी इस बजट के दायरे में लाने का प्रयास किया गया है। जब ऐसे लोगों पर ध्यान दिया गया है, तब इस बजट को आशातीत सफलता मिल सकती है। यदि इस तरफ़ ध्यान दिया गया तो इससे एक अच्छी शुरुआत हो सकती है। लेकिन हमको लगता है कि जो बजट के आधार हैं यानी मूलरूप से बजट की संरचना के जो शब्द कहे जाते हैं, एक तरफ़ उसकी ओर ध्यान और दूसरी ओर झोंपड़ियों में रहने वाले लोगों की तरफ़ ध्यान देने से लगता है कि काफ़ी सफलता मिल सकती है। एक ओर वाटर मैनेजमेंट की बात है, वर्ष 2012 तक बिजली की व्यवस्था बेहतर करने की बात है और प्रधानमन्त्री सड़क योजना की ओर भी ध्यान दिया जा रहा है। जब प्रधानमन्त्री सड़क योजना की बात की जाये, बिजली की बात की जाये, सुधार व्यवस्था की बात की जाये, तब यह देश की एक आधारभूत संरचना है। एक ओर जहाँ इसको मज़बूत करने का प्रयास किया जा रहा है और दूसरी ओर जो बिहार व इसके जैसे अन्य राज्य हैं, जहाँ नौजवान अभी सड़कों पर घूम रहे हैं, उनको भी देखने का प्रयास किया गया है कि इनके लिए भी इस बजट में रोजगार मुहैया कराने का प्रयास किया जाये। सॉफ्टवेयर के क्षेत्र में तथा जो किसानों को सुविधाएँ दी गयी हैं, हमको लगता है कि इस क्षेत्र में किसानों को सुविधा देकर इस देश की जो नब्ज़ है, इस देश की जो स्थिति है, इस पर वित्त मन्त्री जी ने विचार करने का काम किया है। उसकी तरफ़ देखने का काम किया है। महोदया, इस देश की अभी पूँजी क्या है? इस देश में अभी दो ही पूँजी दिखाई पड़ रही हैं कि यहाँ लोगों की संख्या ज़्यादा है। यहाँ ज़मीन कम है और ज़मीन पर आश्रित रहने वाले लोगों पर ध्यान देने का वित्त मन्त्री जी ने प्रयास किया है। हम उधर देखें और देश की अर्थव्यवस्था को सुधारने का काम करें। क्रेडिट कार्ड देकर, डेबिड कार्ड देकर तथा लघु उद्योगों को बढ़ावा देकर इस देश को बेरोजगारी से निजात दिलायी जा सकती है। क्योंकि कुछ मान्य फार्मूला हैं। उन मान्य फार्मूलों में हैं कि बड़े उद्योगों में हम जितना इन्वेस्टमेंट करते हैं तो 10 प्रतिशत लोगों को रोजगार मिलता है लेकिन यदि मीडियम स्केल की इंडस्ट्री में हम उतना इन्वेस्टमेंट करते हैं तो तीस प्रतिशत लोगों को रोजगार मिलता है। यदि लघु उद्योग में उतने ही पैसे इन्वेस्ट करते हैं तो नब्बे प्रतिशत तक लोगों को रोजगार मिल सकता है। वित्त मन्त्री जी ने उधर देखने का प्रयास किया है कि लघु उद्योगों को आसान शर्तों पर ऋण देकर, गाँव की अर्थव्यवस्था में सुधार करके, गाँवों में लघु उद्योगों की स्थापना पर ज़ोर देकर, आसान शर्तों पर ऋण देकर पूँजी की संरचना की जा सकती है। इसकी ओर देखने की कोशिश की गयी है।...(समय की घण्टी)...मैडम आपकी घण्टी बजी है, लेकिन मैं कुछ बातें और कहना चाहूँगा

कि बेरोजगारी एक समस्या है। जो अविकसित राज्य हैं बिहार, मध्य प्रदेश, पूर्वी उत्तर प्रदेश, उड़ीसा जैसे राज्यों को एक दूसरे तरीक़े से देखने की ज़रूरत पड़ेगी। आप जो आधार बनाइएगा, आप उन्हें जो निर्देश दीजिएगा, योजनाओं के इंप्लिमेंटेशन करने के लिए हम उन योजनाओं को फाइनेंस के अभाव में पूरा नहीं कर पाते हैं, उस तरफ़ देखने का प्रयास इसमें करना चाहिए। यह प्रयास करना चाहिए कि विशेष सहायता देकर उनकी हालत में सुधार किया जाये। अन्त में वित्त मन्त्री जी से कुछ आग्रह करना चाहता हूँ। अभी तक सतही उपचार से और वित्तीय प्रबन्धन से जिन लोगों को, बहुसंख्यक आबादी को जो फ़ायदा होना चाहिए था, वह फ़ायदा नहीं हो पाया है। वित्तीय प्रबन्धन के चलते अभी तक जिन लोगों को फ़ायदा नहीं मिला है, वित्त मन्त्री ने वित्तीय प्रबन्धन को उनकी तरफ़ ले जाने का प्रयास किया है। लेकिन एक बात पर वित्त मन्त्री जी को सावधानी बरतनी चाहिए, वित्त मन्त्री को विशेष ध्यान देना चाहिए, वह बात यह है कि हमारी मॉनिटरिंग की व्यवस्था कितनी इफेक्टिव हो? वित्त मन्त्री को ध्यान देना चाहिए कि जिन योजनाओं की उन्होंने घोषणा की है, उनके इंप्लिमेटेशन के लिए कौन से कारगर तरीक़े अपनाये जा सकते हैं? वित्त मन्त्री जी को इस बात की ओर ध्यान देना चाहिए कि जिन योजनाओं को दिया गया है, उन योजनाओं को कार्यान्वित करने के लिए नौकरशाह दिलचस्पी लेती हैं या नहीं, उनको लागू करने के लिए आगे बढ़ रही है या नहीं। इतनी बात ध्यान में रखें, तब आगे बढ़ना चाहिए। मैं पुन: एक बात पर वित्त मन्त्री जी को विशेष धन्यवाद देना चाहता हूँ। मैडम, हम लोग जयप्रकाश आन्दोलन से आये और जयप्रकाश आन्दोलन के वक़्त में एक गीत था। मैं उस गीत की एक पंक्ति उद्धृत करके अपनी बात समाप्त करूँगा क्योंकि जयप्रकाश नारायण के नाम से एक जयप्रकाश नारायण निधि की घोषणा की गयी है। उस आन्दोलन में एक नारा लगता था, 'लाख-लाख झोंपड़ियों में तो छायी हुई उदासी है।' जयप्रकाश जी जहाँ भी जाते थे, यह नारा ज़रूर लगता था। कम-से-कम बंजर भूमि के लिए और गाँव के ग़रीब लोगों के लिए जो निधि की योजना बनायी गयी है, जयप्रकाश नारायण के नाम पर निधि स्थापित की गयी है, इसके लिए मैं वित्त मन्त्री जी को बधाई देकर, वह पंक्ति गाना चाहूँगा कि, 'झोंपड़ियों में छायी हुई उदासी है।' इस उदासी को दूर करने के लिए आप जो भी प्रयास करेंगे और जिस तरह से भी करेगे, देश आपका स्वागत करेंगा, आपका अभिनन्दन करेगा। इन्हीं शब्दों के साथ अपनी बात समाप्त करता हूँ। धन्यवाद।

05.02.2004

रेलवे बजट पर...

धन्यवाद उप सभापति महोदया, यदि कोई नयी सरकार गठित हुई हो और नयी सरकार के गठित होने के बाद अगर उस सरकार के रेल मन्त्री ने प्रथम बार बजट प्रस्तुत किया हो तो तीखी टिप्पणी की आवश्यकता नहीं होती है, इसलिए कि मन्त्री को थोड़ा और बूझने का वक़्त मिलना चाहिए। उस परिस्थिति में जितनी बातें उसके सामने लायी जाती हैं और उसका जो परसेप्शन रहता है, जो उसकी सोच होती है, उसी के आधार पर बजट ले आता है। लेकिन मैं आज रेल बजट पर बोलने के लिए इसलिए खड़ा हुआ हूँ कि जिस व्यक्ति ने रेल मन्त्री के रूप में इस बजट को प्रस्तुत किया है, वह एक चतुर राजनीतिक खिलाड़ी है। साथ ही साथ वह व्यक्ति प्रशासनिक अनुभव वाला व्यक्ति भी है। राजनीतिक चतुरता तो इस व्यक्ति ने इस बजट को प्रस्तुत करने में अवश्य दिखाई है, लेकिन मुझे एक बात का दुख है कि बहुत लम्बे काल तक एक राज्य सरकार को चलाने के बाद भी, इस बजट में कुछ बातों पर सावधान होकर आगे बढ़ने की ज़रूरत थी, उस प्रशासनिक अनुभव को श्री लालू जी ने दिखाने का काम नहीं किया है। कुल्हड़ से लोगों को रोजगार मिलेगा, स्वरोजगार की भावना जगेगी। खादी से बड़े पैमाने पर लोगों को रोजगार मिलेगा, इसमें कहीं दो राय नहीं है। इसमें वाद-विवाद भी नहीं हो सकता है। स्वरोजगार, लघु उद्योग और कुटीर उद्योग की आज देश को आवश्यकता है। यदि कोई रेल मन्त्री कहता है कि हमारे बजट में इसकी सम्भावना है और मैं बजटीय प्रावधान कर रहा हूँ, तो यह बहुत ही ख़ुशी की बात है। लेकिन मैडम, एक बात यह भी देखनी चाहिए कि जब भी कोई मन्त्री बजट पेश करे, तब उस विभाग के स्वास्थ्य और उस विभाग के भविष्य पर उसको अवश्य ध्यान देना चाहिए। चाहे माननीय रेल मन्त्री लालू जी हों, चाहे आने वाला कोई भी रेल मन्त्री हो, उसको इस बात पर ध्यान देना पड़ेगा कि कामधेनु गाय का दूध तो चाहे जितना हम लेना चाहते हैं, ले लें, लेकिन उसके चारे का भी इतना

प्रबन्ध ज़रूर कर देना चाहिए कि उसके स्वास्थ्य पर कभी विपरीत असर न हो और उससे बराबर दूध निकलता रहे। इस बजट में इसकी कमी दिखाई दी है।

मैडम, इसमें कुछ सुविधाओं की घोषणा की गयी है। आज विशेषकर हम दो बातें करना चाहेंगे, चूँकि समय का अभाव है, इसलिए मैं अपनी पूरी बात नहीं करूँगा, लेकिन लालू जी जब बजट भाषण का जवाब देने के लिए खड़े हों, तब वे रेल प्रबन्धन पर भी ज़रूर बोलें। लालू जी यह भी बोलें कि यदि यात्रियों को सुविधा हमने दी है तो जो ग़रीब यात्री रेल में चढ़कर जायेंगे, उनकी सुरक्षा के लिए कौन से नये ठोस और कारगर तरीक़े अपनाये गये हैं? लालू जी को यह भी जवाब देना पड़ेगा कि इतनी सुविधाएँ जो हमने रेल के लिए दी हैं, तो रेल की आमदनी बढ़ाने की हमारी भविष्य में क्या योजना है? इसका भी स्पष्ट जवाब राष्ट्र के सामने उनको देना पड़ेगा। लालू जी को यह भी जवाब देना पड़ेगा कि वित्तीय संसाधन नये तरीक़े से प्रबन्ध करने के लिए हमने क्या-क्या उपाय और क्या-क्या ढंग अपनाये हैं? मैं इस बात को इसलिए कह रहा हूँ कि 14-15 वर्षों से बिहार में सरकार चल रही है। मैं आलोचना की दृष्टि से नहीं कहता हूँ, लेकिन वहाँ के कार्यालयों में कुल्हड़ अभी दिखाई नहीं पड़ता है। 14-15 वर्षों से बिहार में सरकार चल रही है, लेकिन वहाँ के कार्यालयों में खादी के वस्त्र दिखाई नहीं पड़ रहे हैं। मगर खादी पर बिहार में सब्सिडी भी ख़त्म हो जाये और खादी के प्रति एक नयी क्रान्तिकारी सोच और खादी को नये ढंग से इस बजट में देखना है। मैं मानता हूँ कि आदमी यदि बाद में भी कोई अच्छा सपना देखने की कोशिश करता हो तो वह कोई ग़लत नहीं है। यह अच्छी बात है, इसका मैं स्वागत करता हूँ, लेकिन वहाँ पर खादी की क्या स्थिति है? घोषणा के बाद इसका कार्यान्वयन हो, इन शुभकामनाओं के साथ मैं लालू जी से उम्मीद करता हूँ कि वे इस बात को ध्यान में रखें।

मैडम, एक बात रेलवे कार्यालयों के बारे में कहना चाहता हूँ। जब भी आप किसी कार्यालय में जायें या जब कभी मीटिंग होती है रेलवे की, चाहे वह स्टैंडिंग कमेटी की मीटिंग हो, उसमें लिखा रहता है– 'स्वच्छता', लिखा रहता है– 'पंक्चुएलिटी', लिखा रहता है–'सुरक्षा' और ये सारे रेलवे के प्रायॉरिटी पॉइंट्स हैं, लेकिन हमें लगता है कि स्वच्छता पर इस बजट में बहुत बातें नहीं कही गयी हैं। हमको जो अभी इतने दिनों का अनुभव रेल परिचालन का, लालू जी के रेल मन्त्रित्व काल में रहा है, पंक्चुएलिटी हम ख़ास नहीं देख रहे हैं। स्वच्छता पर विशेष ध्यान नहीं, पंक्चुएलिटी में कोई परिवर्तन नहीं, सुरक्षा के बारे में मैं आँकड़ों में नहीं जाना चाहता। सुरक्षा के

लिए ठोस और कारगर उपाय करने पड़ेंगे। मैडम, रेल विभाग फँसा हुआ है जी.आर.पी. और आर.पी.एफ. में। आर.पी.एफ. के तौर-तरीक़े, आर.पी.एफ. के अधिकार, इस पर स्टैंडिंग कमेटी में भी प्रस्ताव आया था, उस पर विचार करना चाहिए और गहनता से विचार करना चाहिए कि इनके बीच जो मतभेद और सुस्ती है जी.आर.पी. और आर.पी.एफ. के बीच में, इसको ख़त्म किया जाये। रेल को नये ढंग से चलाने की योजना बनायी जाये। पहले नीतीश कुमार रेल मन्त्री थे। उन्होंने टेक्निकली भी और फाइनेंशियली भी इस विभाग को ठीक से देखने का काम किया था, लेकिन हमको लगता है कि इस बार यह देखने की कोशिश नहीं की गयी है कि इस विभाग की वित्त व्यवस्था कैसे चलेगी? रेल मन्त्री जी ने ज़रूर एक बात की है कि सोनिया जी का नाम बार-बार लिया है, इसमें मुझे कोई आपत्ति नहीं है, लेकिन सोनिया जी से अधिक नाम उनको जयप्रकाश नारायण जी का लेना चाहिए था, जिनकी ट्रेनिंग के अन्तर्गत आज इस हाउस में पहुँचकर, वे इतने बड़े विभाग का दायित्व सँभाल रहे हैं। मैं आज विशेष और कुछ नहीं कहकर केवल इतनी ही बात रिपीट करना चाहता हूँ कि जो सुविधाएँ दी हैं, इनका स्वागत होगा। जब भी कोई बजट आता है, तब उसमें उनकी तरफ़ ध्यान दिया जाता है कि जनता क्या सोचती है? लेकिन इसका स्वास्थ्य, इसकी वित्तीय स्थिति और भविष्य में इसकी बेहतरी कैसे हो इस तरफ़ ध्यान नहीं दिया जाता है। यह सार्वजनिक क्षेत्र में चलने वाला सबसे बड़ा उपक्रम यदि किसी दिन बैठ गया तो राष्ट्र को बड़ा नुकसान हो सकता है और हम उसी तरफ़ बढ़ते जा रहे हैं। इस चुनौती को रेल मन्त्री को स्वीकार करना चाहिए तभी रेल विभाग नये तौर-तरीक़े से चलेगा। धन्यवाद।

13.07.2004

शिक्षा के सवाल पर...

उप सभापति महोदय, आज एक दिलचस्प, रोचक और अत्यन्त महत्त्वपूर्ण सवाल पर विचार हो रहा है। कई सवालों पर लगता है कि दोनों ओर सहमति भी है। अभी हमारी पूर्व वक्ता ने मन्त्री जी को बधाई दी और मन्त्री जी से आग्रह किया कि ऐसी शिक्षा नीति बने जो देश के हित में, देश की परिस्थिति और देश की आवश्यकता के अनुरूप हो। महोदय, आपको भी मालूम है और सारे सदन के सदस्यों को भी मालूम है कि इतिहास लेखन पर बहुत पहले से बरसों से विवाद रहा है। उस विवाद से कोई इन्कार भी नहीं कर सकता। इतिहास लेखन इतिहासकारों पर निर्भर करता है कि इतिहास की घटनाओं का वे किस ढंग से व्याख्या करते हैं, एक घटना का मैं उदाहरण देना चाहता हूँ और मैं जानता हूँ कि उस पुस्तक को यदि सदन में रख दिया जाये तो अभी सत्ताधारी दल में शामिल जो घटक हैं, उनकी भी उस पर सहमति होना बहुत ही मुश्किल है। जयप्रकाश नारायण जी का एक बड़ा मूवमेन्ट इस देश में हुआ। जयप्रकाश नारायण के मूवमेन्ट पर कोई यदि इतिहासकार लिखे और वह देश का reknowned इतिहासकार हो और वह उस पर अपने Angle से उस आन्दोलन की व्याख्या कर दे, तो हजारों-लाखों लोग, जो उस आन्दोलन में शरीक थे और सैकड़ों और हज़ारों की संख्या में जो साहित्यकार और दूसरे कवि आदि शामिल थे, उनके सेंटिमेंट्स पर कितना प्रभाव पड़ेगा? इतिहास का डिस्टॉर्शन इसी ढंग से होता है। मुझे एक ही बात कहनी है और मैं मन्त्री जी से आलोचना के स्वर में नहीं, केवल सुझाव के स्वर में कहना चाहता हूँ कि इतनी जल्दबाज़ी क्या है? यदि विचार के आधार पर पाठ्य-पुस्तकों में परिवर्तन करने की बात की जाये और यदि राजनीति इसमें आ जाये तो पाठ्य-पुस्तकों में परिवर्तन को कभी लाजमी, न्यायसंगत और तर्कसंगत नहीं कहा जा सकता। चार महीने की अवधि में इतनी ज़रूरत क्या पड़ी थी कि इतनी जल्दबाज़ी इन पाठ्य-पुस्तकों में परिवर्तन कर दिया जाये? व्यापक पैमाने पर बहस होनी चाहिए थी। परिवर्तन केवल इतिहास और सामाजिक

विज्ञान की पुस्तकों में ही क्यों किया गया? मैं उन सारे विद्वानों पर, ग्रेवाल साहब पर, वरुण जी पर कोई उँगली नहीं उठाना चाहता, न उनकी विद्वता पर मैं प्रश्नचिह्न खड़ा करना चाहता हूँ, लेकिन चाहिए था कि जो तमाम पाठ्य पुस्तकें पढ़ाई जाती हैं, उनको एक नये सिरे से देखने का प्रयास किया जाता और आपत्तिजनक अंशों पर बड़े पैमाने पर विचार होता, तो शायद और अच्छी पाठ्य-पुस्तकें निकल सकती थीं। लेकिन एक ख़ास विचारधारा से ये अंश आपत्तिजनक हैं और इन्हीं को निकालने के लिये यदि राजनीति को इसमें लाया जाये, तो कभी भी शिक्षा विभाग के साथ न्याय नहीं हो सकता है। हमको लगता है कि मन्त्री जी ने कुछ जल्दबाज़ी की है। यदि मन्त्री जी को करना है तो पाठ्य पुस्तकों में केवल आपत्ति वाले अंश ही क्यों रखे जायें, बल्कि पाठ्य-पुस्तकों में देश की नयी आवश्यकताओं के अनुरूप भी और क्या-क्या शामिल किया जा सकता है? उस पर विचार करने की ज़रूरत आज आ गयी है। स्वदेशी, स्वावलम्बन की प्रवृत्ति जगाने वाली बातों को पाठ्यक्रम में क्यों नहीं लाया गया? यदि अन्धविश्वास पर प्रहार करने की बात हो तो पाठ्य-पुस्तकों में उन अंशों को क्यों नहीं रखा जायेगा? इन सारी चीज़ों पर आज चर्चा की ज़रूरत है?

उप सभापति महोदय, क्या इस देश में राष्ट्रपति पदक पुरस्कार प्राप्त शिक्षकों की कमी है? उनके बीच में थे जो लेखन का कार्य करते हैं, उनके बीच में यह बहस को ले जाते, राष्ट्रीय स्तर पर बहस होती, वर्ष के बाद कुछ बिन्दु तैयार होते, उसके बाद एक्सपर्ट कमेटी बैठायी जाती और एक-डेढ़ बरस के अन्दर शिक्षा नीति में परिवर्तन करने की बात होती, पाठ्यक्रम में परिवर्तन करने की बात होती, तो शायद इस क़दम को ज़्यादा व्यावहारिक, ज़्यादा तार्किक तथा ज़्यादा न्यायसंगत कहा जा सकता था। लेकिन सरकार आयी और लगता है कि हड़बड़ी में कुछ ऐसी चीज़ आ गयी हैं कि यदि इन बातों को इन अंशों को हटाया नहीं गया तो हमारी छाप वोट की दृष्टि से अच्छी नहीं बन सकती, हमारी छाप राजनीतिक दृष्टि से अच्छी नहीं बन सकती है। उस किताब को मैं अभी लाया नहीं हूँ, जयप्रकाश नारायण के बारे जो लिखा गया था। यदि लाता तो शायद लालू जी को बहुत आपत्ति हो सकती थी, जो आज इस सरकार में शामिल हैं, क्योंकि वे भी एक मन्त्री हैं। वे कभी कबूल नहीं करेंगे कि जयप्रकाश नारायण के मूवमेंट का मूल्यांकन इस ढंग से किया जाये। एक उदाहरण के तौर पर मैं यह कहना चाहता हूँ। मैं मन्त्री जी से यही आग्रह करना चाहता हूँ कि यदि परिवर्तन करना है इस पर व्यापक बहस कीजिए।

उप सभापति महोदय, धर्मनिरपेक्षता पर भी आज कोई बहस हो सकती है क्या? उसकी सेंक्टिटी पर भी कोई बहस हो सकती है क्या? कई ऐसे सवाल हैं, जिन पर

राष्ट्रीय सहमति बन चुकी है। केवल राजनीति की दृष्टि से उस पर बहस की जाये, यह कतई उचित नहीं है। मैं यह माँग करता हूँ कि केवल इन्हीं अंशों को नहीं, सारे पाठ्यक्रमों का पुनरीक्षण करने के लिए, उसकी जाँच करने के लिए उच्च स्तरीय कमेटी बनायी जाये। उस पर बड़े स्तर पर बहस चलायी जाये तभी हम इसमें परिवर्तन करेंगे तो अच्छी बात हो सकती है। यदि इस रूप में शुरुआत की जाये तो केवल विचार को पुष्ट करने के लिए नहीं, राजनीति को प्रसारित करने लिए नहीं, बल्कि शिक्षा को व्यावहारिक बनाने के लिए, शिक्षा को उपयोगी बनाने के लिए, शिक्षा को जनता के बीच ले जाने के लिए, शिक्षा को निर्धनता रेखा के नीचे रहने वाले बच्चों के बीच अच्छे ढंग से ले जाने के लिए जो शिक्षा नीति बन सकती है, आज वही जगह व्यावहारिक हो सकती है। रचना और संस्कृति के इतिहास में महात्मा फुले को कौन भूल सकता है? इस इतिहास में आम्बेडकर और दयानन्द सरस्वती ने जो कुछ किया, उसको इतिहास कैसे अनदेखा कर सकता है? महात्मा गांधी, बुद्ध और अशोक ने जो कुछ किया है, इसमें भी कहीं साम्प्रदायिकता की बू किसी को दिखाई पड़ती है तो सोचने के तौर-तरीक़े में कुछ आपत्ति हो सकती है, कुछ विरोध के स्वर दिखाई पड़ सकते हैं। इसलिए मेरा आग्रह है कि इतिहास के जो स्वर्णिम अध्याय हैं, इतिहास के जो गौरवशाली पन्ने हैं, उनके साथ छेड़ छाड़ करने का मतलब अपने साथ छेड़छाड़ करना होगा। उन पन्नों के साथ छेड़छाड़ करने का मतलब, देश के इतिहास और देश की संस्कृति के साथ खिलवाड़ करना होगा। संस्कृति की परिभाषा में अपने-अपने ढंग से व्याख्या करने की हम बात कर सकते हैं। हम कट्टरवादी तत्त्वों की बात करते हैं। अधिकांश पार्टियों ने जगह-जगह समझौता किया है। उसके बाद भी हम सेक्युलर बने रहते हैं। देश के अधिकांश विद्वानों की शिक्षा नीति के बारे में एक ऐसी पॉलिसी बने जिसमें पाठ्यक्रमों पर कोई आपत्ति नज़र नहीं आये। उस पर कोई दूसरे ढंग का आब्जेक्शन नज़र नहीं आये। मैं इतना ही अपील करना चाहता हूँ कि इसको जल्दीबाज़ी में किया गया है और जल्दीबाज़ी में किया हुआ निर्णय, कभी-कभी बड़े प्रायश्चित्त और पश्चाताप का कारण, अफ़सोस का कारण बन जाता है। इसलिए मेरा सरकार से आग्रह है कि जो आपने क़दम बढ़ाये हैं, यह जल्दीबाज़ी में उठाये हुए क़दम हैं। बड़े पैमाने पर इस पर बहस कराकर तमाम पाठ्य पुस्तकों में परिवर्तन करने की बात की तो आपके क़दम को वास्तविक कहा जा सकता है, उचित कहा जा सकता है। इतना ही कहकर मैं अपनी बात समाप्त करता हूँ।

18.08.2004

रेलवे से जुड़े विविध मुद्दों पर...

उप सभापति महोदय, रेलवे की पूरक अनुदान माँगों पर आज हम बहस कर रहे हैं। इसमें कोई शक नहीं कि रेलवे सार्वजनिक क्षेत्र का सबसे बड़ा संस्थान है। रेलवे की उपयोगिता तथा रेलवे की भूमिका पर शायद ही सदन के किसी सदस्य में मदभेद हो कि रेलवे की भूमिका महत्त्वपूर्ण नहीं है। लेकिन आज जब हम विचार कर रहे हैं कि रेलवे की अनुदान माँगों पर, पूरक अनुदान माँगों पर अभी हमारे एक साथी भण्डारी जी बोल रहे थे, उनकी बात मैं बहुत ग़ौर से सुन रहा था और मुझे उनकी बात से लगा कि नेता के प्रति अपना समर्पण और स्वधर्म का वह पालन कर रहे हैं। यदि रेलवे मिनिस्टर ने कुछ घोषणाएँ की हैं और यदि घोषणाओं के आधार पर ही विभाग किस रूप में चल रहा है? इस पर सदन में चर्चा हो जाये तो उस विभाग के साथ कभी न्याय नहीं हो सकता। रेलवे का कोई ऐसा मन्त्री नहीं हुआ है जिसने आते ही इस देश में कुछ घोषणाएँ रेलवे के माध्यम से न की हों। उसी कड़ी में रेल मन्त्री श्री लालू प्रसाद जी भी हैं। मैं विरोध नहीं कर रहा हूँ, उदार होकर कोई आलोचना भी नहीं करना चाहता। लस्सी रेलवे में चल जाये, खादी का कपड़ा रेलवे में चल जाये, कुल्हड़ रेलवे में चल जाये, अस्वस्थ लोगों के लिए रियायती दर पर टिकट मिल जाये, बेरोजगार यदि इंटरव्यू देने आते हैं तो उनके लिए पास मिल जाये या सुविधा मिल जाए, कौन इस पर मतभेद कर सकता है? किसकी असहमति हो सकती है? लेकिन रेलवे मिनिस्टर की परीक्षा या रेलवे मिनिस्टर का दृष्टिकोण इस बात से पता चल सकता है कि रेलवे की जो ऐक्जिस्टिंग कंडीशंस हैं, उनको इम्प्रूव करने के लिए उन्होंने क्या-क्या क़दम उठाये हैं? रेलवे की सर्विस में बेहतर ढंग की कौन सी सुविधाएँ प्राप्त हुई हैं? महोदय, रेलवे की जब भी चर्चा होगी तब उसकी सेवा की चर्चा होगी। रेलवे पर जब भी चर्चा होगी तब पंक्चुएलिटी की चर्चा होगी। रेलवे पर जब भी चर्चा होगी तब उसकी सफ़ाई और स्वच्छता पर चर्चा होगी। रेलवे का जो अभी तक व्यवस्थागत ढाँचा है, उस ढाँचे पर रेल मन्त्री जी ने भविष्य में

भी कोई परिवर्तन करने का निर्णय लिया है, उस दिशा में रेल मन्त्री बढ़ रहे हैं, इस आधार पर चर्चा होगी। उप सभापति महोदय, मैं सफ़ाई पर यदि बात रखूँ, मैं स्वच्छता पर यदि बात रखूँ, मैं पंक्चुएलिटी पर यदि बात रखूँ, रेलवे के प्रशासन में सुधार पर यदि मैं बात करूँ तो कोई ऐसा लक्षण दिखाई नहीं पड़ता है, जिस पर रेल मन्त्री की पीठ को थपथपाया जा सके, रेल मन्त्री को बधाई दी जा सके। तीन-चार दिन के अन्दर का प्रमाण मैं दे सकता हूँ। हाउस के सदस्य की रिपोर्ट के आधार पर और स्वयं अपने अनुभव के आधार पर कह सकता हूँ कि पंक्चुएलिटी के मामले में तीन दिन पहले एक रेलवे स्टेशन से मैं जिस गाड़ी से जाने वाला था, वह तीन घण्टे लेट हुई। अभी हमारे पास रुद्रनारायण पाणि जी बैठे हुए हैं, इन्होंने देखा। यह तीन दिन पहले हावड़ा से चेन्नई जाने वाली ट्रेन में बैठे थे, सेकेंड क्लास एसी में, इन्हें बेडरोल नहीं दिया गया।

श्री रुद्रनारायण पाणि : 6003 में।

श्री बशिष्ठ नारायण सिंह जी : 6003 में यह इनका अनुभव है। ऐसी बातों पर मैं विस्तार से चर्चा नहीं करूँगा लेकिन दो-चार बातों पर तो मैं विस्तार से चर्चा करना चाहूँगा और मैं चाहूँगा कि इस सदन में रेल मन्त्री जी जब आयें तो क्लीयर और केटेगरिकल तरीक़े से जवाब देने की कोशिश करें। उप सभापति महोदय, रेलवे कामधेनु गाय की भूमिका निभाती रही है। घोषणाएँ होती रही हैं। लेकिन रेलवे के स्वास्थ्य के लिए, रेलवे बराबर ठीक ढंग से चलती रहे, क्या रेल मन्त्री ने इस सम्बन्ध में कोई क़दम उठाया है? रेलवे की सम्पत्ति, रेलवे के आर्थिक स्रोत कैसे बढ़ेंगे? रेलवे के ख़र्च बढ़ते चले जा रहे हैं लेकिन रेलवे के आर्थिक स्रोत अपने तरीक़े से कैसे बढ़ेंगे इस पर अभी कोई ख़ास और कारगर तरीक़े से बात नहीं आयी है, यह मैं मानता हूँ। क्या रेल मन्त्री ने इस ओर छह महीने के अन्दर कोई ध्यान दिया है कि रेलवे की जो परिसम्पत्तियाँ हैं, जिन पर बहुत लोगों ने क़ब्ज़ा कर लिया है, क्या इसकी सेफ़्टी के लिए और इसको रिकवर करने के लिए रेलवे मन्त्री ने कोई क़दम उठाया है? रेलवे की आमदनी किस तरह बढ़ेगी? क्या जब चुनाव हो जायेगा, फ्रेट चार्ज बढ़ाया जायेगा? क्या जब चुनाव हो जायेगा तो यात्री किराये में वृद्धि होगी या पार्सल गाड़ियाँ लम्बी दूरी तक चलायी जायेंगी या रेल नीर को बड़े पैमाने पर उत्पादन किया जायेगा? क्या इसकी तरफ़ ध्यान देने की कोई बात हुई है?

हम यह भी चाहते हैं कि रेलवे की आमदनी अधिक से अधिक कैसे बढ़े? इसकी घोषणा भी रेलवे मिनिस्टर को सदन में आकर करनी चाहिए। तब इस विभाग के

साथ न्याय हो सकता है। आज रेलवे को अनेक समस्याओं का सामना करना पड़ रहा है। जो अभी ट्रेनें चल रही हैं, इनकी एग्जिस्टिंग कंडिशन में जो गन्दगी फैलती है, क्या रेलवे मिनिस्टर ने कोई ऐसी योजना बनायी है या क्या ट्रेनों में सेफ़्टी की ऐसी व्यवस्था की जायेगी, जहाँ ट्रेन रुकती है, वहाँ पर बड़े पैमाने पर गन्दगी न हो। क्या स्टेशनों के साथ सफ़ाई के लिए कोई ऐसा उपाय किया गया है कि पहले जो स्थिति स्टेशन पर थी, उससे बेहतर साफ़-सुथरा स्टेशन दिखाई पड़े। इसके साथ-ही-साथ जो केसेज, मुक़दमों की स्थिति है, जो केस लादे जाते हैं, उनकी स्पष्ट सुनवाई हो और जल्दी सुनवाई हो जाये, क्या इसके लिए कोई काम किया जा रहा है? महोदय, मैं कुछ माँग भी रखना चाहता हूँ। हम पूछना चाहते हैं कि क्या रेलवे मिनिस्टर ने कुछ ऐसे स्टेशनों की भी योजना बनायी है, जो पर्यटन की दृष्टि से बहुत महत्त्वपूर्ण है जो रिलिजियस दृष्टि से, पिलिग्रिम्स की दृष्टि से बहुत महत्त्वपूर्ण हैं? क्या कुछ ऐसे भी स्थानों पर स्टेशनों की संख्या बढ़ायी गयी है, जो व्यावसायिक दृष्टि से बहुत सम्पन्न हैं, लेकिन रेलवे की सुविधाएँ उस रूप में नहीं दी गयीं (समय की घण्टी)... मैं दो-चार रेलवे स्टेशनों के नाम इसलिए लेना चाहता हूँ कि जहाँ पर आप इनक्वायरी कर सकते हैं। वहाँ पर साल में भारी संख्या में, कई बार लाखों की भीड़ लगती है, लेकिन वहाँ पर देखा जाये तो रेलवे की अपर्याप्त सुविधाएँ हैं, जैसे कि बक्सर रेलवे स्टेशन है। कोई भी ऐसा साल नहीं है, जब उस स्टेशन पर साल में दस-बीस बार लाखों लोग नहीं जाते हों। लेकिन सुविधा के नाम पर कोई ख़ास नहीं किया गया है। ऐसा ही स्थान बिहार में बोध गया है और इसके अलावा अन्य कई स्थान हैं। इन जगहों पर रेलवे की सुविधाओं को बढ़ाया जाना चाहिए। ऐसे कई क़दम उठाये जा सकते हैं, जैसे ट्रैक में सुधार की बात है, जैसे जो रेलवे की बोगी सुधार की बात है और ट्रेन में चेकिंग करने की बात है। ऐसे अनेक क़दम उठाये जा सकते हैं, उसकी तरफ रेल मन्त्री ने क्या ध्यान दिया है? इस सदन में उसका स्पष्ट उत्तर होना चाहिए।...(समय की घण्टी)...ताकि हम भी यह कह सकें कि रेलवे में नये मन्त्री के आने के बाद उनका दृष्टिकोण सर्वथा भिन्न है या यदि भिन्न भी न हो तो उससे अलग भी कुछ सोचा है। इस पर कम-से-कम स्पष्ट दृष्टिकोण सदन के सामने आ जाना चाहिए।

13.12.2004

महँगाई के मुद्दे पर...

उप सभापति महोदया, आज बहुत ही गम्भीर मसले पर सदन में चर्चा हो रही है। जो वक्तव्य आये हैं, उनमें काफ़ी सामंजस्य भी दिखाई पड़ रहा है। मुझे ख़ुशी है कि जिन बातों को इस पक्ष के लोग ज़ोरदार तरीक़े से कह रहे हैं, हमारे मार्क्सवादी साथियों ने भी ज़ोरदार तरीक़े से उन बातों की अपने तरीक़े से वकालत की है। इस सरकार ने भी माना है कि महँगाई है। फ़र्क़ है दृष्टिकोण का और फ़र्क़ है सहमति के बिन्दुओं को तलाशने का। उप सभापति महोदया, वित्त मन्त्री जी के विषय में मेरी भी धारणा यह है कि वे एक विद्वान अर्थशास्त्री हैं और अर्थशास्त्र के तकनीकी पहलुओं पर आधिकारिक रूप से वम्तव्य देने वाला व्यक्ति आज भारत सरकार का अर्थ मन्त्री है। महँगाई के सम्बन्ध में कुछ बातें कही जा रही हैं, जो बहुत ही कॉमन हैं और हमको लगता है कि देश को आज उस पर विचार करने की ज़रूरत है। आपने महँगाई से निपटने के लिए सीमा शुल्क घटा दिया है, आपने महँगाई से निपटने के लिए आयात में टैरिफ रेट कम किया है, आपने बहुत से स्ट्रांग मैजर्स उठाये हैं लेकिन मैं एक आग्रह वित्त मन्त्री जी से करना चाहूँगा कि जब वे इस बहस का जवाब दें, तब इतना अवश्य बताएँ कि जितनी जल्दी और जितना सोचा था, उस अनुपात में क्या उन्होंने महँगाई पर नियन्त्रण पाया है? यह जवाब उनको देना चाहिए और आज यह जवाब देने की ज़रूरत है क्योंकि स्थिति अनियन्त्रित हो रही है। आत्महत्याएँ तो पहले भी हुईं लेकिन देश में बड़े पैमाने पर पहली बार आत्महत्याओं की ख़बर आ रही है। देश के सामने यह बड़ी विडम्बना है कि एक ओर पढ़े-लिखे लोगों में और गाँवों में काम करने वाले लोगों में विदेश जाने की लालसा और मजबूरी पैदा हो रही है। और दूसरी ओर दिल्ली, मद्रास, मुम्बई और कलकत्ता जैसे शहरों में देहात के मज़दूरों की संख्या बढ़ती जा रही है और वहाँ झोंपड़ियाँ बढ़ती जा रही हैं। हमने इफेक्टिव मैजर्स लिये हैं, सरकार ने क़दम उठाये हैं, लेकिन यदि सरकार ने क़दम उठाये हैं, तो पेट की ज्वाला को शान्त करने के लिए विदेशों में जाने की भूख क्यों

बढ़ रही है और दिल्ली जैसे शहरों में, इसकी चहारदीवारी के पास झोंपड़ियों में बसने की मजबूरी लोगों में पैदा क्यों हो रही है? क्या अब तक हम लोगों ने जो नीतियाँ अपनायी हैं, इन नीतियों में तब्दीली करने की ज़रूरत है? या अब तक जो औज़ार अपनाये गये हैं, ये औज़ार क्या सफल सिद्ध हुए हैं? क्या अभी जो इफेक्टिव मैजर्स लिये गये हैं, क्या वे देश की अर्थव्यवस्था के संचालन के लिए पर्याप्त हैं? क्या इसको सुधारने के लिए क्या इस नीति को नया रूप देने के लिए दूसरे तौर-तरीक़े नहीं सोचे जा सकते हैं? विश्व की अर्थव्यवस्था के लिए हमारा देश एक मार्केट है। विश्व इकोनॉमी के चलते महँगाई बढ़ेगी, पेट्रोल, डीजल की क़ीमतें बढ़ेंगी और उसका भारत का इकोनॉमी पर असर पड़ेगा। लेकिन हम कहाँ खड़े हैं, इसके लिए कौन-कौन से नये उपाय खोजे जा सकते हैं। हम चाहेंगे कि इस ओर वित्त मन्त्री जी ध्यान दें। अभी आयात शुल्क में कमी, इन सब अल्पकालिक योजनाओं की चर्चा हुई है। वित्त मन्त्री जी को देखना चाहिए कि इस देश में इस तरह की स्थिति पैदा न हो, इसलिए आपको दीर्घकालीन योजनाओं के बारे में सदन में विस्तार से बताना चाहिए। आज उसी की ज़रूरत हैं।

मैडम, एक चीज़ साफ़ है कि प्राइस को नियन्त्रित करने के लिए चाहे जो भी चीज़ें सामने दिखाई पड़ रही हैं, सरकार उसको नियन्त्रित नहीं कर पायी है। हम धान का दाम तो निर्धारित कर देते हैं, हम गेहूँ का दाम निर्धारित कर देते हैं, लेकिन जो माल कारख़ानों में बनता है? उस पर हमारा नियन्त्रण है क्या? यदि सरकार दावा भी करे, तो भी क्या इस सत्य को स्वीकार करने के लिए कोई तैयार है कि जो भारत के बड़े-बड़े कारख़ानों में पैदा हो रहा है, उसके उत्पादन की जो क़ीमत है और मार्केट में जो उसकी बिक्री की स्थिति है, उसमें कई गुना अन्तर है। उसका प्राइस डेढ़ गुना से ज़्यादा नहीं होना चाहिए। सरकार के सामने सबसे बड़ी चुनौती यह है कि कारख़ानों में बनने वाला माल, खेत में पैदा होने वाला अनाज और गाँवों में पैदा होने वाला जो सामान है, उनके बीच में सामंजस्य और सन्तुलन होना चाहिए, तभी देश की अर्थव्यवस्था में परिवर्तन की स्थिति लायी जा सकती है। जब तक दाम निश्चित करने के लिए इफ़ेक्टिव तरीक़े से और कारगर तरीक़े से कोई ठोस क़दम नहीं उठाया जायेगा, तब तक यह समस्या नहीं सुलझेगी। मैं मुरली मनोहर जोशी जी की एक बात से सहमत हूँ और शायद बहुत से लोगों की सहमति भी हो कि आज विश्व की अर्थव्यवस्था को अमेरिकी अर्थव्यवस्था नियन्त्रित करती है और अमेरिकी अर्थव्यवस्था का मतलब डॉलर है और डॉलर उनके लिए ज़्यादा उपयोगी है जिनके

लिए ज़िन्दगी को बेहतर तरीक़े से जीने का सवाल है और भारत के लोगों के सामने ज़िन्दगी जीने का सवाल है। जहाँ पैसे अधिक हैं, वहाँ पर ज़िन्दगी को बेहतर ढंग से लोग जी सकते हैं, लेकिन जहाँ आबादी के एक बड़े भाग के सामने जीवन जीने का सवाल है, तो उसके लिए दूसरे तौर-तरीक़े अपनाये जाने चाहिए और उसमें अभी सरकार नाकामयाब रही है। हम यह नहीं कहते हैं कि छह महीने में कोई क्रान्तिकारी परिवर्तन हो सकता है, लेकिन अभी जो सिंपटम्स मिल रहे हैं, यदि यही सिंपटम्स आगे बढ़ते रहे तो देश में एक भयावह स्थिति पैदा हो सकती है। भुखमरी से मरने वालों की जो रिपोर्ट आ रही है, उससे बेरोजगारों में असन्तोष पैदा हो सकता है, हिंसात्मक गतिविधियाँ बढ़ सकती हैं और देश में एक ऐसी स्थिति पैदा हो सकती है, जो कंट्रोल के बाहर हो सकती है। इसलिए पक्ष और विपक्ष के सदस्यगण केवल इस तर्क पर कि हमने बहुत सफलता से स्थिति पर नियन्त्रण पा लिया है, सरकार ने नियन्त्रण कर लिया है, तो मानसून पर बार-बार क्यों चर्चा हो रही है? मानसून आया और मानसून ने इफेक्टिव तरीक़े से इस महँगाई पर नियन्त्रण करने में अपनी भूमिका को अदा किया है। यदि यही मानसून भविष्य में इसी ढंग की भूमिका नहीं अपनायेगा तो इस देश के लिए बड़ा दुर्भाग्य हो सकता है। इसलिए हमारा वित्त मन्त्री जी से विशेष रूप से यही कहना है कि इस देश में कालाबाज़ारी एक फैक्टर है। वितरण प्रणाली एक फैक्टर है और साथ-साथ जो ब्लैकमनी है, वह भी महँगाई से रिलेटेड है। कालाबाज़ारी भी महँगाई से रिलेटेड है और जिसके पास काला धन है, वह भी महँगाई से नियन्त्रित है। इसलिए पॉलिसी के अन्तर्गत हम रुपये को जरूर मज़बूत करने का काम करें। अधिक से अधिक लोगों को रोजगार देने का काम करें और अपने इंफ्रास्ट्रक्चर को, जो अब तक चलता रहा है, उसमें परिवर्तन लाये, तभी हमको लगता है कि इस देश में महँगाई पर नियन्त्रण पाया जा सकता है। आज इस पर व्यापक बहस करने की ज़रूरत है और हमको लगता है कि जो घोषणाएँ सरकार ने की हैं, वित्त मन्त्री चिन्ता जताएँ और प्रधानमन्त्री देश को ठोस आश्वासन दें और वह भी तब, जब से वित्त विशेषज्ञ हैं और उस आश्वासन के बाद भी महँगाई निरन्तर बढ़ती जाये तो यह देश के लिए चिन्ता की बात है। इस पर सोचने की ज़रूरत है कि आज कौन सी सहमति, कौन से ऐसे बिन्दु इस देश में तलाशे जा सकते हैं गाँव के आधार पर खड़ा करने के। हम नहीं कहते हैं कि विज्ञान में जो प्रगति हो रही है, विश्व जहाँ प्रोग्रेस कर चुका है, भारत उससे अछूता रहा, लेकिन आज हम इतना ज़रूर कहना चाहते हैं कि अपने देश की अर्थव्यवस्था को नया स्वरूप प्रदान

करने के लिए कोशिश करनी चाहिए। ज़मीनी वास्तविकता के आधार पर भारत का अर्थतन्त्र बने, ज़मीनी वास्तविकता के आधार पर नीतियाँ बनें, ज़मीनी वास्तविकता के आधार पर लोगों के बीच में मशीनरी खड़ी की जाये और ऐसी मशीनरी खड़ी की जाये, जो केवल राहत दिलाने का काम नहीं करे, बल्कि लोगों को खड़ा करने का काम करे। यदि लोगों को अपने पैरों पर खड़ा होने के लिए नये अवसर नहीं मिलेंगे, तो देश के लिए एक भयावह स्थिति पैदा हो सकती है। मैडम, आपने घण्टी बजा दी है और अब लगता है कि तत्काल हमें बैठ ही जाना चाहिए।

14.12.2004

राष्ट्र की सुरक्षा के मुद्दे पर...

उप सभापति महोदय, आज सदन में हम एक बहुत गम्भीर और संवेदनशील मसले पर विचार कर रहे हैं। बहस में न्याय भी हुआ है। ऐसे संवेदनशील सवाल पर सदन में ज़्यादा समय दिया गया है, ज़्यादा देर तक चर्चा हुई है। महोदय, मुझे सतह पर जो समस्याएँ बड़े पैमाने पर दिखाई दे रही हैं, उन सभी पर विस्तार से अपनी बात नहीं रखूँगा, क्योंकि समय कम है। जैसे कश्मीर के सवाल पर ज़्यादा अटेंशन खींचा गया है, पूर्वोत्तर राज्यों में हिंसात्मक प्रवृत्तियाँ बढ़ी हैं, उन पर सदन में ज़्यादा ध्यान दिया गया है, सदन में ज़्यादा चर्चा हुई है। नक्सलवादी समस्या पर सदन में चर्चा हुई तो ये ऐसी समस्याएँ हैं जो हाल में पैदा नहीं हुई हैं। ये समस्याएँ इतिहास से जुड़ी हुई हैं और इन समस्याओं को सुलझाने के तौर-तरीक़े, जो पिछली सरकारें अपनाती आयी हैं, उन्होंने भी एडॉप्ट किये हैं। गृह मन्त्री जी जब जवाब देने लगेंगे, तब इन समस्याओं पर भी वे अपनी राय रखेंगे, अपनी बात रखेंगे कि सरकार ने क्या-क्या क़दम उठाये हैं? चाहे वह सीमावर्ती राज्य हों, सीमा की सुरक्षा का सवाल है, चाहे कश्मीर की समस्या सुलझाने के लिए सेना में कटौती करने या सेना वापस लेने का सवाल है, चाहे तो अलगाववादी और उग्रवादी तत्त्व हैं, उनके साथ पूर्वोत्तर राज्यों पर बात करने का सवाल है, इसके सम्बन्ध में स्वयं गृह मन्त्री जी इस सदन में जवाब देंगे, लेकिन हमको लगता है कि देश के हरेक राज्य में कुछ न कुछ ख़तरा पनप रहा है। कुछ राज्य चिह्नित किये गये हैं, जो नक्सलवादी समस्या की रेंज में यानी उसके प्रभाव क्षेत्र में आ गये हैं।

महोदय, हिंसात्मक गतिविधियों को देखने के तौर-तरीक़े, उनसे निपटने के तौर तरीक़े अलग हो सकते हैं। कश्मीर की समस्या से निपटने के तौर-तरीक़े और नक्सलवाद और उग्रवाद की समस्या से निपटने के तौर-तरीक़े, नज़रिये में फ़र्क़ होगा। फ़र्क़ स्वाभाविक है–एक ओर सेना की भूमिका ज़्यादा होगी और दूसरी ओर जो नक्सलवादी समस्या है, उसमें सामाजिक और आर्थिक पहलू पर नज़र रखनी

पड़ेगी। पूर्वोत्तर राज्यों में जो समस्याएँ पैदा हुईं हैं, उनमें संघीय ढाँचे को बनाये रखने के लिए, उनकी गतिविधियों, उनके ढाँचे और उनके स्वरूप का भी पता लगाना पड़ेगा। लेकिन महोदय, जब से वीरप्पन की घटना इस देश में हुई है, यह कोई आइसोलेशन की घटना नहीं है, मैं आज उससे अपनी बात इसलिए शुरू करना चाहता हूँ कि देश में ख़तरा पैदा हो रहा है आतंकवाद का, जो आन्तरिक सुरक्षा से सम्बन्धित है। यदि बड़े पैमाने पर प्रसार हो जाये तो देश के नौजवानों में ऐसी भावना पनप सकती है। गृह मन्त्री जी, हमको ख़तरा दिखाई पड़ता है कि यदि ऐसे तत्त्वों के विरुद्ध तत्काल प्रभावकारी और ठोस क़दम नहीं उठाये गये, तो ये देश के नौजवानों में यह जीवन शैली बन सकती है। ऐसी समस्याओं का यदि बड़े पैमाने पर पता नहीं लगाया गया तो कहीं आतंकवाद बहुत से लोगों के लिए आजीविका का साधन न बन जाये, इसका ख़तरा है। ख़तरा इसका भी है कि कई राज्यों में लोकतान्त्रिक शक्तियों पर इनका प्रभुत्व और प्रभाव न बढ़ जाये। ख़तरा इसका भी पैदा हो गया है कि विकास पर आज जो ख़र्च हो रहा है, कहीं विकास के रास्ते में ये तत्त्व बाधक न बन जायें। यह ख़तरा मुल्क के सामने है। महोदय, मुल्क के सामने सबसे बड़ा गम्भीर सवाल हैं, चूँकि एक घटना का मैं वर्णन करना चाहता हूँ, एक महानायक आज हमारे बीच में नहीं है स्वर्गीय जयप्रकाश नारायण। मैं उनका उल्लेख इसलिए करना चाहता हूँ कि सन्दर्भ इस रूप में आ चुका है। उस सन्दर्भ को आज सदन में रखना मुझे आवश्यक लग रहा है। चूँकि कांग्रेस पार्टी के अश्विनी कुमार जी ने बड़े ही अच्छे शब्दों में, तार्किक ढंग से, प्रभावशाली ढंग से जब सरकार के रुख के विषय में अपनी बात रखी, तब मुझे बहुत प्रसन्नता हुई। ख़ासकर प्रधानमन्त्री जी के बयान का हवाला उन्होंने दिया। गृह मन्त्री जी का बयान भी हम लोग पढ़ते रहते हैं। उन्होंने कहा हमारी एप्रोच ह्यूमिनिस्टिक होगी। उन्होंने कहा कि इस तरह के तत्त्वों से निपटने के लिए हमारा ह्यूमन फेस है। मुझे लगा कि यह अच्छी बात है। आज देश में जितनी समस्याएँ हैं, यदि उन समस्याओं से इस ढंग से निपटा जायेगा तो इसका समाधान हो सकता है। इसलिए मैं स्वर्गीय जयप्रकाश नारायण की एक घटना का उल्लेख करना चाहता हूँ। एक ऐसा व्यक्ति जो कभी सत्ता-व्यवस्था में शामिल नहीं हुआ था और उसके सामने दस्यु सरगनाओं ने अपने सोफिस्टीकेटेड आर्म्स के साथ समर्पण किया था। चूँकि ह्यूमन फेस की बात आपकी तरफ़ से उठी है, इसलिए मैं उसका उल्लेख करना चाहता हूँ। जब उन लोगों ने जयप्रकाश नारायण के सामने आत्म समर्पण किया, तब उसके कुछ वर्षों के बाद बिहार मूवमेंट में एक प्रभावशाली

दस्यु सरगना बिहार में आया था। जिस समय बिहार मूवमेंट चल रहा था, उस समय उससे बातचीत करने वालों में मैं भी शामिल था। मैं भी जे.पी. मूवमेंट से आया था। मैंने उस व्यक्ति से एक सवाल पूछा था कि आप यह तो बतायें कि आप लोग इतने प्रभावशाली क्यों हैं? क्या कारण है कि आपके साथ लोगों की संख्या बढ़ती जा रही है? वैसे तो उन्होंने बहुत-सी बातें की थीं, जैसे कि कैसे सरेंडर किया? कैसे मन में जयप्रकाश नारायण के सामने आर्म्स समर्पण की बात उठी? मैं इनकी चर्चा नहीं करना चाहता हूँ, लेकिन उन्होंने मुझे दो प्रमुख बातें बतायी थीं। उन्होंने कहा कि हम लोग जिन गाँवों में जाते हैं तो वहाँ के प्रधान हमारा भव्य स्वागत करते हैं, वहाँ के नौजवान उसे देखते हैं तो वे सोचते हैं कि इस तरह की गतिविधियों में लिप्त रहने वाला व्यक्ति भी सम्मान पा सकता है, तो इससे उनके मन में एक ललक बढ़ती है। यदि ज्यादा लोग बेरोजगार होंगे तो उनको भी यह रास्ता सहज दिखाई देगा। इसलिए नौजवान यह रास्ता अपनाते हैं। मैं आज यह कहना चाहता हूँ कि यदि नक्सलवाद की समस्या का सामाधान करने की कोशिश करेंगे तो आपको इन चीज़ों पर भी ध्यान देना पड़ेगा...(समय की घण्टी)...कि आर्थिक समस्याएँ हैं, हम उनको इस नज़र से देखेंगे कि जिन लोगों ने परिस्थिति से प्रभावित होकर आर्म्स उठाये हैं, उनके लिए विकास ही ऐसा रास्ता है, जो उनको आर्म्स से मुक्ति दिला सकता है और उनको राष्ट्र की मुख्य धारा में ला सकता है। मैं मन्त्री जी से यह आग्रह करना चाहता हूँ कि आप हमारी सीमा पर चौकसी बढ़ायें, साथ ही आप बातचीत का दायरा भी आगे बढ़ायें। आपसे कोई नहीं कहेगा कि आप बातचीत के रास्ते को अख़्तियार मत कीजिए। आप सरकार चला रहे हैं...(समय की घण्टी)...इसलिए आपको इस बात का ख़याल करना पड़ेगा कि 'Iron hand with a golden heart.' आपको एक पॉलिसी बनाकर, ऐसे तत्त्वों के साथ निपटना होगा, लेकिन सरकारी ख़ौफ़ कभी ख़त्म नहीं होना चाहिए। इस बात पर भी आपको ध्यान रखना चाहिए। महोदय, समय की घण्टी बज गयी है, इसलिए मैं कुछ सुझाव दे देना चाहता हूँ। मेरे सुझाव प्वाइंटेड हैं। इसके बाद मैं अपनी बात समाप्त करूँगा। मैंने वीरप्पन की घटना का उल्लेख किया था। क्या मन्त्री जी इस सुझाव पर विचार करेंगे कि दो राज्यों की पुलिस ने मिलकर वीरप्पन को खोजने का काम कर उस समस्या का निदान करने का काम किया था, तो क्या ऐसी स्थिति में आप संघीय अपराध शाखा का निर्माण करने के सवाल पर कुछ विचार करेंगे? हमारे समाज के दबे-कुचले वर्ग, चाहे वे पहाड़ी इलाक़े के हों या आदिवासी इलाक़े के हों, जहाँ आज तक विकास की किरणें नहीं पहुँच

पायी हैं। क्या हिंसात्मक गतिविधियों को रोकने के लिए, बातचीत और पुलिस ख़ौफ़ के अलावा आप उनके विकास के लिए कुछ उचित और कारगर क़दम उठायेगे? जो अपराधी और उग्रवादी संगठन हैं, उनके स्वरूप और स्रोत के विषय में पूरी जानकारी प्राप्त करनी बहुत ज़रूरी है, तभी उन्हें डील करने में आपको आसानी हो सकती है। मैं मानता हूँ कि सूचना और संचार व्यवस्था, सरकार जितना भी ढिंढोरा पीट ले, लेकिन ऐसे तत्त्वों से निपटने के लिए आज सूचना और संचार प्रणाली को अत्याधुनिक बनाने की ज़रूरत पड़ गयी है। क्या आप इस सुझाव पर ग़ौर करेंगे? एक और जवाब आपसे चाहूँगा...(व्यवधान)...

श्री उप सभापति : आप कनक्लुड कीजिए।

श्री बशिष्ठ नारायण सिंह : आतंकवाद से निपटने के लिए आपने राज्यों को सहायता दी है और भविष्य में भी सहायता देंगे, लेकिन उन राज्यों ने समय पर उस पैसे का सदुपयोग किया या नहीं, उसे ख़र्च किया है या नहीं, क्या इसका विवरण सदन में देंगे? साथ-ही-साथ मैं एक और सुझाव देना चाहता हूँ और सदन से यह जानकारी भी लेना चाहूँगा कि आपके बुलावे पर इन राज्यों ने जहाँ यह समस्या है, क्या-क्या भूमिका अपनायी है? क्या आप इस पर भी ध्यान देंगे? एक अन्तिम सुझाव देकर अपनी ख़त्म कर देना चाहता हूँ। चाहे आपका ह्यूमनिस्टिक अप्रोच हो, किन्तु यदि आपकी पुलिस का ह्यूमनिस्टिक अप्रोच नहीं होगा, आपके प्रशासन का ह्यूमनिस्टिक अप्रोच नहीं होगा। तब तक आपके द्वारा उठाये गये सारे क़दम बेकार जायेंगे। एक ओर सेना की ताक़त, पुलिस की ताक़त का हुक्म मज़बूती से दिखाई पड़े और साथ ही साथ उनके लिए एक ऐसी ट्रेनिंग की व्यवस्था की जाये, जिसमें पुलिस और प्रशासन का एक ह्यूमन फेस भी हो। अन्त में एक और सुझाव देना चाहता हूँ, जिस पर आप विचार करेंगे कि अभी तक जो धर्मवीर पद्मनाभन की अनुशंसाओं को संयुक्त करके, उसमें से जो निचोड़ होगा, उस पर कोई कार्रवाई करेंगे? धन्यवाद।

16.12.2004

विदेश नीति पर...

उप सभापति महोदय, आप इस बहस के दौरान बार-बार साथियों को समय सीमा की याद दिला रहे हैं, इसलिए मैं ज़्यादा बिन्दुओं पर अपनी बात नहीं रखूँगा। महोदय, जब नटवर सिंह जी विदेश मन्त्री बने तब मुझे इस बात की प्रसन्नता हुई कि चलिए, इस सरकार में एक ऐसा भी व्यक्ति है, जिसके पास ब्यूरोक्रेटिक एक्सपीरियेंस है। साथ ही साथ वह व्यक्ति राजनीति में भी सक्रिय रहा है। जब वह व्यक्ति विदेश में जायेगा तब ब्यूरोक्रेटिक चैनल पर जो बात होने वाली है और होती है, उसको राजनयिक टेबल पर आसानी से और बुद्धिमतापूर्वक ले जायेगा। इसलिए मुझे प्रसन्नता हुई। यह स्वयं भारत के पूर्व प्रधानमन्त्री श्री अटल बिहारी वाजपेयी का अनुभव था कि चाहे चीन का सम्बन्ध हो, चाहे जिस कंट्री में वे जाते थे, तो ब्यूरोक्रेटिक लेवल पर जो बात होती थी, उसको राजनयिक टेबल पर ले आते थे यानी इंडिया के व्यू पॉइंट को लीडरशिप के स्तर पर डिस्कस करने की उनके अन्दर क्षमता थी, जो एक बड़ी ख़ूबी भारत की विदेश नीति में देखने को मिली। उप सभापति महोदय और कई उदाहरणों को कोट नहीं करना चाहता। श्रीमती इन्दिरा गांधी का और अन्य कई उदाहरण हैं। उन उदाहरणों को यदि मैं कोट करूँगा तो सदन का समय नष्ट होगा। जब वह अमेरिका गयी थीं, अमेरिका में उनसे एक कार्यक्रम में शामिल होने को कहा गया, तब उन्होंने उसे रिफ्यूज कर दिया। उस समय नेशनल प्राइड रिफ्लेक्ट हो रहा था। जब चेकोस्लोवाकिया पर रूस का आक्रमण हुआ और ड्यूबेक जब रूस में वार्तालाप के लिए जा रहे थे, उस देश के लोगों ने लाखों की संख्या में इकट्ठा होकर एक ही बात ड्यूबेक को रिमाइंड करायी थी कि जाना, लेकिन देश के स्वाभिमान के साथ कभी समझौता नहीं करना, चूँकि रूस सुपर पावर है। इसलिए उप सभापति महोदय, जब आनन्द शर्मा जी ने अपने भाषण में एक बड़ी अच्छी बात कही और मुझे भी इसमें विश्वास है। यह देश जो उसी रास्ते पर चल रहा है, जो मोरल वैल्यू उन्होंने इस पॉलिसी के साथ जोड़ी, उन्होंने जो कनविक्शन की एक बात कही, हमें

तो लगता है कि भारत की विदेश नीति की सबसे बड़ी ख़ासियत और ख़ूबी यह हो सकती है कि उस विदेश नीति के प्रवक्ता को सत्य कहने का साहस हो जाये उस विदेश नीति के प्रवक्ता को किसी भी सुपर पावर के साथ बराबरी के स्तर पर बात करने की क्षमता हो जाये। भारत की विदेश नीति आज उसी चौराहे पर खड़ी हो गयी है, जहाँ चारों ओर नेबरिंग कंट्रीज़ में या तो इंटर्नल ट्रॅबल्स हैं या फिर हमारे बार्डर के साथ ट्रॅबल्स हैं। मैं विशेष रूप से एक बात का उल्लेख करना चाहता हूँ। पाकिस्तान की, वर्मा की, श्रीलंका की चर्चा तो मैं नहीं करूँगा, लेकिन चीन और तिब्बत की चर्चा ज़रूर करूँगा। अपने दलाई लामा जी की सरकार यहाँ चल भी रही है। दलाई लामा जी ने तिब्बती लोगों के लिए स्वशासन की जो माँग उठायी थी, आज उसमें बदलाव भी आया है। क्या उनके लिए जो इस देश में निर्वासित अतिथि बन कर रह रहे हैं, उनके कॉज को टेकअप करने की भारत के विदेश मन्त्री, उनकी सरकार कोशिश करेगी और ये राजनयिक स्तर से यह प्रयास करेंगे कि चीन के साथ दलाई लामा जी का मीनिंगफुल डायलॉग हो? तिब्बत के अस्तित्व को भारत का कोई भी व्यक्ति अस्वीकार नहीं कर सकता है। भारत ने इसे स्वीकार करके ही दलाई लामा जी को यहाँ शरण दी थी। आज तिब्बत में पर्यावरण का संकट पैदा हो रहा है और वहाँ की जो नदियाँ हैं, भारत से जुड़ी हुई हैं, एक बार चीन पानी छोड़ दे तो कई प्रदेश उसमें डूब सकते हैं। ऐसे संकट भी हैं। उप सभापति महोदय, तिब्बत की सुरक्षा, भारत की अस्मिता, भारत की सुरक्षा के लिए, भारत की संस्कृति के लिए बहुत ही आवश्यक है। इस देश में रहकर मानवाधिकार के सवाल पर, शान्ति के सवाल पर, जिसकी आनन्द शर्मा जी बार-बार चर्चा कर रहे थे, दलाई लामा जी को नोबेल पुरस्कार मिला है और उसी दलाई लामा जी के साथ और तिब्बतियों के साथ चाइनीज गवनर्मेंट का क्या एटीट्यूट रहा है? इसको देखने पर बड़ा आश्चर्य होता है। क्या हमारी विदेश नीति इतनी प्रभावशाली हो सकती है? क्या हमारी विदेश नीति में चीन के साथ सम्बन्धों को सुधारने के बाद भी राजनयिक टेबल पर दलाई लामा जी से बात करने के लिए हम आग्रह और प्रभाव नहीं डाल सकते हैं? यह भी हमारे लिए एक बड़ा काम है और इसको करना चाहिए।

उप सभापति महोदय, अमनेस्टी इंटरनेशनल की रिपोर्ट आयी है कि तीन-चार कन्ट्री में सजा-ए-फाँसी बड़े पैमाने पर हो रही है और विश्व में जितनी फाँसियाँ हो रही हैं, उसमें दो-तिहाई चीन के निर्देश पर तिब्बत में हो रही हैं। महोदय, मैं एक उदाहरण देना चाहता हूँ। उनका नाम तेनतिंग डेलेके रिम्पोचे है। महोदय इनकी एक

ही कमी है कि इनकी आस्था दलाई लामा में है और इस आस्था के चलते वे प्रचार में लगे रहते हैं। उनको दो वर्ष पहले सजा दी गयी थी और वह सजा 25 जनवरी को पूरी होने वाली है, 'मैं जानता हूँ कि वैदेशिक मामलों की हैंडलिंग में काफ़ी कूटनीति का परिचय देना पड़ता है। महोदय, ताशकन्द और कई उदाहरण हैं, जिन्हें मैं कोट नहीं करना चाहता हूँ कि एक व्यक्ति' जो दलाई लामा में, पीसफुल को-एक्जिस्टेंस में और शान्ति में विश्वास करता है, उसको फाँसी की सजा न हो जाये, क्या इसे रोकने के लिए भारत सरकार के विदेश मन्त्री पहल करेंगे? मैं आग्रह करता हूँ कि वह पहल करें और दलाई लामा जी से चाइनीज गवनर्मेंट की बात कराने में अपनी भूमिका अदा करें, इतना ही कहकर मैं अपनी बात समाप्त करता हूँ।

20.12.2004

वित्त के मुद्दे पर...

उप सभापति : श्री बशिष्ठ नारायण सिंह जी। आप तीन मिनट से ज़्यादा नहीं बोलें। आपने अभी-अभी नाम भेजा, आपके लिए स्पेशली तीन मिनट। आपका जो समय था, वह ख़त्म हो गया। आप जल्दी से बोल दें। बोलिए, बोलिए।

श्री बशिष्ठ नारायण सिंह (बिहार) : उप सभापति महोदय, अभी मैंने स्लिप दी और आपने तीन मिनट का समय दे दिया जो कोई कम नहीं है। मैं आज इस सदन के माध्यम से वित्त मन्त्री जी से कुछ आग्रह करना चाहता हूँ और निवेदन करना चाहता हूँ कि इस देश में विकास के लिए हम लोगों ने जो प्रणाली अपनायी और जो प्रक्रिया अपनायी, उस प्रक्रिया पर आज विचार करने की ज़रूरत पड़ गयी है। हम लोगों ने प्लांड इकोनॉमी का कंसेप्ट लेकर इस देश में अपनी योजनाओं को प्रारम्भ किया। योजनाओं को प्रारम्भ किया गया है, उनको कार्यान्वित करने की भी कोशिश की गयी है। तो अब एक अप्रैल की ज़रूरत है। अब उनके पुनरीक्षण की ज़रूरत है कि हमने जो लक्ष्य निर्धारित किया था, वह अभी तक पूरा क्यों नहीं हुआ है? उस लक्ष्य के पूरा न होने के क्या कारण हैं? महोदय, आज इस देश में यह पुनरीक्षण करने की जितनी ज़रूरत है, उतनी पहले कभी नहीं थी। इसका कारण यह है कि देश में व्याप्त समस्याओं और नयी समस्याओं के जो सिम्पटम्स हैं, वे अत्यन्त खतरनाक है। ये सिम्पटम्स 4-5 मोर्चों पर बढ़ते दिखाई दे रहे हैं। महोदय, ये हैं क्षेत्रीय उन्माद, क्षेत्रीयता की माँग और साथ में बेरोजगारों की बढ़ती संख्या, हिंसात्मक प्रवृत्तियों में बढ़ावा और गाँवों को छोड़कर शहरों में जाने की प्रवृत्ति। इनको मैं अनरेस्ट के चिह्न मानता हूँ क्योंकि ये चिह्न हमारी व्यवस्था के लिए एक चुनौती के रूप में सामने आ रहे हैं। इनके कारण हमारी इकोनॉमी के काम करने के तौर-तरीक़ों में बदलाव की ज़रूरत है। महोदय, जब हम फ़ॉरेन एक्सचेंज की बात करेंगे और यदि प्रतिशत में करेंगे तब हम संसार के सामने और देशवासियों के सामने बहुत बेहतर पिक्चर प्रकट कर सकते हैं। लेकिन जब हम निर्धनता के नीचे रहने वालों की बात करेंगे, जब हम इस देश में रहने वाले मज़दूरों की बात करेंगे, तब हमको लगता है कि एक दुख भरी

तस्वीर दिखाई पड़ेगी। इस देश में अभी जहाँ एक ओर चाइल्ड लेबर का सवाल उठ रहा है, इस देश में जहाँ प्रवासी मज़दूरों के वेलफेयर के लिए तरह-तरह की योजनाएँ बनाने की बात हो रही है, जहाँ वुमैन बिल पास कराने की अभी चर्चा चल रही है। हम जानते हैं कि ये बातें आबादी के कितने बड़े भाग को कवर करती हैं। महोदय, अभी भी देश में अन-एंप्लायमेंट इतना है कि बड़े पैमाने पर योजना बनाने के बावजूद बेरोजगारों की संख्या बढ़ती जा रही है और झोंपड़ियों की संख्या भी बढ़ती जा रही है। देश में अर्ध-बेरोजगारों और बेरोजगारों की संख्या में भी बहुतायत में वृद्धि होती जा रही है। ऐसे में हम को कुछ सोचना पड़ेगा और सोचना पड़ेगा कि अब हमारी पूँजी क्या है? हमें सोचना पड़ेगा कि हमारी प्राथमिकताएँ क्या हैं?

महोदय, आज इस बहस में भाग लेने का निर्णय मैंने इसलिए लिया, क्योंकि मैं वित्त मन्त्री जी से आग्रह करना चाहता हूँ कि आज हमारे सामने चुनौती अपनी प्राथमिकताओं को बदलने की है, आज चुनौती है कि अब हमारे सामने कौन से ऐसे विषय आयें कि जिन घरों में अभी विकास की किरण नहीं पहुँच पायी हैं, जहाँ हम अपनी प्लानिंग को लेकर नहीं जा पाये हैं, उनके बीच में अपनी प्लानिंग को कैसे ले जायें। अभी केन्द्र-राज्य सम्बन्धों के सवाल भी उठ रहे हैं। महोदय, ये सवाल वित्त से भी सम्बन्धित हैं और फाइनेंस मैनेजमेंट से भी हैं। इन सारी समस्याओं पर हमको लगता है कि दूसरे ढंग से सोचना पड़ेगा। महोदय, मैंने जल प्रबन्धन की बेहतर व्यवस्था की बात की है। इस देश के अर्थशास्त्र की यह ख़ूबी है कि यहाँ लोग ज़्यादा हैं, पूँजी कम है और श्रम शक्ति ज़्यादा है। पूँजी कम है और ज़मीन भी कम है।...(व्यवधान)...पूँजी है, लेकिन पूँजी में डिस्पेरिटी है।...(व्यवधान)...महोदय, मैं वित्त मन्त्री जी से यही कहूँगा कि एक 'यूरोपियन थॉट' तो लग सकता है, लेकिन अपने यहाँ दाम बाँधने के सिस्टम और ख़र्च पर सीमा रखने की भी ज़रूरत है। आप ख़र्च पर सीमा को निर्धारित कीजिए और देश की इकोनॉमी को एक नये ढंग से आगे ले चलने की बात कीजिए। नहीं तो समाज में जो एक असन्तोष उभर रहा है, वह एक बवाल का रूप ले सकता है, एक विस्फोट का रूप ले सकता है।

महोदय, अब सभी पक्षों के लिए ज़रूरत है कि संघीय व्यवस्था में कुछ योजनाएँ इस ढंग से बनायी जायें कि एक ओर जहाँ क्षेत्रीय विषमता में कमी आये और दूसरी ओर नौजवानों के लिए रोजगार के अवसर उपलब्ध हो जायें। आपने मुझे समय दिया, धन्यवाद। जय हिन्द।

22.12.2004

बिहार में लगाये गये राष्ट्रपति शासन पर...

उप सभापति महोदय, बिहार में राष्ट्रपति शासन लगाया गया है। उसके अनुमोदन के लिए सरकार जो प्रस्ताव सदन में लायी है, मैं उसके सम्बन्ध में अपनी राय रखने के लिए खड़ा हुआ हूँ। उप सभापति महोदय, इस सदन में जब कांग्रेस के माननीय सदस्य आनन्द शर्मा जी बोल रहे थे तब उन्होंने डिग्निटी और कंडक्ट की चर्चा की थी, यह मुझ को बहुत अच्छा लगा।

इस सदन में कई बार ऐसे विषयों पर चर्चा भी होती रही है। लेकिन बिहार में राष्ट्रपति शासन जिस ढंग से लागू किया गया और क्यों किया गया, यह प्रश्नों के घेरे में खड़ा हो गया है। लागू किया गया क्योंकि यूपीए में शामिल दलों ने ही कुछ ऐसी स्थिति बिहार में पैदा कर दी, जिससे सरकार के पास राष्ट्रपति शासन लगाने की नौबत आ गयी। यदि उन लोगों ने अपने धर्म का पालन किया होता तो शायद राष्ट्रपति शासन नहीं लगता। एक तो उन्होंने सरकार नहीं बनायी और दूसरे दलों को सरकार बनाने का मौक़ा भी नहीं दिया। अत: एक विचित्र राजनीति देखने को मिल रही है। उप सभापति महोदय, सुविधा और सहूलियत की राजनीति तो इस देश में होती है, लेकिन सुविधा और सहूलियत की राजनीति जब परम्पराओं, मान्यताओं और मूल्यों को तोड़ने में सहायक हो जाती है, तब यह देश के लिए बड़ा ख़तरनाक साबित हो सकता है। उप सभापति महोदय, मैं एक भोजपुरी इलाक़े से आता हूँ। वहाँ एक कहावत है, जिसकी बार-बार लोग चर्चा करते है। 'न खेलब, न खेले देब, खेलिए बिगाड़ देबि।' इसका मतलब यह हुआ कि न खेलेंगे, न खेलने देंगे और खेल ही बिगाड़ देंगे। यही स्थिति यूपीए के घटक दलों ने बिहार में किया है। रामविलास जी ने लालू जी के ख़िलाफ़ जनता के बीच में जाकर बार-बार कई सवालों को उठाकर लोगों से वोट लिये। कांग्रेस पार्टी ने भी गम्भीर रूप से बिहार में जिस ढंग से शासन की व्यवस्था चल रही थी, उस पर प्रहार किया। मैं मानता हूँ कि राजनीतिक दलों को चुनाव अपने ढंग से लड़ने का अधिकार है, लेकिन जो

coalition partners (सहयोगी गठबन्धन) हैं, उनके कुछ राजनीतिक धर्म भी होते हैं। जो coalition partners (सहयोगी गठबन्धन) हैं, उनके लिए आचार संहिता की बातें भी कुछ महत्त्व रखती हैं। जो coalition partners (सहयोगी गठबन्धन) हैं, उनके कंडक्ट का असर भी आम जीवन पर पड़ता है। क्या इनमें से किसी का भी पालन हुआ है? एक मन्त्री और उनके सहयोगी कैबिनेट की मीटिंग में नहीं जायें और एक मन्त्री कहे कि दूसरे मन्त्री को चुनाव के बाद निकलवा देंगे तो कौन सा यह कंडक्ट है? यह देश की आम जनता और लोकतन्त्र में विश्वास करने वाले लोगों का मनोबल बढ़ाने का काम करेगा? उप सभापति महोदय, लोकतन्त्र एक जीवन पद्धति है और इस पद्धति में कुछ मर्यादाओं का पालन कर ही लोकतन्त्र को समृद्ध और आगे बढ़ाया जा सकता है। बिहार में जो कुछ हुआ है, मैं मानता हूँ कि लोकतन्त्र में विश्वास करने वाले तबके पर, लोकतन्त्र में आस्था रखने वाले लोगों के दिल और दिमाग़ पर उसने कुछ प्रश्न खड़े कर दिये हैं आज मैं इंग्लैंड का उदाहरण नहीं देना चाहता, न मैं डाल्टन का उदाहरण देना चाहता हूँ, न प्रफ्यूमो स्कैंडल में मैकमिलन का, न अमेरिका एगन्यू के जॉर्ज का, न निक्सन का, ऐसी बड़ी घटना, जो विदेश में हुई है, उसका उदाहरण नहीं देना चाहता, लेकिन यह परम्परा उससे सम्बन्धित है। राजनीतिक मूल्यों से सम्बन्धित है और इसीलिए पूर्व प्रधानमन्त्री श्री लालबहादुर शास्त्री का भी मैं उदाहरण नहीं देना चाहता लेकिन सरकार में शामिल दलों के लोगों पर, सरकार में शामिल प्रधानमन्त्री से लेकर उनके मन्त्रियों तक के कंडक्ट से देश के लोगों में लोकतन्त्र के प्रति और सरकार संचालन के प्रति एक आस्था जगती है, एक विश्वास जगता है। बिहार में इसी विश्वास को धोखा दिया गया है। बिहार में इसी विश्वास पर एक गहरा प्रश्न चिह्न पैदा किया गया है। यह प्रस्ताव उसी का परिणाम है। अभी बार-बार धर्मनिरपेक्ष सरकार कहा गया। धर्मनिरपेक्षता पर इस देश में बहस में कहाँ कोई डिफर कर सकता है? धर्मनिरपेक्षता इस देश का एसेट है। वह रहेगा, इसे कोई चुनौती देकर अलग नहीं कर सकता है। यह इस देश की पूँजी है कि हरेक वर्ग और समुदाय के लोग इस देश में एक ढंग से जीने के हक़दार हैं, इस पर कहाँ किसी को मतभेद हो सकता है?

लेकिन एक बात तो सोचनी पड़ेगी कि coalition (गठबन्धन) सरकार तो अटल बिहार वाजपेयी जी के नेतृत्व में भी चली और coalition (गठबन्धन) गवर्नमेंट मनमोहन सिंह जी के नेतृत्व में भी चली। जब एक तरह की सरकार इस देश में स्थायी रूप से लम्बे काल तक नहीं चल सकती है, तो coalition (गठबन्धन) पार्टनर

के कोड ऑफ़ कंडक्ट पर भी निश्चित रूप से बहस होनी चाहिए, वरना बिहार ही नहीं, देश का बहुत बड़ा नुकसान हो सकता है।

उप सभापति महोदय, दो और महत्त्वपूर्ण सवाल हैं, जिनकी बराबर चर्चा चली है। एक सवाल रामविलास जी ने उस समय उठाया था, जिसकी चर्चा मैंने कर दी थी। बड़े विचित्र सवाल हैं। उन्होंने कहा डिक्टेटिंग terms (शर्तें) पर दूसरे लोगों को सरकार बनाने के लिए कह दिया कि इन शर्तों पर बिहार में सरकार बनायी जा सकती है। तर्क और बहस के आधार पर राजनीति में निर्णय लिये जाते हैं, राजनीति में कभी डिक्टेशन के आधार पर निर्णय नहीं होते हैं, यही सवाल है।

उप सभापति महोदय, इसी बीच दो और बहुत महत्त्वपूर्ण सवाल आये और चूँकि एक केन्द्रीय मन्त्री ने उस सवाल को उठाया है, इसलिए मजबूरन मैं उस पर अपनी राय रख रहा हूँ। गवर्नर के पद पर कुछ सवाल उठाये गये हैं। इस देश में पहले भी गर्वनर के पद पर बहस चली और आज भी इस बहस को चलाने में कोई हर्ज़ नहीं है। गोवा और झारखण्ड की घटना के बाद यदि सारे देश में गवर्नर के पद पर बहस करने की बात चल जाये तो लोकतन्त्र का भला हो सकता है। राज्यों का भला हो सकता है कि आगे भी गवर्नर की किस ढंग की भूमिका हो? इस पर किसी गवर्नर को कह दिया जाये कि इसके ख़िलाफ़ बात कुछ ख़ास कारणों से कही गयी है।

किसी मन्त्री ने कहा कि अमुक नेता ने बात कह दी, नीतीश जी गवर्नर के ख़िलाफ़ हैं, इसमें एक बड़ी विचित्रता लगती है।

उप सभापति महोदय, बिहार में जो राष्ट्रपति शासन लगाने की बात है, उसके सामने बहुत बड़ी चुनौती है और वह बिहार में शासन और व्यवस्था को सुचारु रूप से और कायदे से चलने की है। एक White Paper (श्वेत पत्र) केन्द्र सरकार को बिहार के विषय में बताने और बिहार की जनता के सामने लाने का प्रयास करना चाहिए। शासन कम दिनों तक चले, यही अच्छा है, लेकिन बिहार में राष्ट्रपति शासन कम दिनों तक चलेगा, इसकी सम्भावना कम-से-कम मुझको अभी ख़ास नहीं दिखाई दे रही है। कम दिनों तक चले, यही बिहार के लिए अच्छा है, क्योंकि कभी भी राष्ट्रपति शासन एक चुनी हुई सरकार से बेहतर शासन हो सकता है, इसको मेरा मन कभी मानने वाला नहीं है और अधिकांश साथियों की इस पर सहमति भी है।

स्व. जयप्रकाश नारायण जी ने जब बिहार आन्दोलन की शुरुआत की थी, तब एक बात बड़े महत्त्वपूर्ण रूप से बिहारवासियों के लिए लिखी थी कि मेरा बस चले तो बिहार के हुक्मरानों को मैं उन झोंपड़ियों में जाने के लिए विवश कर दूँ, जहाँ

झोंपड़ियों में रोशनी नहीं है और रोटी के सवाल हल नहीं हुए हैं। कौन सलाहकार बिहार में राष्ट्रपति शासन दौरान होगा? कम-से-कम सरकार को निर्देशित करना चाहिए कि किस ढंग से बिहार में राष्ट्रपति शासन का संचालन होगा। आरामदेह घरों में और आलीशान भवनों में बैठकर बिहार की बदहाली का कोई मुक़ाबला कर सकता है, यह नहीं हो सकता है। इसलिए मैं आपके माध्यम से आग्रह करना चाहता हूँ कि जो भी सलाहकार बनाये जायें, उसको एक ख़ास ढंग से निर्देशित करना चाहिए कि सीधे-साफ़ तरीक़े से बिहार में प्रशासन को चलाने का प्रयास करना चाहिए, इतना ही कहकर मैं अपनी बात समाप्त करता हूँ, धन्यवाद।

21.03.2005

महोदय, राष्ट्रपति शासन की अवधि छह महीने के लिए बढ़ायी जाये, ऐसा ही एक संकल्प पहले भी आया था और उस समय भी आज ही की तरह गम्भीर बहस हुई थी।

महोदय, यदि आज की बहस को तीन भागों में बाँट दें, तो स्थिति को समझने में और देखने में बड़ी सहायता मिल सकती है। जब पहले बिहार में राष्ट्रपति शासन लागू किया गया, उस समय की स्थिति, जब विधानसभा भंग करने की घोषणा की गयी, उस समय की स्थिति और आज जब पुनः राष्ट्रपति शासन की अवधि छह महीने बढ़ाने के लिए जो संकल्प लाया गया है, उस समय की स्थिति। यदि हम इन तीनों पर विचार करें तो एक ही नतीजे पर पहुँचेंगे कि देश में सुविधा और सहूलियत की राजनीति अगर इसी ढंग की जाती रही तो अन्य राज्यों में यदि इसी ढंग की स्थिति पैदा होती है, तो उस समय बड़ा ख़तरा पैदा हो सकता है। महोदय, सुविधा और सहूलियत की राजनीति इस तरह से की गयी है कि इस समय सरकार में शामिल लोग और जिस ढंग से सरकार चलायी जा रही है, इन सबको स्पष्ट रूप से देखा जा सकता है।

महोदय, अपने यहाँ सरकार बनाने के लिए जब बिहार की जनता ने चुनाव किया, तब यू.पी.ए. के घटक दलों के अन्तर्विरोध ने उस सरकार के गठन में बाधा पहुँचायी और बिहार में सरकार गठित नहीं हुई। जब तीन, साढ़े तीन महीने तक वहाँ गवर्नर साहब का शासन चलता रहा कि सरकार बनाने की सम्भावनाओं को तलाश किया जाये तो उस बीच में ऐसा कोई काम नहीं किया गया, जिससे यह कहा जा सकता हो कि गवर्नर ने सरकार गठन के लिए बहुत सीरियस प्रयास किये।

महोदय, मुझे वह दिन याद है, जब गृह मन्त्री जी इस सदन में वक्तव्य दे रहे थे और सदन में राष्ट्रपति शासन लागू करने की बात कही गयी थी। उस समय लग रहा था कि गृह मन्त्री आज सदन को आश्वस्त कर रहे हैं और सदन के माध्यम से इस देश को आश्वस्त कर रहे हैं कि लोकतान्त्रिक सरकार का गठन हमारे लिए प्रायोरिटी है, हमारे लिए प्राथमिकता है और इसी को लेकर हम आगे बढ़ना चाहते हैं। गृह मन्त्री की ऐसी उद्घोषणा उस दिन हुई थी, लेकिन आज पुन: उसी गृह मन्त्री को इसी सदन में राष्ट्रपति शासन की अवधि फिर से छह महीने बढ़ाने के लिए प्रस्ताव लाना पड़ रहा है। इससे मन में आशंकाएँ पैदा हो रही हैं। महोदय, ये आशंकाएँ इसलिए पैदा हो रही हैं कि ऐसी circumstances (परिस्थितियाँ) नहीं आयें, इसके लिए सरकार ने क्या-क्या प्रयास इस बीच में किये हैं? मैं चाहूँगा कि गृह मन्त्री महोदय जब अपना जवाब दें, तब इस आशंका को दूर करने का प्रयास करें।

महोदय, हमको यह ज़रूर लगता है कि जिस समय विधानसभा भंग की गयी, उस समय यदि कुछ दिनों का और इन्तज़ार किया गया होता तो आकाश पृथ्वी पर नहीं चला आता। महोदय, ऐसी कोई स्थिति नहीं थी और निश्चित रूप से कुछ समय तक और इन्तज़ार किया जा सकता था, जिससे बिहार में सरकार गठित हो। अब मजबूरी में गृह मन्त्री महोदय यह प्रस्ताव लाये हैं और वे सदन को आश्वासन भी देंगे। इसके लिए चुनाव आयोग को भी काम करना होता है, उन्होंने उसकी हल्की सी चर्चा भी की थी। महोदय, चुनाव आयोग जितनी जल्दी सरकार से सम्पर्क कर चुनाव करा सके, वह बिहार की जनता के लिए अच्छा है। उप सभापति महोदय, जब पहली बार इस सदन में बहस हुई थी तब मैंने एक बात उठायी थी कि आज राष्ट्रपति शासन लगाने की नौबत ज़रूर आ गयी है, लेकिन यह प्रयास किया जाना चाहिए कि बिहार में राष्ट्रपति शासन कैसे चले? इसका कुछ code of conduct (नियमावली) कुछ ऐसी परिपाटी स्थापित की जाये कि बिहार की जनता को लगे कि राष्ट्रपति शासन के दरम्यान राज्य के लिए कुछ काम हुए हैं। उप सभापति महोदय, ऐसा कहने के पीछे मेरा एक ही तर्क था कि उसी समूह का शासन केन्द्र में चल रहा है और उसी के नुमाइन्दे कांस्टीट्यूशनल अथॉरिटी के रूप में बिहार में काम कर रहे हैं। इस छह महीने की अवधि में कुछ ऐसी करामात करेंगे कि बिहार की जनता को पहले के शासन की अपेक्षा एक बेहतर शासन मिल सकेगा, लेकिन ऐसा देखने को नहीं मिल रहा है। उप सभापति महोदय, यद्यपि मेरे पास पेपर हैं, लेकिन मैं उस पेपर को दिखाना नहीं चाहता। कुछ सवाल फिर उठ जायेंगे कि पेपर पर सदन में

इतनी बहस की जाये और उन पेपर की उक्तियों को सदन में बहुत देर तक कोट नहीं किया जाये। लेकिन बिहार में सवाल उठ रहे हैं, इंटरव्यू दिये जा रहे हैं। गवर्नर का भी इंटरव्यू आ रहा है। इनकी सफ़ाई का इंटरव्यू आ रहा है। मुख्य सचिव का इंटरव्यू आ रहा है कि मैंने इस ढंग के क़दम क्यों उठाये हैं? तबादलों की चर्चा हो रही है। यह तो कोई विकास की चर्चा नहीं हुई, जिसके सम्बन्ध में माननीय सदस्यों ने कुछ सवाल उठाये हैं कि बिहार किस दुर्दशा और किस बेबसी का शिकार है? बिहार किस हालत में पहुँच गया है? बिहार को कहाँ जाना है? इसकी चर्चा नहीं हो रही है। बिहार में शासन कैसे चलाया जाये, इसकी चर्चा नहीं है। इन चार-पाँच महीनों में शासन की क्या ख़ूबियाँ रही हैं, इसकी चर्चा नहीं हो रही है। ख़ामियों की चर्चा हो रही है। दोषों की चर्चा हो रही है। कार्य करने की प्रणाली की चर्चा हो रही है। शासन पद्धति किस ग़लत ढंग से चल रही है, इसकी चर्चा हो रही है। आज इन्हीं सुर्खियों के बीच बिहार की जनता प्रशासन को (समय की घण्टी) देख रही है। आज हम गृह मन्त्री जी से केवल यही आश्वासन चाहते हैं कि बिहार में जल्द से जल्द जनतान्त्रिक सरकार गठित हो और वह सरकार चले। बिहार के इस अनुभव से अब तो यह और साबित हो गया कि कोई भी जनतान्त्रिक सरकार राष्ट्रपति शासन से काफ़ी बेहतर हो सकती है, काफ़ी अच्छी हो सकती है, जो अच्छे ढंग से शासन चला सकती है। मैं चाहता हूँ कि जल्द से जल्द चुनाव हो। यही कहकर मैं अपनी बात समाप्त करता हूँ।

01.08.2005

किसान आत्महत्या के मुद्दे पर...

उप सभापति महोदय, आज जिस सवाल पर हम लोग बहस कर रहे हैं, यद्यपि इसका शीर्षक 'किसानों की आत्महत्या' का दिया गया है, लेकिन यदि आत्महत्या के कारणों की समीक्षा की जाये और इसका निदान तत्काल हो जाये, तो यह तत्काल सम्भव भी नहीं लगता, लेकिन यह एक गम्भीर सवाल है। इस पर कोई मतभेद नहीं है, क्योंकि टोटल एग्रीकल्चरल पॉलिसी और टोटल गवर्नमेंट की पॉलिसी पर यह निर्भर करता है कि भविष्य में किसान आत्महत्या नहीं करेगा। इस देश में अभी जो कृषि मन्त्री हैं, वे एक सफल किसान हैं। अब तक जो कृषि मन्त्री रहे हैं, उनके टाइम में और इनके टाइम में भी आत्महत्याओं का दौर चला है, इसलिए यह कुछ बढ़ा है। इसलिए कृषि के क्षेत्र में इनको कुछ प्रयोग करना पड़ेगा।

महोदय, ऐसे कई एरिया में जहाँ किसानों ने आत्महत्या की है, वहाँ हमें संसदीय समिति के सदस्य के रूप में जाने का मौक़ा मिला है। यदि मैं उन कारणों को गिनाने लगूँ, जो साथियों ने भी गिनाये हैं, तो उपयुक्त नहीं होगा। सब लोगों ने सूदख़ोरी को कारण बताया है, क़र्ज़ को कारण बताया है, फ़सल के नुकसान होने को कारण बताया है। ये कारण हैं, लेकिन हमें लगता है कि इसका बेसिक कारण यह है कि उनकी आमदनी के स्रोत बढ़ाने के लिए अब तक जो उपाय किये गये हैं, वे पर्याप्त साबित नहीं हुए हैं। उनकी आय के स्रोत नहीं बढ़े हैं। कृषि का आधुनिक स्वरूप आज तक पैदा नहीं हो पाया है और दामों की सीमा भी अभी तक नहीं बँधी है। अब तो एक और ख़तरा आ गया है। इस ग्लोबलाइजेशन के बाद उनके सामान पर विदेशी सामान की जो मार पड़ेगी, उसका मुक़ाबला कृषि मन्त्री किस रूप में कर पायेंगे, क्या व्यवस्था करेंगे, यह एक चुनौती है।

इसलिए यह सवाल तो वित्त विभाग से भी सम्बन्धित है और पूरी सरकार से सम्बन्धित है कि अपनी पॉलिसी का फॉर्मुलेशन सरकार को इस रूप में करना चाहिए कि गाँवों की तरफ़ से शहर में जो पैसे आ रहे हैं, वह शहर में न आयें। महोदय,

मैं यह ज़रूर चाहूँगा कि जब माननीय मन्त्री जी जवाब दें तब कम-से-कम दो-चार बिन्दुओं को इस सदन को ज़रूर अवगत कराने की कोशिश करें कि क्या यह सच्चाई नहीं है कि ग्रामीण बैंक की शाखाएँ गाँवों में और खुलनी बन्द हो गयी हैं? क्या यह सच्चाई नहीं है कि 'नाबार्ड' से कम प्रतिशत यानी 5 से 7 या 8 प्रतिशत ब्याज की दर से लोन लेकर कॉमर्शियल बैंकों ने किसानों को 12 से 15 प्रतिशत की दर से लोन दिया है?

उप सभापति (श्री सन्तोष बागड़ोदिया) : आपका समय समाप्त हो रहा है।

श्री बशिष्ठ नारायण सिंह : महोदय, मैं बिन्दुवार अपनी बात कहकर समाप्त कर दूँगा। एक तो मन्त्री जी जैसे कि मैंने संस्थाओं के विषय में पूछा कि ग्रामीण बैंक कितने बन्द हुए हैं? दूसरा मेरा कहना है कि कॉमर्शियल बैंक का Attitude (कार्य पद्धिति) गाँवों के बारे में बदल रहा है तो वे आरबीआई की गाइड लाइंस के हिसाब से 18 परसेंट की सीमा कैसे पूरी करेंगे? इसलिए आप इसे पूरा करने के सम्बन्ध में उन बैंकों को ज़रूर हिदायत दें। महोदय, मैं एक बात और रखना चाहता हूँ, क्योंकि मैं भी एक किसान परिवार से आता हूँ। आज देश में बड़े पैमाने पर उत्पादन करने की प्रक्रिया चली है। तो मन्त्री जी देश में हरेक जिले के स्तर पर एक प्रयोग कराने की व्यवस्था करें कि एक एकड़ ज़मीन या एक एकड़ से कम ज़मीन में एक किसान अपने परिवार का गुज़ारा पूरे साल कैसे कर सकता है? जहाँ सिंचाई की व्यवस्था हो, उसी ज़िले में प्रयोग के तौर पर, एक केन्द्र के रूप में या जहाँ dry land (सूखी जमीन) हो, उसकी खेती करके उन खेतों से एक परिवार एक एकड़ में साल भर कैसे गुज़ारा कर सकता है? इस पर एक प्रयोग करने की कोशिश की जाये।

उप सभापति (श्री सन्तोष बागड़ोदिया) : अब आप समाप्त करें।

श्री बशिष्ठ नारायण सिंह : अन्त में मन्त्री जी से एक आग्रह करूँगा कि कृषि विभाग को एक नया orientation (परिचयात्मक प्रस्तुतीकरण) देकर, एक नये ढंग से मोड़ने की तरफ़ मन्त्री जी बढ़ें, तभी देश के किसानों की रक्षा की जा सकती है, नहीं तो विदेशी मार से भारतीय किसान नहीं बच सकते हैं। इसके लिए नयी तकनीक, नयी drive (संचालन) और नयी initiative (पहल) मन्त्री जी को लेनी पड़ेगी और इस कार्य में समाज और सरकार सभी को involve (सहभागिता) करना पड़ेगा। मुझे इतना ही कहना था। धन्यवाद।

22.03.2005

रेलवे के मुद्दे पर...

उप सभापति महोदय, आज रेलवे की पूरक माँगों पर इस सदन में विचार हो रहा है। इस देश के सार्वजनिक क्षेत्र का यह सबसे बड़ा महकमा है। इस महकमे की व्यवस्था करने के लिए जो भी व्यक्ति होगा, उसके सामने चुनौतियाँ ज़्यादा होंगी। इस विभाग के सामने भी चुनौतियाँ ज़्यादा हैं। आज यहाँ पूरक माँगें प्रस्तुत की गयी हैं, इसलिए इन पर विस्तार से बात नहीं हो सकती है, लेकिन मैं रेल मन्त्री जी का ध्यान कुछ बिन्दुओं की ओर आकर्षित करना चाहता हूँ। रेलवे की चुनौती तो आधुनिकता की है, रेलवे की चुनौती तो ट्रैक मैनेजमेंट की है, रेलवे की चुनौती तो कार्यालयों में जो लिखा रहता है–स्वच्छता, पंक्चुएलिटी, इसको हासिल करने की है, रेलवे की चुनौती तो यात्रियों की जो संख्या बढ़ती जा रही है, उन यात्रियों के लिए आपने क्या किया है? यह चुनौती है, रेलवे की चुनौती तो ओवर ब्रिजेज की भी है।

महोदय, रेल मन्त्री जी ने ज़रूर आमदनी के विषय में कहा है। रेलवे की तो यह भी चुनौती है कि जो रेल लाइनों के पास का एनक्रोचमेंट हुआ है, उस एनक्रोचमेंट को रेल मन्त्री किस तरह से हटायेंगे? रेलवे की चुनौती तो यह भी है कि स्थायी रूप से इस रेल की आमदनी को बढ़ाने के लिए रेल मन्त्री ने क्या-क्या काम किये हैं? रेल मन्त्री को बने हुए आज कुछ समय हो गया है और लालू जी को प्रशासनिक अनुभव भी है। मैं जानता हूँ कि अगर हम रेल बजट पर बात करते, तो शायद उस पर विस्तार से बात करते, लेकिन वे संकेत देने का प्रयास ज़रूर करें कि रेलवे के स्वरूप को बदलने के लिए इस दरम्पान इनको जो अनुभव हुए हैं, उसके सन्दर्भ में क्या-क्या क़दम इन्होंने उठाये हैं और क्या-क्या क़दम ये उठाने जा रहे हैं? यह सवाल रेलवे के लिए अत्यन्त महत्त्वपूर्ण है। रेलवे विभाग देश के सार्वजनिक क्षेत्र का बड़ा महकमा होने के कारण आज की सबसे बड़ी चुनौती का मुक़ाबला कर रहा है। ग्लोबलाइजेशन की ऐज में भी इस देश में रेलवे चल रही है और रेलवे की व्यवस्था यदि ठीक ढंग से होगी तो एक अच्छा उदाहरण हम संसार के लिए और

सार्वजनिक क्षेत्र में आस्था रखने वाले लोगों के लिए पेश कर सकेंगे। यह उनके लिए बड़ी बात होगी।

उप सभापति महोदय, मैं विस्तार से अपनी बात नहीं कहूँगा, लेकिन कुछ बिन्दुओं को मन्त्री जी के सामने रखना चाहूँगा। रेलवे में जो घोषणाएँ होती हैं, दूसरे मन्त्री आते हैं, तो उन घोषणाओं का कार्यान्वयन नहीं हो पाता है। इस समस्या की ओर रेल मन्त्री जी को ध्यान देना चाहिए। ओवर ब्रिजेज के जो सवाल हैं, उनके लिए स्थायी रूप से कितने फंड की व्यवस्था हो सकती है? उसे करने का प्रयास करना चाहिए।

उप सभापति महोदय, मैं बिहार से आता हूँ और रेल मन्त्री जी भी बिहार के हैं। ये जब वहाँ से गुज़रते होंगे, तो बक्सर एक स्टेशन ज़रूर पड़ता होगा, जो बिहार और उत्तर प्रदेश के बार्डर पर अवस्थित है। यदि इसकी महत्ता को देखा जाये, ऐतिहासिक दृष्टि से, धार्मिक दृष्टिकोण से या अन्तरराज्यीय दृष्टिकोण से तो यह स्टेशन बहुत महत्त्वपूर्ण है। मैं रेल मन्त्री जी से माँग करता हूँ कि उस स्टेशन को एक मॉडल स्टेशन का दर्जा देने का प्रबन्ध करें, जिससे न केवल वहाँ यात्रियों की सुविधा बढ़े, लाइटिंग की एरेंजमेंट अच्छी हो, पेयजल की व्यवस्था अच्छी हो, यात्री शेड अधिक बनें और जो उसका बाहर का लुक हो, एंटरेंस प्वाइंट हो, उसे और अच्छे ढंग से बनाया जाये। मैं इस पर रेल मन्त्री जी का ध्यान आकृष्ट करना चाहता हूँ।

उस ज़िले में दूसरा महत्त्वपूर्ण शहर है डुमराँव, यात्रियों ने जहाँ बार-बार रेल मन्त्रियों का ध्यान आकृष्ट किया है और मैं लालू जी का भी ध्यान इस पर आकृष्ट करना चाहता हूँ कि कम-से-कम मगध एक्सप्रेस को वहाँ रोकने का आदेश देने का कष्ट करें। वहाँ पर एक ओवर ब्रिज, जिसकी स्कीम पहले से पास है, उसको पूरा करायें।

साथ ही साथ श्री वी.वी. गिरि इस देश के उन राष्ट्रपतियों में से हैं, जो साधारण परिवार में पैदा होकर उच्च पदों पर पहुँचे थे, उनके नाम पर दुडीगंज के पास हॉल्ट स्टेशन बनाने की जो बार-बार वर्षों से डिमांड हो रही है, इसे पूरा करने का प्रयास करें।

आरा से सासाराम तक रेल लाइन बिछाने की योजना पहले से चल रही है और नीतीश कुमार जी के माध्यम से इसमें सासाराम की तरफ़ से कार्य भी प्रारम्भ हो चुका है। मैं रेल मन्त्री जी से माँग करता हूँ कि शीघ्रातिशीघ्र इस ओर क़दम उठायें, ताकि यह रेल निर्माण की योजना जल्द-से-जल्द पूरी हो जाये।

महोदय, साथ-साथ कोइलवर पुल है और जहाँ तक मेरी जानकारी है, चूँकि मैं एक्सपर्ट नहीं हूँ, रेल मन्त्री जी को मालूम होगा, उन्होंने एक्सपर्टों से जाँच भी करायी

होगी, लोगों का कहना है कि यह पुल अपनी उम्र पार कर चुका है। व्यवस्थागत तरीक़े से यह पुल चल रहा है। जिस दिन इस पुल को कुछ हो गया, तो लम्बे काल तक यात्री गाड़ियों का आवागमन मुश्किल हो जायेगा। उसके विकल्प के लिए क्या योजना बनायी जा रही है? इस पर भी रेल मन्त्री अपनी बात रखने का प्रयास करेंगे।

मैं इन्हीं चन्द बिन्दुओं पर अपनी बात रखकर अपनी बात समाप्त करता हूँ।

17.08.2005

संविधान संशोधन बिल-104 के मुद्दे पर...

उप सभापति महोदय, संविधान में संशोधन करने के लिए जो विधेयक सदन में लाया गया है, मैं उसके समर्थन में बोलने के लिए खड़ा हुआ हूँ। यह इस सदन के लिए एक सुखद क्षण है कि सदन एक ऐसे विषय पर विचार कर रहा है, जिससे भारतीय समाज का, जो बहुसंख्यक वर्ग है, उनके बीच से आने वाले विद्यार्थियों के हितों की रक्षा हो सके, वे भी आज के जीवन की चुनौतियाँ, जो संसार की हैं, बाज़ारवाद की हैं, उदारतावाद की हैं, उनका मुक़ाबला कर सकें।

उप सभापति महोदय, भारतीय समाज की एक बड़ी ख़ासियत परिवारवाद की है। परिवारवाद का मतलब होता है कि परिवार का जो मुखिया होता है, वह घर में जितने लोग होते हैं, उनको संरक्षण देने का और उनको समान सुविधा देने का प्रयास करता है। इसी तरह से ये दोनों सदन, देश के सबसे बड़े व्यवस्थापक हैं। यदि समाज का और देश का कोई तबका ऐसा है, जो उपेक्षित है, पीड़ित है, जो आज तक खड़ा नहीं हो पाया है, उसकी सहायता के लिए सदन को जब खड़ा हो जाना चाहिए, सदन को सामने आ जाना चाहिए तो आज ऐसे ही समय में सदन सामने आ रहा है। इससे ख़ुशी की बात और कोई नहीं हो सकती।

उप सभापति महोदय, भारतीय समाज की दो सच्चाइयाँ और हैं। एक सच्चाई यह है कि यहाँ समाज जाति व्यवस्था से आज भी संचालित हो रहा है और जाति का अस्तित्व अभी भी क़ायम है। दूसरी सच्चाई सर्वमान्य है कि भारत की बहुसंख्यक आबादी अभी ग़रीब है और पूर्णत: शिक्षा प्राप्त नहीं कर सकी है। आज उनको शिक्षा दिलाने के लिए, कमजोर लोगों को शिक्षा दिलाने के लिए यदि यहाँ बहस की जा रही है, तो यह बड़ी बात है। मैं मन्त्री जी को तो बधाई दूँगा ही, लेकिन मैं मन्त्री जी से अधिक बधाई इस सदन की संरचना को और लोकसभा की संरचना को देना चाहता हूँ। आज लोकसभा और राज्यसभा की संरचना ऐसी है, सदन की बनावट ऐसी है

कि जिस तरह के लोग चुनकर आ रहे हैं, वे क्षेत्रीय Aspiration (आकांक्षा) और जो कमजोर और पीड़ित लोग हैं, उनके हितों की रक्षा के लिए सदन को बाध्य कर देंगे कि न केवल बिल आये, उस पर बहस हो और बहस में वह बिल पारित भी हो। आज उसी पर हम लोग चर्चा कर रहे हैं।

उप सभापति जी, सदन में जो बिल लाया गया है, वह तो पास हो जायेगा, लेकिन इस बिल के पास हो जाने से यह कहना कि इससे बहुसंख्यक समुदाय के विद्यार्थियों के हितों की रक्षा हो जायेगी, कतई उचित नहीं होगा, क्योंकि शिक्षा जगत ही आज अनेक समस्याओं का सामना कर रहा है। हम मन्त्री जी से आग्रह करना चाहेंगे कि यदि वह यह बिल यहाँ लायें हैं, इसमें निजी इंजीनियरिंग कॉलेजों में, तकनीकी महाविद्यालयों में जो आरक्षण देने की बात उन्होंने कही है, तो उसकी व्यवस्था सुधार के लिए भी आवश्यक क़दम उठाये जाने चाहिए। केवल इस बिल को ले आने का कोई सार्थक परिणाम नहीं निकलेगा। उसके स्ट्रक्चर और उसके को-रिलेटेड, जो हायर सेकेंडरी है, मैं इसलिए कहता हूँ कि जो गवर्नमेंट एडेड विद्यालय हैं, यदि उनकी व्यवस्था में आवश्यक सुधार नहीं किया गया, तो वहाँ कम ही बच्चे विद्यार्थी होकर निकलेंगे और जिनके लिए यह सुविधा आप ला रहे हैं, वे इस सुविधा का लाभ नहीं उठा पायेंगे।

महोदय, आज सम्पूर्ण शिक्षा व्यवस्था के सामने एक बड़ी चुनौती है। यदि विद्यार्थियों की शिक्षा पर काफ़ी पैसे ख़र्च करने पड़ते हैं, तो सरकार के सामने भी यह एक चुनौती होगी और पब्लिक सेक्टर के सामने भी सबसे बड़ी चुनौती होगी। इसकी व्यवस्था को यदि ठीक नहीं किया गया, तो शिक्षा के लिए बड़ा ख़तरनाक परिणाम यह हो सकता है कि बहुत से विद्यार्थी, जो पहली क्लास, दूसरी क्लास, तीसरी क्लास में हैं, वे ग़रीब होने के चलते अपनी पढ़ाई छोड़ देंगे और जब तक समाज का बहुसंख्यक वर्ग अच्छे ढंग से सेकेंडरी स्कूल से पास होकर बाहर नहीं निकलेगा, तब तक ऐसे आरक्षणों का ज़्यादा फ़ायदा नहीं हो सकता है। उन विद्यालयों को भी बख़ूबी तैयार कर देना चाहिए ताकि भारतीय समाज के अधिकांश विद्यार्थी वहाँ ठीक से पढ़ सकें। यह जो बिल लाया गया है, मैं समझता हूँ कि जो समाज के सामने चुनौती है, उसके अनुरूप लाया गया है।

उप सभापति जी, मैं तो यह भी कहना चाहूँगा कि मन्त्री जी ने एक और काम अच्छा किया है। हाल की घटनाओं में हम लोगों ने देखा कि जिस पार्टी से वे रिप्रजेंट

करते हैं, जब ऐसे सामाजिक सवालों पर भी कोई आन्दोलन होता है, तब उसमें बहुत से लोगों को उस आन्दोलन में एक दूसरी भूमिका में देखा जाता है, कम-से-कम ट्रेनिंग की भी व्यवस्था आपने पार्टी के कैडरों के लिए कर दी है, इसके लिए बधाई देते हुए मैं इस बिल का समर्थन करता हूँ।

22.12.2005

श्रम और रोजगार के मुद्दे पर...

उप सभापति महोदय, आज इस सदन में एक बहुत ही महत्त्वपूर्ण मन्त्रालय के कार्यों पर चर्चा हो रही है। श्रम और रोजगार मन्त्रालय, जिस पर हम चर्चा कर रहे हैं। यह जितना एक महत्त्वपूर्ण विभाग होता था, उतना ही आज महत्त्वहीन होता जा रहा है। इसलिए भी इस विभाग पर चर्चा का बड़ा महत्त्व है कि सरकार के जो मन्त्रालय काम कर रहे हैं, उसमें श्रम विभाग की उपयोगिता अब बची है या नहीं बची है। यह एक ऐसा विभाग है, जो उन लोगों के हितों की सुरक्षा की गारंटी देता है, जिनके पास दोनों समय के खाने की समस्या विद्यमान है, यह उन लोगों की समस्याओं को हल करने की ज़िम्मेवारी लेता है, जो झोंपड़ियों में बसने के लिए विवश हैं, यह उन लोगों के हितों का सवाल अपने दिमाग़ में रखते हैं, अपने क़ानून में रखता है, अपने बच्चों के स्वास्थ्य की सुविधा और अपने स्वास्थ्य की सुविधा पैसे के अभाव में अपने तरीक़े से पूरा नहीं कर पा सकते हैं। यह मन्त्रालय ऐसे लोगों की सुरक्षा की गारंटी लेता है, जो गन्दा पानी पीने के लिए आज भी विवश हैं, जिनके पास अपने आवास नहीं हैं, जिनकी तरह-तरह की समस्याएँ हैं।

महोदय, अभी हमारे एक मित्र कह रहे थे कि ऑर्गनाइज़्ड सेक्टर में सात परसेंट और अनऑर्गनाइज़्ड सेक्टर में टोटल 37 करोड़ लेबर फोर्स इस देश में है। उनके लिए क़ानून बने, लेकिन आज भी वे ख़ुले आसमान के नीचे धरती पर सोते हैं। वही उनके लिए दीवार और छत का काम करती है। उनके लिए देश में किस ढंग के क़ानून बनेंगे?

महोदय, अब तो समीक्षा का सवाल यह है कि आज इन श्रम क़ानूनों पर चर्चा ही की जा रही है? श्रम क़ानूनों पर चर्चा इसलिए इस देश में की जा रही है कि बाज़ारवाद का, उदारवाद का, वैश्वीकरण का असर भारत की आर्थिक स्थिति पर पड़ा है और पड़ना स्वाभाविक ही है। उत्पादन अधिक से अधिक बढ़े, पूँजी अधिक से अधिक इस देश में आये, इस पर किसी को मतभेद नहीं हो सकता, लेकिन उत्पादन

अधिक हो और बेरोजगार भी उसी अनुपात में बड़े पैमाने पर बढ़ते चले जायें और बेरोजगारों की संख्या दिन-प्रतिदिन गाँवों से शहरों में आती जाये तो इससे देश में एक बड़ी समस्या पैदा हो सकती है। हमारे एक मित्र ने ठीक ही कहा कि बाद में इससे क़ानून और व्यवस्था की स्थिति भी बहुत ख़राब हो सकती है। इसलिए इस मन्त्रालय द्वारा अभी जो क़ानून हैं, उनकी समीक्षा के लिए श्रम आयोग बैठाया गया और श्रम आयोग ने अपनी संस्तुतियाँ, रिकमेंडेशंस भी सरकार को दे दीं। रिकमेंडेशंस दिये हुए भी काफी समय हो गया, लेकिन आज तक सरकार किसी निर्णय पर नहीं पहुँच सकी है। सरकार ने दावा ज़रूर किया, सरकार ने प्रयास का संकेत ज़रूर दिया, सरकार ने मशविरा करने का भी संकेत दिया, लेकिन इस दिशा में जो प्रगति होनी चाहिए थी, वह नहीं हो पायी। तो क़ानून कैसे बनें, बराबर इस बात की चर्चा हो रही है और हमको लगता है कि हमारे मार्क्सिस्ट मित्र इस पर ज़रूर चर्चा कर रहे होंगे कि चीन के आधार पर हमारे यहाँ लेबर एक्ट का निर्णय किया जाये और वह एक आधार बने। अपनी भूमि के अनुसार, यहाँ के लोगों के अनुसार, अपने क़ानूनों के अनुसार वह एक आधार बन सकता है। आज भारत में बहुत जगहों पर यह चर्चा चल रही है। चाइना भी एक बड़ा देश है और भारत भी एक बड़ा देश है, लेकिन चाइना से बड़ा लेबर मार्केट यदि कोई है तो वह भारत है। इसलिए कि वहाँ एक ढंग से रेगुलेटरी सोसाइटी काम कर रही है और भारत में डेमोक्रेटिक सोसाइटी है। इसलिए इस सवाल पर भी गहनता से विचार करना पड़ेगा कि हमारे यहाँ के श्रम क़ानून वर्तमान परिस्थितियों में किस ढंग से एंप्लॉयर को भी चेक करने का काम करें और एंप्लाइज के लिए भी मापदण्ड स्थापित करने का काम करें, ताकि एंप्लाइर के कई सवाल होते हैं, जिनके लिए श्रम क़ानून बने हैं—तालाबन्दी किस स्थिति में हो, छँटनी किस स्थिति में हो, लोगों को कंपनसेशन कैसे दिया जाये, कितना पहले उनको सूचना दी जाये, तालाबन्दी से पहले क्या नियम हों, ये सभी सवाल अभी विचार के स्तर पर चल रहे हैं, लेकिन सबसे महत्त्वपूर्ण सवाल यह है कि बाज़ारवाद और वैश्वीकरण की संस्कृति, जो आज इस देश में चल रही है, यदि उसको हमारे देश की समस्याओं के अनुकूल फॉलो किया जाये, उसका अनुकरण किया जाये तो वह कभी भी अनुकूल नहीं हो सकती। बाज़ारवाद एंप्लायर के दिमाग़ में मुनाफ़े की प्रवृत्ति पैदा करता है और एंप्लाइज के दिमाग़ में पूँजी बढ़ाने की प्रवृत्ति होती ही है, लेकिन यदि एंप्लाइज की सुरक्षा की गारंटी सरकार को देनी है, श्रम मन्त्री जी बैठे हुए हैं, सरकार की नीयत इस विभाग को किस ढंग से चलाने की है, उन्हें इसे

बताना चाहिए और इस पर श्रम मन्त्रालय की क्षमता काफ़ी निर्भर करती है। जो शरीर दन्तविहीन हो जाये, उसे खाने में काफ़ी दिक़्क़त होती है। यह विभाग भी दन्तविहीन होता चला जा रहा है और यदि कोई विभाग दन्तविहीन होता जाये तो उससे मुल्क में आगे एक बड़ी समस्या पैदा हो सकती है। इसलिए इस ओर ध्यान दिया जाना चाहिए।

महोदय, पहले कई क़ानून ऐसे बने हैं, जो अभी तक लागू नहीं हुए हैं। मैं इस समय एक क़ानून की चर्चा करना चाहता हूँ और मुझे लगता है कि इस सदन में उस पर चर्चा होनी चाहिए, वह है प्रवासी मज़दूरों का क़ानून। एक क्षेत्र से दूसरे राज्यों में बड़ी संख्या में मज़दूर जा रहे हैं। क्या इन्हें क़ानून का संरक्षण मिल रहा है? वहाँ जाकर के यदि इन पर दमन हो जाये, इनको पुलिस सुरक्षा की ज़रूरत हो जाये, इनको सरकार की सुरक्षा की ज़िम्मेदारी की ज़रूरत हो जाये, तो क्या सब उनको मिल रहा है? महोदय, मैं इसका एक प्रमाण देना चाहता हूँ, क्योंकि उसमें मुझे भाग लेने का मौक़ा मिला था। पंजाब में जब बेअन्त सिंह मुख्यमन्त्री थे तब मैं भी बिहार सरकार में मन्त्री था। उन दिनों बिहार के 25 मज़दूरों की हत्या लुधियाना के पास कर दी गयी थी। मैं उन जगहों पर गया था, जहाँ पर ये 25 मज़दूर दो जगहों पर मारे गये थे तथा उन मृत मज़दूरों के परिवारों तथा जो बच्चे थे, उनसे भेंट करने के लिए, जो और बिहारी मज़दूर बचे थे, उनको सान्त्वना देने के लिए। वहाँ पर मज़दूरों की क्या हालत है, इसका भी मैं मुआयना देने गया था और उस समय मैंने देखा कि मज़दूर काफ़ी भयभीत थे। उनको देखने के बाद मैं मुख्यमन्त्री बेअन्त सिंह जी के पास गया और इस सदन में मैं इस घटना का उल्लेख कुछ ख़ास कारणों से कर रहा हूँ। बेअन्त सिंह जी से मैंने आग्रह किया कि फिर आगे पंजाब में बिहार से मज़दूरों को आने में बहुत दिक़्क़तें हो सकती हैं, क्योंकि यहाँ पर भय और आतंक का वातावरण बन गया है, इसलिए आपको कुछ करना चाहिए। प्रवासी मज़दूरों के लिए कुछ अपने क़ानून में ऐसे संशोधन तथा कुछ ऐसा माहौल पैदा करना चाहिए कि पंजाब में जो हरियाली बनी हुई है, वह हरियाली बनी रहे, इसकी ओर प्रयास करना चाहिए। उन्होंने मुझसे कहा कि आपका क्या सुझाव है? मैंने उनको कई सुझाव दिये थे। उनको दफ़्तर का सुझाव मैंने दिया था कि यदि ये मज़दूर वहाँ आयें तो इनके लिए कोई मॉनिटरिंग सिस्टम आपके राज्य में हो जाये। प्रवासी मज़दूरों के वेलफेयर के लिए स्कीम हो जाये और मैंने एक आग्रह बेअन्त सिंह जी से यह भी किया था कि इन मज़दूरों को एक-एक लाख रुपये तत्काल आप भिजवाने का काम करें। मुझे ख़ुशी हो रही है कि बेअन्त सिंह जी ने एक-एक लाख रुपये 25 मृत मज़दूरों के

आश्रितों को तीन महीने के अन्दर भिजवाये। यह हर राज्य में एक प्रवासी मज़दूरों के साथ न्याय की बात हमने उस समय देखी थी। महोदय, आज ज़रूरत है एंप्लायर्स एसोसिएशन की। साथ ही साथ एच.एम.एस. हो, बी.एम.एस. हो, सीटू हो, एटक हो, ट्रेड यूनियन...(व्यवधान) सर, दो-तीन मिनट का समय और लेंगे। इन तमाम लोगों की बैठक सरकार अलग करे।

महोदय, श्रम मन्त्रालय इन लोगों की बैठक बुलाता है। लेकिन ऐसी बैठक अब राज्यवार हो और राज्यों के इन संगठन के लोगों से बातें की जायें, छोटी ट्रेड यूनियन के लोगों से बात की जाये, सभी सरकारों से सिफ़ारिशें माँगी जायें और तब मन्त्रालय श्रम क़ानूनों को प्रभावकारी बनाने का निर्णय ले तो श्रमिकों के हित में अच्छा काम हो सकता है, इंडस्ट्रियल एक्ट व अन्य सारे एक्ट अब बहुत ही महत्त्वहीन होते जा रहे हैं। चूँकि समय कम है, मैं इतना ही कहकर अपनी बात समाप्त करता हूँ।

17.03.2006

महँगाई वृद्धि पर...

उप सभापति महोदय, आज की इस बहस का सीधा रिश्ता भारत सरकार की अर्थव्यवस्था के संचालन से है। महोदय, 60 और 70 के दशक में जब महँगाई बढ़ती थी, तब राजनीतिक कार्यकर्ता, समाजवादी दल की राजनीति करने वाले, उस धारा में विश्वास करने वाले लोग सड़क पर नारा लगाते थे–"इस सरकार की क्या पहचान, महँगा राशन, सस्ता जान।" कल 'सस्ता जान' पर बहस होगी

महोदय, उस समय दूसरे नारे भी लगते थे–"महँगाई पर जो रोक न लगाये, वह सरकार निकम्मी है, जो सरकार निकम्मी है, वह सरकार बदलनी है।" महोदय, इन नारों से उस समय भी सरकार बदल नहीं जाया करती थी, न इन नारों से आज भी बदल जायेगी। सरकार रहेगी और उस समय भी सरकार रहा करती थी। लेकिन उन नारों का कुछ मतलब रहता था। उन नारों से सरकार के कान खड़े हो जाते थे, सरकार एहतियात के तौर पर कुछ काम करती थी, कुछ क़दम उठाती थी और उस के परिणाम निकलते थे। आज दूसरी परिस्थिति पैदा हो गयी है, लेकिन आज इस देश में एक अजीब विडम्बना है। आज अर्थव्यवस्था की इतनी सुखद पिक्चर समाज के सामने आ रही है जिससे लगता है कि हमारी आर्थिक स्थिति बहुत अच्छी हो रही है। विकास दर में वृद्धि के लिए वित्त मन्त्री जी निश्चित रूप से बधाई के पात्र हो सकते हैं, लेकिन महोदय, मैं यह कहना चाहता हूँ कि आज इस देश में तीन ही तबके हैं। एक तबका वह है, जिसके पास ख़र्च करने की समस्या है जैसे टी.वी. किस ढंग का रखें, घर में फ्रिज किस ढंग का और किस नये मॉडल का मँगाया जाये? एक दूसरा तबका इस देश में वह भी है जो वेतनभोगी या मझोले क़द के व्यापारी हैं, जो महीने में थोड़े पैसे बचा पाते हैं। वे इस महँगाई के भार को सह सकते हैं, लेकिन एक तबका वह भी है, जो गाँवों से रोजगार की तलाश में शहरों में आता है और झोंपड़ियों में रहता है। उनके बच्चों के सामने दूध पीने की समस्या है, जिनके सामने आँचल में सोने की समस्या है, जिनके लिए महँगाई का असर सीधे उनके दो जून

के भोजन पर पड़ता है। उनके लिए यह बहुत बड़ी समस्या है और आज उन्हीं के लिए इस बहस का मतलब है। मैं यहाँ पक्ष और विपक्ष की चर्चा नहीं करना चाहता, लेकिन एक ऐसी स्थिति आ रही है कि जिससे लगता है कि इस तबके पर जो सरकार की और प्रतिपक्ष की राजनीति करने वाले हैं, उन तमाम लोगों की ख़ास दृष्टि और उन पर ख़ास emphasis (असर) नहीं पड़ रहा है। उप सभापति महोदय, मुझ को लगता है कि अब नीति का भी विकल्प चाहिए। वित्त मन्त्री ने अर्थव्यवस्था सम्बन्धी नीति बनायी है, लेकिन इनको एक नीति की यह भी घोषणा करनी चाहिए कि हमारी दाम बाँधने की नीति क्या हो सकती है? उप सभापति महोदय, मैं दाम बाँधने की बात इसलिए कह रहा हूँ, क्योंकि महँगाई पहले भी बढ़ी है, आज भी बढ़ रही है और महँगाई बाद में भी बढ़ेगी। विवेचना इसलिए कि आप डीजल और पेट्रोल की बात करिए, विश्व की अर्थव्यवस्था की बात करिए और कहिएगा कि अन्तरराष्ट्रीय इकोनॉमी से प्रभावित होने के चलते महँगाई बढ़ी है। मैंने इसलिए कहा कि भविष्य में भी महँगाई बढ़ेगी, लेकिन चाइना ने भी तो अपने ढंग से प्रयोग किया है। उसने अपनी अर्थव्यवस्था को अपने ढंग से संचालित किया है। विश्व अर्थव्यवस्था से जुड़ा महँगाई का यह जो फैक्टर है, उसमें एक दूसरा फैक्टर यह भी है कि स्थानीय स्तर पर महँगाई नियन्त्रित करने का प्रबन्धन किस ढंग से हुआ है? उसे रोकने के लिए आपने क्या व्यवस्था की है? यह भी महँगाई की एक वजह है। महोदय, मैं इसे रोकने वाली व्यवस्था पर ज़्यादा ज़ोर दे रहा हूँ। मैं सोलर इनर्जी और दूसरी बातों पर आज चर्चा नहीं करना चाहता। चर्चा तो अभी भी हो रही है कि इस देश में पेट्रोल और डीजल का विकल्प दूसरे तरीक़े से खोजना पड़ेगा, उसे अपने स्रोतों से निकालना पड़ेगा। इसलिए मैं दाम बाँधने की बात कह रहा हूँ और उसके लिए दो तरह की नीतियाँ हो सकती हैं। एक नीति तात्कालिक हो सकती है और एक दीर्घ सूत्री हो सकती है। दीर्घ सूत्री नीति से मतलब पवार साहब यानी कृषि मन्त्रालय से है और इसके साथ को-रिलेटेड डिपार्टमेंट है। साथ ही तात्कालिक नीति भी हो सकती है और वह यह हो सकती है कि ग्लोबलाइजेशन के बाद भी हम अपने देश में भण्डारण की व्यवस्था कैसे करेंगे? हम इस देश में वितरण की व्यवस्था कैसे करेंगे? हम इस देश में जमाख़ोरी पर नियन्त्रण करने की व्यवस्था इस हालत में भी कैसे करने की कोशिश करेंगे? और दीर्घ सूत्री का मतलब यह था कि कम भूमि में इतनी तरह की फ़सलों की उपज देने के लिए हम कौन सी योजना बड़े पैमाने पर निकाल सकते हैं? ताकि छोटे क़द गृहस्थ को और किसान को भी उतना उत्पादन

हो जाये, जिससे उसके जीवन की जो आवश्यकताएँ हैं, कम-से-कम खाने की, वह उससे पूरी कर सके। सरकारी प्रबन्धन इसलिए महत्त्वपूर्ण है कि यदि हम भण्डारण कर लें और व्यापारियों के ख़रीदने पर एक सीमा निर्धारित कर दें कि इससे अधिक सामान आप नहीं रख सकते, एक यही आपकी सीमा होगी और हम सरकारी गोदामों के लिए जितना सामान ख़रीदते हैं, सरकार के उन गोदामों में इतना सामान होना चाहिए कि यदि इस ढंग की क्राइसिस आये तो सरकार न केवल आम जनता को सप्लाई कर सके बल्कि इसके बाद जो बचत हो, उसको बाहर एक्सपोर्ट कर सके।

डिस्ट्रिब्यूशन के मामले में अवनि राय जी ने जो कहा, वह मुझे अच्छा लगा। अभी दिनेश त्रिवेदी जी भी बोल रहे थे, अवनि राय जी का ही सुझाव था कि केन्द्र सरकार को, राज्य सरकारों को, राज्य सरकारें चाहे जिनकी हों, बुलाकर एक विमर्श का रास्ता अख़्तियार करना चाहिए कि इस तरह की स्थिति में एक सामयिक नीति अपनायी जाये, जिससे महँगाई को बराबर नियन्त्रण में रखा जाये। पहले से ही दाम बाँधने के लिए कुछ ठोस और कारगर क़दम पर बहस होनी चाहिए, तभी इस देश में महँगाई आगे भी रोकी जा सकती है और इस महँगाई पर नियन्त्रण भी किया जा सकता है। इतना ही कहकर मैं अपनी बात समाप्त करता हूँ। धन्यवाद।

25.07.2006

किसान आत्महत्या के मुद्दे पर...

श्री बशिष्ठ नारायण सिंह (बिहार) : उप सभापति जी, पाँच मिनट आपने कहा है, इसलिए चेयर से आज एक निवेदन करके मैं अपनी बात आरम्भ करना चाहता हूँ। जब कोई भी चर्चा आरम्भ होती है तब प्रारम्भ में चेयर इतनी उदारता दिखाती है, और समापन में चेयर इतनी सख़्त हो जाये तो थोड़ी दिक़्क़त हो जाती है।

उप सभापति महोदय, आज किसानों द्वारा की जा रहीं आत्महत्याएँ और समर्थन मूल्य, इन दो जुड़े हुए सवालों पर हम विचार कर रहे हैं। मुझे एक बात विचित्र लगती है कि देश का कृषि मन्त्री एक प्रगतिशील किसान है और निपुणता के विषय में और सक्षमता के विषय में भी उनके विरोध में टिप्पणी करने में बड़ी दिक़्क़त महसूस हो रही है। सरकारी व्यवस्था और कृषि विभाग का संचालन और उससे को-रिलेटेड विभागों का संचालन इस ढंग से हो रहा है कि किसान आत्महत्या करने पर मजबूर हो रहे हैं। उप सभापति महोदय, स्थायी समिति के सदस्य के रूप में कुछ जगहों पर, जहाँ किसानों ने आत्महत्या की थी, वहाँ हमको जाने का अवसर मिला था। वहाँ तीन-चार बातें ही मूलरूप से पता लगीं और इसके अलावा कुछ सामाजिक बातें वहाँ के लोगों ने बतायी। लेकिन तीन-चार बातें प्रमुख रूप से बतायी गयीं ऋणग्रस्तता यानी क़र्ज़ एक प्रधान कारण है आत्महत्या का। दूसरा कारण लोगों ने बताया कि उस इलाक़े में निरन्तर सूखा पड़ने का एक कारण किसानों द्वारा आत्महत्या करने का। तीसरा कारण लोगों ने बताया कि जिस परिवार ने आत्महत्या की या उस परिवार के व्यक्ति ने आत्महत्या की, मनी लेंडर ने बड़ी सख़्ती बरती थी लोन वसूलने में। चौथा कारण लोगों ने बताया कि सहायता के लिए सरकार के जो संस्थान हैं, संगठन हैं, सही समय पर सहायता पहुँचाने में असमर्थ रहे यानी आसान शर्तों पर उनको ऋण प्राप्त नहीं हो सका। किसी भी सरकार के लिए या किसी भी समाज के लिए यदि कोई किसान, कोई मज़दूर या कोई निर्धन रेखा के नीचे रहने वाला व्यक्ति यदि आत्महत्या करता है, तो इस पूरी सामाजिक व्यवस्था पर और

सरकारी व्यवस्था पर एक क्रूर मज़ाक़ होता है और यहाँ पर यही देखने को मिल रहा है। उप सभापति महोदय, मैं ऐसी धृष्टता कभी नहीं कर सकता कि किसानों ने जो आत्महत्या की है और कृषि मन्त्री जी यहाँ बैठे हुए हैं, तो मैं यह कह दूँ कि आप असफल रहे हैं। लेकिन मुझे इतना कहने में कोई हिचक नहीं हो रही है, कोई दिक़्क़त नहीं हो रही है कि कृषि और किसानों से सम्बन्धित जितने सरकारी विभाग हैं, उनके बीच में कोआर्डिनेशन का अभाव है। उनके बीच में तारतम्य और समन्वय का अभाव है, उनकी संयुक्त बैठकें नहीं हो रही हैं और मुझे यह भी कहने में कोई दिक़्क़त नहीं हो रही है कि कृषि पर सरकार का जो ध्यान होना चाहिए, वह सरकार ने इसको प्राथमिकता के तौर पर लेने का काम नहीं किया है। उप सभापति जी, शरद जी के साथ डेयरी डेवलपमेंट विभाग भी कृषि से सम्बन्धित है, सहकारिता विभाग भी कृषि से सम्बन्धित है, वाटर रिसोर्सेज विभाग भी कृषि से सम्बन्धित है, फाइनेंस विभाग भी कृषि से सम्बन्धित है। इन सारे विभागों के बीच में यदि समन्वय हो जाये, तो शायद यह स्थिति नहीं आये। मैं कई उदाहरणों में नहीं जाना चाहता हूँ, लेकिन कृषि मन्त्री जी, हाल के 15 दिनों के अन्दर एक प्रसंग का उल्लेख करना चाहता हूँ जिससे मार्केटिंग व्यवस्था का पता चलता है। मैं बिहार जैसे पिछड़े राज्य से आता हूँ। आने के वक़्त मैंने वहाँ पर टमाटर ख़रीदा, मैंने वहाँ पर तीन रुपये किलो टमाटर ख़रीदा। मैं दिल्ली आया तो 10 रुपये और 11 रुपये किलो टमाटर का भाव था। यह जो मार्केटिंग की व्यवस्था है, इसको बदलने की ज़रूरत है, तभी किसानों की आत्महत्या रोकी जा सकती है। मैं आपसे ज़रूर कहूँगा कि आपके जो कृषि विज्ञान केन्द्र हैं, जो आपके अनुसन्धान केन्द्र हैं, उनके तौर-तरीक़ों में थोड़ा बदलाव लाया जाना चाहिए। आपने प्रगतिशीलता के पैमाने पर बड़ा उत्पादन करके दिखाया है, वैसे ही सीमान्त किसानों के लिए एक अलग तरह की नीति अपनाने की ज़रूरत है।

उप सभापति जी, मैं एक और उदाहरण देना चाहता हूँ। यह उदाहरण इस सदन से सम्बन्धित है। दिनांक 23.05.2006 को इसी राज्यसभा में मैंने सवाल उठाया था और वह सवाल उठाया था वाटर रिसोर्सेस विभाग के मन्त्री से renovation (नवीनीकरण) और गाँव में जल निकासी व इनकी मरम्मत के बारे में। देश में इनकी 24 हज़ार वाटर यूनिट्स हैं। उन्होंने कहा था कि इसके लिए तीन सौ करोड़ रुपये का हमने प्रबन्धन किया है। यह स्कीम पूरे देश में लागू होगी। यह स्कीम वर्ष 2004 में निकली हैं और वर्ष 2007 में ख़त्म होगी, इस पर केवल सौ करोड़ रुपये 14

राज्यों में ख़र्च हुए हैं। मन्त्री जी का सदन में आश्वासन है कि इसको हम पूरे देश में लागू करना चाहते हैं।...(समय की घण्टी)...लेकिन साथ-साथ इंप्लीमेंटेशन केवल सौ करोड़ का हुआ है और यह कह रहे हैं कि हम इसके बारे में वित्त मन्त्री जी से भी बात करेंगे। वित्त मन्त्री जी और पैसे बढ़ायेंगे। 14 राज्यों में जो काम हुआ है उसका मूल्यांकन नहीं हुआ है उसका रिजल्ट नहीं आया और मन्त्री जी कह रहे हैं कि इस कार्यक्रम को हम पूरे देश में लागू करने का प्रयास करेंगे। मैं आग्रह करना चाहता हूँ कि जो आश्वासन सरकार दे, उन आश्वासनों को कार्यान्वयन करने की दृढ़ इच्छा शक्ति भी सरकार दिखाये। उनको लागू करने का संकल्प भी दिखाये और उन वायदों को पूरा भी करे।

उप सभापति महोदय, अब मैं एक एग्जांपल और देना चाहता हूँ। रिजर्व बैंक के निर्देश रहते हैं...

उप सभापति (प्रो. पी.जे. कुरियन) : आप समाप्त कीजिए।

श्री बशिष्ठ नारायण सिंह : वित्त विभाग के निर्देश भी रहते हैं कि किसानों पर आप 18 प्रतिशत रुपये खर्च करेंगे। उप सभापति जी, 26 बैंक राष्ट्रीयकृत हैं, उनमें से केवल 8 बैंकों ने रिजर्व बैंक की शर्तों को पूरा किया है। 26 में से केवल 8 ने यह काम किया है। अब जिस देश में राष्ट्रीयकृत बैंक किसानों को, मज़दूरों को सहायता देने के लिए, उनके लिए जो नीति निर्धारित की गयी है, उसको कार्यान्वित करने की दिशा में दिलचस्पी नहीं दिखायेंगे तो इस देश के किसानों का क्या हो सकता है? इस देश के किसानों के लिए ज़रूरी है कि बैंक भी उदार हों और किसानों को ऋण देने वाली जितनी भी संस्थाएँ हैं, उनका रेगुलेशन और उनके प्रबन्धन के तौर-तरीक़े में बदलाव करने का प्रयास किया जाना चाहिए। मन्त्री जी विशेष रूप से दो-तीन बातें...(व्यवधान)...

उप सभापति (प्रो. पी.जे. कुरियन) : अब समाप्त कीजिए।

श्री बशिष्ठ नारायण सिंह : पॉइंट्स के रूप में कहना चाहता हूँ। चूँकि बार-बार आपका निर्देश हो रहा है इसलिए और अधिक देर तक मैं बोलता रहा तो ठीक नहीं होगा। एक भूमि सर्वेक्षण का काम बड़े पैमाने पर आप करा दीजिए। भूमि सर्वेक्षण के काम के लिए मैं इसलिए कह रहा हूँ कि किस खेत में कौन सी फ़सल उपजायी जाये, इसकी तो कम-से-कम जाँच हो जाये।...(समय की घण्टी)...

उप सभापति (प्रो. पी.जे. कुरियन) : समाप्त कीजिए।

श्री बशिष्ठ नारायण सिंह : लघु सिंचाई योजना पर विशेष ध्यान दिया जाये। उप सभापति महोदय, चूँकि आपने कहा है, मैं विस्तार से कुछ पॉइंट वाइज़ तैयार करके लाया था, मैं केवल पॉइंट्स का उल्लेख करना चाहता हूँ।

उप सभापति (प्रो. पी.जे. कुरियन) : आपका पाँच मिनट का टाइम था, आपने दस मिनट का टाइम ले लिया है।

श्री बशिष्ठ नारायण सिंह : मौसम विभाग के लिए यह बहुत महत्त्वपूर्ण प्रश्न है। इस देश के मौसम विभाग ने मज़ाक़ कर दिया है कि सूखे का पता नहीं चलता है इसलिए इस विभाग को चुस्त-दुरुस्त एवं अत्याधुनिक बनाया जाये। कृषि तथा किसानों से सम्बन्धित विभागों में अच्छा समन्वय हो। मार्केटिंग तथा वितरण की व्यवस्था ठीक की जाये, कृषि में निवेश बढ़ाया जाये। बैंक निर्देशों का पालन करें। एक अन्तिम सुझाव यह देना चाहता हूँ कि करख़निया के माल तथा किसानों की फ़सल की क़ीमतों में सन्तुलन की सीमा निर्धारित की जाये। एक का प्राइस बढ़ता जाये और दूसरे का नहीं बढ़े, यह ठीक नहीं है। अन्त में, फ़सल बीमा योजना की बात कहना चाहता हूँ कि इसको प्रोत्साहित किया जाये, इसको ज़्यादा बढ़ाया जाये। किसानों को इसकी जानकारी दी जाये, जिससे जिनकी फ़सल बर्बाद हो, उनको राहत मिल सके, इतना ही निवेदन करके मैं अपनी बात समाप्त करता हूँ। धन्यवाद।

(23.08.2006 राज्यसभा में)

सांसद सुनील महतो की हत्या पर...

सभापति महोदय, श्री सुनील कुमार महतो जी की हत्या एक असाधारण घटना है। संसद का सत्र चल रहा है और उसी अवधि में हिंसक गतिविधियों में विश्वास करने वाले लोगों ने लोकतान्त्रिक पद्धति में विश्वास करने वाले एक होनहार, जिसका भविष्य अनेक सम्भावनाओं से परिपूर्ण था, को दुनिया से हटा दिया है।

अभी तीन-चार सवाल उठ रहे हैं। यह घटना समाज, सरकार और लोकतन्त्र, तीनों के लिए चुनौती बन गयी है। गृह मन्त्री जी ने पहले भी आतंकवाद, उग्रवाद और नक्सलवाद पर आँकड़ों सहित अपना बयान दिया था। आज के बयान में भी कुछ ऐसी ही चर्चा की गयी है, कुछ स्कीमों की चर्चा की गयी है। हत्याओं का सिलसिला चल रहा है। बराबर इसी ढंग से सरकार के बयान आते जा रहे हैं। लगता है कि इसका कोई सार्थक समाधान नहीं निकल पायेगा।

मैं दो-तीन प्रश्नों पर गृह मन्त्री जी का ध्यान आकृष्ट कर रहा हूँ और उनसे जानकारी भी चाहता हूँ। सरकार ने मॉडर्नाइजेशन करने के लिए अपने सशस्त्र बलों का, पुलिस इत्यादि का क्या रास्ता अख़्तियार किया है? उग्रवादी संगठनों के जो आत्मघाती दस्ते बन रहे हैं, सरकार के द्वारा क्या उस पर गम्भीरता से विचार किया गया है? क्या सरकार ने इस पहलू पर विचार किया है कि ये उग्रवादी संगठन, आतंकवादी संगठन, नक्सलवादी संगठन किन एरियाज में ज़्यादा सक्रिय हैं?

सभापति महोदय, बिहार के मुसहरी में, जहाँ पर नक्सलवादी ज़्यादा सक्रिय हुए थे, वहाँ पर श्री जयप्रकाश नारायण उनका मुक़ाबला करने के लिए गये थे। हम लोगों के पास ऐसी जानकारी है, जो पत्रों को पढ़ने से प्राप्त हुई है कि नक्सलवादी संगठन के लोग उन्हीं इलाक़ों में ज़्यादा प्रश्रय पाते हैं, जिन इलाक़ों में निर्धनता रेखा से नीचे रहने वालों की संख्या ज़्यादा होती है। अब जहाँ पर निर्धनता रेखा से नीचे रहने वालों की संख्या ज़्यादा है, उन इलाक़ों में, जैसा कि सरकार ने अभी स्कीम बनायी है कि आज भारत निर्माण की जितनी योजनाएँ हैं, क्या सरकार उनको भी

लागू करने का विचार कर रही है। क्या सरकार इस पर भी विचार कर रही है कि इस तरह के एरियाज में कम-से-कम सोशियो-इकोनॉमिक सर्वे करा लिया जाये और साशियो-इकोनॉमिक सर्वे कराने के बाद वहाँ डेवलपमेंटल और आधुनिक तरीक़े से पुलिस को लैस किया जाये? सरकार कम-से-कम इन प्रश्नों पर विचार करे। इतना कहकर अपनी संवेदना व्यक्त करते हुए मैं अपनी बात समाप्त करता हूँ।

श्री रवि शंकर प्रसाद (बिहार) : सभापति महोदय, आपने मुझे अवसर दिया। मैं इसकी भर्त्सना करते हुए अपनी संवेदना व्यक्त करता हूँ। माननीय गृह मन्त्री जी, मेरे आपसे दो सवाल हैं। पहला सवाल यह है कि आप हमेशा कहते हैं कि यह सामाजिक, आर्थिक चिन्ता का विषय नक्सलवाद है। लेकिन एक बात आप जानते होंगे कि आज निहित स्वार्थों के द्वारा नक्सलवाद सरकारी फंड को लूटने का एक बहुत बड़ा उपक्रम भी बन रहा है। यह बात मैं इसलिए भी कह रहा हूँ कि उस इलाक़े में सुनील महतो ने इसके ख़िलाफ़ आवाज़ उठायी थी। कुछ दिनों पहले रेलवे पर माल लोड नहीं हो सका था, क्योंकि नक्सलवादियों ने कहा था कि जब तक हमें कट नहीं मिलेगा, तब तक हम लोडिंग नहीं करने देंगे। तो ये घटनाएँ चल रही थीं। क्या कार्रवाई हुई, मैं इसको बड़े विषय पर ले जाना चाहता हूँ। दूसरी बड़ी बात मैं कहना चाहता हूँ कि जिस इलाक़े में यह घटना हुई है, वह पाँच प्रदेशों का मोटे रूप से संगम है–झारखण्ड, पश्चिम बंगाल, उड़ीसा, आन्ध्र प्रदेश और छत्तीसगढ़। इन सभी जगहों पर नक्सलवाद का प्रभाव है। जब-जब जनता का मूवमेंट शुरू होता है, तब-तब उसको दबाने की कोशिश होती है। छत्तीसगढ़ में सलवा जुडूम मूवमेंट हुआ था। याद करिए, जनता जागी थी। पूरे देश की मीडिया में सलवा जुडूम के ख़िलाफ़ लेख़ आने शुरू हो गये। सिविल लिबर्टी मूवमेंट ने बोलना शुरू कर दिया। केन्द्र सरकार को जितनी सख़्ती से नक्सलवाद के ख़िलाफ़ मूवमेंट को समर्थन मिलना चाहिए था, वह नहीं मिल पाया। आज जो यह घटना हुई है, उसका कारण वही है। इसलिए मैं कहूँगा कि नक्सलवाद की इन चिन्ताओं के आलोक में सरकार क्या कार्रवाई करेगी? यह हम आपसे ज़रूर जानना चाहेंगे।

06.03.2007

राष्ट्रपति के अभिभाषण के बाद...

उप सभापति महोदय, राष्ट्रपति जी के अभिभाषण पर सदन में जो धन्यवाद प्रस्ताव पेश किया गया है, मैं उस चर्चा में शरीक होने के लिए खड़ा हुआ हूँ। अभी एक वक्ता के पहले माननीय सदस्या प्रभा ठाकुर जी ने सदन में एक अच्छी बात कही कि विपक्ष में जो लोग बैठते हैं, केवल खामियाँ देखने की कोशिश न करें। यदि सरकार ने किसी क्षेत्र में उल्लेखनीय कार्य किया है, तो उसकी प्रशंसा भी करें। मैं भी आज सोचता था कि इसी दृष्टिकोण से सरकार के इस दृष्टि पत्र पर या दृष्टिकोण पर या सरकार के इस दस्तावेज़ पर कुछ ऐसे बिन्दुओं को खोजूँ, जिसमें चाह कर भी सरकार की आलोचना नहीं कर सकूँ, लेकिन ज्यों ही मैंने सीताराम येचुरी साहब का भाषण सुना और ज्यों ही मैंने अर्जुन कुमार सेनगुप्त जी का भाषण सुना, तो मेरे दिमाग़ में लगा कि सरकार ने जो दस्तावेज़ तैयार किया है, सरकार के पक्ष में जो लोग खड़े हैं, सरकार के समर्थन में जो पार्टियाँ खड़ी हैं, उनकी भी दृष्टि इस सरकार के कामकाज से पूर्णतः सन्तुष्ट रहने की नहीं है, तो हमारी भूमिका तो स्पष्ट होती है। जिन बातों को हम लोगों ने इधर से कहने की कोशिश की है, उन्हीं बातों को सरकार के पक्ष में खड़े लोग और सरकार के बुद्धिजीवी कहलाने वाले व्यक्ति और एक पार्टी प्रमुख की हैसियत रखने वाले नेता ने इस सरकार के सम्बन्ध में कही है, तो कैसे प्रशंसा की जाये? किन शब्दों में प्रशंसा की जाये? चूँकि जब वही कह रहे हैं, प्रत्येक क्षेत्र में caution (सावधानी) किया है। लेकिन उप सभापति महोदय, Indian politics (भारतीय राजनीति) की एक बड़ी ख़ूबसूरती है, एक सुन्दरता है। इतना अच्छा भाषण देने के बाद, इतनी ख़ूबसूरती से भारतीय समस्याओं को रखने के बाद भी Indian politics (भारतीय राजनीति) की जो compulsions (मजबूरियाँ) हैं, उसके चलते भी धन्यवाद प्रस्ताव के समर्थन में सीताराम येचुरी जी को अन्त में बोलना पड़ा–Compulsions of Indian politics (भारतीय राजनीति की मजबूरी) यही ख़ूबसूरती है, इसी को मैं देख रहा हूँ। नहीं तो तेवर तो कुछ कड़ा हो जाना

चाहिए था। तेवर कड़ा हो जाने के बाद सरकार को उसकी क़ीमत चुकानी पड़ती, लेकिन सरकार को उसकी क़ीमत चुकानी पड़ेगी कि नहीं इस पर भविष्यवाणी नहीं कर सकते।

उप सभापति महोदय, मेरे जैसा व्यक्ति इस सरकार की घोषणाओं पर पूर्णतः विश्वास नहीं करता। इसके प्रमाण हैं और इसके तथ्य मौजूद हैं कि इस सरकार के मन्त्री सदन में जो घोषणा करते हैं या सदन के बाहर जो घोषणा करते हैं, उसके अमल पर, उसके कार्यान्वयन पर, उसकी मॉनिटरिंग पर कभी ध्यान नहीं देते हैं। उप सभापति महोदय, पानी के सवाल पर कर्नाटक और तमिलनाडु आज आमने-सामने खड़े हैं। पानी के सवाल पर आज हरियाणा और पंजाब आमने-सामने खड़े होते जा रहे हैं। लेकिन पानी का प्रबन्धन सरकार ने कैसे किया है? उप सभापति महोदय, मैं इसलिए कहना चाहता हूँ और सरकार से इस पर जवाब भी चाहता हूँ, चूँकि मैं जो जवाब चाहता हूँ, इसी बिन्दु पर चाहता हूँ। पानी का महत्त्व इतना है कि राज्य लड़ रहे हैं। पानी का महत्त्व इतना है कि किसान बेहाल हैं। पानी के सवाल पर सरकार ने जो घोषणा की है, उन घोषणाओं को आज तीन वर्ष हो गये, उसको कार्यान्वित नहीं किया है। इन घोषणाओं पर विश्वास कैसे किया जाये? उप सभापति महोदय, गाँवों के water bodies (जल संसाधन) के restoration, reservation (मरम्मत एवं संरक्षण) के लिए तीन वर्ष पहले भारत सरकार ने एक योजना चलायी। उसके लिए तीन सौ करोड़ रुपये भी दिये गये, लेकिन सौ करोड़ रुपये ख़र्च हुए हैं क्या? ख़र्च नहीं हुए हैं। एक ओर पानी के सवाल पर नयी-नयी योजनाओं की घोषणा करना, पानी के लिए लड़ाई होना और जिन योजनाओं की इसी सरकार ने घोषणा की है, उनका पालन नहीं करना, विश्वास कैसे किया जाये कि यह सरकार अपने वचनों का पालन करेगी? ग्रामीण रोजगार पर बार-बार उस बेंच की ओर से बात आ रही है कि इसमें गाँवों की ओर ध्यान दिया गया है, इस बार किसानों की ओर ध्यान दिया गया है। उप सभापति महोदय, चूँकि आत्महत्याओं का सिलसिला इस देश में चल रहा है, जब भी प्रधानमन्त्री जी जवाब दें...तो मैं यह ज़रूर कहूँगा कि पहला प्रश्न जल-निकाय का जो गाँवों से सम्बन्धित उठाया गया है, उन पर पैसे कितने ख़र्च किये गये हैं, इस बारे में वह जवाब दें? महोदय, मैं उनसे एक जवाब और चाहूँगा। रिजर्व बैंक के निर्देश mandatory (अनिवार्य) हैं और कॉमर्शियल बैंक को उन्हें मानना होता है। महोदय, 18 प्रतिशत आप गाँवों पर ख़र्च करेंगे, तो क्या अभी तक

आधे कॉमर्शियल बैंक ने गाँवों पर 18 प्रतिशत ख़र्च किया है? यदि आधे कॅमर्शियल बैंक ने सरकार के निर्देशों की अवहेलना की है, तो यह कैसे सोचा जा सकता है कि आज जो घोषणा इस दृष्टि पत्र में की गयी है, उसमें सारे विभागों को touch (निर्देशित) कर दिया गया है।

उप सभापति महोदय, मैं कुछ बिन्दुओं को खोज रहा था कि मैं किन बिन्दुओं की प्रशंसा करूँ। मुझे लगा कि दो-तीन बिन्दुओं पर सरकार से कुछ कहा जा सकता है–एक ग्रोथ रेट, जिसकी चर्चा हो रही है और एक रेलवे बजट जो पेश हुआ है। मुझे लगा कि इस पर बातचीत की जा सकती है, लेकिन ग्रोथ रेट के साथ inflation (मुद्रा स्फीति) वाली बात सामने आ गयी है, इसलिए देश की अर्थव्यवस्था के संचालन के सम्बन्ध में कई प्रश्न उठ रहे हैं। आपने कल 'द हिन्दू' पेपर पढ़ा होगा। महोदय, चाइना के बजट के आधार पर भारत के बजट की तुलना की जाये, यह मैं कभी नहीं चाहूँगा। लेकिन आज जहाँ उदारीकरण का साम्राज्य चल रहा है, उदारीकरण की हवा में, उदारीकरण के घेरे में जब यह सरकार चली गयी है, तब इस सदन में उस बजट की चर्चा करना कोई अप्रासंगिक नहीं होगा। इसलिए महोदय, ग्रोथ रेट भी जब बहुत से कंट्रीज में सीमा से अधिक बढ़ने लगता है, यहाँ तो सीमा से अधिक नहीं बढ़ता है, तो उसे कंट्रोल करने की बात होती है और उस पर बात हुई है।

उप सभापति महोदय, स्वरोजगार के लिए इतनी योजनाएँ चलायी जा रही हैं और रोजगार के लिए जो योजनाएँ चलायी जा रही हैं, लेकिन उनका परिणाम नहीं देखा जा रहा है कि पॉपुलेशन किस अनुपात में बढ़ रहा है और job opportunities (रोजगार के अवसर) इस देश में किस अनुपात में बढ़ रही है? जब job opportunities (रोजगार के अवसर) उस अनुपात में नहीं बढ़ रही है, तो जनसंख्या अन्त में इतना भयावह रूप ले लेगी जिसका कोई हिसाब-किताब नहीं रहेगा। यह सवाल है जिनका जवाब सरकार को देना है और सरकार ने ग्रामीण रोजगार उपलब्ध कराने के लिए जिन योजनाओं की घोषणा की है, क्या सरकार ने कभी इस बात पर विचार किया है कि इस देश में फ़िजूलख़र्ची जिस पैमाने पर हो रही है, उसे रोकने के लिए हम कौन से तौर-तरीक़े अपनायेंगे? हमने आज तक इस देश में जो मॉनिटरिंग की व्यवस्था की है, क्या उस मॉनिटरिंग की व्यवस्था पर चर्चा हुई है? क्या इस सदन में राष्ट्रपति महोदय के अभिभाषण पर कार्यान्वयन के लिए जो नौकरशाही खड़ी है, इस नौकरशाही के वर्तमान स्वरूप को बनाये रखकर इन योजनाओं को पूरा नहीं किया जा सकता है। उप सभापति महोदय, नौकरशाही के स्वरूप की चर्चा इस सदन में आज इसलिए

कर रहा हूँ क्योंकि भारत की नौकरशाही ने अपने कर्तव्य का निर्वहन नहीं किया है। भारत की नौकरशाही की आज तक फ़ाइलों के निष्पादन में, संचिकाओं के निष्पादन में प्रमुख भूमिका रही है। इनकी भूमिका कार्यान्वयन पर नहीं रही है, विकास के कामों को देखने में इनकी भूमिका नहीं रही है। इनकी भूमिका को बदलना है। महोदय, आरामदेह घरों में बैठकर किसानों, ग़रीबों, मजलूमों और उन कुली व माल ढोने वाले लोगों, रिक्शा चलाने वाले लोगों की, गाय व भैंस चराने वाले लोगों की तस्वीर नहीं देखी जा सकती। जब तक ये फ़ील्ड में नहीं भेजे जायेंगे, जब तब इनको अनुभव नहीं होगा कि भारत की नंगी तस्वीर कहाँ है, इस नौकरशाही की तस्वीर बदलने की ज़रूरत है। महोदय, इनके लिए नये तौर-तरीक़े अपनाये जायें।

उप सभापति महोदय, आप ने घण्टी बजायी है, इसलिए मैं समझता हूँ कि मैं अपने भाषण को अब संक्षिप्त में कुछ मिनटों में ही समाप्त कर दूँ। मैं एक-दो बात और कहना चाहूँगा। महोदय, आज सोशल क्षेत्र बहुत असुरक्षित होता जा रहा है। एक ओर सदन में महँगाई पर चर्चा हो रही है और दूसरी ओर इसी सरकार में महँगाई से निपटने के बजाय Special economic zone (विशेष अर्थिक क्षेत्र) को बढ़ावा देने की बात हो। एक ओर दाल की कमी, एक ओर आवश्यक वस्तुओं की कमी और दूसरी ओर स्पेशल इकोनॉमिक जोन को बढ़ावा दिया जाये, कृषि योग्य भूमि उसमें चली जाये? यह बड़े आश्चर्य की बात है। मैं तो यही कहूँगा कि भारत के परम्परागत उद्योगों को आधुनिक स्वरूप देकर विकसित किया जाये। भारत में बड़े पैमाने पर रोजगार फैल सकता है। ख़ासकर के कुशल कारीगरी के लिए विशाल पैमाने पर आई.टी.आई. खोली जायें, इसकी तैयारी की जाये, तो भारत के गाँवों के लोगों को फ़ायदा हो सकता है।

अन्त में, चूँकि आपने संकेत दिया है कि हमें अपनी बात जल्दी से जल्दी समाप्त करनी चाहिए। एक और बात का उल्लेख करना चाहता हूँ। वह बहुत ही महत्त्वपूर्ण बात है। वह यह है कि पड़ोसी देशों के साथ रिश्तों के बारे में इस दृष्टि पत्र में चर्चा की गयी है। चीन के साथ हमारे रिश्ते अच्छे हों और पाकिस्तान के साथ हमारे रिश्ते अच्छे हो जायें, तो भविष्य में आने वाली चुनौतियों का मुक़ाबला हम ठीक से कर पायेंगे। इसमें कोई दो राय नहीं है। चीन के राष्ट्राध्यक्ष भी यहाँ आये, इस देश ने उनका स्वागत भी किया है। लेकिन चीन के प्रतिनिधि का जो स्टेटमेंट उस यात्रा के पहले आया, क्या वह कहीं से न्यायसंगत था? जो डिप्लोमेटिक टेंडेंसिज़ होती हैं, क्या वह कहीं से उनके अनुकूल था? जिसमें अरुणाचल प्रदेश के बारे में कहा गया था।

हमारे देश में तिब्बती मूल के बहुत से लोग आये हैं। तिब्बती मूल के लोग आज तिब्बत में अपनी संस्कृति को बचाने के लिए संघर्ष कर रहे हैं, मर रहे हैं, मारे जा रहे हैं, टार्चर हो रहे हैं। मानवाधिकार में उनका नाम आया है। आप ही की पूर्व सरकार ने, परम पावन दलाई लामा जी को इस देश में शरण दी थी। वह मानवता के नाम पर शरण दी गयी थी। वह अहिंसा का एक पुजारी है, उसके नाम पर शरण शरण दी गयी थी कि सत्य बोलने वाला एक व्यक्ति है, उसको प्रताड़ित किया गया है। इस नाम पर और इसी भूमि पर काम करते-करते उस व्यक्ति को नोबेल पुरस्कार से सम्मानित किया गया है। आज चीन किस ढंग से काम कर रहा है? तिब्बत की सुरक्षा भारत की सुरक्षा से जुड़ी हुई है। तिब्बत की जो बनावट है, तिब्बत की जो नदियाँ हैं और तिब्बत में जो मानसरोवर है, जिससे भारत के लोगों का मानसिक लगाव है, वह तिब्बत से जुड़ा हुआ है। क्या इन सवालों पर सरकार कोई दृष्टि नहीं अपना सकती है? वर्षों पहले जिसको शरणार्थी बनाया, वर्षों पहले जिसको इस देश ने आदर और सम्मान का पात्र बनाया और सम्मानित किया, वह आज इस सवाल पर लड़ रहा है। उसने अपनी नीति में परिवर्तन किया है। उसने कहा है कि भारत भी ख़ुश रहे, चीन भी ख़ुश रहे। वह चाहते हैं कि भारत और चीन का सम्बन्ध बेहतर हो। वे तो केवल यही चाहते हैं कि तिब्बत की मूल आज़ादी को, अपने ढंग से जीने की आज़ादी, अपनी संस्कृति को बचाने की स्वतन्त्रता, अपनी शिक्षा को अपने ढंग से प्राप्त करने की स्वतन्त्रता, बरकरार रहे। फ़ॉरेन और दूसरे अफेयर्स अपने हाथ में रख लो, लेकिन हमको अपने ढंग से जीने की आज़ादी दो। क्या भारत सरकार, क्या भारत की वैदेशिक नीति यह नहीं हो सकती है, कोई आँखें दिखाकर चला जाये, हमारी भूमि पर सवाल पैदाकर के चला जाये, उसका प्रतिवाद कठोर शब्दों में नहीं हो जाये? हमारी कुछ भूमि पर अभी चीन का क़ब्ज़ा है, उस पर डिप्लोमेटिक चैनल पर, डिप्लोमेटिक टेबल पर चर्चा हो? हम भारत सरकार के प्रधानमन्त्री जी से, भारत सरकार के विदेश मन्त्री जी से चाहते हैं कि जब भी आपकी चाइनीज प्रतिनिधियों से बात हो, आप यह ज़रूर कोशिश करें कि चीन के नेतृत्व और दलाई लामा जी के बीच सीधी वार्ता हो और उसमें ऐसा सोल्यूशन निकाला जाये जो चीन के अनुकूल हो, भारत के अनुकूल हो। तिब्बत की सुरक्षा का सवाल, तिब्बत की मूल आज़ादी का, तिब्बत के लोगों के रहने-सहने का सवाल और उनको अपने ढंग से अपने जीवन को जीने देने का जो सवाल है वह भारत के लिए एक अहम मुद्‌दा है। इस सवाल

पर सरकार को पहल करनी चाहिए और ब्यूरोक्रेटिक टेबल पर नहीं, डिप्लोमेटिक टेबल पर इस चर्चा को प्रारम्भ करके तिब्बत के सवाल पर...(समय की घण्टी)... एक सार्थक समाधान निकालने की कोशिश करनी चाहिए। बस इतना ही निवेदन था और भी कई सवाल थे, जैसे–मज़दूरों के सवाल। जिन सवालों पर उप सभापति जी, प्रवासी मज़दूरों का सवाल आज इतना खतरनाक हो गया है।...(व्यवधान)...

श्री उप सभापति : नहीं। अब आप ख़त्म कीजिए, बस।

श्री बशिष्ठ नारायण सिंह : उन सवालों पर सरकार को विशेष रूप से ध्यान देना चाहिए। आये दिन तरह-तरह की घटनाएँ हो रही हैं। आज यदि मज़दूरों की हालत ख़राब होगी, तो कल इससे देश के लिए ख़तरनाक स्थिति पैदा हो सकती है। इस पर सरकार क़दम उठायेगी। इतना ही कहकर मैं अपनी बात समाप्त करता हूँ। धन्यवाद।

07.03.2007

रेलवे के विविध मुद्दों पर...

उप सभापति महोदय, आज दलीय सीमाएँ टूटी हैं और रेल मन्त्री को सभी पक्ष के लोगों ने बधाई दी है। इस देश में दो ही विभाग हैं, वित्त विभाग और रेल विभाग। जब मन्त्री बजट पेश करने के लिए सदन में आते हैं, तब उनका चेहरा विभिन्न मुद्राओं में दिखाया जाता है, कभी फ़ाइल देखते हुए, कभी बैग सदन में ले जाते हुए। लेकिन रेल विभाग का इसलिए बहुत महत्त्व है कि आम जनता से यह सीधा जुड़ने वाला सबसे बड़ा विभाग है। सबसे अधिक लोगों को अपनी गोद में बिठाकर ले चलने वाला यह विभाग है। आज मूल्यांकन दो-तीन-चार बिन्दुओं पर हो सकता है तो रेल विभाग की माली हालत जो पहले रही है, उसको बढ़ाने का काम किया है यानी फ़ाइनेंशियल मैनेजमेंट पर मैं निश्चित रूप से कह सकता हूँ, फ़ाइनेंशियल मैनेजमेंट के मामले में लालू जी ने कुशलता का और चतुरता का परिचय दिया है। पब्लिक सेक्टर के एक बड़े विभाग को मुनाफ़े में लाने का काम किया है। लेकिन इससे रिलेटेड कई चीजें हैं। यदि फ़ाइनेंशियल मैनेजमेंट की बात की जाती है, तो साथ ही साथ यह भी ख़याल करना पड़ेगा कि रेल की परिसम्पत्तियाँ क्या हैं? रेल अपने संचालन के लिए किन लक्ष्यों को आधारभूत मानकर चलती है। महोदय, यदि हम रेलवे के महाप्रबन्धक के कार्यालय में जायेंगे, डीआरएम के कार्यालय में जायेंगे, तो वहाँ लिखा हुआ देखेंगे–स्वच्छता, वहाँ लिखा हुआ देखेंगे–Punctuality (समयबद्धता) वहाँ लिखा हुआ देखेंगे–ये तीन अक्षर लिखे रहते हैं। रेल के लिए ये प्राथमिक लक्ष्य हैं। जैसे कुछ पंक्तियाँ ग्रन्थों में होती हैं, रेलवे के परिचालन में ये शब्द ऐसे ही यूज किये गये हैं, मैं चाहूँगा लालू जी से कि आमदनी बढ़ाने के लिए आपने जिन तरीक़ों का यूज किया है, सेफ़्टी, क्लीनलीनेस और सिक्योरटी की punctuality (समयबद्धता) बनी रहे, इस क्षेत्र में रेल विभाग ने कम काम किया है।

आपने जो ख़र्च का विवरण दिया है, जो आपकी आमदनी हुई है, मुझे इस बात की ख़ुशी है कि 4880 करोड़ रुपये ही आप केवल मार्केट से लोन ले रहे हैं। यह

आपका मार्केटिंग बारोइंग है और यह निश्चित रूप से प्रशंसनीय है, डबलिंग लाइन, ट्रैक मैनेजमेंट और फिर उसके ब्रॉडगेज़ के लिए किया है और न्यू लाइंस के लिए किया है। यह ठीक है, रेल के भविष्य के लिए अच्छा है, लेकिन एक सवाल पर और ध्यान देना चाहिए था कि रेल ने दूरगामी क्या लक्ष्य निर्धारित किये हैं? यह केवल आपने एक साल का दिया है, एक आधार और आप रेल विभाग में तैयार करने का काम करिए। अल्पकालिक रेलवे की योजनाएँ और दीर्घकालिक रेलवे की योजनाएँ भी अगले एक साल के अन्दर तैयार करिए, जिससे जो भी रेल मन्त्री आये, उसके लिए एक आधार-पत्र तैयार हो जाये और रेलवे के भविष्य की योजनाएँ चलती रहें। अभी तो माँग के आधार पर ही और संरचना के आधार पर भी योजनाएँ चलती हैं।

महोदय, मैं रेल मन्त्री जी का ध्यान एक और बात की ओर दिलाना चाहता हूँ, चूँकि सभी ओर प्रशंसा हो रही है, लेकिन आपने 10 सितम्बर, 2004 को क्या कहा था और 6 जनवरी, 2007 को क्या कहा था। उस समय आपने कहा था कि रेलवे के क्षेत्र में निजी क्षेत्र को प्रोत्साहित नहीं किया जायेगा। ये दोनों स्टेटमेंट, दो वर्ष के अन्तराल में आपके बदले, कौन सी ऐसी परिस्थितियाँ आयीं, एक विभाग का मन्त्री जो अहमदाबाद में जा रहा हो, एक विभाग का मन्त्री बाहर पढ़ाने के लिए जा रहा हो और उसके सामने कौन सी ऐसी परिस्थिति आ गयी कि प्राइवेट सेक्टर को चाहे वह कंटेनर का हो।...(व्यवधान)...

जिसके चलते आपने इस आइडिया को चेंज किया, इसको बदला। आप तो बड़ा प्रयोग कर रहे थे, एक बड़ा प्रयोग पब्लिक सेक्टर का था और आपने प्राइवेट सेक्टर को एक बड़ी चुनौती दी थी कि हम पब्लिक सेक्टर को भी बेहतर मैनेजमेंट के ज़रिये चला सकते हैं।

निजी क्षेत्र को प्रोत्साहन आपने कंटेनर में दे दिया, आपने वैगन में दे दिया और अभी आई.आर.सी.टी. का बयान आया है कि वह स्पेशल एक्सपर्ट को नियुक्त करेंगे प्राइवेटाइजेशन की तरफ़ आगे बढ़ने के लिए।

उप सभापति महोदय, जब कोई सदस्य खड़ा होता है, तब रेल मन्त्री से अपने इलाक़े की चर्चा और समस्याओं को वह देता है। मैं रेल मन्त्री जी से यही कहना चाहूँगा, रेल राज्य मन्त्री जी बैठे हैं।...(समय की घण्टी)...मार्च महीने में आपने घोषणा की है कि बक्सर रेलवे स्टेशन का निरीक्षण करेंगे।...(समय की घण्टी)... सर, आधा मिनट में समाप्त करता हूँ।

मन्त्री जी, सासाराम के रेलवे मैदान में स्टेडियम बनवाने का काम करिए। विक्रमगंज से दिल्ली तक सुपरफास्ट ट्रेन चलाइए। डुमरॉव में श्रमजीवी एक्सप्रेस तथा डीलक्स ट्रेन के ठहराव की व्यवस्था करिए। आरा-सासाराम रेल लाइन का काम जल्दी से जल्दी पूरा कराइए। इतना ही कहकर मैं अपनी बात समाप्त करता हूँ। धन्यवाद।

13.03.2007

बाढ़ की समस्या पर...

श्री बशिष्ठ नारायण सिंह (बिहार) : उप सभापति महोदय, प्रत्येक वर्ष की तरह इस साल भी हम लोग सदन में बाढ़ की गम्भीर समस्या पर विचार कर रहे हैं। जब भी बाढ़ आती है, तब राज्य सरकारों से प्राप्त रपट और केन्द्र सरकार के द्वारा किया गया इन्तज़ाम, इन दो तर्कों पर ही ख़त्म हो जाया करती है। इस बार तो भारत सरकार ने एक अच्छा काम किया है कि उसने संसद सदस्यों को एक पुस्तिका दी है। भारत के कई राज्य आज बाढ़ से प्रभावित हैं। सदन में चर्चा का केवल यह महत्त्वपूर्ण विषय नहीं रह गया है कि बाढ़ में आपने क्या किया है? कितनी राहत दी है? केन्द्र से कितने पैसे गये हैं और राज्य सरकारों ने क्या कमियाँ की हैं? यदि बहस का मुद्दा केवल यह रहेगा, तो इस बाढ़ की गम्भीर समस्या पर कभी भी न्याय नहीं हो सकता। अब तो बाढ़ का स्वरूप बदल रहा है, अब तो मौसम का स्वरूप बदल रहा है। राजस्थान में कभी बाढ़ नहीं आती थी, अब राजस्थान में बाढ़ आ रही है। मुम्बई में बाढ़ नहीं आती थी, वह शहर भी अब बाढ़ से प्रभावित होने जा रहा है। बाढ़ ने एक नया स्वरूप ग्रहण किया है कि मुम्बई पर विचार हो और पटना शहर पर भी विचार हो। बाढ़ के इस स्वरूप पर विचार करने के लिए जान-माल इतना गया, पशु इतने चले गये, फ़सल इतनी चली गयी, इतने घर बर्बाद हुए, इतने तटबन्ध टूटे, ये सारे सवाल बराबर बहस के मुद्दे बनते हैं और आगे भी बनेंगे। हम आपसे आज यही आग्रह करना चाहते हैं कि केन्द्र सरकार एक स्थायी नीति निर्माण करने की कोशिश करे और राज्य सरकारों से इस समस्या पर अनवरत विचार कर काम करने का प्रयास करे। उप सभापति महोदय, मैं इन बातों को इसलिए कह रहा हूँ कि इस सदन में पहले से जो कुछ वक्तव्य आये हैं, उन पर सरकार ख़याल नहीं करती है। पिछले दिनों सिंचाई मन्त्री ने गाँवों के water bodies (जल संसाधन) के सवाल पर एक वक्तव्य दिया था, जिसका बाढ़ की समस्या से बहुत रिश्ता था। यह बयान दिया था कि भारत के गाँवों में यानी राज्यों के गाँवों में जल संचयन के लिए हम

क्या-क्या कर रहे हैं? महोदय, water bodies (पानी के साधन) के विषय में यह कहा गया था कि भारत सरकार ने 2004 में restoration, rehabilitation (मरम्मत और पुर्नवास) के लिए योजना बनायी है और आज 2007 तक उसके आधे पैसे भी ख़त्म नहीं हुए हैं... ...(व्यवधान)...गाँवों से बरसात का जो पानी निकलता है, वह नदियों में जाता है। नदियों में पहले से आया हुआ पानी और अब गाँवों से और शहरों से निकला हुआ पानी जब नदियों में जाता है, तब नदियों में बाढ़ की स्थिति क्यों नहीं भयावह हो सकती है? मैं सरकार को स्थायी नीति बनाने की बात इसलिए कह रहा हूँ कि सरकार जो भी कहती है, उसके ठीक विपरीत काम करती है। महोदय, मैंने एक उपमा village (गाँव) के water bodies (जल साधन) की दी। मैं एक दूसरा उदाहरण देता हूँ, जिसकी चर्चा अभी अली अनवर साहब ने की, वह है यमुना नदी का। पानी के सवाल पर दिल्ली को यमुना के तट पर बसाया गया और यमुना सूख रही है। उप सभापति महोदय, यमुना नदी में 40 फीट गहराई तक कई किलोमीटर क्षेत्र में रेत पड़ी हुई है। यदि यमुना नदी को खोद दिया जाये तो दिल्ली को पानी से कभी जूझना नहीं पड़ेगा। राष्ट्रमण्डल खेलों के लिए वहाँ आलीशान भवन बनेंगे। जिस दिन जमुना के तटवर्ती इलाक़ों में कंक्रीट के जंगल बसा दिये जायेंगे और यदि आलीशन घर तथा माल्स वहाँ पर बन जायेंगे, तो दिल्ली को पानी की समस्या से कभी छुटकारा नहीं मिल सकता। आज वहाँ पर सत्याग्रह चल रहा है। गाँव-गाँव के लोग वहाँ पर इकट्ठा हो रहे हैं। हम आपसे आग्रह करेंगे कि सरकार उस बात को यहाँ पर जाकर देखे।...(समय की घण्टी)...उप सभापति महोदय, मेरा एक बड़ा अनुभव है। मैं उस सत्याग्रह स्थल को देखने के लिए गया था। एक सरकारी पदाधिकारी वहाँ पर आये। वे किसानों से कह रहे थे कि आप जल्दी में अपनी बात कहें। हमने कहा कि आप यहाँ इसी काम के लिए आये हैं, तो जल्दीबाज़ी नहीं, ठीक से बात हो सकती है सुनिए, सरकार को आपको रिपोर्ट देनी है। मैं स्वयं वहाँ पर खड़ा हूँ और वह पदाधिकारी तमतमाता हुआ वहाँ से चल दिया। यदि आलीशान भवन में रहने वाले पदाधिकारी इसी तरह से जहाँ जनता उलझ रही है, उसकी समस्या को देखने का काम करें, तो इस तरह की गम्भीर संमस्या का निदान नहीं हो सकता है।

उप सभापति जी, चूँकि आप चाहते हैं कि मैं अपनी बात समाप्त करूँ और समय कम है, मैं एक और आग्रह करना चाहता हूँ।

नदियों पर, एक स्थायी इंटरलिंकिंग ऑफ़ रिवर्स की बात चल रही है। जिस समय तटबन्ध पर पानी आ जाता है, उस समय देश की क्या स्थिति हो जाती है?

तटबन्ध टूटते हैं और बाढ़ की एक वजह भी बनते हैं। आज तटबन्धों के निर्माण के लिए साइंटिफिक और लॉजिकल तरीक़ा ईजाद करने की ज़रूरत हो गयी है, क्योंकि नदियों का स्वरूप बदलता जा रहा है।

महोदय, मैं एक अन्तिम बात कहकर समाप्त करूँगा। मेधा पाटेकर जी के विषय में सभी लोग जानते हैं। आज वर्षों से मेधा पाटेकर जी के नेतृत्व में देश में पुनर्वास की समस्या पर एक गम्भीर आन्दोलन चल रहा है। हमारे पास उनका ख़त भी आया था तथा उनके कुछ लोग भी आये थे। हमने यही कहा कि आप स्थायी प्रोपोजल बनाइए। हमको लगता है कि 10-12 दिनों के अन्दर स्थायी प्रोजेक्ट बन सकता है। भारत सरकार कभी उनको बुलाती है, कभी उनसे बात करती है, उनके तर्कों को मानती है और फिर अपने तौर-तरीक़ों से बढ़ती है, गाँवों के जल-संचयन का काम, नदियों को बचाने का काम आदि। मेधा पाटेकर जी ने जनता के पुनर्वास की नीति पर लोगों के बीच अनवरत काम किया है, उनसे बात भारत सरकार को करना चाहिए।

उप सभापति महोदय, ट्रेजडी तो यह है कि वृक्ष कैसे लगाये जाते हैं? वृक्षारोपण के कार्यक्रम सारे देश में चल रहे हैं।...(समय की घण्टी)...महोदय, जब प्राकृतिक पानी बरसता है और यदि वहाँ कमज़ोर झाड़ीदार वृक्ष रहते हैं, तो वह पानी भू-परत को प्रभावित करता है तथा परत का क्षरण करता है। हम आग्रह करेंगे कि वृक्षारोपण की नीति में परिवर्तन कर केवल झाड़ीनुमा वृक्ष नहीं लगाये जायें, बड़े वृक्ष भी लगाये जायें। बड़े वृक्ष न केवल लोगों की रक्षा करते हैं, नदियों को जन्म देते हैं और नदियाँ मानव जीवन की सुरक्षा करती हैं।

इतना ही कहते हुए मैं भारत सरकार से उम्मीद करता हूँ कि इसके लिए एक स्थायी नीति बनायी जाय। यदि भारत सरकार हरेक साल बाढ़ पर रिपोर्ट दे, चूँकि संघीय राज्य के प्रबन्धन की जिम्मेदारी मूलतः भारत सरकार की है, तो राज्य सरकार से अनवरत सम्पर्क कर एक स्थायी और कार्यबद्ध योजना बनायी जाये, जिससे इस देश को बाढ़ से बचाया जा सके तथा इस देश के शहरों को आने वाले समय में एक नारकीय स्थिति से बचाया जा सके। इतना ही कहकर अपनी बात समाप्त करता हूँ।

30.08.2007

सभापति के सम्मान में...

सभापति महोदय, सभी सम्मानित सदस्यों की सफलता की कामना करने के लिए और इस पद पर आसन ग्रहण करने के लिए अपनी भावना व्यक्त करना चाहता हूँ। महोदय, अभी तक आपने जीवन की एक शानदार पारी खेली हैं और उस शानदार पारी को खेलने के बाद आप दूसरी महत्त्वपूर्ण पारी खेलने के लिए इस सदन में मौजूद हैं। महोदय, इस सदन में अनेक पार्टियों के लोग हैं, लेकिन जब यह रेखांकित किये जाये तब यहाँ दो ही पक्ष महत्त्वपूर्ण हैं। एक सत्ता पक्ष दूसरा प्रतिपक्ष। सत्ता पक्ष सवालों के घेरे में बराबर खड़ा हुआ रहता है क्योंकि जवाबदेही वही सँभालता है। ऐसे भी अवसर आते हैं, जब सत्ता पक्ष सवालों के घेरे में मज़बूती से कसा हुआ दिखाई पड़ता है, उस समय कभी-कभी उसी पक्ष से उत्तेजना दिखाई पड़ती है और हमको लगता है कि ऐसे अवसर पर आपके संयम और आपके कठोर निर्णय की महत्ता है। आपने अपनी एक शानदार सफलता एकेडमिक फ़ील्ड में हासिल की है। कभी-कभी सदन में जो आपके वक्तव्य होंगे, वह राज्यसभा की प्रोसिडिंग्स का इतिहास बनेंगे। हम लोगों को विश्वास है कि जिस ढंग की आपकी पाली रही है, इस सदन में जो आप रूलिंग देंगे, वैसा ही इतिहास बनेगा। सभापति महोदय, भारतीय संसद में यहाँ कई ऐसी परम्पराएँ रही हैं जो अनोखी और अद्वितीय हैं। कुछ ही वर्षों पहले इस देश ने क्या खोया, क्या पाया, इस पर ज़ोरदार बहस हुई थी और उस प्रोसिडिंग के माध्यम से देश के सारे सांसदों ने देश की ज्वलन्त समस्याओं पर विचार किया था। हम उम्मीद करते हैं कि अपने इस कार्यकाल में वैसे इश्यू भी आप लायेंगे तथा सदन की कार्यवाही में शामिल करायेंगे जो भविष्य में देश के ख़तरे को टालने में मददगार हो सकें। हम उम्मीद करते हैं कि सदस्यों के साथ आपके आदर के भाव, आपके सम्मान की भावना, आपका संयम क़ायम रहेगा ख़ासकर सत्ता में शामिल लोगों का कभी-कभी ज़ोर ज़्यादा दिखाई पड़ता है, जिससे बाधा पहुँचती है। असहमति रखने वाले लोगों पर आपका हाथ ज़्यादा उदारता का होगा, ज़्यादा न्याय का होगा। इतना ही कहकर मैं अपनी बात समाप्त करता हूँ। धन्यवाद।

13.08.2007

आतंकवाद के ख़िलाफ़ रणनीति

उप सभापति महोदय, इस सदन में आतंकवाद पर बार-बार चर्चा होती रही है और इसमें दो राय कभी नहीं रही है, चाहे पक्ष हो या विपक्ष में जो भी लोग बैठ रहे हों, सबने एकमत से, एक स्वर में ऐसी घटनाओं की निन्दा की है। आज के इस नये समय में गम्भीर रूप से कुछ बातों पर विचार करने की ज़रूरत है। क्योंकि आतंकवाद का एंगल बदल रहा है। संसद परिसर में आतंकी हमला होता है। मुम्बई जो कॉमर्शियल सिटी है, वहाँ आतंकी का हमला होता है और इस बार कोर्ट परिसर में आतंकी हमला हुआ है। भारत की कॉमर्शियल सिटी पर हमला, भारत के सर्वोच्च संसद पर हमला और भारत के मुख्य स्तम्भ न्यायपालिका पर हमला, वैसे आतंकी हमले तो कई जगह हुए हैं, असम में तो मज़दूरों पर भी हमला हो रहा है और कश्मीर बार्डर पर भी हमला हो रहा है। निन्दा का प्रस्ताव तो अब तक होता रहा है, मगर लगता है कि इस बार सदन इस सवाल पर ठीक से बहस नहीं कर पायेगा, न्याय नहीं कर पायेगा। अब तो ज़रूरी है कि एक बार इस सदन से ऐसा संकल्प हो, जिससे यह जाहिर हो कि निन्दा प्रस्ताव करने का मौक़ा शायद ही सदन के सामने फिर उपस्थित हो।

उप सभापति महोदय, आज की बहस में सबसे महत्त्वपूर्ण सवाल यह है कि सरकार के एजेंडे पर प्रमुखता के रूप में आतंकवाद एक बिन्दु हो या नहीं हो, भारत सरकार राज्य सरकारों को इस बात के लिए सहमत कराये कि जो आज का मुख्य एजेंडा है, क़ानून-व्यवस्था का और आतंकवाद का, इसको सर्वोपरि स्थान पर रखें, तभी इसका मुक़ाबला हम कर सकते हैं। हमको लगता है कि विचार के स्तर पर जो आतंक फैलाना चाहते हैं, उनके लिए आपको अलग तरह से स्ट्रेटेजी अपनानी पड़ेगी, जो आतंकवादी संघीय ढाँचे को ध्वस्त करने में लगे हुए हैं, उनके लिए दूसरी स्ट्रेटेजी अपनानी पड़ेगी। जो आर्थिक आतंकवाद फैलाकर अपना आर्थिक साम्राज्य स्थापित करना चाहते हैं, उनके लिए अलग स्ट्रेटेजी अपनानी पड़ेगी। जहाँ राज्य की व्यवस्था में अपनी अलग पहचान, अपना अलग शासन चलाने की पद्धति

यानी पैरलल गवर्नमेंट चलाने की जिनकी योजना है, उनके लिए अलग से कार्यक्रम तैयार करना पड़ेगा, अलग से स्कीम्स तैयार करनी पड़ेंगी। हमारे जो बार्डर स्टेट्स हैं, जहाँ पर आतंकवाद की समस्या गम्भीर बन चुकी है, जहाँ घुसपैठ और दूसरी तरह ही समस्याएँ आ रही हैं, उनके लिए दूसरी तरह की स्ट्रेटेजी अपनाने की ज़रूरत पड़ेगी। सरकार का एक बात पर साफ़ बयान देने की ज़रूरत है कि अभी तक जो उपाय हमने किये हैं, वे उपाय आज तक सार्थक सिद्ध नहीं हुए हैं, चाहे वे हमारे क़ानून हों, चाहे हमारी तकनीक हो, चाहे जो मैथड्स हों, जो तरीक़े हों, चाहे हमारी ख़ुफ़िया विभाग की ऐजेंसी हों, चाहे समन्वित रूप से राज्यों और केन्द्र सरकार की पुलिस से सम्बन्धित हो, आधुनिक ट्रेनिंग की व्यवस्था हो या सूचना तन्त्र हो। उप सभापति महोदय, कभी-कभी चर्चा हो जाती है तो दिमाग़ में बहुत तनाव पैदा हो जाता है कि धर्म के साथ इसको जोड़ दिया जाता है। कभी जाति के साथ इस समस्या को जोड़ दिया जाता है। भारत में रहने वाले किसी भी जाति के लाखों लोग कभी साम्प्रदायिक और आतंकवादी नहीं हो सकते। आतंकवादी तो छोटे समूहों के लोग होते हैं और छोटे समूहों के लोग से किसी बड़े ऐंगल में इस बात को जोड़ देने से लोकतन्त्र को बड़ा ख़तरा होगा।

उप सभापति महोदय, अन्तिम बात कहकर मैं अपनी बात से समापन करूँगा कि आज से कुछ ही दिन पहले लोकतन्त्र और रिलीजन पर एक बड़ा ही सार्थक भाषण मैं सुन रहा था। दिल्ली में गांधी शान्ति प्रतिष्ठान में प्रो. एस. रिंपोंचे ने बड़ी अच्छी बात कही, उन्होंने कहा कि रिलीजन और धर्म की व्याख्या ही हमारे लोगों ने डिफरेंट ढंग से करनी शुरू कर दी है। लोकतन्त्र भी जीवन पद्धति है और रिलीजन भी व्यक्ति को स्वयं को कंडक्ट करने का अपने तरीक़े से सबसे बड़ा माध्यम है। जो सच्चा धार्मिक होगा, वह कभी लोकतन्त्र का विरोधी नहीं हो सकता और जो लोकतान्त्रिक व्यक्ति होगा, वह कभी धर्म में हस्तक्षेप नहीं कर सकता है। मुझको यह बात अच्छी लगी।

मैं फिर यही कहना चाहता हूँ कि आज इस देश में और ख़ासकर इस घटना के बाद सरकार को यह घोषित करनी चाहिए कि पाँच-छह महीने के अन्दर हमारी नयी स्ट्रेटेजी यह होगी, हमारी नयी तरकीब यह होगी, हम राज्य सरकारों से लेकर सभी जगहों पर अपनी एजेंसियों को इस नये आधुनिक तरीक़े से सुसज्जित करेंगे, चाहे वह विचार के आधार पर हो, चाहे मीडिया के माध्यम से हों। एक बार ऐसी क्यों नहीं घोषणा होती है, शान्ति मार्च न केवल पार्टियों के लोग करें, बल्कि भिन्न-भिन्न

रिलीजन के लोग, भिन्न-भिन्न स्वयंसेवी संगठनों के लोग और दूसरे लोग भी इस ढंग का पीस मार्च करें, इससे देश में अमन-चैन का माहौल पैदा हो, नहीं तो बड़ी ख़तरनाक स्थिति होगी, कहीं मज़दूर पर हमला होगा तो कहीं किसी और पर होगा। इस पर विचार करने की ज़रूरत है।

इतना ही कहकर, मैं पुनः कहना चाहता हूँ कि केवल यही घोषणा करना सरकार के लिए पर्याप्त नहीं है कि मुआवजा कितना दे दिया? सरकार के लिए यही घोषणा करने की ज़रूरत नहीं है कि अपने राज्यों को क्या निर्देश दिया है? सरकार के लिए घोषणा करने की ज़रूरत है कि राज्य के साथ आपका समन्वय, सम्पर्क और नये तरीक़े के प्रभावी क़दम क्या हैं? यही आपको करना चाहिए। जय हिन्द।

26.11.2007

आतंकवादी हमले पर...

उप सभापति महोदय, एक अत्यन्त गम्भीर, संवेदनशील और साथ ही साथ चिन्ताजनक विषय पर आज सदन में विचार हो रहा है, यद्यपि देश में हो रही हिंसात्मक घटनाएँ और मुम्बई का धमाका, यह सब्जेक्ट है। मुम्बई के लोगों ने धमाका सुना, उसकी देश में प्रतिक्रिया हुई और इस सदन में उसके बारे में गम्भीरता से विचार हो रहा है। लेकिन महोदय, धमाके की घटनाएँ तो कई हुईं और एक दूसरी तरह के धमाके की घटना तो इस सदन ने और संसद परिसर ने भी सुनी थी। संसद परिसर में भी एक धमाका हुआ था, उस धमाके के बाद हमारे देश की सुरक्षा-व्यवस्था और ख़ुफ़िया विभाग प्रश्नों के घेरे में आ गया था। मुम्बई में जब धमाका हुआ, तब मुम्बई पुलिस भी बेनकाब हुई है और मुम्बई प्रशासन का खोखलापन भी सामने आया है। जब संसद परिसर में धमाका हुआ था, महोदय, तब उसका कुछ सन्देश, उसके कुछ मैसेज थे–सावधान रहो, सतर्क रहो, सजग रहो। जनता के लिए भी था और सरकार के लिए भी था। मुम्बई के इस धमाके के बाद दोनों परीक्षा की कसौटी पर कसे गये हैं, सरकार भी और जनता भी। मुम्बई की इस घटना में एक बात साफ़ हो गयी है कि वहाँ के लोगों ने जिस तरह से धमाके का मुक़ाबला किया है, उससे जीवन का जो दर्शन है, उसका अर्थ देश को समझा देने का उन्होंने मौक़ा दिया है। जीवन और मृत्यु एक सच्चाई है और दुनिया को प्रकाश देने वाला सूर्य भी अस्त होता है। मुम्बई के लोगों ने तत्काल अपना कार्य प्रारम्भ करके यह साबित कर दिया कि कभी भी, किसी भी तरह की दुर्घटना हो सकती है और उस दुर्घटना का मुक़ाबला करने के लिए हम लोग तैयार हैं। वहीं दूसरी ओर, वहाँ की सरकार, वहाँ की पुलिस व वहाँ के शासन सूत्र बेनकाब हुए हैं और आज इस बात पर विचार करने की ज़रूरत है कि अब आगे कैसे बढ़ना है?

उप सभापति जी, ये धमाके अब केवल किसी सीमा तक या कुछ शहरों तक ही सीमित नहीं हैं। यदि हम हिंसात्मक गतिविधियों पर विचार करते हैं, तो हमें विचार

करना पड़ेगा कि देश में उग्रवादी संगठन किस-किस तरह के हैं? देश में अलगाववादी शक्तियाँ किस तरह से काम कर रही हैं? देश में नक्सलवादी संगठन विशेष रूप से किन क्षेत्रों में सक्रिय हैं? इन हिंसक शक्तियों का विस्तार किस रूप में हुआ है? ये कहाँ-कहाँ फैले हैं? इनके विस्तार के तरीक़ों में क्या-क्या बदलाव आया है? जब इन सभी विषयों पर विचार होगा और इन सभी समस्याओं से निपटने के प्रयास किये जायेंगे तभी हमारी सुरक्षा-व्यवस्था एवं अन्य सभी व्यवस्थाएँ दुरुस्त रह सकती हैं। आज राष्ट्र के सामने यह सवाल बनकर खड़ा है।

महोदय, एक बात सोचने की है कि संसद परिसर पर प्रहार, प्रतिनिधि सभा पर प्रहार था और मुम्बई की दुर्घटना देश की सबसे बड़ी व्यावसायिक नगरी पर प्रहार था। प्रतिनिधि सभा के माध्यम से आतंकित कर देने की एक योजना और पूरी आर्थिक व्यवस्था को चरमरा देने की दूसरी योजना, यह उसकी शुरुआत की ओर एक संकेत है। इसी तरह के अन्य और भी कई संकेत हैं, जिससे सरकार को सबक लेने की ज़रूरत है कि आगे तरह-तरह की योजनाएँ इस देश को डिसरप्ट (अतिरिक्त जानकारी) करने के लिए, इस देश की व्यवस्था को चरमरा देने के लिए बनायी जा सकती हैं और सरकार को उस पर विचार करना है।

उप सभापति जी, मैं गृह मन्त्री जी से जानकारी चाहूँगा, जानकारी शब्द मैं इसलिए प्रयोग कर रहा हूँ, क्योंकि यहाँ जानकारी शब्द इस मापने में उपयुक्त है कि यदि सरकार के पास इसकी पर्याप्त तैयारी है, तो वह उसकी जानकारी दे और यदि सरकार के पास समुचित तैयारी नहीं है तो इसे मेरा सुझाव माना जाये, इसीलिए मैं जानकारी शब्द का प्रयोग कर रहा हूँ। इन उग्रवादी संगठनों एवं अलगाववादी संगठनों को जहाँ से आर्थिक मदद प्राप्त हो रही है, क्या सरकार के पास उन स्रोतों की जानकारी है? क्या उन स्रोतों को डिमॉलिश (ध्वस्त) करने के लिए या उसे ख़त्म करने में सरकार ने सफलता पायी है? क्या सरकार ने उनके स्थानों और उनके सम्पर्क सूत्रों का पूर्णत: अथवा किसी हद तक पता लगाया है? राज्यों के द्वारा उग्रवादी संगठनों और इसी तरह के अन्य संगठनों, जो इस तरह की हिंसक गतिविधियों में संलिप्त हैं, क्या उनकी सूची बना ली गयी है? लेकिन मैं कुछ ऑपरेशन के सवाल पर भी बात करना चाहता हूँ। क्या सरकार ने कोई योजना बनायी है कि राज्यों और केन्द्र की सरकार ऐसे मौक़े पड़ने पर संयुक्त रूप से ऑपरेशन करेंगी? क्या सभी राज्य संयुक्त ऑपरेशन करेंगे? क्या शस्त्रों के साथ सुसज्जित करने के लिए जैसे सेना और पुलिस को, एसपीजी से मैं इसकी तुलना नहीं करूँगा, क्योंकि ख़ास सुरक्षा का

उनको इन्तज़ाम दिया गया है। क्या राज्यों की पुलिस को भी इस ढंग से सुसज्जित करने की सरकार ने कोई योजना बनायी है? क्या जवानों को एक विशेष तरह की ट्रेनिंग देने की सरकार ने कोई योजना बनायी है? ये सारे सवाल हैं, महोदय, जिन पर सरकार को जवाब देना चाहिए। महोदय, सरकार को यह भी जवाब देना चाहिए कि यह लोकतान्त्रिक देश है और लोकतान्त्रिक देश में बातचीत का रास्ता सदा खुला रहता है। केवल फ़ौज, केवल पुलिस ही आतंकवाद का मुक़ाबला नहीं कर सकती। बातचीत का रास्ता हो, क्योंकि इसके बहुत से उदाहरण इस देश में मौजूद हैं और उन उदाहरणों के डिटेल्स में मैं जाना नहीं चाहता। लेकिन कई उदाहरण इस देश में ऐसे मौजूद हैं कि जिनके रास्ते हिंसक हैं, विचार के स्तर पर मुक़ाबला करके उनको बदला गया है, बदले हैं और राष्ट्र की मुख्य धारा में सम्मिलित हुए हैं। जयप्रकाश नारायण के सामने डाकुओं का समर्पण हुआ। जयप्रकाश नारायण जी नक्सलवादियों के गढ़ के बीच में काम करके और आज बौद्ध गया में खुलेआम जहाँ हिंसक घटनाएँ भी कभी-कभी होती हैं, वहाँ भी संघर्ष वाहिनी के साथी काम कर रहे हैं। इसलिए मैं यह सवाल उठा रहा हूँ। जो उग्रवादी संगठन हैं, जो अलगाववादी संगठन हैं, उनसे निबटने के अलग तौर-तरीक़े हो सकते हैं, लेकिन जो नक्सलवादी संगठन हैं, जो विचार के स्तर पर मानते हैं कि हिंसा ही समाज को बदलने का एक रास्ता हो सकता है, एक तरीक़ा हो सकता है, एक मेथड हो सकता है, उनसे मुक़ाबला करने के लिए विचार की शक्ति ही और विकास का रास्ता ही एक हो सकता है। विचार के स्तर पर उनको चुनौती देने का काम महोदय, हो और उनके नक्सलवादी एरिया में और इस ढंग से हिंसात्मक गतिविधियों वाले एरियाज में, जिनका विदेशों से चाहे कहीं बाहर से सम्पर्क न हो, वहाँ विकास की गति तेज़ करके उनके रास्ते को अवरुद्ध करना चाहिए, उस इलाक़े में उनके प्रभाव को कम करना चाहिए। मैं मानता हूँ कि आज इन विषयों पर सरकार को गम्भीरता से ध्यान देना चाहिए। हमारी संचार व्यवस्था, हमारा ख़ुफ़िया विभाग, ये जितने तन्दरुस्त हो जायें, इससे अच्छी बात सरकार के लिए हो नहीं सकती। मैं एक ही बात, अन्त में यही कहना चाहता हूँ कि बातचीत के रास्ते को तेज़ी से बढ़ाने की ज़रूरत है। जो देश के अन्दर संगठन हैं, जो विचार के स्तर पर हिंसक गतिविधियों में लगे हुए हैं, वहाँ विकास शुरू किया जाये। गृह मन्त्री जी यहाँ बैठे हुए हैं और इसी कुर्सी पर सरदार वल्लभभाई पटेल भी बैठे थे। सरदार वल्लभभाई पटेल तो कभी-कभी पैदा होते हैं, लेकिन कौन कब सरदार वल्लभभाई पटेल बन सकता है, यह तो भविष्य के गर्भ में है। सरदार वल्लभभाई पटेल ने अभेद्य

दुर्ग बना दिया था इस देश को। सादगी के प्रतीक सरदार वल्लभभाई पटेल ने संघीय राज्यों को मिलाकर के यहाँ के स्वरूप को एक साकार रूप दिया था। इस देश की अस्मिता को कभी कोई चुनौती नहीं दे सकता, लेकिन इसके अन्दर दरार पैदा करने की कोशिश की जा रही है। महोदय, कई ऐसे उदाहरण हैं, यहाँ एक नौजवान ने जो अपनी वीरता दिखायी और कई जगहों पर वीरता के जो उदाहरण मिल रहे हैं, वे देश के लिए बड़े ही स्मरणीय उदाहरण हैं। मैं केवल गृह मन्त्री जी को एक उदाहरण देकर अपनी बात समाप्त करूँगा। यहाँ संसद परिसर में भी एक तैनात जवान ने अपना करिश्मा दिखाया था। युद्ध के अवसर पर भी अनेक जवानों ने, अनेक वीरों ने अपनी वीरता दिखायी है, जब श्री लालबहादुर शास्त्री जी इस देश के प्रधानमन्त्री थे। एक छोटी सी घटना याद पड़ गयी, उसका उल्लेख करके अपनी बात समाप्त करूँगा। वे युद्ध के वक़्त एक घायल जवान को देखने के लिए अस्पताल गये। अस्पताल में जब लालबहादुर शास्त्री जी पहुँचे, एक घायल नौजवान, हमें जो बताया गया है, उसकी आँखों पर पट्टी बँधी थी। उसके हाथ सैल्यूट देने के लिए नहीं उठ सकते थे। जब उसे कहा गया कि प्रधानमन्त्री आपके बेड के सामने उपस्थित हैं, तब उस सैनिक की आँखों से केवल आँसू गिर गये और उसके मुँह से एक ही शब्द निकला कि मेरे लिए इससे बड़ा दुर्भाग्य का दिन नहीं हो सकता है। हमारे जवान कैसे हैं, उनकी सुरक्षा की व्यवस्था कर दी जाये, इनको शस्त्रों से सुसज्जित कर दिया जाये और वे कितने कर्तव्यपरायण हैं। कर्तव्यपरायणता के नमूने के रूप में केवल मैं यह कह रहा हूँ–कहा कि मेरे लिए इससे बड़ा दुर्भाग्य का दिन दूसरा कोई नहीं हो सकता है कि हमारे देश का प्रधानमन्त्री आज हमारे बेड के सामने खड़ा है और मैं उठकर उनको सैल्यूट नहीं दे सकता। जवान की आँखों में आँसू थे और लालबहादुर शास्त्री जी की भी आँखों में आँसू थे। एक अजीब तरह का दृश्य था। जवान ने आँसुओं से प्रधानमन्त्री को सैल्यूट दिया और प्रधानमन्त्री ने आँसू बहाकर उस सैल्यूट को लिया। एक अजब निष्ठा, एक अजब एकाग्रता, कर्तव्यपरायणता थी और कर्तव्यपरायणता थी और कर्तव्यपरायणता जवाब उस प्रधानमन्त्री ने अपने आँसुओं से दिया था। महोदय, मेरा आज गृह मन्त्री को यही कहना है, आज प्रधानमन्त्री पर विशेष जवाबदेही है कि जिस ढंग के देश में ऐसी शक्तियाँ पैदा हो रही हैं, (समय की घण्टी) उन शक्तियों का मुक़ाबला करने के लिए निश्चित रूप से योजनाएँ, प्रकाश में न लाकर, लेकिन भीतर में इतनी ताक़तवर योजना बनायी जाये कि कश्मीर पर किसी को देखने का

मौक़ा न मिले, बल्कि नागालैंड से लेकर पूर्वोत्तर राज्य चाहे समतल भूमि पर, चाहे तटीय इलाक़े से, चाहे दूसरे इलाक़े से लोग जो आ रहे हैं, उनका मुक़ाबला कर सकें। आपने घण्टी बजा दी है, संकेत दे दिया है कि मुझे अपनी बात समाप्त करनी चाहिए। महोदय, इन्हीं शब्दों के साथ मैं अपनी बात समाप्त करता हूँ। धन्यवाद।

31.06.2006

किसानों की स्थिति पर...

उप सभापति महोदय, अनुपूरक माँग पर सदन में बहस चल रही है। जब भी इस तरह की माँग आती है, तब एक बात पर ध्यान जाता है कि योजनाकारों ने क्या व्यय का आंकलन ठीक से किया था कि अनुपूरक माँग इस रूप में लायी गयी? लेकिन यह तो परम्परा है कि अनुपूरक माँग हर साल पेश की जाती है। महोदय, जो समाचार पत्रों में आया है, उससे इस देश में दो-तीन तस्वीरें दिखाई पड़ रही हैं। एक वित्तीय प्रबन्धन है, जिसको हमारे वित्त मन्त्री जी ने कुछ क्षेत्रों में जिस ढंग से किया है, इसकी चर्चा भी निश्चित रूप से होती रहती है। एक दूसरी भी चर्चा होती है कि इस देश में कुछ ऐसे भी अरबपति हो गये हैं, जो दुनिया के अरबपतियों की अग्रणीय पंक्ति में चले गये हैं। इस देश में एक चर्चा यह भी चलती है कि आत्महत्याओं का दौर भी चल रहा है। हम वित्तीय प्रबन्ध को इस रूप में देखना चाहेंगे कि आम आदमी और जो कमज़ोर व्यक्ति हैं, उनकी क्रय शक्ति और उनकी प्रति व्यक्ति आमदनी कितनी है? इस आधार पर यदि आज की अनुपूरक माँगों पर विचार किया जाये तो 75 प्रतिशत ऐसे लोगों की आबादी इस देश में है, जो या तो छोटे घरों में रहते हैं या झोंपड़ियों में रहते हैं। उनको जीवन की सारी सुविधाएँ प्राप्त नहीं हैं और 33 प्रतिशत ऐसे लोग हैं जो निरक्षर हैं। क्या वित्त मन्त्री यदि ग्रोथ रेट पर सन्तोष कर सकते हैं? व्यापार सन्तुलन पर सन्तोष प्रकट कर सकते हैं? मुद्रा भण्डार पर सन्तोष व्यक्त कर सकते हैं? यदि टैक्स स्ट्रक्चर सुधारने पर विचार कर सकते हैं तो इस देश में आरक्षण समाज के कुछ वर्गों को दिया गया है और आरक्षण जायज भी है। क्या! वित्त मन्त्री इस बात पर ध्यान नहीं देंगे कि जो अविकसित हैं, कमज़ोर हैं, असहाय हैं, जिनके लिए ज़िन्दगी जीना मुश्किल हो रहा है, उनके लिए इस वित्त विभाग में कौन सा आरक्षण देने के लिए योजना बनायी गयी है? हमें लगता है कि इस तरफ़ देश की वित्तीय व्यवस्था निश्चित रूप से फेल हो गयी है। यह आश्चर्य की बात है कि कृषि पर आधारित देश और गाँवों में 75 प्रतिशत से अधिक आबादी रहने वाले देश में गेहूँ

के आयात पर चर्चा होती है। खेतों में इतना गेहूँ पैदा नहीं हो रहा है। बाहर से गेहूँ आयात हो रहा है। महोदय, जब हम विद्यार्थी थे, उस समय भी हम एक बात पढ़ते थे कि अर्थशास्त्रीय मापदण्ड के कुछ बिन्दु हैं और माना जाता है कि उत्पादन और वितरण से इसका बहुत लिंक किया जाता है। उत्पादन के सम्बन्ध में भी कई तरह की समस्याएँ पैदा हो गयी हैं और वितरण के मामले में तो हमारा सरकारी तन्त्र और सरकारी व्यवस्था निश्चित रूप से फेल हो गयी है। मैं वित्त मन्त्री जी से चाहूँगा कि चार-पाँच बातों पर विशेष ध्यान देने की कृपा करेंगे। इन्होंने भिन्न-भिन्न मन्त्रालयों के लिए अनुपूरक माँग माँगी। इन्होंने सरकार के लिए भी माँगा है। जो सरकारी विभाग यदि फ़ायदे में चल रहे हैं, उनको ज़्यादा पैसे देने की ज़रूरत पर विचार करेंगे। इसके साथ-साथ कृषि के कुछ क्षेत्रों में और गाँवों के कुछ सवालों को प्राथमिकता देनी चाहिए, किसानों को पानी दे दीजिए। उत्पादन बढ़ा दें। किसानों का जो लोन सिस्टम है, यह लोन कुछ रिड्यूस हुआ है।...(व्यवधान)...

मैं यह कहना चाहता हूँ कि किसानों और मज़दूरों को जो लोन दिया जाता है, जो इंटरेस्ट लिया जाता है, उस इंटरेस्ट को कम किया जाये। सिंचाई की व्यवस्था की जाये। मैं दो-तीन बिन्दुओं को रखकर अपनी बात समाप्त करूँगा। सेल्फ़ हेल्प ग्रुप और छोटे-छोटे उद्योग समूहों का जाल बिछाना होगा, तभी गाँव का उद्धार किया जा सकता है। गाँव में एक एकड़ में एक परिवार काफ़ी आमदनी पैदा कर सकता है। फ़सलों के प्रोडक्शन के स्वरूप बदलने पर विचार करेंगे, इतना ही कहकर अपनी बात समाप्त करता हूँ।

01.12.2007

इन्दिरा गांधी नेशनल ट्राइबल यूनिवर्सिटी के मुद्दे पर...

उप सभापति (प्रो. पी.जे. कुरियन) : श्री बशिष्ठ नारायण सिंह। आप तीन मिनट में अपनी बात कह दीजिए।

श्री बशिष्ठ नारायण सिंह (बिहार) : उप सभापति महोदय, आज जब हमारे और साथी बोल रहे थे, आप बहुत उदार थे, लेकिन जब मैंने बोलना शुरू किया है, तब मैंने देखा कि आप की उदारता में कुछ कमी आ गयी है।

उप सभापति महोदय, कुछ ऐसे विधेयक होते हैं, जो समाज के दिलो-दिमाग़ को देश के imagination (कल्पना) को कैच करते हैं, जो meaningful (अर्थपूर्ण) होते हैं और far-reaching consequences (दूरगामी परिणाम) वाले होते हैं। महोदय, मैं इस विधेयक को भी, जो माननीय शिक्षा मन्त्री श्री अर्जुन सिंह जी ने सदन में प्रस्तुत किया है, उसी के तहत मानता हूँ। महोदय, दो-तीन टिप्पणियाँ समय को लेकर और नाम को लेकर आयी हैं। समय पर मुझको कुछ नहीं कहना है। यदि कोई अच्छा काम हो, चाहे वह चुनाव का वक़्त हो या न हो, उसका स्वागत होना चाहिए और इन्दिरा गांधी तो इस देश की महत्त्वपूर्ण नेता रही हैं। उन्होंने देश को निर्देशित किया है और देश की सबसे बड़ी पार्टी का नेतृत्व किया है, इसलिए अगर उनके नाम पर कोई इंस्टीट्यूट स्थापित होता है, तो कोई व्यक्ति आपत्ति कैसे कर सकता है? लेकिन उनके नाम पर तो बहुत से इंस्टीट्यूट्स हैं, अब जब एक इंस्टीट्यूट और बढ़ जाये तब इसके बदले अगर किसी महत्त्वपूर्ण आदिवासी पर्सनलिटी के नाम पर यदि इस आदिवासी विश्वविद्यालय का नाम रखा जाता, तो मुझे लगता है कि यह बिल ज़्यादा logical (युक्तिसंगत) दिखाई पड़ता और नाम के मामले में इसका औचित्य ज़्यादा न्यायपूर्ण दिखाई देता। परन्तु मुझे कुछ कहना नहीं है। महोदय, मैं

और दो-तीन बातें कहना चाहूँगा और चाहूँगा कि जब मन्त्री जी जवाब दें, तब उस पर विशेष रूप से प्रकाश डालें।

महोदय, सर्व शिक्षा अभियान चलाया गया है। मैं इसमें यह भी जोड़ता हूँ कि इस विश्वविद्यालय को सर्व शिक्षा अभियान को एक उत्कृष्ट स्वरूप प्रदान करने के लिए लाया गया है। सर्व शिक्षा अभियान का मतलब है, देश के हरेक आदमी को शिक्षा मिले और यह बिल देश के सबसे कमज़ोर तबके के लिए है। महोदय, यह बिल जंगलों में रहने वाले व्यक्ति को शिक्षा देगा और यह सर्व शिक्षा का उत्कृष्ट स्वरूप होगा।

महोदय, मैं विश्वविद्यालय के स्वरूप और विश्वविद्यालय की अन्य बातों पर बहुत ज़्यादा अपनी बातें नहीं रखूँगा, लेकिन चूँकि अभी तो यह निर्माणावस्था में है और वह कल किस ढंग का होगा? इस पर बहुत ज़्यादा कहने की मुझे ज़रूरत महसूस नहीं हो रही है। लेकिन मैं मन्त्री जी से एक बात ज़रूर कहूँगा कि इस देश में बहुत तरह के विश्वविद्यालय हैं? यह विश्वविद्यालय हायर एजुकेशन व रिसर्च के लिए खोला गया है। यह विश्वविद्यालय उन लोगों के लिए बनाया जा रहा है, जो शिक्षा से वंचित हैं और जिन्हें आज तक समाज के समान नहीं लाया जा सका है, इसलिए किन-किन बातों में यह आदिवासी विश्वविद्यालय अन्य विश्वविद्यालयों से अलग होगा? इसकी व्याख्या स्पष्ट और विस्तारपूर्वक मन्त्री को करना चाहिए। साथ ही इस विधेयक की सफलता बड़े पैमाने पर हो, इसके लिए भी मन्त्री जी को बहुत कार्य करना होगा। यह उनके कुछ प्रयास पर भी निर्भर करता है और राज्य सरकारों के सहयोग पर भी निर्भर करता है। जिन राज्यों की बात की गयी है, चाहे वह आन्ध्र प्रदेश हो, चाहे मध्य प्रदेश हो, चाहे छत्तीसगढ़ हो, चाहे झारखण्ड हो, चाहे उड़ीसा हो, उन राज्यों की सरकारों को ऐसे क़दम उठाने होंगे यानी अपने राज्य में आदिवासी छात्रों को ऐसी शिक्षा देने की व्यवस्था करनी होगी, जिससे अधिक-से-अधिक आदिवासी छात्र स्कूलों में जा सकें, टेक्नीकल एजुकेशन पा सकें, उनको हायर स्टेज का विद्यार्थी विकसित किया जा सके तभी इस विश्वविद्यालय की उपयोगिता बढ़ सकती है, तभी लोगों के बीच में इस विश्वविद्यालय की सार्थकता साबित हो सकती है।

महोदय, हम यहाँ यह ज़रूर कहना चाहेंगे कि चूँकि आपने नियमावली बनायी है। इसके लिए सब कुछ बनाया गया है, मगर इस विश्वविद्यालय में आप रिसर्च के मामले में कुछ ऐसी व्यवस्था बनायें और डिसिप्लिन की व्यवस्था विशेष प्रकार करें,

ताकि इस विश्वविद्यालय में विद्यार्थी बेस्ट ट्रेनिंग पायें। कम-से-कम आपके द्वारा इन राज्य सरकारों को निर्देशित किया जाये और उनके बीच में बराबर कंसलटेशन किया जाये, ताकि अधिक-से-अधिक विद्यार्थियों में यह प्रवृत्ति जगायी जाये। आदिवासी बच्चे स्कूलों में जाने के लिए बाध्य हो जायें, स्कूलों में जाने के प्रति उनकी रुचि अधिक बढ़े और अभिभावक भी अपने बच्चों को स्कूलों में भेजें, यह बिल तभी सफल हो सकता है।

महोदय, यह देश नदियों का, जंगलों का, अनेक सम्प्रदायों का है और जंगल के साथ अगर यह सरज़मीं जुड़ जायेगी, तो भारत भारत देश बन जायेगा। आप जो यह बिल लाये हैं, यह बिल आप उन वर्गों के लिए लाये हैं, जिन वर्गों के लिए हमारे आदर्शवादी गांधी जी से लेकर के जो सारे हमारे नेता रहे हैं, उन लोगों ने परिकल्पना की थी, 'अन्तिम आदमी' की। यही आदिवासी समुदाय तो उस अन्तिम आदमी के समूह में आता है। चूँकि आप इनके लिए यह बिल लाये हैं, इसके लिए मैं आपको धन्यवाद देता हूँ। लेकिन यह बिल तभी सफल होगा, जब इसके लिए आपका कंटीन्यूअस प्रयास चलेगा और तभी इसकी सार्थकता होगी, जो इसका उद्देश्य है, वह सफल होगा।

महोदय, इतना ही कहकर मैं अपनी बात समाप्त करता हूँ। धन्यवाद।

03.12.2007

मानसिक स्वास्थ्य के मुद्दे पर...

श्री बशिष्ठ नारायण सिंह : महोदय, आज एक अत्यन्त महत्त्वपूर्ण बिल पर सदन में चर्चा हो रही है। मैं मन्त्री महोदय को धन्यवाद दूँगा कि वक़्त की ज़रूरत थी, समय का तक़ाजा था और देश को इसकी आवश्यकता भी थी कि मानसिक रोगियों के इलाज के लिए उच्च स्तर की व्यवस्था की जाये। NIMHANS (नेशनल इंस्टीट्यूट ऑफ मेंटल हैल्थ एंड न्यूरो साइंसेज) में इस ढंग की व्यवस्था करने की जिम्मेदारी सरकार ने ली है, इसको स्वरूप प्रदान करने का निर्णय किया है। इसके लिए निश्चित रूप से मन्त्री जी बधाई के पात्र हैं। वैसे तो आज आम आदमी की स्वास्थ्य सम्बन्धी इतनी अधिक दिक़्क़तें देश में पैदा हो रही हैं कि वही एक बड़ी समस्या हो गया है, लेकिन मानसिक रोगियों की समस्या तो सबसे अधिक जटिल है, क्योंकि इनका व्यवहार सामान्य नहीं होता। मानसिक रोगियों का इलाज भी बड़ा महँगा होता है।

महोदय, मैं एक घटना का उल्लेख करना चाहता हूँ। माननीय मन्त्री जी इस बात को निश्चित रूप से ध्यान में रखेंगे कि जो ग़रीब लोग हैं, जो असहाय लोग हैं, जो निर्धन लोग हैं, जो सामान्य चिकित्सा का प्रबन्ध नहीं कर सकते हैं, उनके लिए इस तरह की मानसिक बीमारी के इलाज का प्रबन्ध करना तो बहुत ही कठिन है। उनके लिए इस NIMHANS में क्या व्यवस्था करने का प्रस्ताव किया गया है? क्या कोई कैटेगराइज किया गया है कि इतने परसेंटेज ग़रीब लोगों को भी NIMHANS में प्राथमिकता के तौर पर चिकित्सा का प्रबन्ध किया जायेगा? क्या अन्य राज्यों में भी बेंगलुरु के इंस्टीट्यूट की तरह दूसरे इंस्टीट्यूट खड़े किये जायेंगे? महोदय, मैं एक उदाहरण देना चाहता हूँ कि वर्ष 1992-93 में हमारे यहाँ का एक-एक आदमी, चाहे राजनीति से सम्बन्धित हो, चाहे वह साइंस से सम्बन्धित हो, वह उस व्यक्ति का नाम जानता है और उस व्यक्ति का नाम भी बशिष्ठ नारायण सिंह ही है। उस समय मैं बिहार का श्रम मन्त्री था। बशिष्ठ नारायण सिंह मशहूर गणितज्ञ एक अन्तरराष्ट्रीय स्तर के मैथमेटिशियन थे, वे मानसिक रूप से रोगी हो गये। उस समय

उनका मैंने इलाज कराया था। उस समय मोइली साहब वहाँ के मुख्यमन्त्री थे, जब मैं उनको लेकर जा रहा था, तब प्लेन में उनसे भेंट भी हुई और मैंने कहा कि इस तरह के व्यक्ति तो राष्ट्रीय धरोहर हैं। उन्होंने कहा कि मुझसे जो भी बन पड़ेगा, मैं करूँगा। हम जब वहाँ गये, तो तीन-चार महीने की चिकित्सा के बाद उनके स्वास्थ्य में इंप्रूवमेंट भी हुआ। लेकिन उस दरम्यान अनुभव यही हुआ कि अब इस ढंग के कॉस्टली एक्सपेंडिचर न उनका परिवार bear (वहन) कर सकता है और न कोई संस्था इतना ख़र्चा वहन कर सकती है। आज भी, वे वहाँ से चिकित्सा कराने के बाद अपने घर पर हैं और इतनी बड़ी एक राष्ट्रीय धरोहर का कोई इलाज नहीं हो सका। चूँकि प्रिलोंग ट्रीटमेंट की व्यवस्था नहीं थी। हम मन्त्री महोदय से निवेदन करते हैं कि कुछ ईयर मार्क किया जाये। जो ग़रीब और असहाय लोग हैं, क्या उनके लिए भी कुछ परसेंटेज रहेगा? ऐसे लोग भी इस बीमारी का शिकार होते हैं, जो जीनियस स्तर पर बड़ी-बड़ी जगहों पर जाते हैं और परिस्थिति के अनुसार टार्चरिंग के चलते या अन्य कारणों से जब वे बीमार पड़ते हैं, तब उनको चिकित्सा कराने में काफ़ी दिक़्क़त होती है। मैंने एक उदाहरण इसलिए दे दिया, क्योंकि उसका मुझको स्वयं अनुभव है और उस अनुभव से मैं सदन को अवगत करा देना चाहता हूँ। मानसिक रोगियों की संख्या बढ़ती जा रही है। इसलिए यदि आप इस इंस्टीट्यूट को बड़ा स्वरूप या राष्ट्रीय महत्त्व का स्वरूप दे रहे हैं, तो इसमें एक फैक्टर और शामिल करने की कोशिश करिएगा कि संस्थान चले और हरेक वर्ष, प्रत्येक राज्य से दो-तीन मानसिक रोग का इलाज करने वाले डॉक्टर्स को वहाँ पर विशेष रूप से ट्रेनिंग देने की व्यवस्था की जाये या उस इंस्टीट्यूट में काम करने की सुविधा दी जाये। इसकी व्यवस्था की जाये कि जब वे अपने राज्य में लौटें, तब मानसिक रोगियों का उच्च स्तर का इलाज कर सकें।

महोदय, हम इसमें एक दूसरी बात और जोड़ना चाहते हैं कि इसके लिए सरकार के द्वारा एक और व्यवस्था करनी चाहिए कि मानसिक रोगियों का ट्रीटमेंट करने के लिए जो मेडिसंस हैं, वे कंपरेटिवली और मेडिसंस से महँगी पड़ रही हैं।

महँगी मेडिसिन को सस्ती दरों पर तैयार किया जाये ताकि मानसिक रोगियों का इलाज कम पैसे में हो सके। हमें इसकी भी व्यवस्था करनी होगी। ख़ासकर बेंगलुरु एक बड़ा शहर है। आज के समय में वहाँ आम आदमी का जीवन जीना मुश्किल

हो गया है। बेंगलुरु में दस-पन्द्रह दिन के लिए जो लोग जाते हैं, उनका बहुत ज़्यादा ख़र्चा होता है।

इसलिए उनके लिए अलग से व्यवस्था होनी चाहिए कि इस इंस्टीट्यूट में भर्ती होने वाले रोगियों की सहायता के लिए जो व्यक्ति गया है, वह कम दरों पर वहाँ रहकर रोगी की सहायता कर सके। इसके साथ ही उसको कम पैसे में वहाँ रहने की सुविधा प्राप्त हो सके।

महोदय, इस बिल को consider (विचारार्थ) करने के लिए कुछ महत्त्वपूर्ण बिन्दु हैं। इस बिल का जो वर्तमान स्वरूप है। इसके bureaucratization (नौकरशाही करण) की बहुत ज़्यादा सम्भावना है, इसलिए मैं उन बिन्दुओं को आपके सामने रखना चाहता हूँ। माननीय मन्त्री जी consideration (सोच विचार) के समय इस पर ध्यान देंगे, इसलिए गवर्नमेंट की दृष्टि में ये बातें आनी चाहिए और जो इसके महत्त्वपूर्ण इश्यूज हैं, उन पर भी विचार किया जाना चाहिए।...(व्यवधान)...

13.08.2012

रेल बजट पर...

उप सभापति महोदय, आज मुझे प्रसन्नता हो रही है कि मुझे देश के सबसे बड़े महकमे या इंस्टीट्यूशन रेल मन्त्रालय पर चल रही बहस में शरीक होने का मौक़ा मिला है। इसके लिए मैं आसन को धन्यवाद देता हूँ।

महोदय, यह एक ऐसा विभाग है, जो देश की एकता को और देश को एक जगह से दूसरी जगह जोड़ता है। पूरब से पश्चिम और उत्तर से दक्षिण के भारतवासियों को एक जगह से दूसरी जगह ले जाकर उनके इच्छित स्थानों पर पहुँचाता है। सबसे बड़ी बात यह है कि भाषा के संवर्द्धन में भी इस विभाग का बड़ा ही महत्त्व है। एक भाषा बोलने वाले रेलवे कर्मचारी दूसरी जगह पर जाकर वहाँ की भाषा भी सीखते हैं। इससे देश की एकता को बल मिलता है।

उप सभापति महोदय, इतने बड़े मन्त्रालय पर जब आज बहस चल रही है, तब मैं एक बहुत गम्भीर बात से अपनी चर्चा शुरू करना चाहता हूँ। आज से कुछ समय पूर्व तत्कालीन रेल मन्त्री श्री दिनेश त्रिवेदी जी का सदन में और सदन के बाहर भी एक ऐसा वक़्तव्य आया, जिससे सारे देश में चिन्ता की लकीरें और रेलवे की एक भयावह तस्वीर दिखाई पड़ने लगी। दिनेश त्रिवेदी जी ने वह वक्तव्य एक सांसद के रूप में नहीं दिया था बल्कि वह वक्तव्य उन्होंने रेल मन्त्री के रूप में दिया था। महोदय, रेल मन्त्री ही जब यह कहता हो कि रेलवे आई.सी.यू. में चली गयी है यानी रेलवे इंटेंसिव केयर यूनिट में पहुँच गयी है, तब इससे बड़ी भयावह स्थिति और क्या हो सकती है? आज बंसल जी भले ही रेल मन्त्री हों, लेकिन इनके पूर्ववर्ती मन्त्री ने रेलवे की व्यवस्था पर जो वक्तव्य दिया, उससे सारे लोगों की चिन्ताएँ बढ़ गयी हैं। इसके अलावा, आँकड़ों की बाज़ीगरी से यदि यह दिखाया जाये कि रेलवे की व्यवस्था को सुधारने के लिए अथक प्रयास किये जा रहे हैं, ठोस क़दम उठाये जा रहे हैं, तो इससे स्पष्ट जवाब नहीं मिलता है। महोदय, उन्होंने जो वक्तव्य दिया था, उससे मेरे जैसे हज़ारों लोग इस आधार पर सहमत होंगे कि उन्होंने वह वक्तव्य

पंक्चुअलिटी के आधार पर नहीं दिया होगा, उन्होंने सेफ़्टी और सिक्यूरिटी के आधार पर वह वक्तव्य नहीं दिया होगा और उन्होंने सर्विस सेक्टर के आधार पर भी वह वक्तव्य नहीं दिया होगा, बल्कि उन्होंने वह वक्तव्य रेलवे की खस्ता हालत पर दिया होगा। उन्होंने वह वक्तव्य रेल की आर्थिक स्थिति के आधार पर दिया होगा और उन्होंने यह वक़्तव्य इसलिए दिया होगा, क्योंकि देश का सबसे बड़ा महकमा आज संकटग्रस्त हो गया है। महोदय, देश का सबसे बड़ा महकमा आज संकटग्रस्त हो गया है। यदि देश का सबसे बड़ा महकमा और वह भी सार्वजनिक क्षेत्र का महकमा संकटग्रस्त हो जाये, तो सारे देश के लिए चिन्तित होना स्वाभाविक है। मुझे यह शंका हो रही है कि क्या रेलवे विभाग इस स्थिति में पहुँचने जा रहा है कि यह सार्वजनिक क्षेत्र का सबसे बड़ा इंस्टीट्यूशन प्राइवेट सेक्टर के हाथों में मजबूरी में जा रहा है? यदि यह विभाग प्राइवेट सेक्टर में चला गया या इसके अधिकांश विंग्स वहाँ चले गये, तो यह व्यवस्था पर एक बड़ा मज़ाक़ होगा, चूँकि रेलवे विभाग में ऐसी धारणा है कि रेलवे विभाग के कर्मचारी बहुत इफिशिएंट होते हैं, योग्य होते हैं। ऐसे में रेलवे की इतनी बदहाली क्यों हुई? इसलिए इस सदन में मन्त्री जी को इस पर स्पष्ट रूप से जवाब देना चाहिए। मन्त्री जी अन्त में इस पर जवाब दें कि रिसोर्सेज मोबिलाइजेशन के लिए, जो उनके एक पूर्व मन्त्री का वक्तव्य यदि इस ढंग से आया है, तो उसको सँभालने के लिए ठोस क़दम क्या होगा और रिसोर्सेज मोबिलाइज़ेशन के लिए कौन-कौन से इफेक्टिव स्टेप्स उठाये गये हैं, इस सवाल का जवाब उन्हें देना चाहिए, क्योंकि ख़तरा बढ़ता जा रहा है?

महोदय, जब रेलवे की चर्चा होती है, तब पाँच बिन्दु पहले आ जाते हैं। रेलवे के कुछ स्लोगन हैं वे हैं–सेफ़्टी, सिक्यूरिटी और पंक्चुअलिटी। इनमें दो तत्त्व और आते हैं–उनमें एक है–सर्विस और दूसरा रेलवे की मेंटीनेंस। खान-पान की व्यवस्था भी इनके स्लोगंस में आती है। यदि इसकी सिक्यूरिटी और सेफ़्टी पर कोई चर्चा की जाये और यदि कहा जाये कि सेफ़्टी और सिक्यूरिटी उपलब्ध है तो वह ग़लत होगा। सेफ़्टी और सिक्यूरिटी के मामले में इतने लम्बे काल तक समुचित व्यवस्था नहीं हो पायी है। रेल परिचालन की व्यवस्था के साथ ही सेफ़्टी और सिक्यूरिटी पर आम आदमी चिन्ता व्यक्त करने लगे, तो यह बड़ी ख़तरनाक स्थिति है। सेफ़्टी और सिक्यूरिटी के विषय में तो मैं यही कह सकता हूँ कि इन्होंने सेफ़्टी के लिए कितने रुपये रिजर्व रखे हैं?

अभी बिहार के जो मुख्यमन्त्री हैं नीतीश कुमार, जब वे रेल मन्त्री थे, तब उन्होंने 17 हज़ार करोड़ का रेल सुरक्षा कोष स्थापित किया था, लेकिन वह इग्जॉस्ट

हो गया। महोदय, यदि आप उस पैसे की जानकारी लेंगे, तो मन्त्री महोदय निश्चय ही उस सम्बन्ध में जानकारी देंगे। अब तो उस पर बजटीय एलोकेशन देना पड़ेगा। जब उन्होंने रेल विभाग छोड़ा, तब 17 हज़ार करोड़ रुपये रिजर्व में थे। मन्त्री ने इस पर ध्यान दिया कि सेफ़्टी और सिक्यूरिटी के लिए जो फंड बनाया गया है, उसका क्या हुआ? आज उसकी हालत यह हो गयी है कि वह फंड भी ख़त्म हो गया? मैंने इसलिए उस फंड की चर्चा की, क्योंकि उस पर विस्तार से चर्चा करने पर काफ़ी समय लग सकता है।

दूसरा बिन्दु यह है कि आज आम लोगों की सुरक्षा की बात छोड़ दीजिए, हमारे बिहार के एक एमएलए शिवेश राम अपनी पत्नी के साथ ट्रेन में पटना से कोलकाता जा रहे थे। उनके साथ क्या ट्रीटमेंट हुआ? क्या यह ट्रीटमेंट यात्रियों ने किया? उनके साथ चलने वाले किसी सहयात्री से कोई क्लैश हुआ? ऐसा कुछ नहीं हुआ बल्कि यह ट्रीटमेंट उन लोगों ने किया, जिन पर रेल की सुरक्षा का दायित्व है और सुरक्षाकर्मियों ने उनके परिवार के साथ बदतमीजी की। उसके लिए केस भी लाज्ड है। मैं इन दो बातों को उदाहरण के रूप में सेफ़्टी और सेक्यूरिटी के साथ इसलिए रखना चाहता हूँ, क्योंकि जो मन्त्री रहेंगे, वे इस बात का तो कम-से-कम ख़याल रखेंगे कि किस स्थिति में रेलवे पहुँच गयी है जब वीआईपी यात्री का जीवन सुरक्षित नहीं है, उनके लिए ट्रेन में यात्रा करना मुश्किल है, तो आम लोग जो खिड़की पर खड़े होकर दीवाली, छठ और दुर्गा पूजा पर चलते हैं, उनकी क्या हालत होगी? वे तो मरते हैं लेकिन एकाउंट ग़लत दिखाया जाता है। उसका एकाउंट ग़लत पेश किया जाता है। रेलवे में जो एक्सिडेंट होते हैं, उसका जो फिगर लिया जाता है, उसमें अनमैंड क्रॉसिंग का फिगर डाला जाता है। अनमैंड क्रॉसिंग्स भी अभी रेलवे के लिए सबसे बड़ी समस्या है।

महोदय, इन बातों के साथ मैं अपनी बात आगे बढ़ाना चाहता हूँ कि अभी एक बिन्दु पर ध्यान देने की ज़रूरत है और वह है रेलवे में हो रहे एक्सिडेंट्स। अब रेलवे के एक्सिडेंट्स की इन लोगों ने जो फिगर पेश की है, उसके अनुसार वर्ष 2011-12 में रेलवे एक्सिडेंट्स में 14,611 लोगों की मौत हुई और वर्ष 2012-13 के छह महीने के अन्दर ही यह फिगर बढ़ कर 15,934 पहुँच गया है। यह रेल की व्यवस्था की बात है। नेचर ऑफ़ एक्सिडेंट क्या है? मैंने एक्सिडेंट से बात इसलिए शुरू की, क्योंकि रेलवे इतना बड़ा महकमा है, करोड़ों लोग इसमें रोज़ यात्रा करते हैं और इस ढंग से

एक्सिडेंट हो, तो रेल यात्रा करने पर भी संकट छा जायेगा। लोग रेल यात्रा करने से डरने लगेंगे। कहा जाता है कि 60 परसेंट जो एक्सिडेंट्स हो रहे हैं, वे रेलवे ट्रैक्स क्रॉसिंग के चलते हो रहे हैं। तो अधिक ब्रिजेज क्यों नहीं बनाये जाते हैं? महोदय, कमेटी की रिपोर्ट है, लेकिन इस पर ध्यान नहीं दिया जाता है। पहली कमेटी की रिपोर्ट आ गयी है, रेलवे में हो रहे एक्सिडेंट्स पर कमेटी ने अपनी रिपोर्ट में लिखा है कि लैक ऑफ़ बैरिकेडिंग एंड फेंसिंग, लैक ऑफ़ नम्बर ऑफ़ पैडेस्ट्रीअन ब्रिजेज के चलते ज़्यादा एक्सिडेंट्स होते हैं। इसके लिए उन्होंने क्या उपाय किये हैं? क्या इसके बारे में रेल विभाग ने कुछ सोचा है? ये अवेयरनेस की बात कहते हैं, ये एनजीओ से सम्पर्क करने की बात कहते हैं कि हम अवेयरनेस कैंपेन भी चला रहे हैं, लेकिन क्या अनमैंड गेट पर कहीं पर कोई पोस्टर सावधानी का चिपका हुआ है? क्या वहाँ पर बड़े-बड़े बैनर्स लगे हैं? क्या वहाँ पर लोगों को सावधान रखने के लिए रेलवे ने बड़े-बड़े बोर्ड लगाये हैं? यदि ऐसा होता, तो एक्सिडेंट के विषय में ऐसी स्थिति नहीं होती। यह बड़ा ही हास्यास्पद लगता है। मैं कम-से-कम अपने क्षेत्र, बिहार में यह नहीं देखता हूँ कि कहीं पर ऐसा कुछ लगा हो। अधिकारी पंफ्लट्स बाँट दें, तो वह दूसरी बात है, लेकिन किसी भी अनमैंड क्रॉसिंग पर ऐसी व्यवस्था नहीं है कि गेट पर ही इस बात की सूचना मिल जाये हो कि लोग वहाँ पर क्या-क्या सावधानी बरतें? इस प्रकार, जब ट्रेनों में प्रतिदिन दो करोड़ से ज़्यादा लोग यात्रा कर रहे हैं और इस रूप में एक्सिडेंट्स होते चले जायें, तो देश की क्या हालत होगी?

महोदय, दूसरी बात यह कि बार-बार इसमें क्लीनलीनेस की बात आती है और इसके सर्विस सेक्टर्स की भी बात आती है। क्लीनलीनेस के मामले में मैं दावे के साथ कुछ बातें कहना चाहता हूँ। जब यार्ड में गाड़ी आ जाती है, तब आप बड़े अधिकारियों की बात तो छोड़ दीजिए और आप इस बात का आंकलन कर लीजिए कि क्या इंस्पेक्टर्स और सुपरवाइजर्स भी कभी यार्ड निरीक्षण करने जाते हैं? आप देखिए कि गाड़ियों की क्या हालत हो गयी है। महोदय, रेलवे का सबसे बड़ा ट्रैवलिंग पार्ट कौन है? रेलवे के एसी फर्स्ट क्लास और सेकेंड क्लास के पैसेंजर्स ज़्यादा संख्या में नहीं होते हैं, बल्कि रेलवे के ज़्यादा पैसेंजर्स या तो स्लीपर क्लास में होते हैं या थर्ड एसी में होते हैं अथवा जनरल क्लासेस में रहते हैं। आप देखिए कि उन क्लासेज के टॉयलेट्स की क्या स्थिति है? आज क्लेम तो बहुत किया जा रहा है और बायोटॉइलट्स, ग्रीन-टॉइलट्स, ईको-टॉइलट्स आदि ऐसे शब्दों का जब

उच्चारण किया जाता है, तब ऐसा लगता है कि रेलवे ने इसके उद्धार के लिए बहुत बड़ी योजना बना दी है। बायो-टॉइलट्स ऐसे हों कि जिस स्टेशन पर गाड़ी पहुँचे, उस स्टेशन पर यदि टॉइलट्स बन्द हो जायें, जैसा कि विदेशों में है, तो स्टेशन की गन्दगी ख़त्म हो जायेगी, लेकिन इस प्रकार का कोई स्टेप नहीं लिया गया है और जब कोई स्टेप नहीं लिया गया है, तो इसको ख़तरा तो कहा ही जायेगा।

महोदय, मैं यह ज़रूर समझता हूँ कि आप भी रेल से ट्रैवल करते होंगे। क्या आपने खान-पान की व्यवस्था में कभी यह देखा है कि कैशमेमो या बिल मिलता हो? जो पैसेंजर्स ट्रेन में जाते हैं, उनके द्वारा बिल माँगने पर भी उनको बिल नहीं मिलता है। यह कैसी व्यवस्था है? सरकार की ऐसी व्यवस्था, जिसमें रेगुलेटेड सर्विस देने पर सरकार नाज़ करती है और जिसके कर्मचारी सरकारी कोष से वेतन लेते हैं, वहाँ पर रेगुलेटेड व्यवस्था नहीं है। वहाँ खान-पान की मनचाही व्यवस्था है, जिसमें जो चाहे जितने पैसे माँग ले। एमपीज को दिक़्क़त नहीं होगी, एमएलएज को भी दिक़्क़त नहीं होगी, लेकिन जो साधारण पैसेंजर्स हैं, उनको तो दिक़्क़त होती है।

महोदय, आज 'रेल नीर' की क्या स्थिति है? क्या कभी इस मन्त्रालय ने इस बात का पता लगाने की कोशिश की है कि कितने दलाल इस रेल नीर को कम बेचने में अपनी बड़ी भूमिका अदा कर रहे हैं? महोदय, मैं स्वयं आपसे यह निवेदन करना चाहता हूँ कि रेल नीर रेलवे का प्रोडक्शन है। आप रेलवे स्टेशनों पर जाकर देख लीजिए कि वहाँ पर इसकी क्या स्थिति है? रेल नीर आपको मार्केट में मिल जायेगा, लेकिन यह रेलवे स्टेशंस पर नहीं मिलेगा। इस हालत में क्या व्यवस्था है? किस बात की इफिशंसी है, किस बात का रेगुलेशन है और ऐसी क्या बात है, जिस पर क्लेम किया जाये कि नये मन्त्री ने रेल विभाग को सँभालने के लिए कोई डाइनेमिक एफर्ट किया है? ऐसा तो कुछ दिखाई नहीं पड़ता है। रस्म के तहत रेल पर चर्चा हो और रेल को क्लेम किया जाये कि यह स्थिति सुधर रही है तो रेल मन्त्री को इस बात को बताना पड़ेगा कि आपने कौन-कौन से स्टेप्स लिये हैं? जिस जर्जर अवस्था में रेल पहुँची है, उससे इसको उबारने के लिए आपकी इमीडिएट योजना क्या है और आपकी भविष्य की योजना क्या है? एक इमीडिएट यानी तत्काल की योजना हो सकती है और एक योजना दीर्घसूत्री हो सकती है। तत्काल की योजना में रेलवे असफल दिखाई पड़ती है और दीर्घसूत्री योजना का तो रेलवे में कोई विजन ही दिखाई नहीं पड़ता। अगर विजन की भी बात की जाती कि रेलवे का विजन क्या है और वह विजन कितने वर्षों का है, तो कोई बात होती।

दीर्घकालीन शब्द का प्रयोग मैं जानबूझ कर रहा हूँ, यदि यह बात लोगों के सामने आती, तो आने वाले भविष्य में जो रेल मन्त्री रहता, तो कहता कि चलिए आज स्थिति भले ही नाज़ुक हो गयी है, जो नक़्शा और तस्वीर रेल मन्त्री ने पेश किया है, जिसके आधार पर रेलवे को व्यवस्थित किया जा सकता है, रेलवे को सुधारा जा सकता है, रेलवे को नये रास्ते पर ले जाया जा सकता है। लेकिन रेलवे के पास कोई विजन नहीं है, रेलवे दम तोड़ रही है। महोदय, अब रेलवे की सबसे बड़ी आमदनी यात्रियों के भाड़े से नहीं होती, सबसे ज़्यादा आमदनी माल भाड़े से होती है। लेकिन माल भाड़े की क्या स्थिति है? ज़रा देखिए रेलवे आज़ादी के बाद से माल जितना परसेंट कैरी करती थी, वह आज 36 परसेंट पर पहुँच गया है। जिस विभाग की आमदनी माल भाड़े से 80-90 प्रतिशत होती थी, वह अब 36 परसेंट पर चली गयी है। इसका मतलब क्या है? प्राइवेट सेक्टर ने बड़े पैमाने पर रेलवे के माल भाड़े में हस्तक्षेप किया है या प्रवेश किया है। यह तो और ख़तरनाक है। इफिशंसी कहाँ गयी? अब चाहे मामला कार्पोरेट सेक्टर का हो, इसमें अब सीमेंट की बात करेंगे, अन्य सामान की बात करेंगे, कोयला की बात करेंगे और दूसरे खाद्य पदार्थों की भी बात करेंगे। ये जो सारी चीज़ें ढोते हैं, तो इसके साथ क्यों नहीं नया क्षेत्र खोजा जाता है, जिसकी ढुलाई होती हो? ऐसा क्यों नहीं किया जाता कि जब रेल की बोगियाँ चलती हैं और ख़ाली रहती हैं, तब दूसरे क्षेत्र में भी रेल प्रवेश करे। उससे ज़्यादा ट्रकों से ढुलाई रही है और रेलवे का सफरिंग बढ़ता जा रहा है। मैनेजमेंट क्या है? कोई मैनेजमेंट गुरु बन जाये, कोई यह कह दे कि रेलवे की व्यवस्था सुधर जायेगी, यह सारा हास्यास्पद लगता है और लोगों के मज़ाक़ का विषय बनता हुआ दिखाई पड़ता है। महोदय, इसलिए मैं चाहता हूँ कि इन बातों पर रेलवे के अधिकारियों को ध्यान देना पड़ेगा। मिस मैनेजमेंट और पुअर मेंटीनेंस है रेलवे की बोगीज का। रेलवे स्टेशन पर कहीं मेंटीनेंस नहीं है। पानी का अभाव दिखाई पड़ता है। महोदय, यात्रियों के लिए ट्रेवल में दो बातें बहुत आवश्यक होती हैं। पहली बात होती है कि उनको पानी मिल जाये। सस्ता खाना उनको मिल जाये और दूसरी बात यह है महोदय, खान-पान की क्या स्थिति है? खान-पान की ऐसी स्थिति है कि कभी उसमें हड्डी मिल जाती है, कभी कंकड़ मिल जाता है, स्टोन को छोटा-छोटा कर उसमें मिलाया जाता है। इस प्रकार जैसे रेलवे का स्वास्थ्य आर्थिक रूप से ख़राब होता जा रहा है, वैसे ही पैसेंजर्स का स्वास्थ्य भी उसी अनुपात में ख़राब होता जा रहा है। इसलिए

इस विभाग के बारे में और क्या-क्या कहा जाये? वैसे यह बजट पास तो हो जायेगा, सदन में बहुमत के आधार पास हो जाता है।

महोदय, वर्ष 60 के दशक में सोशलिस्ट लोग एक नारा लगाते थे। वह नारा चूँकि आप चेयर पर बैठे हैं, हमको लगता है इसलिए इसको सदन में सुना दूँ। 'महंगा राशन सस्ती जान, यह है कांग्रेस की पहचान, अब यह जब भी हुकूमत आती है, तब कुछ-न-कुछ ऐसा ही होता है। एक पूर्व रेल मन्त्री को सम्बोधित करते हुए रेल मन्त्री ने कह दिया कि आप सौभाग्यशाली रहे। नाजुक घड़ी में नेतृत्व की परख होती है। नाज़ुक घड़ी में मन्त्री की ड्राइव एंड डॉयरेक्शन भी पता चलता है। नाज़ुक घड़ी में यह पता लगता है कि मैनिजबल स्कीम्स क्या हैं और मैनिजबल स्कीम्स के मामले में इस विभाग के साथ आज तक इस देश में बड़ा मज़ाक़ हुआ है। महोदय, मैंने खान-पान की बात भी आपको बता दी। अब मैं बुकिंग पर आता हूँ। यह सर्विस सेक्टर की बात है। 70 परसेंट टिकटों की बुकिंग तो खिड़की पर होती है और जो 30 परसेंट टिकट तत्काल में बिकते हैं, ये सारे टिकट दलालों के चंगुल में पड़ गये हैं। अब रेलवे में दलालों का इतने बड़े पैमाने पर एंट्रेस हो जाये, तो क्या विभाग का भला होगा?

MR. DEPUTY CHAIRMAN : I am only reminding you that there are only four minutes left.

श्री बशिष्ठ नारायण सिंह : महोदय, रेलवे में आईआरसीटीसी एक विभाग है, जिसकी स्थापना खान-पान व्यवस्था सुधारने के लिए की गयी थी। उसमें मैन पावर की कमी है। ये लोग व्यवस्था को जाकर देखते भी नहीं हैं और जब वे देखते नहीं हैं, तब आप अनुमान लगा सकते हैं कि रेलवे में खान-पान की कैसी व्यवस्था होगी? इसे भी सुधारने के लिए उपाय किये जाने चाहिए।

दूसरे, रेलवे की जो कुछ सम्पत्ति बची हुई है और उसका वह कैसे आगे रिसोर्स मोबलाइजेशन कर सकती है। इसके लिए आपको रेलवे ट्रेड के बारे में सोचना पड़ेगा। मैं जानना चाहूँगा कि क्या विदेशों में कॉमर्शियल ट्रेड डेवलप करने के लिए, रेल लाइन के विस्तार के लिए क्या आपके यहाँ कोई योजना है? महोदय, रेलवे की ज़मीन पर चर्चा के समय मन्त्री जी ने जवाब दिया था कि इस ज़मीन का उपयोग करने के लिए जो लोग सुझाव दे रहे हैं, उन्हें मैं बताना चाहूँगा कि रेलवे के विकास के समय यह ज़मीन बहुत काम आयेगी। मैं मन्त्री जी से आग्रह करना चाहता हूँ कि आप रेलवे की बची हुई ज़मीन पर बड़ी संख्या में कॉमर्शियल प्लांट्स लगवा दीजिए। उसके बाद जब आपको इसके एक्सपेंशन की ज़रूरत पड़ेगी, तब

आपको पैसे भी मिल जायेंगे और बड़े पैमाने पर आप एनवायरमेंट को बचाने का भी काम करेंगे।

श्री उप सभापति : बशिष्ठ नारायण जी, सिर्फ़ दो मिनट में अपनी बात समाप्त कीजिए।

श्री बशिष्ठ नारायण सिंह : महोदय, जब कोई भी व्यक्ति रेलवे पर बात करता है, तब अपने राज्य और इलाक़े की चर्चा ज़रूर करता है। नौकरी देने वाला सबसे बड़ा महकमा भी रेलवे ही है। महोदय, इसमें क्लेम किया गया है कि हम एक लाख से ज़्यादा लोगों को नौकरी देंगे।

श्री उप सभापति : सिर्फ़ एक मिनट बाक़ी है, समाप्त कीजिए।

श्री बशिष्ठ नारायण सिंह : महोदय, सिर्फ़ 4-5 मिनट में समाप्त कर दूँगा।

श्री उप सभापति : सिर्फ़ एक मिनट और ले लीजिए। आपके 24 मिनट हो चुके हैं

श्री बशिष्ठ नारायण सिंह : महोदय, मैं दो-तीन बातें और कहूँगा। रेल लाइनों के दोनों तरफ़ वृक्षारोपण बड़े पैमान पर कराया जाये। इससे रेलवे की ज़मीन भी बचेगी। मैं मन्त्री जी से कहना चाहूँगा कि आप पता लगायें कि जलपाइगुड़ी में रेलवे की ज़मीन पर कितना एनक्रोचमेंट हो गया है?

MR. DEPUTY CHAIRMAN : You have taken 26 minutes. How can I allow so much time to every Member? Please conclude. There is no time left.

श्री बशिष्ठ नारायण सिंह : अन्त में, चूँकि आपने कह दिया है, मैं अपनी बात बिहार के कुछ सवाल उठाकर समाप्त करूँगा। महोदय, आपने कई तीर्थ स्थानों के लिए ट्रेनें चलायी हैं, तो उसमें आपने गया को क्यों छोड़ दिया है? क्या मन्त्री जी के लिए गया महत्त्वपूर्ण नहीं है।...(समय की घण्टी)...हर साल गया लाखों लोग आते जाते हैं। इसलिए मैं रेल मन्त्री से आग्रह कर रहा हूँ कि गया रेलवे को आधुनिक तरीक़े से विकसित करना चाहिए।

श्री उप सभापति : आपका समय समाप्त हो गया है।

श्री बशिष्ठ नारायण सिंह : महोदय, तीन बिन्दुओं का उल्लेख कर अपनी बात समाप्त कर रहा हूँ। महोदय, क्लेम किया गया है कि गंगा ब्रिज पर काम के लिए 145 करोड़ से 180 करोड़ दिये गये हैं, मुंगेर-गंगा ब्रिज की राशि 145 से 175 करोड़ रुपये कर दी गयी है। यहाँ बिहार के साथ अन्याय हुआ है। आप इसके लिए सौ-डेढ़ सौ करोड़ रुपये बढ़ाते, तो कुछ मतलब होता। एक इससे भी ज़्यादा

महत्त्वपूर्ण बात है कि बिहार सरकार से दीघा रेल लाइन की सहमति बन गयी है... (समय की घण्टी)...उससे रेलवे को कोई आमदनी नहीं हो रही है। मेरा कहना है कि उस सहमति के आधार पर आप इसे बिहार सरकार को दे दें, जबकि रेल विभाग कह रहा है कि हम इसे दाम के आधार पर देंगे। यह तरीक़ा ठीक नहीं है। महोदय, मैं इतना ही कहकर कि बिहार सरकार को आप इसे जल्द-से-जल्द दें, अपनी बात समाप्त करता हूँ। धन्यवाद।

14.03.2013

रेल बजट पर...

श्री बशिष्ठ नारायण सिंह (बिहार) : महोदय, जिस विषय पर आज सदन में चर्चा हो रही है, यह केवल इस देश के लिए ही महत्त्वपूर्ण नहीं है। दो बजट देश में आते हैं–एक जब वित्त मन्त्री अपना आम बजट संसद में प्रस्तुत करते हैं और रेल मन्त्री भी जब संसद में अपना बजट पेश करते हैं, तब सारे देश का ध्यान उधर चला जाता है। इस वर्ष रेल मन्त्री देश को क्या-क्या देने वाले हैं और उनके एजेंडा में क्या-क्या बातें हैं? इधर दो महत्त्वपूर्ण बयान आये हैं, एक बयान का अभी प्रभु जी से रिश्ता है और एक दूसरा बयान भी आया था, जो एक पूर्व रेल मन्त्री का था। वे पूर्व रेल मन्त्री श्री दिनेश त्रिवेदी जी थे। उन्होंने रेल मन्त्री रहते हुए कुछ ऐसी बातें कही थीं, जो सारे देश में बहस का मुद्दा भी बनी थीं और मैं मानता हूँ कि जो उन्होंने कहा था, वह सच के नज़दीक है। जो प्रभु जी ने अभी कहा है, रेल बजट प्रस्तुत करते हुए जिस ढंग से अपनी बातों को पिछले वर्ष और इस वर्ष कहा है, तो मुझको लगता है कि ज़्यादा विजन उसमें दिखाई पड़ता है और रेलवे की सही तस्वीर पेश नहीं की गयी है। जब कोई आई.सी.यू. की बात कहता है, तब यह अपने आप में महत्त्वपूर्ण इस रूप में होता है कि आई.सी.यू. में जब कोई रोगी चला जाता है, तब दो ही स्थिति होती हैं। सम्भव है कि वह जीवित वहाँ से चला आये और यह भी सम्भव है कि रोगी वहाँ बचे ही नहीं। रेलवे आज इसी स्थिति से गुज़र रही है और हमको तो इससे भयावह तस्वीर रेलवे की दिखाई पड़ रही है। रेलवे की भयावह तस्वीर के बीच में अभी दूसरी तस्वीर दिखाने का प्रयास किया गया है। रेलवे क़र्ज़ के दलदल में फँसती चली जाये और बुलेट ट्रेन की घोषणा भी हो जाये, तो रेल मन्त्री जी ने यह बात रेलवे की आर्थिक स्थिति के आधार पर कही होगी। अभी जब रेल मन्त्री जी का भाषण हुआ, तब मैं तो आश्चर्य में पड़ गया। रेल मन्त्री के भाषण से रेलवे में एक प्रोजेक्ट ऐसा आया है, जिसकी बड़ी प्रशंसा की गयी है, उसको ड्रीम प्रोजेक्ट भी कहा गया है कि बुलेट ट्रेन भी इस देश में चलेगी। महोदय, इस देश में बुलेट ट्रेन

भी चलेगी, यह बहुत अच्छी बात होगी, लेकिन जिस दिन बुलेट ट्रेन चलाने की बात इस देश में की गयी, इसी विभाग से की गयी और इस सरकार के द्वारा की गयी, तो मैं पसोपेश में पड़ गया था कि भारत दो-तीन वर्षों के अन्दर दुनिया के उन देशों की कतार में खड़ा होने जा रहा है, जहाँ व्यक्ति को, व्यक्ति के जीवन को बेहतर ढंग से जीने का सवाल है, क्या भारत उसी श्रेणी में पहुँच जायेगा।

महोदय, विश्व में दो ही चुनौतियाँ हैं और भारत में भी वही चुनौतियाँ हैं। एक वर्ग ऐसा है, जो ज़िन्दगी को बेहतर ढंग से जीने के लिए सपना देखता है और उसी में जीता है। इस संसार और इस देश में एक दूसरा वर्ग है जो यह सोचता है कि ज़िन्दगी किस ढंग से जी जाये, वह इसी उधेड़बुन में फँसा रहता है। भारत अभी इसी क्रम में चल रहा है। जब भारत इस क्रम में चल रहा है, तब बुलेट ट्रेन की कोई आलोचना नहीं कर सकता है। सौभाग्य होगा कि इस देश में बुलेट ट्रेन भी चले, लेकिन यह भी देखना पड़ेगा कि जो पैसेंजर ट्रेनें हैं, जो रेलवे का इंफ्रास्ट्रक्चर है, जो रेलवे के हालात हैं, उनको पहले ठीक कर लिया जाये, तब बुलेट ट्रेन की कल्पना की जाये और बुलेट ट्रेन चलायी जाये। लेकिन यह अजीब बात है कि इसको ड्रीम प्रोजेक्ट घोषित कर दिया गया।

सूरत और मुम्बई की ज़िन्दगी बहुत बदल जाये, तो ओडिशा की ज़िन्दगी उससे पूरी नहीं बदल जायेगी। ओडिशा के लिए तो दूसरा कुछ करना पड़ेगा। बिहार के लिए तो कुछ दूसरा करना पड़ेगा। यह रेलवे चुनौतियों से भरा है। उप सभापति महोदय, रेल की पटरियाँ वही हैं और गाड़ियाँ बढ़ती जा रही हैं। पटरियों पर जब बोझ बढ़ जायेगा, तब रेलवे की हालत कैसी होगी? वह सह नहीं पायेंगी। एक चरमराती हुई व्यवस्था चली आ रही है और घोषणाओं का अम्बार लगता चला जा रहा है। यह बड़ी ही ख़तरनाक तस्वीर है। यह मैंने उनकी बात कही। वर्तमान मन्त्री जी ने जो कुछ कहा है, मैं मन्त्री जी के प्रति बहुत अच्छी राय रखने वाला हूँ। जब ये कमेटी में चेयरमैन थे, तब मैं भी उस कमेटी में मेम्बर था, तब मैंने देखा कि ये मॉनिटरिंग भी ठीक से करते हैं, ये आर्टिकुलेट भी हैं, ये सूक्ष्म चीज़ों की जानकारी भी लेने का प्रयास करते हैं, लेकिन इस बार जब ये मन्त्री बने, तो मुझ को लगा कि इनका आर्टिकुलेशन ख़त्म हो गया है और ये केवल visionary (स्वप्न दर्शी) रह गये हैं। महोदय, जब आदमी visionary हो जाता है, वह कभी-कभी दार्शनिक अन्दाज़ में बोलना शुरू करता है और जब दार्शनिक अन्दाज़ में बोलना शुरू कर देता है, तब इस ख़याल से दार्शनिक अन्दाज़ में बोलता है कि बात यह कह दी, दर्शन में चली जायेगी, यदि

हक़ीक़त में नहीं भी हो, तब भी काम चलेगा। आज यही हालत है। अब देखिए कि इन्होंने पिछले बजट में क्या सपना दिखाया और इस बजट में भी क्या कहा? पिछले बजट में इन्होंने पर्वतीय क्षेत्रों में रेल चलाने, सुरक्षा पर ज़ोर, गाड़ियों की स्पीड बढ़ाने तथा यात्रियों की सुविधा जैसी बहुत सारी घोषणाएँ की थीं, लेकिन अभी हाल क्या है? क्या ये सुविधाएँ बढ़ी हैं? फिर इन्होंने नहले पर दहला मार दिया है। इनकी इस बार की घोषणा देखिए–मुसाफ़िरों के लिए वाई-फाई से लेकर टिकटिंग, बहुत-सी नयी पहलों का ऐलान करते हुए रेल मन्त्री जी ने समय-पालन पर ज़ोर दिया है। गाड़ियों में ज़रूरत के हिसाब से आरक्षण, समय-पालन 95 फीसदी करना, सुरक्षा रिकॉर्ड में सुधार के लिए उच्च स्तरीय तकनीक, बिना चौकीदार के फाटकों से पटरी को पार करने की समाप्ति, यात्री एवं मालगाड़ियों की औसत गति को बढ़ाना, सेमी हाई स्पीड गाड़ियाँ चलाना–जैसी घोषणाओं को साल वर्ष 2020 तक साकार करने की बात कही गयी है, लेकिन इन पर भरोसा कैसे किया जा सकता है? पहले की गयी घोषणाओं का पालन नहीं हुआ है और अब दूसरी अन्य घोषणाएँ इन्होंने उसी स्पीड से, बल्कि स्पीड बढ़ाकर की है, तो इनका पालन वे कैसे करेंगे? अब जबकि रेलवे रुग्णावस्था में चली गयी है, तो रिसोर्सेज क्या हैं? ये जिस सरकार के अन्दर रेल मन्त्री हैं, वह भारत सरकार क्या रेलवे के लिए पूरा बजटीय उपबन्ध कर रही है? जब तक भारत सरकार रेलवे को बचाने के लिए सामने आकर खड़ी नहीं होगी, तब तक रेलवे को प्राइवेटाइजेशन की ओर जाने से कोई रोक नहीं सकता है। ख़तरा तो इसी का है। देश का सबसे बड़ा उपक्रम, 13 लाख से अधिक लोगों को खपाकर काम करने की क्षमता वाला विभाग आज मरने की स्थिति में है। कहा जा रहा है कि हम बेहतर इन्तज़ाम कर देंगे, बेहतर व्यवस्था कर देंगे। कहाँ से देंगे? आप डेढ़ लाख करोड़ रुपये एलआईसी से क़र्ज़ ले रहे हैं। आप क़र्ज़ लेने के बाद रेलवे की अच्छी व्यवस्था की बात कर रहे हैं। यदि रेलवे क़र्ज़ के दलदल में फँस जायेगी तो आने वाली पीढ़ी को इसका एक-एक पैसा चुकाना पड़ेगा। वर्तमान पीढ़ी भी और आने वाली पीढ़ियाँ भी क़र्ज़ के दलदल में फँस जायेगी, लेकिन इन बातों पर ध्यान नहीं दिया गया है। ये ड्रीम प्रोजेक्ट्स की चर्चा करते हैं। भारत सरकार को बजट का बड़ा भाग रेलवे को देना चाहिए था। विश्व की सबसे बड़ी व्यवस्था और प्राइवेट सेक्टर को चुनौती देने वाला सबसे बड़ा सेक्टर संकटग्रस्त है और भारत सरकार ने चुपचाप बैठकर इसकी ज़िम्मेदारी रेल मन्त्री पर सौंप दी है कि इस बात की ज़िम्मेदारी ख़ुद आप अर्जन कीजिए। कहाँ से अर्जन करेंगे? जब 92 रुपये खर्च होते हैं, तब

सौ रुपये रेलवे को आते हैं। क्या आठ रुपये में ये रेलवे का मॉडर्नाइजेशन करेंगे? ये मॉडर्नाइजेशन कहाँ से करेंगे? क्या ये क़र्ज़ लेकर मॉडर्नाइजेशन करेंगे? रेलवे ने आज भी आय का स्रोत बढ़ाने के उपाय नहीं किये हैं, तो ख़तरा मँड़रा रहा है। जब आकाश में ख़तरा मँड़राने लगता है, तब सारे लोग भयभीत और चकित हो जाते हैं।

महोदय, अगर देखा जाये तो रेलवे के कुछ मूल तत्त्व होते हैं, जो रेलवे कार्यालयों में लिखे रहते हैं। आप रेलवे के किसी ऑफ़िस में चले जाइए, वहाँ लिखा रहेगा सेफ़्टी, सिक्योरिटी, पंक्चुअलिटी एंड क्लीनलीनेस। इतनी बड़ी बात कह देने के बाद रेल मन्त्री की, रेल विभाग की इन्हीं चीज़ों पर परीक्षा हो सकती है। सेफ़्टी, सिक्योरिटी, पंक्चुअलिटी एंड क्लीनलीनेस! आज ज़रा रेलवे की कॉलोनियों में चले जाइए, वहाँ की हालत आप देख लीजिए कि भारत का स्वच्छता अभियान किस क़द्र वहाँ पर पहुँच गया है? रेलवे की पटरियों पर चले जाइए, राजधानी को छोड़कर अन्य ट्रेनों में चले जाइए और देख लीजिए कि भारत के स्वच्छता अभियान का रेलवे विभाग पर कितना असर हुआ है। ये सारी चीज़ें हैं और ऐसा नहीं है कि इस विभाग को इन चीज़ों की जानकारी नहीं है।

महोदय, रेलवे ने कई कमेटियाँ बिठायी हैं। रेलवे में काकोदकर कमेटी, मित्तल कमेटी, सैम पित्रोदा कमेटी, श्रीधरन कमेटी और विवेक देबरॉय की कमेटियाँ बनी हैं। ये सारी कमेटियाँ इन बातों के लिए बनी थीं कि रेलवे के रिसोर्सेज कैसे बढ़ सकते हैं? रेलवे की सुरक्षा कैसे बढ़ सकती है? रेलवे का आधुनिकीकरण कैसे हो सकता है? लेकिन क्या रेल मन्त्री और इस विभाग ने उन पर ध्यान दिया है? मैं मानता हूँ कि आज रेलवे के पास जो चुनौतियाँ हैं, उसको रेलवे विभाग को ही नहीं, बल्कि भारत सरकार को पूर्णतः ज़िम्मेवारी लेना चाहिए।...(समय की घण्टी)...उप सभापति महोदय, थोड़ी देर तक उदार हो जाइए, तो मेरा काम चल जायेगा।

सर, अभी तो मैं बिहार पर भी नहीं आया हूँ। मैं इतना ही कहना चाहता हूँ कि रेलवे के सम्बन्ध में मन्त्री जी को दो-तीन बातों का जवाब categorically (निर्णय लेकर जवाब) देना पड़ेगा। एक बात तो यह है कि कोई भी व्यक्ति, यदि वह रेल मन्त्री के पद पर है और उस पद पर रहते हुए वह कोई घोषणा करता है तो वह घोषणा सरकार की होती है, उस व्यक्ति की नहीं होती है, इसलिए आज तक पूर्व रेल मन्त्रियों ने जितनी घोषणाएँ की थीं, उनके विषय में आपका क्या कहना है? यह सरकार कोई नीति formulate (तैयार) करें कि कितनी योजनाओं को आप मानते हैं और उनके लिए राशि भी बताने की कोशिश करें कि कितनी राशि उन मन्त्रियों

की घोषणाओं को पूरा करने में लगेगी? अगर आप ऐसा करेंगे तो हमें लगता है कि रेलवे विभाग की एक अच्छी तस्वीर दिखाई पड़ सकती है। महोदय, हम पटना से आते हैं, अब तो 'राजधानी' भी लेट हो रही है, जिसके कारण बड़ी दिक़्क़त हो गयी है, कोई punctuality (समयबद्धता) नहीं है और cleanliness (स्वच्छता) का तो जवाब ही नहीं है।

उप सभापति महोदय, अगर आप पेयजल के विषय में देखेंगे तो पेयजल और खान-पान के सम्बन्ध में तो रेलवे के contractor (ठेकेदार) अभी जेल की सजा भुगत चुके हैं यानी सिस्टम में दोष है। आज 'रेल नीर' कहीं नहीं मिल रहा है, बल्कि 'रेल नीर' के बदले बड़े-बड़े contractor (ठेकेदार) 5 रुपये, 7 रुपये में जो पानी की बोतल बनाते हैं, उसी को देते हैं। उनको रेलवे देती है या देते जिसका नाम 'रेल नीर' होता है।... (समय की घण्टी)...यह तस्वीर है।

श्रीमती जया बच्चन (उत्तर प्रदेश) : सर, उन्हें बोलने दीजिए।

श्री बशिष्ठ नारायण सिंह : महोदय, मैं इन बातों को इसलिए कह रहा हूँ...

श्री उप सभापति : कृपया समाप्त कीजिए।

श्री बशिष्ठ नारायण सिंह : सर, मैं इन बातों की तरफ़ इसलिए इशारा करना चाहता था कि यह जो सदन है, केवल इसमें वाहवाही लेने से क्या हो सकता है? सत्य को रखने का साहस जो करता है, वही चुनौतियों का मुक़ाबला कर सकता है। चुनौतियों का मुक़ाबला करने का संकल्प मैं सरकार में नहीं देखता हूँ, केवल दावे करते जाना और दावे के बाद चुप्पी लगा लेना, यह हो रहा है।

महोदय, जब मैं बिहार पर आता हूँ, तब वहाँ से लालू जी भी मन्त्री हुए, नीतीश कुमार जी भी मन्त्री हुए। उन दोनों मन्त्रियों ने जो घोषणाएँ कीं, उन घोषणाओं के लिए कितनी राशि दी गयी है? एक ऐसी योजना ज़रूर हुई है, जो दवियावा-बिहार शरीफ़ रेल लाइन चालू हो गयी है लेकिन हरनौत रेल कारख़ाने में नये कोच बनाने का काम नहीं हो रहा, वहाँ पुराने कोच की मरम्मत हो रही है। लालू यादव जी ने जिन योजनाओं की घोषणा की, चूँकि आपका आदेश है कि मैं बैठ जाऊँ, मुझे अभी बहुत-सी बातें करनी थीं। मैं मन्त्री जी से इस बात के लिए आग्रह करूँगा कि जो योजनाएँ बिहार में चली हैं, उनको पूरा करें।

महोदय, एक बात कहकर मैं अपनी बात समाप्त करूँगा। हम लोगों को जो सुविधा मिली है कि दो व्यक्ति फर्स्ट क्लास में जाते हैं और एक व्यक्ति companion (सहयोगी) के रूप में जाता है तो companion (सहयोगी) को जो सीट मिलती है,

वह पाँच कोच के बाद मिलती है। इसमें सुधार करने की ज़रूरत है। बहुत-सी ऐसी बातें हैं, मैं कहता हूँ कि उन कमेटियों के विषय में रेल मन्त्री जी स्पष्ट रूप से बताने की कोशिश करें कि उन कमेटियों का हश्र क्या हुआ? जिनका गठन रेलवे में सुधार के लिए किया गया था। पूर्व मन्त्रियों ने जो घोषणाएँ की थीं, उनके सम्बन्ध में रेल मन्त्री क्या करेंगे तथा रेलवे की जो सम्पत्ति है, उसकी सुरक्षा के लिए क्या करेंगे? इन सारी बातों का जवाब मन्त्री जी को हाउस में देना चाहिए।...(समय की घण्टी)... सर, बिहार के सम्बन्ध में मेरे कुछ प्रश्न रह गये हैं। धन्यवाद।

14.03.2016

रेल बजट पर...

श्री बशिष्ठ नारायण सिंह (बिहार) : महोदय, मैं देश के एक अत्यन्त महत्त्वपूर्ण महकमे के बजट पर अपनी बात रखने के लिए खड़ा हुआ हूँ। जब कोई भी बजट प्रस्तुत किया जायेगा, तब उसे मापने के लिए कुछ मेजरिंग रॉड्स होंगे, उसके मूल्यांकन के कुछ तौर-तरीक़े होंगे कि बजट किस रूप में पेश किया गया है और यह बजट रेलवे के लिए भविष्य में किस रूप से खड़ा होने वाला है? पहले तो मैं प्रश्न उठाऊँगा कि इस बजट के साथ अन्याय नहीं किया गया है, क्योंकि जो पार्लियामेंटरी परम्परा है, जो पार्लियामेंटरी मर्यादा है, जो पार्लियामेंटरी मूल्य हैं, जो पार्लियामेंटरी मान्यताएँ हैं, इस बजट के प्रस्तुत करने से पहले उनका ख़याल नहीं रखा गया। पार्लियामेंट में आहूत होने में कुछ ही दिन बचे थे, फिर क्या नेसिसिटी हो गयी, क्या आवश्यकता हो गयी, क्या मजबूरी हो गयी? आकाश पृथ्वी पर तो नहीं आ रहा था या पृथ्वी पर भूकम्प तो नहीं आ रहा था कि आर्डिनेंस के माध्यम से महँगाई बढ़ा दी गयी, भाड़ा बढ़ा दिया गया। महोदय, इसलिए मैं कहना चाहता हूँ कि जब सदन की मर्यादा को सत्ताधारी दलों के हाथों से नुकसान पहुँचाया जायेगा, तब इस देश में लोकतन्त्र को बड़ा ख़तरा पैदा हो जायेगा। हम लोगों ने पार्लियामेंटरी सिस्टम को एडॉप्ट किया है। पार्लियामेंटरी सिस्टम के एक-दो उदाहरण रखकर फिर मैं रेलवे पर अपनी बात कहूँगा।

महोदय, इंग्लैंड में डाल्टन प्रसिद्ध अर्थशास्त्री और वित्त मन्त्री थे। वे बजट प्रस्तुत करने जा रहे थे। रास्ते में उनके एक मित्र ने पूछा कि बजट में क्या-क्या है, तो उन्होंने संकेत दे दिया। जब उन्होंने बजट प्रस्तुत किया, तब वह मेंबर, जिसने उनकी बात सुनी थी, वह खड़ा हुआ और उसने कहा कि मन्त्री महोदय, बजट की सैंक्टिटी ख़त्म हो गयी है। यह तो मार्केट में लीकआउट हो गया है। डाल्टन ने कहा कि डाल्टन जैसे मन्त्री के रहते हुए यह हो ही नहीं सकता है, लेकिन उसी समय डाल्टन को याद आया कि हमने इनसे बात की थी, शायद ये उसी का उद्धरण दे रहे

हैं। डाल्टन उसी समय खड़े हुए और तत्काल कहा, "Here I tender my resignation as the Finance Minister of the country."

यह सदन मर्यादा सिखाता है। अब मैं आपको एक दूसरा उदाहरण देता हूँ। प्रोफ्यूमो वहाँ के डिफेंस मिनिस्टर थे। रूसी गुप्तचर विभाग की एक महिला से उनके सम्बन्ध होने की बात प्रकाश में आयी, जिसको उन्होंने डिनाई कर दिया। उसके बाद अख़बारों में उनका फ़ोटो छपा और उनको स्वीकार करना पड़ा। नैतिकता का मापदण्ड क्या है? अब मैं आपको यह बताता हूँ। प्रोफ्यूमो की बात छोड़िए, मैकमिलन ने भी इसके लिए अपने पद से त्यागपत्र दे दिया।

यह संसद कुछ मूल्यों पर चलती है। मन्त्री महोदय, मैं दुस्साहस के साथ एक बात कहना चाहता हूँ, क्योंकि आपने एक स्वप्नदर्शी बजट दिया है। अभी तो आपके एक सदस्य कह रहे थे कि यह भारत का बजट है, लेकिन मैं यह कह रहा हूँ कि यह इंडिया का बजट है। कुछ बातों को देख करके ही मुझे ऐसा लगता है। रेलवे के मापदण्ड की जब भी बात आयेगी, उसके लिए विजन देखा जाता है कि बजट का विजन क्या है, मन्त्री की दृष्टि क्या है, सरकार की सोच क्या है, सरकार भविष्य में इस विभाग को कैसे सँभालना चाहती है और इसका एक आधार विजन होता है।

इसका दूसरा आधार होता है कि उसके इंफ्रास्ट्रक्चर पर सरकार की दृष्टि क्या है, इंफ्रास्ट्रक्चर पर सरकार ने क्या सोचा है, क्या विचार किया है, उसके पास क्या सूचना है, इंफ्रास्ट्रक्चर को मज़बूत करने के लिए सरकार ने क्या नीति, क्या कार्यक्रम अपनाया है, इन सब चीज़ों को देखा जाता है।

आपके विजन के विषय में तो मैं एक बात कह सकता हूँ। आप लोग बड़े गर्व के साथ कह रहे हैं कि 60 हज़ार करोड़ रुपये की लागत से बुलेट ट्रेन चलेगी। बुलेट ट्रेन चले, इसका देश स्वागत करता है। स्वप्नदर्शी होना कोई ग़लत बात नहीं है। जो स्वप्नदर्शी नहीं होगा, वह व्यवस्था में परिवर्तन नहीं कर सकता है और जो स्वप्नदर्शी नहीं होगा, वह क्रान्ति के बीज नहीं बो सकता है। यह बात सत्य है, लेकिन पहले से उसके कुछ ब्लूप्रिंट भी तैयार हो जाते हैं, तभी वह स्वप्न आकार लेता है।

आप स्वप्न देख रहे हैं। स्वप्न देखने से आपको कैसे रोका जा सकता है? जिस दिन इस सदन में चर्चा हो रही थी, तब मुझे एक बात बहुत अच्छी लगी, 'नमामि गंगे, गंगे नमामि'। हमारे छोटे भाई और बनारस के छात्र नेता यहाँ राज्य मन्त्री के रूप में बैठे हुए हैं। महोदय, जब 'नमामि गंगे' की बात कही गयी, तब हमको लगा कि अपनी सांस्कृतिक धरोहर को एक नये ढंग से सँभालने का प्रयास चल रहा है।

लेकिन इसके साथ मैं एक बात और जोड़ूँगा, मैं यह कहूँगा कि उसके साथ एक और 'नमामि' जोड़ देना चाहिए था, 'नमामि लौहपथगामिनी, लौहपथगामिनी नमामि'।

उप सभापति महोदय, रेल का हिन्दी रूपान्तरण 'लौहपथगामिनी' है। माँ गंगा का स्वभाव और रेल का स्वभाव, दोनों बहुत कुछ मिलते-जुलते हैं। गंगा राष्ट्रीय धरोहर है, तो रेल भी राष्ट्रीय धरोहर है। इसे मैं राष्ट्रीय इस रूप में कहता हूँ कि क्योंकि गंगा किसी को भी स्नान करने से रोकती नहीं है और जिसके पास भाड़े का पैसा हो, उसको रेल चढ़ने से नहीं रोकती है। लेकिन रेलवे के साथ क्या किया गया है? क्या कह देने से हो जायेगा कि हम हाइएस्ट स्पीड ट्रेन में चढ़ जायेंगे? क्या कह देने से हो जायेगा कि कर्नाटक और मुम्बई से हमने सूरत को जोड़ दिया है? इसका भी तो ख़याल रखना पड़ेगा कि बिहार और अन्य राज्य कहाँ खड़े हैं? इसका भी ख़याल करना पड़ेगा कि इसमें झारखण्ड कहाँ खड़ा है? इसका भी तो ख़याल करना पड़ेगा कि ओडिशा के इंफ्रास्ट्रक्चर पर और क्या ध्यान दिया गया है? इसका भी तो ख़याल करना पड़ेगा कि असम से आगे अरुणाचल प्रदेश में रेलवे कहाँ खड़ी है? क्या सिर्फ़ ऐसी जगहों पर रेलवे का विस्तार कर दिया जाये, जहाँ व्यावसायिक ज़िन्दगी है? महोदय, मैं जब इस रेल बजट की तुलना करता हूँ तब पाता हूँ कि इसके दो स्वरूप हैं। दिल्ली में दो दुनिया के लोग बसते हैं। एक ज़िन्दगी कनाट प्लेस में ज़िन्दगी जीने वालों की होती है और दूसरी यमुना के पार रहने वालों की होती है।

वैसे रेलवे के कुछ मन्त्र होते हैं। महोदय, मैं आपका ध्यान इधर आकृष्ट करना चाहता हूँ। मन्त्री बनने के बाद आप भी कहीं कार्यालय के निरीक्षण में गये होंगे। यदि वह डी.आर.एम. का ऑफ़िस होगा या यदि किसी बड़े अधिकारी का ऑफ़िस होगा, तो निश्चित रूप से उसमें आपने देखा होगा कि वहाँ बोर्ड पर लिखा रहता है–सेफ़्टी, सिक्यूरिटी, पंक्चुएलिटी और क्लीनलीनेसली। मुझे लगता है कि सिक्यूरिटी पर भी बहुत कुछ नहीं किया गया है। सेफ़्टी फंड ज़रूर दिया गया है। क्लीनलीनेस पर भी बहुत ध्यान नहीं दिया गया है। खान-पान पर बहुत ध्यान नहीं दिया गया है। यदि आपने रेलवे के इंफ्रास्ट्रक्चर पर ध्यान नहीं दिया तो क्या आप रेलवे को सुधार लेंगे? क्या प्राइवेट पब्लिक पार्टनरशिप से रेलवे को सुधारेंगे? क्या रेलवे की आमदनी बढ़ाने के लिए आपने माल भाड़ा और यात्री भाड़ा बढ़ाने के अलावा दूसरा कोई उपाय नहीं सोचा? क्या आपने यह पता लगाने की कोशिश नहीं की है कि रेलवे की आमदनी बढ़ाने के और कौन से रास्ते हो सकते हैं? क्या आपने रेलवे की परिसम्पत्तियों का पता लगाया है? रेलवे की आमदनी के दूसरे स्रोत क्या हो सकते हैं? क्या उनका पता लगाने की कोशिश की गयी है?

उप सभापति (डॉ. सत्यनारायण जटिया) : धन्यवाद। आपका समय पूरा हो गया है।

श्री बशिष्ठ नारायण सिंह : महोदय, मैं दो मिनट और कहकर अपनी बात समाप्त करूँगा।

उप सभापति (डॉ. सत्यनारायण जटिया) : आप पहले ही ज़्यादा समय ले चुके हैं।

श्री बशिष्ठ नारायण सिंह : महोदय, दो-तीन मिनट और दीजिए। रेलवे एक ऐसा विभाग है, जिसमें खान-पान का बहुत महत्त्व है। इस पर मैं कह सकता हूँ। चार-पाँच ठेकेदारों ने दो सौ से अधिक गाड़ियाँ अपने हाथों में ले ली हैं। वे मोनोपली हाउसेज़ हैं। अब आप उसमें उनका करिश्मा देखेंगे? गौड़ा साहब, मैं कहता हूँ और आप इसका पता लगाने की कोशिश कीजिएगा, रेलवे ने 'रेल नीर' का दाम 15 रुपये निर्धारित किया है, लेकिन डेली वह नीर कितने में मिलता है? वह 20 रुपये में मिलता है। आपकी व्यवस्था कहाँ गयी? आपने उसका रेट 15 रुपये निर्धारित किया है, लेकिन उसी रेल विभाग ने यह किया है कि वह डेली 20 रुपये में बिकता है। चूँकि बड़े पैमाने पर बड़ी कंपनीज़ उनको 20 रुपये में बेचने के लिए रेलवे को देती हैं, तो वह 20 रुपये में बिकता है। महोदय, 50 रुपये खाने का लगता है। मन्त्री महोदय पता लगा लें कि मेल ट्रेन में 127 रुपये में वही खाना एक आइटम मिलाकर बेचा जाता है। रेलवे की यही स्थिति है। दूसरी बात, एक टेंडर डॉक्यूमेंट होता है। रेलवे में टेंडर डाक्यूमेंट इस ढंग से बनाया जाता है कि छोटे ठेकेदार या छोटे लोग रेलवे में एंटर कर ही नहीं सकते हैं, क्योंकि रेलवे पर वे छा गये हैं। यदि आप आँकड़े की बात कहेंगे, तो आप रेल विभाग से आँकड़ा ले लीजिए। रेलवे ने बहुत से कमिशंस नियुक्त किये हैं। कमेटियों की अनुशंसा भी आयी है।

उप सभापति (डॉ. सत्यनाराण जटिया) : आप आख़िरी बात कहिए।

श्री बशिष्ठ नारायण सिंह : आख़िरी बात सिक्यूरिटी की है। रेलवे एक्सीडेंट एक महत्त्वपूर्ण पार्ट है। उस पर कहकर मैं अपनी बात समाप्त करूँगा।

एक्सीडेंट्स पर रेलवे ने जो कमेटी बनायी, उसकी रिपोर्ट आयी है कि lack of barricading, lack of fencing और lack of pedestrian bridges ही रेलवे में दुर्घटना के सबसे बड़े कारण हैं। क्या आपने कभी इस पर सोचा है?

महोदय, अन्त में मैं अपनी पार्टी की सदस्या श्रीमती कहकशां परवीन को धन्यवाद देता हूँ, जिन्होंने आज अपनी मेडन स्पीच में अपने राज्य के विषय में चर्चा की है।

कि बिहार में कई प्रोजेक्ट लम्बित पड़े हैं। उसके लिए पैसा नहीं दिया गया है। गया को ये महत्त्वपूर्ण नहीं मानते, जहाँ सारे संसार से Budhist (बौद्ध अनुयायी) आते हैं। कुँवर सिंह के जन्म स्थान को ये अन्तरराष्ट्रीय स्थान नहीं मानते हैं। मैं चाहता हूँ कि दीघा, पटना में जो गंगा पुल है और मुंगेर में जो गंगा पुल है। उनके लिए आप अधिक-से-अधिक पैसे दें। इससे रेलवे का इनवेस्टमेंट ज़रूर हो जायेगा।

रेल मन्त्रालय में राज्य मन्त्री (श्री मनोज सिन्हा) : इसके लिए पैसे दिये गये हैं।

श्री बशिष्ठ नारायण सिंह : इसके लिए बहुत कम पैसे दिये गये हैं। उसके लिए इतने पैसे दिये जायें, ताकि वह कंप्लीट हो जाये।...(व्यवधान)...

उप सभापति (डॉ. सत्यनारायण जटिया) : कृपया अब आप समाप्त कीजिए।

श्री बशिष्ठ नारायण सिंह : महोदय, कर्नाटक ही नहीं, पूर्वी उत्तर प्रदेश, बिहार, ओडिशा और पश्चिम बंगाल भी रेलवे में दिखाई पड़े, इतना सुझाव ज़रूर दूँगा। धन्यवाद।

22.07.2014

पत्र संख्या 1

प्रिय कार्यकर्ता साथी,

आप सभी को नव वर्ष की शुभकामना। उम्मीद करता हूँ कि आप स्वस्थ और सुन्दर होंगे। पिछले दिनों अचानक तबीयत बिगड़ने की स्थिति में मुझे कुछ महीनों के लिए पटना से दिल्ली शिफ्ट होना पड़ा था। आप लोगों के आशीर्वाद और मंगलकामनाओं से पुनः स्वस्थ होकर आप लोगों के बीच लौट आया हूँ। मनुष्य के जीवन में उम्र का भी एक व्याकरण होता है। सात दशकों की यात्रा के बाद थोड़ी-बहुत शारीरिक पीड़ा स्वाभाविक है, मैं भी इसका अपवाद नहीं हूँ। थोड़ी बहुत शारीरिक परेशानी से तो अब अधिकांश लोग गुज़र रहे हैं। ख़ैर...

नव वर्ष के आगमन के साथ आज ठण्ड चाहे जितनी हो, वर्ष 2023 में हमारे निजी और राजनीतिक रिश्तों की गर्माहट बनी रहे, हम एक-दूसरे के प्रति समर्पित रहें। साथ ही प्रदेश का हर नागरिक ख़ुशहाल रहे और उनके बीच सामाजिक सौहार्द और सामंजस्य बना रहे, यही कामना है।

जनता दल (यूनाइटेड) गांधी, लोहिया और जयप्रकाश नारायण के सिद्धान्तों पर चलने वाली पार्टी है। हम अन्य पार्टियों से अलग भी इसी मायने में हैं कि हम अपने सिद्धान्तों से कभी समझौता नहीं करते। हमारी राजनीति का मकसद केवल 'सत्ता' तक सीमित नहीं होता, वरन उस सत्ता के आसपास के भूगोल में हमारे लिए समाज, संस्कृति, पर्यावरण और अन्तिम जन की चिन्ता भी समाहित होती है।

बदलते समय और आधुनिकता के दबाव में भी हम राजनीति के साथ-साथ अन्य सामाजिक-सांस्कृतिक मुद्दों को भी साथ लेकर चलते हैं। साइकिल-पोशाक योजना, वृक्षारोपण, जल-जीवन-हरियाली, मद्य-निषेध इन योजनाओं के जरिये हमने समाज को नयी दिशा देने का काम किया है। ग्रीन कवर एरिया में हम काफ़ी आगे बढ़े हैं। वैश्विक मंचों पर हमारी हरियाली-योजना की प्रशंसा हो रही है। आज जनता

दरबार की आधुनिक परिकल्पना की बात हो या सामाजिक सौहार्द बनाये रखने का संकल्प हो, हम इन मुद्दों के ज़रिये भी बीते हुए वर्ष में चर्चा के केन्द्र में रहे हैं।

महात्मा गांधी कहते थे कि जब-जब भी अनिर्णय या द्वन्द्व की स्थिति हो तो नेता को जनता के बीच जाकर सच्चाई से रूबरू होना चाहिए। आरामदेह वातानुकूलित कमरों से बैठकर नीति-निर्माण जनता की अपेक्षाओं के अनुकूल नहीं बना करते। इसी सिद्धान्त से प्रेरित होकर हमारे नेता नीतीश कुमार ने अनेक यात्राएँ की हैं। जनता के दु:ख-दर्द और उनकी ज़रूरतों को देखा-समझा है।

हम गांधी के ग्राम-स्वराज मॉडल पर चलने वाले लोग हैं और लोहिया-जेपी के दिये गये सिद्धान्तों को भी मानते हैं। हम एक साथ 'गुड गवर्नेंस', 'सामाजिक कुरीतियों के ख़िलाफ़ क्रान्ति', 'नर-नारी समानता', 'न्याय के साथ विकास', 'बिहारी-अस्मिता की लड़ाई', 'पर्यावरण की चिन्ता' और 'विकासवादी-मॉडल' पर काम करने वाले सम्भवत: देश के अकेले संगठन भी हैं।

हमारे नेता श्री नीतीश कुमार की एक अलग पहचान भी इसीलिए है कि उन्होंने अब तक अपनी राजनीति को कभी खाँचे में कसने की ज़िद नहीं पाली है। वह फ्लैक्सिबल और एक्सपेरिमेंटल होकर अपने राजनीतिक सिद्धान्तों को नये रूप-रंग में ढालते रहे हैं। लेकिन उनकी प्राथमिकताओं में 'बिहार का विकास' हमेशा पहले नम्बर पर रहा है। वह बुनियादी सिद्धान्तों के साथ कभी समझौता नहीं करते हैं। हम विपरीत परिस्थितियों में भी सामाजिक सौहार्द और समरसता को बनाये रखे हुए हैं, यह हमारी सरकार की उपलब्धि है।

बिजली, सड़क, शिक्षा, स्वास्थ्य, सुरक्षा के क्षेत्र में व्यापक सुधार करते हुए नीतीश कुमार की अगुवाई वाली हमारी सरकार आज प्रदेश को उस जगह पर लाकर छोड़ चुकी है, जहाँ जन-आकांक्षाएँ कुलाँचें मार रही हैं। आज सड़कों की स्थिति इतनी अच्छी है कि हम बिहार के किसी कोने से राजधानी अधिकतम पाँच से छह घण्टों में पहुँच सकते हैं। बिजली के क्षेत्र में हमने व्यापक सफलता पायी है। आज बिहार की उत्तरोत्तर तरक़्क़ी में बिजली का अहम योगदान है। बिहार के हर कोने-कोने में अब बिजली की अबाध आपूर्ति सुनिश्चित कर दी गयी है।

बिहार में प्रति व्यक्ति आमदनी अब पहले की तुलना में काफ़ी अच्छी है। बिहार के लोगों की सालाना आय में बीते वर्ष में नौ फ़ीसदी की बढ़ोतरी हुई है। अब बिहार में प्रति व्यक्ति आमदनी 30799 रुपये की हो चुकी है। इस मामले में हम झारखण्ड और उत्तर प्रदेश जैसे राज्यों से काफ़ी आगे हैं।

बीते वर्षों में जदयू ने बिहार की सामाजिक कुरीतियों पर जड़ से प्रहार करने का साहस दिखाया है। देश भर में मुझे ऐसा कोई संगठन नहीं दिखता, जो कुरीतियों के दुष्प्रभाव से वर्तमान समय में चिन्तित हो। लेकिन हमने नशा से समाज और जनता को मुक्त करने के लिए एक समय में अर्श से फ़र्श तक युद्ध छेड़ दिया, जो आज भी जारी है। निश्चित रूप से यह जदयू का बोल्ड स्टेप था। याद करिए, क्या गांधी का सपना मद्यनिषेध नहीं था?

नीतीश कुमार ने महिलाओं को आरक्षण के ज़रिये उनकी चारदीवारी से बाहर निकाल समाज के विकास की समान रेखा पर ला खड़ा कर दिया है। आज बिहारी महिलाओं का आत्मसम्मान और आत्मविश्वास बहुत बढ़ चुका है। स्थानीय निकाय व पंचायती राज में महिलाओं के लिए आरक्षण का यह नतीजा है कि आज सत्तरह में से सोलह महिलाएँ मेयर पद के लिए विजयी हुई हैं। इस मायने में हम बहुत हद तक जयप्रकाश नारायण और लोहिया के सपने को साकार कर रहे हैं।

हमारी सरकार ने दलितों-पिछड़ों को ग़ुलामी की ज़ंजीरों से मुक्त कर उन्हें बिहार के सामाजिक परिवेश में बराबर लाकर खड़ा कर दिया है। दलितों और पीड़ितों के लिए और अधिक बेहतर सुविधा हम उपलब्ध कर सकें, यह हमारी कोशिश है।

हमारी पार्टी और मुख्यमन्त्री श्री नीतीश कुमार के नेतृत्व में 'सात निश्चय' को हमने निभाकर एक नया कीर्तिमान बनाया है। बेटियाँ पोशाक पहने साइकिल चलाते हुए स्कूल जा रही हैं। अभिभावकों में बेटियों को शिक्षित बनाने का कॉन्फिडेंस आया है। साइकिल और पोशाक योजनाएँ आज देश भर में प्रसिद्ध हो चुकी हैं। अन्य राज्यों ने भी इसे अपनाया है। हमारे प्रदेश में तो इस योजना से महिला साक्षरता दर में आमूल-चूल परिवर्तन हुआ है। आज देर रात तक सड़कें सुनसान नहीं हो रही हैं। महिलाएँ बेख़ौफ़ होकर घर से बाहर निकल रही हैं। इतना ही नहीं अब बिहार पुलिस सेवा में अच्छी तादाद में महिलाएँ भर्ती हो चुकी हैं। मानव श्रृंखला के जरिये हमने समुन्नत भारत के बीच में उन्नत बिहार के नक़्शे को ही गढ़कर दिखाया है।

हम राजनीतिक व्यक्तियों और पार्टियों की सामाजिक और सांस्कृतिक जवाबदेही भी होती है। आख़िरकार हम समाजवादी राजनीति के जरिये समाज ही तो बदलने आये हैं। शिक्षा, सड़क, स्वास्थ्य और बिजली तो नाग़रिक-जीवन की ज़रूरत है। सुशासन और उत्तम सुविधाओं के साथ समुन्नत समाज को गढ़ना ही हमारा अन्तिम उद्‌देश्य होना चाहिए, जिसके केन्द्र में अन्तिम जन हो। कहने में संकोच नहीं कि यही चिन्ता गांधी की भी थी।

मैं एक बार फिर से कह रहा हूँ कि श्री नीतीश कुमार के नेतृत्व में जेडीयू ने इस भूमिका को बखूबी निभाया है, इस बात पर तो हम गर्व कर ही सकते हैं। आगे भी सामाजिक, राजनीतिक, सांस्कृतिक और आर्थिक परिवर्तन के शिल्प को गढ़ते रहेंगे।

गुज़रा हुआ वर्ष पार्टी के लिए सदस्यता अभियान का वर्ष था और इस वर्ष हमने रिकार्ड मेम्बर बनाये। संगठन के चुनाव हुए, नये पदाधिकारियों का आगमन हुआ। हम उम्मीद करते हैं कि इस वर्ष नये सदस्य और पदाधिकारी मिलकर संगठन को और अधिक मज़बूत करेंगे।

बीते वर्ष 'पटना विश्वविद्यालय छात्र संघ, के चुनाव में छात्र जनता दल (यू) को बड़ी विजय मिली। अध्यक्ष समेत चार पदों पर हमारा छात्र संगठन विजयी हुआ। इससे साफ़ पता चलता है कि हम युवाओं के बीच अब भी सर्वाधिक लोकप्रिय हैं।

हम चाहते हैं कि पार्टी में सक्षम युवाओं की संख्या बढ़े।

एक बार पुनः नव वर्ष की मंगलकामनाओं के साथ।

आपका

बशिष्ठ नारायण सिंह

31 दिसम्बर, 2022

पत्र संख्या-2

प्रिय साथियो,

पिछले कई हफ़्ते से भारत जिस कोरोना महामारी से जूझ रहा है, उससे केवल भारत ही नहीं वरन पूरा विश्व लड़ रहा है। यह सच है कि इस देवीय आपदा के सामने मानव संस्कृति लाचार और बेबस महसूस कर रही है। लेकिन इस सबके बीच सघन स्तर पर वैक्सिनेशन कार्यक्रम ने लोगों को तात्कालिक तौर पर काफ़ी मानसिक सम्बल दिया है।

अभी चार दिन पहले के आँकड़े के मुताबिक 18+ वालों के टीकाकरण में देश भर में बिहार पहला ऐसा राज्य बनकर उभरा है, जहाँ सबसे सघन टीकाकरण अभियान चलाया गया है। बिहार में चार दिन पहले तक 1483081 लोगों का वेक्सिनेशन हो चुका है।

इतना ही नहीं इस पूरे प्रकरण में बिहार सरकार ने पूरी मुस्तैदी दिखाते हुए इस आपदा को गाँव में पहुँचने से रोक दिया है। ऑक्सीजन से लेकर गाँव के अस्पतालों तक में आधुनिकतम बेड उपलब्ध करवाने में श्री नीतीश कुमार ने कोई कसर नहीं छोड़ी है। उम्मीद है कि आगे भी बिहार के गाँव अपेक्षतया अधिक सुरक्षित रहेंगे।

ठीक इसी प्रकार से 45 वर्ष के अधिक आयु के लोगों को उनके गाँव के आसपास टीकाकरण सुनिश्चित हो सके, इसलिए सरकार ने 700 टीका एक्सप्रेस को सुदूर बिहार के गाँवों में भेजकर टीकाकरण अभियान शुरू कर दिया है।

कोरोना महामारी के दौरान अनाथ हुए बच्चों की देखभाल के लिए 'परवरिश योजना' का विधान करते हुए नौनिहालों की देखरेख और उनके पालन-पोषण की व्यवस्था की गयी है। इस योजना के तहत प्रति माह डेढ़ हज़ार रुपये की सहायता राशि प्रदान करने की योजना है। इतना ही नहीं राज्य के प्रखण्ड स्तर पर 'सामुदायिक रसोई' और कई ज़िलों में 'टिफिन सर्विस' के माध्यम से कोरोना पीड़ितों और उनके परिजनों को लाभ पहुँचाने में राज्य सरकार ने अग्रणी भूमिका निभायी है।

यह सारे आँकड़ों को प्रस्तुत कर मेरी कोशिश यह नहीं है कि राज्य सरकार की पीठ थपथपाई जाये, बल्कि यह हक़ीक़त है। अन्य राज्यों की तुलना में बिहार सरकार ने आधुनिकतम मशीनरी और उन्नत सोच के जरिये पिछली बार भी और इस साल भी कोरोना को पछाड़ा है। अन्य राज्य जहाँ अधिक लाचार दिख रहे थे, वहीं बिहार सरकार ने अपने राज्य वासियों को परदेश से बिहार बुलाते हुए उन्हें निश्चिन्त रहने को कहा था। लाखों की संख्या में इस बार भी दूसरे राज्यों से परदेशी तो आये, लेकिन कोरोना-दर को बढ़ने नहीं दिया गया। रेलवे स्टेशन से लेकर हवाई अड्डों पर सघन चेकिंग की व्यवस्था की गयी थी।

आज यह कहने में भला कौन संकोच करेगा कि श्री नीतीश कुमार के नेतृत्व में हुए कारगर प्रयासों और जनता की भागीदारी और समझ-बूझ के कारण बिहार जैसे बड़े राज्य में कोरोना संक्रमण दर घटकर 1.97 फ़ीसदी और स्वस्थ होने की दर बढ़कर 94.87 हो चुकी है।

ख़ैर..., इस कठिन वक़्त में आप लोग अपने स्वास्थ्य के प्रति सतर्क रहें।

आपका

वशिष्ठ नारायण सिंह

पत्र संख्या-3

प्रिय साथियो,

आज एक बार फिर से वैश्विक महामारी कोरोना से पूरी मानव-सभ्यता और विश्व त्रस्त है। सम्भवत: कोरोना बीमारी की तीसरी दस्तक हमारे दरवाज़े पर है। देश के कई बड़े शहरों में मरीज़ों की संख्या अप्रत्याशित रूप से बढ़ती जा रही है। हमारे प्रदेश में भी कोरोना-केस में अप्रत्याशित वृद्धि हुई है। स्वयं सूबे के मुख्यमन्त्री और दल के नेता श्री नीतीश कुमार कोरोना संक्रमित हो चुके हैं। समय कठिन है, ऐसे में हम आपको यह सूचित करना चाह रहे हैं कि इस वर्ष भी मकर-संक्रान्ति के अवसर पर आयोजित होने वाले चूड़ा-दही भोज को हम रद्द करने जा रहे हैं। निश्चित रूप से वर्षों से चली आ रही यह परम्परा कोरोना के कारण टूटी है, लेकिन उम्मीद है कि पूरी पृथ्वी इस संकट से बहुत जल्द उबर आयेगी और बहुत जल्द किसी अवसर पर हम लोग साथ बैठेंगे।

यह बात सच है कि इस चूड़ा-दही भोज ने अपनी विविधता और स्वरूप के कारण एक तरह से एक सांस्कृतिक बड़प्पन या प्रसिद्धि हासिल कर लिया है। हम दलों की सीमा तोड़कर अन्य दलों के साथियों से भी इस अवसर पर मिलते थे। बड़े-छोटे, महिला-पुरुष, अमीर-ग़रीब सभी इस भोज में एक पाँत में बैठने वाले आगन्तुक होते थे। कुल मिलाकर देखें तो यह एक अनोखा संगम होता था। इसमें शामिल होने के लिए लोग दूर-दराज से आते थे और हमें उनके सत्कार और सम्मान करने का मौक़ा मिलता था। इस भोज की ख़ासियत यह रही है कि उपराष्ट्रपति से लेकर एक सामान्य व्यक्ति भी समान भाव से इसमें सम्मिलित होते रहे हैं। आयोजक और आगन्तुक के बीच फ़र्क़ करना इस अवसर पर बड़ा मुश्किल होता था।

साल में इस अवसर का इन्तज़ार मैं और आप सभी उत्सुक होकर किया करते थे। इस भोज में बिहार के एक कोने से यदि सब्ज़ी आती थी, तो दूसरे कोने से चूड़ा तो कहीं से दही और किसी कोने से गुड़, और इस रूप में यह भोज पूरे बिहार की

एकता, सौहार्द और सांस्कृतिक मेलजोल का प्रतिनिधित्व करता था। इस भोज के बहाने हम सभी साथी नव वर्ष का स्वागत करते कुछ नया संकल्प लेते थे और आगे अपने उद्देश्य की ओर बढ़ निकलते थे। ख़ैर...

ऐसे विकराल समय में ज़रूरी यह है कि मानव संस्कृति पर आये हुए इस आसन्न संकट का हम लोग जमकर मुक़ाबला करें। अपने आस-पड़ोस के लोगों को कोरोना-प्रोटोकॉल के प्रति जागरूक करें। यह भी सुनिश्चित करें कि अपने आसपास के छूटे हुए लोगों का वैक्सिनेशन हो जाये। जितना हो सके, उतना कम घरों से निकलें और यदि निकलना भी पड़े तो फेसमास्क लगाकर ही निकलें।

आपको यह बता दें कि अन्य राज्यों की तुलना में हमने पहले भी कोरोना के प्रसार को फैलने से बहुत अधिक रोका था और इस बार भी रोक रहे हैं। जबकि उस समय लाखों की संख्या में हमारे प्रवासी भाई-बन्धु अपने राज्य लौटकर आये थे। इन हालात में भी हमारे यहाँ नुक़सान आनुपातिक दृष्टि में बहुत कम हुआ था।

श्री नीतीश कुमार के नेतृत्व में इस वर्ष भी बिहार सरकार पूरी मुस्तैदी के साथ कोरोना की तीसरी लहर से लड़ने के लिए तैयार है। ऑक्सीजन और बेड्स की पर्याप्त व्यवस्था कर ली गयी है। ज़िला स्तर पर हो रही तैयारियों की निगरानी और देखरेख स्वयं मुख्यमन्त्री कर रहे हैं। हम उम्मीद करते हैं कि इस बार भी बिहार इस बीमारी के प्रकोप से बहुत अधिक प्रभावित नहीं होगा।

नव वर्ष की शुभकामनाओं के साथ,

जनवरी 2022

पत्र संख्या-4

प्रिय कार्यकर्ता मित्र,

आज पूरी दुनिया कोरोना महामारी के प्रकोप में कराह रही है। हमारा मानचित्र भी इससे अछूता नहीं है। इस वर्ष बाढ़ की विभीषिका ने भी जन-जीवन को बहुत अधिक प्रभावित किया है। ऐसे कठिन वक़्त में आशा है कि आप स्वस्थ,आनन्दित और सुन्दर होंगे। आज एक बार फिर से आपसे मुखातिब होने में मुझे ख़ुशी हो रही है।

आपको भली-भाँति मालूम ही होगा कि इस वर्ष चुनाव आयोग ने बिल्कुल अलग ढंग से चुनाव सम्पन्न करवाने का मन बनाया है। उसने यह भी तय कर दिया है कि किन-किन सुरक्षा मानकों को ध्यान में रखते हुए चुनाव में उतरना है। ऐसे में यह चुनाव बिल्कुल अलग तरीक़े से सम्पन्न होगा, इसमें कोई संकोच नहीं है। सोशल मीडिया, इलेक्ट्रॉनिक माध्यम और वर्चुअल स्पेस के माध्यम से हमें जनता तक पहुँचकर अपनी बात रखनी होगी। अन्य माध्यम भी होंगे, लेकिन उनके तौर-तरीक़ों में पिछले चुनावों की तुलना में अन्तर होगा।

यह अच्छी बात है कि वर्चुअल स्पेस में पहली सफल रैली हमने कर ली है। कुछ ही दिनों पूर्व नीतीश जी के व्यवस्थित भाषण ने बिहार में हुए विकास और बदलाव के नक़्शे को बहुत स्पष्ट कर दिया है।

इन सबके बीच लोकतन्त्र के इस महापर्व में जनता दल (यू) अपनी उपलब्धियों को लेकर जनता के बीच कैसे जाये? आज यह एक महत्त्वपूर्ण बिन्दु है। आपको यह बताने की आवश्यकता नहीं कि हमारी पार्टी 'सुशासन' और 'न्याय के साथ विकास' की अवधारणा को अपना आधार मानती है। और इस अवधारणा के साथ हमारी पार्टी ने विगत वर्षों में कई यात्राएँ भी की हैं। न्याय यात्रा, विकास यात्रा, प्रवास यात्रा, विश्वास यात्रा, सेवा यात्रा, अधिकार यात्रा, संकल्प यात्रा, सम्पर्क यात्रा, निश्चय यात्रा, समीक्षा यात्रा, और जल-जीवन-हरियाली यात्रा में हमने अपने संकल्प को बारम्बार दोहराया है।

हम परिवारवाद, जातिवाद, वर्णवाद से ऊपर उठकर जेपी, लोहिया और गांधी के सिद्धान्तों पर चलने वाले लोग समावेशी राजनीति में विश्वास करते हैं और आगे भी इन्हीं सिद्धान्तों को अमल में लाते रहेंगे, यह आपसे वादा है। अभी विकास के कई पन्ने लिखने शेष हैं, यह जान लीजिए।

जद (यू) परिवार के लिए राजनीति एक पवित्र कार्य है। समाज के अन्तिम जन तक पहुँचने की कोशिश हमारी पार्टी का उद्यम है। आप और हम सभी जदयू परिवार हैं और इसी संकल्पना के साथ हम सभी नीतीश जी के नेतृत्व में निरन्तर एक नये कीर्तिमान को गढ़ते हुए आगे बढ़ रहे हैं। हमें पूरा भरोसा है कि आप वैचारिक पवित्रता के साथ अपने विरोधियों का पूरा सम्मान करते हुए अपने मिशन को हासिल करने के लिए चुनाव अभियान में उतरेंगे।

गाँव-मुहल्लों के चौक-चौराहों पर राजनीतिक चर्चाएँ अब ज़ोर पकड़ चुकी हैं। ऐसे में उन चौक-चौराहों से लेकर हर मंच तक हमारी उपस्थिति कैसे हो? इसके लिए बेहतर रणनीति बनाकर आप कार्यकर्ता मित्र उतर जाइए।

आपके पास अपनी पार्टी और सरकार की उपलब्धियों की एक लम्बी फ़ेहरिस्त है। श्री नीतीश कुमार ने इस फ़ेहरिस्त के कुछ महत्त्वपूर्ण तथ्यों का ज़िक्र इस वर्ष स्वतन्त्रता दिवस के अवसर और वर्चुअल रैली में किया था। यह उपलब्धि हमारे विरोधियों के पास नहीं है। हम और हमारी सरकार ने बिहार को पिछड़ेपन से निकालकर उन्नति के शीर्ष पर ला खड़ा किया है। और इस बात को बिहार और देश की अवाम अच्छी तरह समझती है।

आज देखिये, हमारी पार्टी और मुख्यमन्त्री श्री नीतीश कुमार के नेतृत्व में परिस्थितियाँ बदल गयी हैं। हर घर, गाँव और मुहल्ले में बिजली चमक रही है। सात निश्चय को हमने निभाया है। अपराधी जेल की सलाखों के पीछे हैं। बेटियाँ पोशाक पहने साइकिल चलाते हुए स्कूल जा रही हैं। देर रात तक सड़कें सुनसान नहीं हो रही हैं। महिलाएँ बेख़ौफ़ होकर घर से बाहर निकल रही हैं। अर्थात सुशासन के संकल्प पर हम कार्यकर्ता और हमारे मुख्यमन्त्री नीतीश कुमार खरे उतरे हैं।

आपको बताने में कोई संकोच नहीं कि जनता दल (यूनाइटेड) चुनाव में उतरने की ख़ातिर पूरी तरह से तैयार है। हम डटकर लड़ेंगे और अवसरवादी ताक़तों को शिकस्त देंगे। श्री नीतीश कुमार के नेतृत्व में हमारी सरकार ने पिछले पन्द्रह वर्षों में विकसित बिहार की नयी कहानी लिखी है।

शिक्षा, स्वास्थ्य, परिवहन, क़ानून-व्यवस्था और अन्य मूलभूत आवश्यकताओं के क्षेत्र में बेजोड़ काम होने से लोगों के जीवन-स्तर में व्यापक बदलाव हुआ है।

बिहार के नागरिक अब शिक्षित-समुन्नत बिहार को नयी ऊँचाई देने के लिए अग्रसर हैं। नीतीश जी के नेतृत्व वाली बिहार सरकार सात निश्चय के वादे को पूरा कर जनता के विश्वास को जीतने में सफल रही है। घर-घर नल का जल, पक्की नालियाँ, शौचालय के निर्माण से नागरिकों के चिरप्रतीक्षित सपने पूरे हुए हैं। इस बार हमारी पार्टी सात निश्चय-2 के वादे को लेकर आम जनता के बीच जा रही है। 'हर खेत सिंचाई के लिए पानी' इस वादे में किसानों की चिन्ता है। उनके लिए खेत तक सिंचाई के पानी को पहुँचाने का वादा है।

'युवा शक्ति, बिहार की प्रगति', युवाओं के रोज़गार के लिए किये वादे हैं। बिहार की प्रगति में युवाओं की विशेष भागीदारी को सुनिश्चित कर हम अपने अभियान में आगे बढ़ेंगे।

'सशक्त महिला, सक्षम महिला' बिहार की महिलाओं को आत्म स्वावलम्बी बनाने का वादा है। साइकिल-पोशाक योजना, महिलाओं के लिए आरक्षण के बाद यह प्रभावी घोषणा कई मोर्चों पर महत्त्वपूर्ण साबित होगी।

'स्वच्छ गाँव समृद्ध गाँव' के वादे से ग्रमीण जीवन स्तर में व्यापक सुधार हो सकेगा, इसमें कोई शक नहीं। गांधी की चिन्ता में भी आजीवन कहीं न कहीं गाँव सदैव बना रहा। 'सुलभ-सम्पर्कता' गाँव और शहरों के बीच बेहतर कनेक्टिविटी की दिशा में किये गये वादे हैं। इससे गाँव और शहर की आपसी दूरी ख़त्म या कम हो जायेगी। 'सबके लिए स्वास्थ्य सुविधा' विकसित बिहार को गढ़ने में मील का पत्थर साबित होगा। बिहार के लोगों के स्वास्थ्य की चिन्ता अब सरकार की चिन्ता होगी। इस वादे के पूर्ण होते ही बिहार ऐसी सुविधाओं वाला देश भर में पहला राज्य बनेगा।

मानव-श्रृंखला के ज़रिये हमने समुन्नत भारत के बीच में उन्नत बिहार के नक़्शे को ही गढ़ा था। हमने पूरे देश को बिहारी एकता और अस्मिता का इसके ज़रिये सन्देश दिया था। वृक्षारोपण, जल-जीवन-हरियाली कार्यक्रम के ज़रिये हमने समाज को प्रदूषण से बचाये रखने का संकल्प लिया है। हम आगे भी वृक्षारोपण और हरियाली जैसे अभियान चलाते रहेंगे। राजनीति के इतर समाज, पर्यावरण आदि की चिन्ता करने वाले दलों में इस समय हम लगभग अकेले हैं। यह सन्दर्भ हमारे लिए गर्व का विषय है।

मैं यह कतई नहीं कहना चाहता कि इन बीते दिनों में हमारी पार्टी कठिन दिनों से नहीं गुज़री है। ऐसा भी नहीं है कि हम और आप किसी ख़ास क्षण में उदास और निराश नहीं हुए हैं। हम यह भी नहीं कहना चाहते हैं कि बिहार अब पूरी तरह से विकसित हो चुका है। हमें अभी भी जन-आकांक्षाओं के लिए दिन-रात काम करने

हैं। जद (यू) को और शक्तिशाली और मज़बूत बनाना है। साथ ही और बहुत सारे काम शेष हैं। हम बिहार की जनता की आँखों में चमक और सन्तुष्टि देखना चाहते हैं।

आपको याद है कि जब हमारी सरकार ने शराबबन्दी का फ़ैसला लिया था, वह कितना कठिन वक़्त था? हमें आलोचनाओं की कठिन कड़ियों से गुज़रना पड़ा था। लोग इसे असफल अभियान के रूप में प्रचारित करने लगे थे, लेकिन हम इस अभियान में काफ़ी सफल रहे। राजस्व की चिन्ता छोड़ हमारी सरकार ने नागरिकों को शराबमुक्त किया। समाज से शराब को भगा दिया। आज गाँव, नगर और शहरों की हालत किसी से छुपी नहीं है।

निश्चित रूप से यह साहसिक क़दम था और यह सब कुछ आप लोगों की बदौलत ही सम्भव हुआ। आप इस क़ानून को सफल बनाने में पंचायत स्तर से प्रदेश स्तर तक प्रहरी के रूप में खड़े रहे। मैं इस उद्यम में आपके समर्पण की प्रशंसा करता हूँ। आपको यह बताऊँ कि महात्मा गांधी सदैव नशा मुक्ति के लिए देशवासियों से अपील करते रहे।

हम राजनीतिक व्यक्ति और पार्टियों की सामाजिक और सांस्कृतिक जवाबदेही भी होती है। आख़िरकार हम समाजवादी राजनीति के ज़रिये समाज ही तो बदलने आये हैं। शिक्षा, सड़क, स्वास्थ्य और बिजली तो नागरिक-जीवन की ज़रूरत है। यह भी ज़रूरी है और वह भी ज़रूरी है। सुशासन और उत्तम सुविधाओं के साथ समुन्नत समाज को गढ़ना ही हमारा अन्तिम उद्देश्य होना चाहिए, जिसके केन्द्र में अन्तिम-जन हो। यह गांधी की भी चिन्ता थी।

मैं एक बार फिर से कह रहा हूँ कि श्री नीतीश कुमार के नेतृत्व में जेडीयू ने इस भूमिका को बखूबी निभाया है, इस बात पर तो हम गर्व कर ही सकते हैं। आगे भी सामाजिक, राजनीतिक, सांस्कृतिक और आध्यात्मिक परिवर्तन के शिल्प को गढ़ते रहेंगे। यह बात आप बिहार के हर परिवार को सन्देश के रूप में बता दीजिए।

तो एक बार फिर से मेरी विनम्र अपील कि चुनावी अभियान में ज़ोर-शोर से उतर जाइए।

"चलो उदास घरों में, एक दीया जलाते हैं।"

वर्ष : 2020

आपका

बशिष्ठ नारायण सिंह

पत्र संख्या-5

प्रिय कार्यकर्ता साथी,

जब शीत के साये में पूरा बिहार लिपटा हुआ हो, चारों ओर हाड़ कँपा देने वाली कड़कड़ाती ठण्ड में पूरी प्रकृति ठिठुर रही हो और पुरानी सभी खट्टी-मीठी यादों को इतिहास के पन्नों में समेटती हुई घड़ी की सुई नये साल में प्रवेश ले रही हो, ऐसे क्षण में, मैं आपसे कुछ बातचीत करने की कोशिश कर रहा हूँ। नव वर्ष के अवसर पर आपको बधाई देते हुए मैं ईश्वर से यह भी कामना करता हूँ कि आने वाले वर्ष में आप लोग स्वस्थ, सानन्द और ऊर्जस्वित रहें।

उम्मीद यह भी कि चाहे ठण्ड जितनी हो, नव वर्ष में हमारे निजी और राजनीतिक रिश्तों की गर्माहट बनी रहे। साथ ही प्रदेश का हर नागरिक ख़ुशहाल रहे और उनके बीच सामाजिक सौहार्द और सामंजस्य बना रहे। माहौल चाहे जैसा भी हो, परिस्थितियाँ चाहे जैसी भी रहें, नये साल में हम साथी एकजुट होकर बिहार के विकास के प्रति समर्पित रहेंगे।

पिछले विधानसभा चुनाव के बाद मेरे स्वास्थ्य में काफ़ी खराब हो गया था, शरीर ने न उठने की रार ठान दी थी। उम्र के साथ यह एक स्वाभाविक समस्या भी है, जिस प्रक्रिया से मानव शरीर को गुज़रना ही पड़ता है। लेकिन आप लोगों के आशीर्वाद से अब पूरी तरह से स्वस्थ हूँ। वक़्त के प्रहार को झेल अब फिर से पूरी तन्मयता और ऊर्जा के साथ खड़े होकर लोकसभा चुनाव की तैयारियों में जुट चुका हूँ। हाँ, वक़्त ने जिस लाठी को मेरे हाथ में पकड़ा दिया है, उसके साथ बेहद स्वाभाविक हो चुका हूँ। तीसरे पैर, लाठी का भी जीवन के एक ख़ास पड़ाव में अपना दर्शन होता है, जिसे ख़ुशी-ख़ुशी स्वीकार कर आनन्द से जीते हुए आगे बढ़ रहा हूँ। आज आप साथियों से कुछ निजी, कुछ राजनीतिक तो कुछ सामाजिक मुद्दों पर बात करूँगा।

साथी, पाँच राज्यों के चुनाव सम्पन्न होने के बाद देश में अभी कुछ ही दिनों बाद लोकसभा चुनाव होंगे। गाँव-मुहल्लों के चौक-चौराहों पर राजनीतिक चर्चाएँ

जोर पकड़ चुकी हैं। ऐसे वक़्त में हमें यह सोचना होगा कि चुनाव के मद्देनज़र हम कहाँ खड़े हैं या हमारी क्या रणनीतियाँ होंगी?

श्री नीतीश कुमार के नेतृत्व में जेडीयू ने अपनी भूमिका को बखूबी निभाया है, इस बात पर तो हम गर्व कर ही सकते हैं। आगे भी सामाजिक, राजनीतिक, सांस्कृतिक और आध्यात्मिक परिवर्तन के शिल्प को गढ़ते रहेंगे। नीतीश कुमार के नेतृत्व में हम आप लोगों के साथ मिलकर लोकसभा की सभी सीट जीतना चाहते हैं। ताकि यह 'जीत' बिहार में विकास की एक बड़ी लकीर खींच सके।

हम चाहते हैं कि पार्टी में सक्षम युवाओं की संख्या बढ़े। हमने यह भी तय किया है कि युवाओं को उनके काम के आधार पर पार्टी में प्रोमोशन मिले। महिलाओं की भागीदारी सबल हो। अनुभवी व बुज़ुर्ग कार्यकर्ताओं के अनुभव से संगठन के युवाओं को दिशा मिले। जात-पात, धर्म, क्षेत्र से ऊपर उठकर हम पार्टी को और अधिक मज़बूत करने के लिए संकल्पित हैं। उम्मीद करता हूँ कि इस सन्दर्भ में भी आपका सहयोग और परामर्श मिलता रहेगा।

नव वर्ष की मंगलकामनाओं के साथ।

आपका

बशिष्ठ नारायण सिंह

31 दिसम्बर, 2018

पत्र संख्या-6

प्रिय डॉ. राजेन्द्र प्रसाद जी,

सादर नमस्कार

मैंने अब तक सुना था कि चिकित्सक भगवान के दूसरे रूप होते हैं लेकिन अपने इलाज के दौरान इस सन्दर्भ को पहली बार महसूस कर पाया हूँ। आप न्यूरो सर्जरी के विख्यात चिकित्सक हैं और इस क्षेत्र में आपकी उपलब्धि शीर्ष पर रही है। मैं अपने आपको सौभाग्यशाली मानता हूँ कि आपकी चिकित्सकीय निगरानी में मेरे रोग का उचित इलाज सम्भव हो सका है। एक चिकित्सक के अतिरिक्त आपके भीतर जो मानवीय स्वरूप है, उस स्वरूप ने मुझे इलाज के दौरान कई बार प्रभावित किया है। आपने जिस तरह से मुझे संबल दिया है, उसे शब्दों में बयाँ करना मेरे लिए कठिन है। मैं केवल 'धन्यवाद' ही कह सकता हूँ।

आपकी ख्याति और बढ़े। आप देश का नाम और अधिक रोशन करें, इसलिए ईश्वर से आनन्द सहित आपके शतायु होने की कामना करता हूँ।

बशिष्ठ नारायण सिंह

पत्र संख्या-7

प्रिय बनर्जी साहब,

सादर नमस्कार

मैं आपकी ख्याति से पहले से ही परिचित रहा हूँ। आपकी प्रशंसा भी कई बार लोगों से सुनी है। आपने मेरे इलाज के दौरान जिस तरह से मेरी सुधि ली है, उससे अभिभूत हूँ। अब बहुत हद तक मैं स्वस्थ महसूस कर रहा हूँ।

आप सानन्द शतायु हों और आपकी क्षमता और अनुभव से अधिक से अधिक लोग उपकृत हों, यही कामना करता हूँ।

धन्यवाद सहित

बशिष्ठ नारायण सिंह

पत्र संख्या-8

प्रिय बी. के सिंह जी,

सादर नमस्कार

आपसे तो मेरा परिचय वर्षों पुराना और गहरा रहा है। जिस ढंग से आपने मेरी चिकित्सा में रुचि ली और सक्रियता दिखायी, आज उसी का परिणाम है कि मैं पूरी तरह से स्वस्थ होने की दिशा में आगे बढ़ रहा हूँ। उम्मीद है कि बहुत जल्द पूरी तरह से स्वस्थ हो जाऊँगा।

आपके सफल और उत्तम जीवन की कामना करता हूँ।

ऑपरेशन के बाद अपोलो अस्पताल के चिकित्सकों के नाम पत्र।

पत्र संख्या-9

प्रिय साथियो,

"इतिहास तो अपना है ही, वर्तमान को भी अपना बना लेना ही सच्चे और सही अर्थों में सफलता है, चूँकि आज का वर्तमान ही आने वाले कल में इतिहास होगा।"

प्रिय साथी, कल आपका बिहार नया इतिहास लिखने जा रहा है। कल हम विशाल मानव-श्रृंखला बनाने जा रहे हैं। हाथ से हाथ थामे हम मानवता के पवित्र आचरण का सन्देश देने जा रहे हैं।

मानव-श्रृंखला, भूत, वर्तमान और भविष्य के सुन्दर समन्वय का प्रतीकात्मक अर्थ देने में सक्षम होगी। भाईचारा और आन्तरिक पवित्रता का यह सन्देश भारतवर्ष के लिए मिसाल होगा। जदयू ने पिछले कई वर्षों में एक से बढ़कर एक लोक उपकारी कार्यों को अंजाम दिया है। आपको याद होगा, वृक्षारोपण और अभी हाल में लागू किया गया–'मद्य-निषेध। मद्य-निषेध को लेकर तो हम शत-प्रतिशत सफल हुए हैं। हमने लाखों युवाओं की जिन्दगी को सुरक्षित कर एक नयी दिशा दी है। गांधी जी ने सही ही कहा था कि 'शराब केवल नशा ही नहीं, एक बीमारी भी है, आज इस पहल की प्रशंसा पूरे देश में हो रही है। इससे हमारे राज्य का सम्मान बढ़ा है।

बच्चे, बूढ़े, जवान, महिला, ग़रीब, अमीर सभी एक-दूसरे का हाथ थामे जाति के बन्धन को, धर्म के बन्धन को, क्षेत्र और भाषा के बन्धन को तोड़ते हुए सद्‌भाव का एक विराट चित्र बनाने के लिए उपस्थित होंगे। मुझे लगता है कि यह एक बड़ा सुन्दर दृश्य होगा और इसका सन्देश भी राष्ट्रव्यापी होगा।

आप भी आइये, इस सुन्दर मानव-श्रृंखला में सम्मिलित होकर शराब को सदा के लिए अपने जीवन और समाज से विदा करने की शपथ लेते हैं।

आपका

बशिष्ठ नारयण सिंह

पत्र संख्या-10

प्रिय साथी,

ग्रीष्म ऋतु विदाई के क्षण में है। प्रकृति कुछ नये रंगों को धरा की गोद में भरने को आतुर है। वृन्दावन और मथुरा की गलियाँ कृष्ण के एहसास में सराबोर हो उठी हैं। श्री कृष्ण जन्माष्टमी के पावन पवित्र वर्ष के आरम्भ से ही पूरा भारत अपने देवी-देवताओं के आगमन के गीत को गाने लगा है। भारत की भौगोलिक विविधता के कारण लोग पुरातनता को भूल नूतनता के एहसास में डूबने लगे हैं।

लेकिन इधर बीते कुछ दिनों में हमने प्रकृति की तबाही के मंज़र को भी देखा है। केरल बाढ़ की विभीषिका को झेल अब पुनः खड़ा होने की कोशिश में है। यह सन्तोषप्रद है कि इस आपद स्थिति में पूरा देश उस राज्य के लिए खड़ा हो गया है। बिहार इस तरह की विभीषिका को झेलने के लिए अभिशप्त रहा है। हमसे बेहतर इस पीड़ा को कौन समझ सकता है?

अगले कुछ ही महीने में देश फिर से लोकतन्त्र का उत्सव भी मनाएगा। लोकसभा चुनाव के ख़ातिर समाज के हर चौराहे पर राजनीतिक चर्चाएँ छिड़ चुकी हैं। हम राजनीतिक दल तैयार हो रहे हैं, आप भी इस उत्सव को सकर्मक भात्र से मनाने के लिए तैयार हो जाइए...

आपका

बशिष्ठ नारायण सिंह

पत्र संख्या-11

प्रिय साथियो,

विवेकानन्द ने गहन चिन्तन-मनन करने के बाद कहा था कि मानव शरीर व्याधियों का मन्दिर है। पृथ्वी पर जन्म लेने वाला हर शरीर जीवन भर अलग-अलग व्याधियों से लड़ता है और अन्त में अपनी उम्र से हार कर विदा हो लेता है। वह अपराजेय तो बिल्कुल भी नहीं है। मेरा मानना है कि जीवन की व्यस्तताओं के बीच हर व्यक्ति को अपने बेहतर स्वास्थ्य के लिए वक़्त निकालना ही चाहिए। ख़ासकर, राजनीति में सक्रिय लोगों को अधिक ध्यान रखना चाहिए, क्यूँकि उनका कोई रुटीन नहीं होता है। शरीर को पुचकारने के लिए 'ठहराव' भी ज़रूरी है। स्वस्थ शरीर में स्वस्थ मन का वास होता है और जब स्वस्थ मन होगा तभी शुचिता या पवित्रता की आशा की जा सकती है।

कुछ महीनों से काफ़ी व्यस्त था, ऐसे में स्वाभाविक रूप से शरीर की उपेक्षा हुई। जिसका नतीजा हुआ कि शरीर ने कुछ दिनों के आराम की ज़िद्द ठान ली। ख़ैर यह भी अच्छा ही हुआ। इस बीच कुछ सर्जनात्मक कार्य करूँगा। गर्दन के पीछे की नस में तकलीफ़ थी, सो ऑपरेशन ज़रूरी था। ऑपरेशन सफल रहा, अभी डॉक्टरों की निगरानी में हूँ। बहुत जल्द घर आ जाऊंगा। फिर आप लोगों से बात भी होगी और चाय पीते हुए राजनीतिक चर्चा भी करेंगे। अभी बहुत काम करने हैं। बिहार को नयी ऊँचाई देनी है और कई संकल्पों को पूरा करना है। मैं पार्टी के कार्यकर्ता को विशेष रूप से अपने स्वास्थ्य का ध्यान रखने की अपील करता हूँ। मुझे पता है कि आप लोगों ने मेरे स्वास्थ्य लाभ के लिए ईश्वर से प्रार्थना की है। मैं सकुशल हूँ, इसलिए ईश्वर का और आप सभी लोगों को दिल से धन्यवाद कहता हूँ।

आपका

बशिष्ठ नारायण सिंह

(अपोलो अस्पताल से...)

पत्र संख्या-12

प्रिय साथियो,

बसन्त का महीना है। प्रकृति अपनी जीर्णता को त्याग नवीनता की अगवानी में मचल रही है। अपनी मादकता में पूरी धरा को सराबोर किये हुए वह नवसृजन का सन्देश दे रही है। पौधों ने अपनी पुरानी पत्तियों को त्याग नये कोपलों से अपना श्रृंगार कर लिया है। आम के पेड़ों से मंजर का गन्ध पसरने लगा है।

इन सब के बीच पाँच राज्यों के नागरिकों ने भारतीय राजनीति को सकर्मक भाव देने के लिए अपने मताधिकार का प्रयोग भी किया है। परसों हम सभी के सामने इन राज्यों के चुनाव परिणाम होंगे। सच मानिए यह परिणाम भारतीय राजनीति के परिप्रेक्ष्य में बेहद महत्त्वपूर्ण होगा।

पिछले कुछ दिनों की भारी अस्वस्थता से निकलकर अब स्वस्थ महसूस कर रहा हूँ। अपने आवास के प्रांगण में सोंधी बसन्ती धूप सेंकते हुए राजनीति के कई विश्लेषणों को अन्तिम आकार दे पा रहा हूँ। हालाँकि यह भी सच है कि प्रकृति का यह सुन्दर मिज़ाज मुझे रोग से जल्दी निकलने के लिए केवल आतुर ही नहीं कर रहा वरन कई सन्दर्भों में मदद भी कर रहा है। संसद का सत्र शुरू होने ही वाला हैं और मैं भी पूरी ऊर्जा से लबरेज़ संसद की कार्यवाहियों में सम्मिलित होने के लिए कसमसा रहा हूँ। उम्मीद है, इस संसद सत्र में कुछ ज़रूरी और सकारात्मक मुद्दों पर चर्चा होगी।

मैं आप सभी लोगों का दिल से आभार व्यक्त करता हूँ, जिन्होंने संकट के इस क्षण में मेरे स्वास्थ्य के प्रति अपनी चिन्ता जतलायी और हाल-चाल जानने के लिए चिन्तातुर दिखे...

आपका

बशिष्ठ नारायण सिंह

पत्र संख्या-13

प्रिय साथियो,

गौतम बुद्ध, मानव-इतिहास के उन कुछ नामों में एक हैं जिनका ऋणी पूरा संसार है। जिन राहों से गुज़रकर हमारी सभ्यता ने आज तक का सफ़र तय किया है, उनमें मील के कितने पत्थर बुद्ध ने रखे थे, इसकी गिनती हम पिछले ढाई हजार सालों से कर रहे हैं पर वो है कि पूरी ही नहीं होती।

बुद्ध सन्त थे... बुद्ध दार्शनिक थे... बुद्ध बौद्ध धर्म के संस्थापक थे... बौद्ध धर्म जो आज संसार के चार बड़े धर्मों में से एक हैं और जिसके दुनिया भर में पैंतीस करोड़ से अधिक अनुयायी हैं... पर बुद्ध केवल इसीलिए बड़े नहीं हैं। बुद्ध बड़े हैं क्योंकि उनकी आँखें मानव के मर्म तक पहुँचीं... बुद्ध बड़े हैं क्योंकि उन्होंने जीवन का सत्य ढूंढ़ा... बुद्ध बड़े हैं क्योंकि जिस मार्ग से उन्होंने विश्व कल्याण की बात कही थी, विज्ञान के तमाम चमत्कारों के बावजूद आज भी वही एकमात्र और अन्तिम मार्ग है।

उन्हीं गौतम बुद्ध की 80 फ़ीट की प्रतिमा की स्थापना कर सासाराम की धरती अपने समृद्ध इतिहास में एक और गौरवशाली अध्याय जोड़ने जा रही है। मेरे लिए विशेष प्रसन्नता की बात है कि बुद्ध की इस प्रतिमा का अनावरण बिहार के यशस्वी मुख्यमन्त्री श्री नीतीश कुमार के हाथों होने जा रहा है, जो बुद्धकालीन गौरवशाली बिहार को फिर जीवन्त करने हेतु दिन-रात अथक प्रयत्न कर रहे हैं। बुद्ध की गगनचुंबी प्रतिमा के साथ ही पुस्तकालय का अनावरण सोने पर सुहागा जैसा संयोग है। बुद्ध की विशालकाय प्रतिमा जहाँ हमारे भव्य अतीत का दिग्दर्शन कराएगी, वहीं पुस्तकालय उस अतीत को पुनः साकार करने और उसे वर्तमान व आने वाली पीढ़ियों के संस्कार में उतारने का मार्ग प्रशस्त करेगा।

मैं इस ऐतिहासिक अवसर को सम्भव करने वाले महायोगी पायलट बाबा धाम परिसर व इससे जुड़े तमाम भक्तगणों को अनन्त साधुवाद व शुभकामनाएँ देता हूँ।

मुझे आशा ही नहीं पूर्ण विश्वास है कि भविष्य में यह स्थान और अधिक दर्शनीय ही नहीं, बल्कि आकर्षण का केन्द्र बनेगा। बुद्ध में आस्था रखने वाले तमाम श्रद्धालुओं के लिए इस स्थान का दर्शन अपरिहार्य हो। और इस अवसर पर प्रकाशित होने जा रही पत्रिका एक ऐतिहासिक दस्तावेज़ साबित हो, ऐसी कामना करता हूँ।

आप भी इस कार्यक्रम में सादर आमन्त्रित है।

सादर,

बशिष्ठ नारायण सिंह

सांसद, राज्यसभा

प्रदेश अध्यक्ष, जेडीयू, बिहार

तिथि....................

श्री बशिष्ठ नारायण सिंह (दादा) के साथ डॉ. विनय कुमार की बातचीत

प्रश्न : दादा, आप अपने बारे में कुछ बताइए। बहुत लोगों को आपके गाँव, परिवार, परवरिश के बारे में जानकारी नहीं है?

उत्तर : मेरा जन्म कोपवाँ, डुमराँव (बक्सर ज़िला) बिहार में हुआ। मेरी प्राथमिक शिक्षा राजकीय विद्यालय में हुई। मैंने सातवीं तक की पढ़ाई यहीं से की। पिता कामता प्रसाद सिंह अपने क्षेत्र में बेहद प्रतिष्ठित व्यक्ति थे। माँ सामान्य गृहणी थीं। मैं बचपन में पढ़ाई के दरम्यान स्कूल से ही अपनी फुआ के यहाँ भागकर चला जाता था। फुआ से मेरा जुड़ाव माँ की तरह ही था, भागने के पीछे बस यही कारण था। पिता जी इस कारण परेशान भी होते थे। उनकी चिन्ता मेरी पढ़ाई थी और मेरी चिन्ता में पढ़ाई के साथ-साथ फुआ भी थी। जब भी वह मेरे यहाँ आती, मुझे साथ लेकर अपने यहाँ चली जाती। इस मामले में मेरे ऊपर कोई ख़ास गार्जियनशिप नहीं थी।

एक बार बातचीत के प्रसंग ने फुआ ने मुझसे कहा कि 'इतना भाग-दौड़ ठीक नहीं है। नहीं पढ़ोगे तो सम्पत्ति का सारा हिस्सा बड़ा भाई छीन लेगा।' मेरे ऊपर इस बात का असर पड़ा और मैं पढ़ाई की ओर थोड़ा अधिक मुड़ा। पिता जी भी हमेशा लोगों से कहते कि सभी बच्चे पढ़ रहे हैं और इसका पढ़ाई से कोई मतलब ही नहीं है।

इसके बाद चौथी, पाँचवीं, छठी और सातवीं तक मैं क्लास में प्रथम आया। तत्पश्चात् आगे की शिक्षा के लिए राज हाईस्कूल आ गया। शिक्षक हरिद्वार सिंह के आवास में ही मेरे रहने की व्यवस्था कर दी गयी।

प्रश्न : यह हॉस्टल था या फिर पारिवारिक सम्बन्धों की ख़ातिर वहाँ ठहरे?

उत्तर : नहीं हॉस्टल नहीं था। पारिवारिक सम्बन्ध ही कहिए। मेरे भैया भी वहीं थे।

वहाँ रहकर हम पढ़ाई करने लगे और रिजल्ट भी अच्छा ही था। चाचा तब तक 'लेक्चरर' हो चुके थे। डी. के. कॉलेज, डुमरी में चाचा के ज्वॉइन करने से स्थिति थोड़ी सुविधाप्रद हो गयी। वहीं से दसवीं, ग्यारहवीं की मेरी पढ़ाई हुई। दसवीं में मूक पार्लियामेंट के गठन में मुझे प्राइम मिनिस्टर चुन लिया गया।

चाचा प्रात: तीन बजे उठा देते और लालटेन की रोशनी में हम छह बजे तक पढ़ाई करते। प्रात: तीन बजे से छह बजे की पढ़ाई मेरी आदत में सम्मिलित हो गयी।

प्रश्नः- सामान्यतः यह लोग मानते हैं कि राजपूत परिवार सम्पन्न, ज़मींदार और दबंग होते हैं। आपके परिवार की स्थिति कैसी थी?

उत्तर : हम लोग ज़मींदार परिवार से तो नहीं थे, लेकिन लोग मान लेते थे। मूलतः हम लोग काश्तकार थे और बड़े काश्तकार थे। उस इलाक़े में सबसे अधिक ज़मीन ज़रूर हमारे परिवार के पास थी।

प्रश्न : कितनी ज़मीन थी लगभग?

उत्तर : लगभग ढाई सौ बीघे ज़मीन हमारे दादा के नाम थी। उसमें लगभग 50 एकड़ ज़मीन दूर के गाँव में थी, जिसे हमारे रिश्तेदार जोतते थे।

प्रश्न : डुमराँव में राज-परम्परा का भी विधान था। वहाँ के राज-परिवार का क्या स्वरूप था? कभी आपके ऊपर इसका कोई प्रभाव पड़ा?

उत्तर : नौवीं कक्षा तक इसका कोई प्रभाव मेरे ऊपर नहीं था। राजा साहब हमारे पिता की ख़ूब इज़्ज़त करते थे। पिता जी जब भी उनके वहाँ जाते तब राजा खेती के बारे में बात करते थे।

प्रश्न : आपके जीवन पर पिता जी का प्रभाव पड़ा?

उत्तर : मेरे पिता जी बेहद अनुशासित व्यक्ति थे। उस वक़्त जो पारिवारिक और सामाजिक हालात थे, उसके अनुसार पिता जी ने हमें खूब स्नेह दिया। लेकिन पिता जी की गोद में बैठने का अवसर कभी नहीं मिला। पिता जी और मैंने कभी आमने-सामने बैठकर बातचीत नहीं की। सम्मिलित परिवार में रहने के कारण पिता जी की जवाबदेही अन्य भाइयों के प्रति भी उतनी ही थी, जितनी मेरे प्रति। मैं तो मानता हूँ कि पारिवारिक मर्यादा के कारण के कई दफे वह कई चीज़ों से बँधे रहते थे।

प्रश्न : पहले के ज़माने में पिता तो अपने बच्चों को सार्वजनिक तौर पर गोद में भी नहीं लेते थे। सम्मिलित परिवार के कारण कह लीजिए या उस वक़्त के नियम ही ऐसे थे।

उत्तर : बिल्कुल, यही बात थी। वह हमेशा आदर्शवादी और मर्यादावादी थे। पिता जी आँगन और अपने कमरे में दो ही बार जाते थे। उस वक़्त पुरुष का ज़्यादा समय

दालान में बीतता था, पिता जी भी ऐसे ही थे। शाम के वक़्त आठ-दस व्यक्तियों के साथ उनकी बैठकी लगती और साथ में कुछ-न-कुछ नाश्ता करते। उनकी उम्र के लोग उन्हें बच्चा जी कहते थे।

बेहद धर्म-कर्म में विश्वास रखने वाले पिता जी रोज़ एक घण्टा रामचरितमानस पढ़ते। खाना जब खाते तब माँ किनारे में खड़ी रहती। अनुशासन इतना कठोर कि घर से बाहर किसी की आवाज़ तक सुनाई नहीं पड़ती थी।

प्रश्न : माँ को किस रूप में याद करते हैं?

उत्तर : मेरी माँ ममतामयी थी। मुझे और अपने बच्चों को ख़ूब मानती थी। नाश्ते में माँ सुबह-सुबह मुझे बसिया चावल देती थी। कभी-कभार जो मुझे पसन्द होता, वह भी मिलता था। आम के मौसम में आम की व्यवस्था माँ ज़रूर करती थी। हमेशा मेरे प्रति उसका स्नेह रहता था। मेरी फुआ से माँ का सम्बन्ध बहुत मधुर था यही कारण था कि मैं फुआ से भी बहुत जुड़ा हुआ था। फुआ को लड़का नहीं था, यह कारण भी एक था जिसके कारण मैं उनके क़रीब था। वह अपने बच्चे की तरह स्नेह देती थी। बाद में धीरे-धीरे उनके यहाँ जाना कम होता चला गया।

प्रश्न : आप बाद में बड़े हुए, सफल भी हुए! कभी माँ को अपने साथ रख सके!

उत्तर : नहीं, माँ के साथ रहने का सुयोग केवल सातवीं क्लास तक ही मुझे मिल सका। हाँ, कभी अपने गाँव वापस जाते तो माँ का अतिरिक्त स्नेह ज़रूर मिलता। मेरा खाना वही परोसती और खिलाने वग़ैरह में रुचि का बहुत अधिक ख़याल रखती थी।

प्रश्न : आपको इस बात का अफ़सोस है कि माँ के साथ बहुत अधिक रहने का मौक़ा नहीं मिला?

उत्तर : हाँ, बहुत अफ़सोस है। पिता जी के लिए भी अफ़सोस है। जब हम चुनाव हारे तब माँ कहती थी कि 'घबराना मत तुम बहुत बड़े आदमी बनोगे।' गाँव से जब लौटते तब माँ कुछ सन्देशा ज़रूर बना देती और पोटली में बाँधकर दे देती। ठेकुआ, भूजा तो नियमित रूप से वह मुझे भेजती रही।

प्रश्न : उम्र के इस पड़ाव पर माँ याद आती है?

उत्तर : निश्चित रूप में माँ याद आती है। लेकिन पिता जी भी ख़ूब याद आते हैं। पिता जी का अनुशासित जीवन मेरे लिए प्रेरणा का स्रोत है। मैं यह एहसास करता हूँ कि माँ की ममता और पिता जी की अपार प्रतिष्ठा ने मुझे बहुत हद तक प्रभावित किया है। मुझे आज भी लगता है कि गाँव में, समाज में, मुझे प्रतिष्ठा पिता जी के कारण मिलती है। हाँ, उम्र के इस पड़ाव में अपना गाँव और अपनी मिट्टी बहुत याद

आती है। कई बार कोशिश करता हूँ कि गाँव से बहुत अधिक जुड़ जाऊँ, लेकिन वक़्त शायद इसकी इज़ाज़त नहीं देता है।

प्रश्न : बाद में आप पटना आ गये। वहाँ पढ़ाई के अतिरिक्त आप राजनीति में भी समय देने लगे। क्या पिता जी को यह सब कुछ पता था?

उत्तर : पिता जी के दिमाग़ में यह कल्पना थी कि हम पढ़-लिखकर बड़े अफ़सर बनेंगे। लेकिन पटना कॉलेज, पटना से एम.ए. पास करने के बाद मेरी सक्रिय अभिरुचि राजनीति में विकसित होने लगी। जैक्सन हॉस्टल में स्पोर्ट्स काउंसिल चुनाव के लिए मैंने नॉमिनेशन भर दिया। कॉलेज के सीनियर त्रिनाथ मिश्रा ने मुझे इस कारण डाँटा भी था। हम चुनाव जीत गये। जीत के पश्चात् कॉलेज और यूनिवर्सिटी में हमारी जान-पहचान बढ़ने लगी और वह सिलसिला रुका नहीं।

पिता जी को बहुत बाद में जब पता चला कि हम राजनीति में भी समय दे रहे हैं, तब वे नाराज हुए थे। शायद कुछ महीने तक उन्होंने गाँव से आने वाले सहयोग को भी रोक दिया था।

प्रश्न : राजनीति के क्षेत्र में उद्देश्य के साथ बढ़ रहे थे या फिर यह स्पॉनटिनियस था। मन में आया और लड़ लिये चुनाव?

उत्तर : यह स्पॉनटिनियस ही था। असली काम तो पढ़ाई था ही। मन लगाकर पढ़ते भी थे, लेकिन राजनीतिक कार्यक्रमों में मेरी दिलचस्पी बढ़ने लगी थी। उस समय मेरी जान-पहचन बी.एन. कॉलेज और मेडिकल कॉलेज के लड़कों से होने लगी...।

प्रश्न : दादा, एक बार फिर आपके गाँव की ओर लौटता हूँ। कोपवाँ गाँव, जब आप बड़े हो रहे थे, तब अशिक्षा, छुआछूत, सामाजिक कुरीतियाँ जैसी चीजें रही होंगी। आपने तो इसे बहुत नज़दीक से देखा होगा?

उत्तर : छुआछूत आदि का असर मेरे ऊपर नहीं था। मेरे पिता जी के साथ नारायण दुसाध रहते थे। पिता जी और हम लोगों के बीच वही कड़ी थे। सारी व्यवस्था उनके ज़िम्मे ही थी। घर की सहायिका भी दूसरी जाति की ही महिलाएँ थीं, लेकिन उनका प्रवेश आँगन तक था।

माँ का स्वभाव लिबरल था, वह बहुत ही सरल भी थी। वह इन चीज़ों को बहुत अधिक नहीं मानती थी। माँ उन लोगों से घण्टों से बात करती थी।

नारायण जी हमें घोड़ा गाड़ी पर घुमाते थे। पिता जी उस समय उसी गाड़ी से चलते थे। नारायण जी कहते कि 'मालिक पूछ रहे थे कि बबुआ ठीक से पढ़ता है कि नहीं? इस रूप में जाति को लेकर उस समय मेरी कोई ठोस समझ नहीं थी।

प्रश्न : कोपवाँ में, आपके बचपन का कोई मित्र, जिसका ज़िक्र करना चाहेंगे?

उत्तर : मेरे दोस्तों की संख्या अधिक थी। भोजपुर के एक मित्र थे। आज उन लोगों का नाम याद नहीं आ रहा है। मित्रों के साथ खेलकूद, गप-शप यह दैनन्दिन था।

प्रश्न : स्कूल के दिनों में किसी महापुरुष को पढ़ा था?

उत्तर : सरदार हरिहर सिंह, जो बाद में बिहार के मुख्यमन्त्री भी बने। हरिहर सिंह मेरे घर पर पहले आते थे। क्षेत्र में उनकी ख़ूब प्रतिष्ठा थी। उनके प्रभावी व्यक्तित्व का असर मेरे ऊपर ख़ूब पड़ा।

प्रश्न : गाँव में मकान कैसा था?

उत्तर : कोपवाँ में हम लोगों का घर अच्छा था। एक दालान और दूसरा घर था। दालान में मेहमान आकर रुकते थे। उसमें कमरे भी थे और हॉल भी था। सम्मिलित परिवार में हम सभी लोग ख़ूब स्नेह से रहते थे।

प्रश्न : आप भी परम्परा का निर्वहन करते हैं। श्राद्ध-कर्म, पूजा-पाठ व्रत आदि को कैसे देखते हैं? आपने कभी यह सब किया है?

उत्तर : इन चीज़ों में हम नहीं पड़ते थे। लेकिन एक बार पितृपक्ष में हम गया गये थे। वहाँ हमने अपने पिता जी की आत्मा की शान्ति के लिए कर्म भी किया था। वहाँ हमने दान-पुण्य भी किया था और पण्डितों को सामान भी दिया था।

प्रश्न : स्वप्न में कभी पिता जी और माँ आते हैं?

उत्तर : हाल तक पिता जी स्वप्न में आते रहे हैं। माँ का सपना दो-तीन बार ही देखा है। एक बार पिता जी ने स्वप्न में कहा कि 'नह कटवा लेना।' फिर कई मौक़ों पर वह आते और चले जाते। मेरा स्पष्ट रूप से मानना है कि 'कई मौक़ों पर आया हुआ स्वप्न सच भी होता है।' यह मेरे साथ भी हुआ है।

प्रश्न : आप मानते हैं कि स्वप्न के पीछे अध्यात्म होता है या स्वप्न कभी-न-कभी घटित होता है?

उत्तर : हम दोनों ही चीज़ों को मानते हैं। कई बार देखा हुआ स्वप्न मेरे जीवन में सच हुआ है।

प्रश्न : परिवार में किसी को याद करना चाहेंगे?

उत्तर : अपने मामा को। मुझे बहुत मानते थे। बुआ भी थी, जिसके यहाँ बचपन में ख़ूब जाते थे। ननहर में मुझे ख़ूब मन लगता था। सारा गाँव ही समझिए पूरा परिवार था।

प्रश्न : आपके घर में कुलदेवी या गुरु की परम्परा थी?

उत्तर : हाँ, हमारे घर के एक कुलगुरु अवश्य थे। हम उनके पाँव छूते थे और समय-समय पर उनको दान भी देते थे। कुलदेवी की घर में पूजा होती थी, ऐसा मुझे याद नहीं है। गाँव में माँ काली का मन्दिर है, उस वक़्त भी हम वहाँ जाकर पूजा-पाठ करते थे। पिता जी विष्णु भगवान की उपासना करते थे। कम्बल पर बैठकर वह घण्टों रामचरितमानस का पाठ करते थे।

प्रश्न : आज गाँव कोपवाँ के साथ कैसा जुड़ाव महसूस करते हैं?

उत्तर : गाँव से जुड़ाव शुरू से ही रहा है। पढ़ाई के दौरान भी गर्मी और दशहरा में गाँव जाना नियमित था। आज भी इस उम्र में अन्तिम इच्छा यही शेष बची है कि एक बार गाँव की मिट्टी को स्पर्श कर लूँ। गाँव मेरे अन्तर्मन में बस चुका है। वहाँ की स्मृतियाँ मुझे आज भी भावुक करती हैं।

प्रश्न : कुलगुरु ब्राह्मण ही होते थे। फिर जाति की अवधारणा को कैसे देखते हैं?

उत्तर : हम परम्परा के अनुगामी बने रहने में हिचकिचाते नहीं थे। हमारे पिता जी यह मानते रहे कि ब्राह्मण पूज्य होते हैं। इस रूप में निःसंदेह कुलगुरु की परम्परा में हमारी आस्था बनी रही। लेकिन इन चीज़ों को जाति-विमर्श से ऊपर उठकर देखा जाना चाहिए।

प्रश्न : गाँव कोपवाँ के प्रति इतना प्रेम है। बावजूद गाँव उपेक्षित ही रहा ऐसा क्यों?

उत्तर : गाँव कोपवाँ उपेक्षित नहीं रहा। कई मौक़ों पर हमने वहाँ कई काम किये हैं। लेकिन एक घटना याद आती है कि एक बार गाँव जाकर भी अपने पैतृक-निवास पर नहीं जा सके। यह बात बहुत दिनों तक कचोटता रही।

फिर इस कचोट को दूर करने वास्ते कुछ घण्टों के लिए गाँव गये और दालान में बैठे। काफ़ी आनन्द की अनुभूति हुई। बढ़ती उम्र में गाँव के प्रति प्रेम और अधिक उभर रहा है। बाबू जी की मूर्ति स्थापना कार्यक्रम में अपनी उम्र की महिलाएँ और पुरुषों का प्रेम जिस रूप में मेरे ऊपर उमड़ा, वह आज भी याद है। गाँव की भाभियाँ, बहनें, बेटियाँ मेरे पास आयीं और मुझसे हाल-चाल पूछा, यह चीज़ मुझे बहुत अच्छी लगा। पुराने लोगों ने मुझसे पूछा कि 'बाबू साहेब हमको पहचानते हैं कि नहीं?

यह सब कुछ देखकर गाँव से आने की इच्छा नहीं हो रही थी। मन करता था कि अब वहीं जाकर रह जाऊँ, लेकिन गिरता स्वास्थ्य इसकी इजाजत नहीं दे रहा है अब।

गाँव की मिट्टी में बहुत ख़ासियत है। इस मिट्टी में क्या ख़ूबसूरती है कि मुझे यहाँ जन्म लेने का मौक़ा मिला है। यदि गाँव की मिट्टी में ख़ासियत न रहती तो इस ऊँचाई को कभी न पाते। कोपवाँ में पैदा होकर हम गौरवान्वित महसूस करते हैं। मुझे अपने गाँव पर आज भी गर्व है।

अब चिन्ता होती है कि गाँव के लोग अब दोबारा मिलेंगे कि नहीं। अब अपने परिवार के लोगों को देख सकूँगा कि नहीं? अब बस अन्तिम इच्छा है कि गाँव के अपने दालान में जाकर अपने ग्रामीणों और परिवार के लोगों के साथ चाय पीयें। पता नहीं यह अब पूरा होगा या नहीं।

प्रश्न : एक बार क्यों नहीं चले जाते?

उत्तर : डॉक्टर्स अब इसकी इजाज़त नहीं देते हैं। शारीरिक मजबूरियाँ बहुत हैं। अपना घर, दालान आज सबसे अधिक याद आ रहा है। मुझे लगता है कि अब गाँव के साथ रिश्ता केवल आध्यात्मिक है। गाँव में जाकर कुछ घण्टे के लिए ही सही, रहने का मौक़ा मिल जाता तो सचमुच मैं आनन्दित होता। हृदय और मस्तिष्क कोपवाँ के प्रति बहुत सरल है।

प्रश्न : आपने डुमराँव में भी तो घर बनवाया?

उत्तर : डुमराँव को लेकर मेरी कोई फिलिंग नहीं है। अन्तिम इच्छा गाँव कोपवाँ को देखने की है। वहाँ बैठने की है। वैसे डुमराँव में जब घर बना तब हमारे चाचा प्रिंसिपल साहब रोने लगे। उन्होंने मुझे कहा कि 'जीवन में तुमने अपने लिए कुछ नहीं किया, चलो एक छत तो कम-से-कम हो गया।' बावजूद इसके हमारा मन बार-बार गाँव कोपवाँ की ओर जा रहा है।

प्रश्न : पटना आकर आपने कॉलेज की पढ़ाई की शुरुआत की। पटना कॉलेज, पटना से आपने इतिहास में बी.ए. और एम.ए. किया। यहीं से सक्रिय रूप से आपने राजनीति के क्षेत्र में भी क़दम बढ़ाया। जे.पी. आन्दोलन भी हुआ। आप उस समय को कैसे याद करना चाहेंगे?

उत्तर : उन दिनों में पटना यूनिवर्सिटी में अंक के आधार पर दाख़िला होता था। यह वर्ष 1962 ई. का है। मेरे अंक अच्छे थे, तो पटना कॉलेज पटना में नामांकन मिला। छात्रावास भी अंक के आधार पर मिलता था, तो छात्रावास भी मिला। उस समय जैक्सन हॉस्टल की सर्वाधिक प्रतिष्ठा थी। हॉस्टल में रहते हुए मेरे अन्दर राजनीतिक अभिरुचि विकसित हुई। छात्रावास के स्तर पर होने वाले चुनाव में मैंने अपनी भागीदारी पेश की। त्रिनाथ मिश्रा हॉस्टल के प्रिफेक्ट थे। उन्होंने मेरी इस अभिरुचि

के कारण मुझे डाँट भी लगायी। कहा कि 'पढ़ाई-लिखाई करो, इन सब चीज़ों में मत पड़ो।' हालाँकि चुनाव के कुछ ही दिनों पूर्व उन्होंने चुनाव ख़ातिर मेरी मदद भी की।

उस वक़्त पटना यूनिवर्सिटी के प्रेसिडेंट अशोक कुमार थे। वह देवव्रत शास्त्री के सुपुत्र थे। उन्हीं दिनों मेरा परिचय अशोक कुमार जी से हुआ। स्पोर्ट्स काउंसिल चुनाव में जीतने के बाद मेरा राजनीतिक दायरा थोड़ा बढ़ गया। सम्पर्क में अन्य कॉलेज के छात्र भी आने लगे। डिबेट प्रतियोगिता में भाग लेने मैं दूसरे कॉलेजों में भी जाता था, इस वजह से भी परिचय का दायरा थोड़ा बढ़ने लगा। इसके अतिरिक्त बग़ल के गांधी मैदान में राजनीतिक रैलियाँ होती रहती थीं। मैं उन रैलियों में जाकर नेताओं के भाषण को ज़रूर सुनता था। शायद ही किसी रैली को मैंने मिस किया हो। अलग-अलग दलों के नेताओं का भाषण सुनना मुझे अच्छा लगता था।

प्रश्न : आप चाहते नहीं थे कि राजनीति में जायें। लेकिन राजनीति आपको अपनी ओर खींचती चली गयी। पढ़ाई और राजनीति दोनों साथ-साथ...?

उत्तर : हाँ, कह सकते हैं कि हम खिंचते चले गये। हम अपने इतिहास विभाग के चुनाव 'असिस्टेंट सेक्रेटरी' में भी खड़े हुए। मोकामा के रहने वाले निहार नन्दन सक्रेटरी पद के लिए खड़े हुए। यह एक कांबिनेशन था। बाद में निहार नन्दन प्रोफ़ेसर और वाइस चांसलर भी बने। यह डिपार्टमेंटल चुनाव था और इसमें हम पाँच वोट से जीते और पाँच वोट से निहार नन्दन हार गये। इस बीच में ही मेरे भीतर एक नैतिकता पनपी। निहार नन्दन जी की हार से मैं आहत हुआ। हमने सोचा कि मैं भी इस्तीफ़ा कर दूँ। निहार नन्दन के मना करने पर हमने अपना विचार बदल दिया।

प्रश्न : इस गतिविधि से आपकी पढ़ाई प्रभावित नहीं हो रही थी?

उत्तर : हाँ, प्रभावित हो रही थी। बावजूद इसके परिचय और सम्पर्क का दायरा बढ़ता रहा। अलग-अलग विचार वाले लोगों के बीच भी मेरी उपस्थिति एक छात्र-नेता के रूप में होने लगी। पढ़ाई में दिक़्क़त होती थी, तो रात्रि के समय उसे पूरा करने की कोशिश करता था। चाय की दुकान पर मित्रों के साथ बैठकी और छात्र-राजनीति की चर्चा आदत में सम्मिलित होती चली गयी।

प्रश्न : किसी उद्देश्य के तहत बैठकी और मेल-जोल बढ़ा रहे थे या स्वाभाविक तौर पर ऐसा हो रहा था?

उत्तर : यूनियन की राजनीति में दिलचस्पी के कारण ही यह सब कुछ हो रहा था। यूनियन में हार या जीत से पृथक् यह अलग तरह की राजनीति की शुरुआत थी।

प्रश्न : क्या उन दिनों छात्र संघ के चुनाव में भी प्रत्याशी किसी पार्टी या विचारधारा के अनुगामी होते थे। राजनीतिक दलों का कैसा हस्तक्षेप था?

उत्तर : नहीं, सभी प्रत्याशी नहीं। हम लोग स्वतन्त्र विचार वाले छात्र नेता थे। हमारा सीधे तौर पर किसी दल से सम्पर्क नहीं था।

प्रश्न : उस वक़्त आपके ऊपर किसी दल या राजनीतिक व्यक्ति का प्रभाव था?

उत्तर : नहीं, उस वक़्त किसी दल से मैं प्रभावित नहीं था। बड़े राजनीतिक व्यक्ति से मेरा कोई सम्पर्क भी नहीं था।

देखिए, सबसे अधिक मेरे ऊपर जो प्रभाव पड़ा उनमें अशोक मेहता और एकनाथ पाई हैं। उनके भाषण से उस वक़्त मैं बहुत प्रभावित हुआ था। कम्युनिस्ट हों, कांग्रेसी हों या अन्य हो, मैं सभी का भाषण सुनता था। 'भारतीय इकोनॉमी की चुनौतियाँ' विषय पर अशोक मेहता के भाषण का अंश मुझे अभी भी बहुत हद तक याद हैं। एक तीसरा भाषण प्रकाशवीर शास्त्री का भी था। बेहद आकर्षित अन्दाज में उनके धाराप्रवाह भाषण ने भी मुझे प्रभावित किया। अपने भाषण में वे अंग्रेज़ी का बिल्कुल प्रयोग नहीं करते थे। उनके भाषण में कंटेंट अधिक होता, वह मुझे प्रभावित करता था।

प्रश्न : आपके हिसाब से अच्छा भाषण किसे कहते हैं? राजनेताओं को भाषण देने के दरम्यान किन-किन तथ्यों का ध्यान रखना चाहिए?

उत्तर : कंटेंट के साथ-साथ जिस भाषण में प्रवाह हो, उसे मैं सुन्दर भाषण मानता हूँ। भाषण धाराप्रवाह हो और भाषा वैसी हो जो लोगों के दिलों तक पहुँचे।

प्रश्न : आपके प्रिय शिक्षक कौन-कौन थे?

उत्तर : विष्णु अनुग्रह नारायण! इतिहास विभाग में सीनियर प्रोफ़ेसर थे। उनका मेरे ऊपर अपार स्नेह था। उनकी राजनीतिक रुचि भी सुघड़ थी। उनके यहाँ छात्र-नेता भी आते-जाते थे। डी.एन. वर्मा, एम.पी. वर्मा जैसे शिक्षकों ने भी मुझे ख़ूब पढ़ाया।

इतिहास में डी.एन. झा पढ़ाते थे। रामशरण शर्मा भी मुझे पढ़ाते थे। इन दोनों ने बाद में बहुत ख्याति अर्जित की। डॉ. जे.सी. झा ने भी ख़ूब प्रभावित किया। अश्करी साहब इतिहास के कोश माने जाते थे। उनसे मेरी निकटता तो नहीं बनी, लेकिन उनकी सहजता से मैं प्रभावित हुआ। डॉ. चेतकर झा राजनीति विज्ञान विभाग में थे। लोक प्रशासन के क्षेत्र में उनकी किताब ने ख़ूब प्रसिद्धि हासिल की। मैं उनका भी प्रिय था।

प्रश्न : उस वक़्त के पटना विश्वविद्यालय में और अब के पटना विश्वविद्यालय में क्या बदलाव है?

उत्तर : मुझे जहाँ तक याद है कालान्तर में प्रोफ़ेर्स का एक बड़ा ग्रुप राजनीति से जुड़ने लगा। कुलपति के पद पर राजनीतिक नियुक्तियाँ होने लगीं। कई बार वह राजनीतिक व्यक्ति होने के साथ-साथ विद्वान भी होते थे।

लेकिन इस तरह की नियुक्तियों की वजह से ही पटना विश्वविद्यालय का शैक्षणिक माहौल बिगड़ा और धीरे-धीरे पटना विश्वविद्यालय अपनी प्रतिष्ठा गँवाता रहा।

प्रश्न : जहाँ तक मुझे जानकारी है कि पटना यूनिवर्सिटी का सबसे अधिक ह्रास वर्ष 1987 ई. से शुरू हुआ...?

उत्तर : वर्ष 1985 ई. के बाद से और वर्ष 1990 ई. में जो यूनियन का चुनाव हुआ, उसमें प्रत्यक्ष तौर पर राजनीतिक विचार रखने वाले लोग विजयी हुए। मुझे लगता है कि पॉलिटिक्स जो सीधे पार्टी से जुड़ी रही थी और छात्र नेता, जो सीधे कांग्रेस व अन्य दलों के मात्र प्रतिनिधि बनकर चुनाव में उतरे, उसकी वजह से स्थितियाँ ख़राब हुईं। फिर एक दौर आया, जब बड़े नेता चुनाव के समय यूनिवर्सिटी कैंपस में आने लगे। विद्यार्थी परिषद्, एस.एफ.आई,. एन.एस.यू.आई. जैसे संगठन अपनी विचारधारा को लेकर खुले तौर पर प्रस्तुत होने लगे। पहले भी ज्ञान प्रकाश, विश्राम सिंह आदि छात्र नेता के यहाँ बड़े नेता भी आने-जाने लगे थे। मेरे यहाँ भी समाजवादी नेता चन्द्रेश्वर प्रसाद का आना-जाना शुरू हुआ था।

प्रश्न : आप अपने छात्र राजनीति के दिनों में किसी नेता के यहाँ जाते थे?

उत्तर : हाँ, सरदार हरिहर सिंह के यहाँ मैं जाता था। वह मेरे चाचा से भी परिचित थे। दो-तीन बार रामानन्द सिंह के यहाँ भी गया हूँ। वह वर्ष 1969 ई. का था। वर्ष 1969 ई. के चुनाव में मैंने हरिहर सिंह का प्रचार भी किया, जो कांग्रेसी उम्मीदवार थे। लेकिन व्यक्तिगत स्तर पर।

प्रश्न : आपने वर्ष 1969 ई. में एम.ए. कर लिया था। एम.ए. से लेकर जे.पी. आन्दोलन शुरू होने के बीच के वर्षों में आपने क्या किया?

उत्तर : एम.ए. करने के बाद मेरी इच्छा हुई कि अब पटना में ही रहना है और सिविल सर्विसेज की तैयारी करनी है। हॉस्टल तो छूट गया, फिर रहने की दिक़्क़त भी आयी। छात्रावास फिर से मिल जाये, इसलिए पटना ट्रेनिंग कॉलेज में दाख़िला ले लिया। मार्क्स अच्छे थे, सो प्रवेश मिल भी गया। यहाँ से निरन्तर मैं हरिहर सिंह के यहाँ जाने लगा। उस वक़्त मेरी एक पहचान थी, जिसके गवाह आज शिवानन्द तिवारी हैं। उन्होंने हाल में ही मज़ाक़ भी किया था इस सन्दर्भ को याद करके। नियमित अख़बार और मैग्जीन पढ़ना मेरी आदत बन चुकी थी। यहीं रहते हुए मेरा परिचय भवेशचन्द्र प्रसाद से हुआ। वह गांधी शान्ति प्रतिष्ठान, पटना के सचिव भी थे। वे मुझे बहुत मानने भी लगे। पद्म नारायण झा बिरंची भी उनके यहाँ खूब आते थे। मैं प्रत्येक दिन उनके यहाँ जाकर उनसे मिलता था।

भवेश बाबू रेगुलर जयप्रकाश नारायण के यहाँ जाने वालों में से थे। जयप्रकाश उन दिनों क़दमकुआँ में रहा करते थे। भवेश बाबू से मेरी घनिष्ठता बहुत बढ़ती चली गयी और भवेश बाबू कई बार मुझे जयप्रकाश जी के यहाँ लेकर भी जाते। लेकिन जयप्रकाश जी से सीधा कोई परिचय नहीं बन पाया, लेकिन वे मुझे चेहरे से पहचानने लगे। जयप्रकाश जी उन दिनों सर्वोदयी हो चुके थे। मेरे जाने का कारण एक मात्र भवेश बाबू थे। वहाँ की गतिविधियों में मेरी कोई भूमिका नहीं थी।

प्रश्न : तो मान लिया जाये कि जयप्रकाश के सान्निध्य में आप वर्ष 1970-71 ई. में आ चुके थे?

उत्तर : निश्चित! फ़र्क़ इतना था कि बहुत अधिक समीपता नहीं बन पायी थी। बाद में जे.पी. आन्दोलन के वक़्त 'छात्र संघर्ष संचालन समिति' के सचिव भी बने भवेशचन्द्र जी। भवेश बाबू का अन्य छात्र संगठनों में भी अच्छी जान-पहचान थी। वाम संगठन के नेता पद्‌म नारायण बिरंची थे, उनसे भी मेरी अच्छी मित्रता हो गयी।

प्रश्न : बिरंची के जरिये वामपन्थी विचार को समझ पाये या नहीं?

उत्तर : बिरंची जी ने अपनी विचारधारा कभी मेरे ऊपर थोपने की कोशिश नहीं की। हमारी दोस्ती प्रमुख थी। हाँ, मार्क्सवादी गतिविधियों की जानकारी उनसे ज़रूर मिलती रहती थी। वे काफ़ी प्रतिभा सम्पन्न और सुरुचिपूर्ण व्यक्ति थे। कालान्तर में भवेश जी मेरा परिचय लोगों के बीच एक छात्र नेता के रूप में कराने लगे। फिर राज्यसभा के सदस्य शिशिर बाबू से भी मेरा सम्पर्क बन गया।

प्रश्न : पढ़ाई-लिखाई ज़ारी रही या फिर छूट गयी?

उत्तर : अब पुस्तक पढ़ने की तुलना में पत्रिकाओं में मेरी दिलचस्पी बढ़ गयी थी। हिन्दी उपन्यासों में भी रुचि बढ़ गयी थी।

प्रश्न : और आयोग की तैयारी?

उत्तर : हाँ, आयोग की तैयारी हमने बन्द कर दी। दुविधा में होने के कारण सिविल सर्विसेज की तैयारी छूटती चली गयी।

प्रश्न : तो आप जयप्रकाश, शिशिर बाबू, भवेशचन्द्र मिश्र के क़रीब तो पहुँच चुके थे, लेकिन तय नहीं कर पा रहे थे कि राजनीति की ओर जायें या सिविल सर्विसेज की तैयारी की ओर बढ़ें?

उत्तर : मैं सत्येन्द्र बाबू के क़रीब भी आ चुका था। वर्ष 1974 ई. तक मैं कांग्रेस के संगठन से जुड़ा रहा। कांग्रेस से निकलने वाली पत्रिका 'नवविहार' के लिए मैं लेख भी लिखने लगा। सम्पादक रवि जी मित्र भी थे, इसलिए लेख के बदले वह मुझे प्रतिमाह दो सौ रुपये भी देते थे। उस समय के हिसाब से वे कम पैसे नहीं थे।

कई दफे नहीं लिखने के बावजूद वे मुझे रुपये दे देते थे। यह उनका बड़प्पन था या मेरे प्रति सहानुभूति थी।

प्रश्न : उस वक़्त आपका मासिक ख़र्च कितना था?

उत्तर : हमारी आर्थिक स्थिति थोड़ी ठीक थी। प्रतिमाह मेरी माँ एक बोरी चावल, घी, भूजा आदि भिजवा देती थी। घर से एक सौ रुपये भी मिलते थे। हमारे भैया प्रत्येक महीने डेढ़ सौ रुपये देते थे। प्रिसिंपल साहब (चाचा) भी जब आते तो ये रुपये दे देते थे। वर्ष 1971 ई. के मध्य मेरा परिचय अवध कुमार सिंह से हुआ। वह मुझे एक छात्र-नेता के रूप में मानने लगे। उन्होंने मुझे एम.एल.ए. क्लब, कमरा नं. 17 दिलवा दिया।

प्रश्न : आपको यह पता नहीं चल सका कि आप पढ़ाई की दुनिया से दूर जा चुके हैं?

उत्तर : हाँ, एम.एल.ए. क्लब में आकर मालूम होने लगा। वर्ष 1972 ई. में मेरे पिता जी को इस बात की जानकारी मिल गयी। पिता जी इस बात से असन्तुष्ट भी हुए। फलस्वरूप एक साल तक उन्होंने हमारा ख़र्चा-पानी बेमन से भेजना शुरू किया। हालाँकि मैं उन्हें यह इंप्रेशन देता रहा कि मैं सिविल सर्विसेज की तैयारी कर रहा हूँ।

एम.एल.ए. क्लब में आने से लेकर मेरे चुनाव जीतने तक अलग-अलग व्यक्तियों के नाम पर हम अपना अलॉटमेंट करा लेते थे। विपिन विहारी सिन्हा ने भी रूम दे दिया। छोटा नागपुर के एक नेता ने भी मदद की। फिर यह सिलसिला चलता रहा। वहाँ एक नन्दलाल था, जिसकी चाय की दुकान थी, उसके यहाँ यूनियनबाज़ों का जमावड़ा होता था।

अब तक मैंने यह तय कर लिया था कि अब राजनीति ही करनी है। भवेश जी, रवि बाबू से हम मिलते रहे। भवेश मेरे रूम में मिलने भी आते थे। कभी-कभी वह जयप्रकाश जी के यहाँ भी बुला लेते थे। जयप्रकाश जी यहाँ रहने वाले सर्वोदयी के रूप में मुझे पहचानने लगे। यूनिवर्सिटी की राजनीति भी मेरी ज़ारी थी।

मेरे चाचा ने राजनीति करने के निर्णय को स्वीकार कर लिया। उन्होंने कहा कि यदि राजनीति ही करनी है तो ठीक से करो। आजीविका के लिए उस वक़्त मैंने कई प्रयास किये, लेकिन नहीं हुआ। फिर ए.एन. कॉलेज में सेकेंड पोस्ट लिव वैकेंसी पर मेरा चयन हो गया। इस बीच चाचा हमारे प्रिंसिपल हो चुके थे। वह चाहते थे कि मैं उनके कॉलेज में ज्वॉइन कर लूँ। मैं पटना छोड़ना नहीं चाहता था। सहदेव सिंह उस समय ए.एन. कॉलेज के प्रिंसिपल थे। उन्होंने साक्षात्कार में चयन के बावजूद

मेरी ज्वॉइनिंग नहीं करायी। वह सेकेंड पोस्ट पर किसी और को चाहते थे। उनके बार-बार बुलाकर मना करने से मैं परेशान हो उठा और अन्तत: मैंने मन बना लिया कि अब यहाँ ज्वॉइन नहीं करना है। इस तरह से एक उम्मीद ख़त्म हो गयी।

चाचा प्रिंसिपल साहब अपने कॉलेज में मुझे चाहते रहे। लेकिन मैं उनके प्रस्ताव को टालता रहा। कुछ महीने के लिए मैंने गया के एक प्राइवेट कॉलेज में भी पढ़ाया। वहाँ के प्रिंसिपल मेरे दोस्त थे, उनके प्रस्ताव को मैं अस्वीकार नहीं कर सका। इच्छा थी कि पटना में ही प्रोफ़ेसर बनूँ, इसलिए बाहर कहीं इंटरव्यू ही नहीं दिया। ए.एन. कॉलेज के प्रिंसिपल ने मेरे स्वाभिमान को रौंदने का काम किया।

एम.एल.ए. क्लब में रहने के दौरान ही मेरा परिचय खगेन्द्र ठाकुर से हुआ। वे मार्क्सवादी हिन्दी आलोचक के रूप में मशहूर हो चुके थे। बाद में उनके साथ मेरा पारिवारिक रिश्ता बन गया। खगेन्द्र ठाकुर भी एम.एल.ए. क्लब में ही रहते थे। क्लब में आने के बाद से राजनीतिज्ञों से भी परिचय बढ़ने लगा। कम्युनिस्ट लोग कभी-कभी मुझे भोजन पर भी बुलाते थे।

हमें नौकरी की चिन्ता भी थी और राजनीति भी करना चाहते थे। लेकिन सन्तुलन बना रहा। सी.पी.आई. के लोगों के साथ मित्रता होने के बावजूद कभी हम उनकी मीटिंग में नहीं गये।

प्रश्न : एम.एल.ए. क्लब में रहने के दौरान गाँव जाते थे या नहीं?

उत्तर : हाँ, जाते तो थे मगर बहुत कम दिनों के लिए। उस समय वर्ष 1973 ई. में भैया और चाचा ने डुमराँव में घर बना लिया था। सो, ज़्यादातर वहीं जाते थे। पिता जी तो कोपवाँ में ही रहते थे, वहाँ मैं कम जाता था।

प्रश्न : फिर वर्ष 1974 ई. से जे.पी. मूवमेंट शुरू हो गया? उस मूवमेंट की शुरुआत कैसी हुई?

उत्तर : 17-18 फरवरी, वर्ष 1974 ई. को छात्र युवा नेताओं की एक बैठक हुई। महँगाई, भ्रष्टाचार, बेरोजगारी और शिक्षा-नीति जैसे मुद्दे इस मीटिंग के केन्द्र में थे। उस वक़्त कैंपस के मुद्दे पर एक पंफ्लेट छपा था। पहली बार कैंपस इशू और नॉन कैंपस इशू पर अलग-अलग पंफ्लेट छपे थे।

प्रश्न : 17-18 फरवरी, वर्ष 1974 ई. की मीटिंग में कौन-कौन से प्रमुख लोग सम्मिलित थे?

उत्तर : उस मीटिंग में विद्यार्थी परिषद् की ओर से राम बहादुर राय प्रमुख थे। उनसे मेरी बहुत निकट की दोस्ती हो गयी, जो आज भी है। हम लोग साथ में भी चलते थे।

उस वक़्त सबसे प्रमुख व्यक्ति राम बहादुर राय थे। उसके बाद सुशील मोदी भी थे। राम बहादुर राय जी की उस सर्किल में ख़ूब प्रतिष्ठा थी। लेकिन मुझ से एक अलग तरह का लगाव था। उनको यह भी मालूम था कि मैं कुछ हद तक कांग्रेस से जुड़ा हुआ हूँ। बावजूद इसके वे और हम साथ थे।

लालू यादव से भी मेरा सम्पर्क हो ही चुका था। वे अध्यक्ष हो चुके थे। सुशील मोदी भी मुझसे परिचित थे।

लालू यादव जिस वर्ष अध्यक्ष थे, उसी वर्ष सुशील मोदी जनरल सेक्रेटरी थे। यह वर्ष 1972 ई. की बात होगी। राम जतन सिन्हा भी एक बार अध्यक्ष हो चुके थे।

प्रश्न : उस वक़्त यूनियन के चुनाव लड़ने के लिए अर्हताएँ क्या थीं?

उत्तर : बी.ए., एम.ए., पीएच.डी. या अन्य किसी भी रूप में सम्बद्ध कोई भी छात्र चुनाव लड़ने के लिए स्वतन्त्र था। अर्हता यह थी कि छात्र पटना विश्वविद्यालय से सम्बद्ध हो। छात्रसंघ का कार्यकाल एक वर्ष का होता था।

प्रश्न : नीतीश कुमार की इंट्री कब हुई? छात्र राजनीति में वह कहाँ थे?

उत्तर : नीतीश जी, समाजवादी युवजन सभा से जुड़कर इंजीनियरिंग कॉलेज के छात्रनेता के रूप में प्रतिष्ठित हो चुके थे। लेकिन नीतीश जी का रुझान मूलतः समाजवादी विचार से था। जे.पी. आन्दोलन के दरम्यान जब छात्र युवा संघर्ष समिति का गठन हुआ, तब नीतीश जी का मेरे साथ परिचय और अधिक घनिष्ठ हुआ। कई मौक़ों पर वह मेरे यहाँ आते भी थे। हम लोग एम.एल.ए. क्लब, कमरा सं. 32 में ख़ूब मिलते थे। वहाँ रघुनाथ गुप्ता, देवेन्द्र यादव आदि भी ख़ूब आते थे। आन्दोलन के दरम्यान क्लब गेदरिंग की जगह हो गया था। नन्दलाल की दुकान पर हम लोग बैठकर ख़ूब गप-शप किया करते थे। नीतीश जी रेगुलर खाना वग़ैरह खाकर वहाँ आ जाते थे। नीतीश जी मुझसे काफ़ी जूनियर थे। एक बार उनके हॉस्टल में हम ठहरे भी थे।

प्रश्न : एम.एल.ए. क्लब में आपसे मिलने कौन-कौन लोग आते थे?

उत्तर : उसका रेंज बहुत बड़ा था। राम बहादुर राय से लेकर चन्देश्वर बाबू तक कई लोग आते थे। सभी दलों के यूथ लीडर क्लब में आते थे, जैसे–मिथिलेश सिंह आदि थे। मुझे याद है कि कुछ लीडर सिन्दरी से भी आते थे।

प्रश्न : आप एक बार छात्रों के द्वारा पटना विश्वविद्यालय के कुलपति भी मनोनीत किये गये थे। पूरा प्रकरण क्या था?

उत्तर : उस वक़्त देवेन्द्रनाथ शर्मा पटना यूनिवर्सिटी के कुलपति थे। आन्दोलनकारी छात्रों ने तालाबन्दी कर दी और मुझे कुलपति के रूप में नियुक्त कर दिया। प्रशासन ने छात्रों से सम्पर्क कर यह अपील ज़ारी की कि कर्मचारियों को तनख़्वाह देनी है। दिक़्क़त बढ़ रही हैं। फिर हम लोग थोड़े पीछे भी हटे। हमने न्यू वी.सी. के ऑर्डर के रूप में कुछ आदेश भी दिये, जिसे 'सर्चलाइट', 'प्रदीप' जैसे महत्त्व पत्रों ने भी प्रकाशित किया।

प्रश्न : नये कुलपति का मनोनयन यह प्लानिंग का हिस्सा था या आन्दोलनकारी छात्रों का चुहलबाज़ी थी?

उत्तर : भारी सैलाब के बीच छात्रों ने यह निर्णय लिया। हमने एक आदेश भी दिया और कर्मचारियों के नाम अपील भी जारी की।

प्रश्न : इस नये कुलपति को तो संवैधानिक मान्यता थी नहीं, फिर ऑर्डर कैसे?

उत्तर : प्रशासन ने इसे नहीं माना। हाँ, चर्चा ख़ूब हुई। हमने अपील जारी की कि सभी कर्मचारी विधानसभा के घेराव में पहुँचें। कुछ कर्मचारी मज़ाक़ में कहते कि 'हम किस वी.सी. का आदेश माने?' यह प्रकरण पाँच-छह दिनों तक चला। यह सब कुछ भीड़ में हुआ। छात्रों के बीच देवेन्द्रनाथ शर्मा भी सम्बोधन के लिए आये। बाद में सरकार भी एक्शन में आयी और पुलिस की नज़र में हम लोग लिस्टेड हो गये।

17-18 मार्च गोली काण्ड के बाद हम लोग जयप्रकाश जी के पास पहुँचे और हमने उनसे इस प्रकरण में हस्तक्षेप करने के लिए कहा। जे.पी. ने कहा कि मुझे चीज़ों को समझ लेने दीजिए। दो दिन के बाद जयप्रकाश जी ने एक स्टेटमेंट दिया कि गोली काण्ड की घटना अविवेकपूर्ण नीति का नतीजा है और सरकार की विफलता है। जयप्रकाश उस वक़्त स्थापित हो चुके थे। उन्होंने हम लोगों को बुलाकर कहा कि 'मैं आन्दोलन का नेतृत्व अपनी शर्तों पर स्वीकार करूँगा।' जयप्रकाश जी के बयान के बाद हलचल मच गयी। फिर जे.पी. के नेतृत्व में एक मौन जुलूस निकला। छतों से फूल बरसाये गये। जुलूस में लड़कियाँ भी शामिल हुई थीं। कई नये नारे उस समय गढ़े गये थे।

प्रश्न : गोलीकाण्ड के बारे में थोड़ा विस्तार से बताइए?

उत्तर : पटना असेम्बली के सामने प्रदर्शन हुआ, जिसमें बिहार भर के नौजवान सम्मिलित हुए। उस घटना के बाद 'संघर्ष संचालन समिति' की अगुआई करने वाले लोग पुलिस से छिपकर रहने लगे। जयप्रकाश जी भी इस काण्ड से बेहद

आहत हुए। 8 अप्रैल को जयप्रकाश जी ने अपने नेतृत्व में मौन जुलूस निकाला। उसमें लड़कियाँ भी सम्मिलित हुईं। धीरे-धीरे इसकी आँच बिहार के अलग-अलग विश्वविद्यालयों में पसर गया। इस अन्तराल में एक अच्छी चीज़ यह हुई कि इस आन्दोलन में राजनीतिक लोगों की भी रुचि विकसित होने लगी। इसमें सभी दल के नेता सम्मिलित होने लगे। इस दरमियान मैंने भी अपनी सक्रियता बढ़ायी और बिहार भर की यात्राएँ कीं। अब छात्र संचालन समिति का मुख्य केन्द्र कदमकुआँ हो गया। जयप्रकाश वहीं रहते थे। उन दिनों कदमकुआँ में प्रतियोगी परीक्षा की तैयारी करने वाले छात्र ख़ूब रहते थे। उन दिनों में ही जयप्रकाश जी से मेरी निकटता बढ़ी। कुछ राजनीति से जुड़े हुए लोगों ने भी मुझे पहचानना शुरू कर दिया।

प्रश्न : जयप्रकाश जी ने आन्दोलन तो सँभाल लिया। लेकिन उनके निशाने पर कौन था?

उत्तर : जयप्रकाश जी के पास जब हम लोग गये तो उन्होंने तीन-चार दिन बाद एक स्टेटमेंट दिया कि यह गोलीकाण्ड नाजायज़ था। जयप्रकाश जी के वक़्तव्य के बाद राजनीति में भी हलचल तेज़ हुई। तत्कालीन कांग्रेस सरकार के ख़िलाफ़ जनाक्रोश पनपा। ज़िला स्तर पर छात्रों की कमेटी बनी। नौजवान कॉलेज स्तर पर अपनी यूनिटी बनाने लगे। उस समय की बड़ी घटनाओं में से यह एक थी। ज़िलास्तर पर कई स्टुडेंट एक्टिविस्ट पैदा हुए।

प्रश्न : पटना में मुख्य रूप से 'संचालन समिति' इस आन्दोलन की रूपरेखा तैयार कर रही थी। इस समिति देखरेख में ही ज़िला स्तर पर कोऑर्डिनेशन बनाया जा रहा था, तो उस संचालन समिति में कौन-कौन लोग थे।

उत्तर : प्रारम्भ में नीतीश जी भी नहीं थे। शिवानन्द जी भी बाद में जुड़े। लालू जी उस समय पटना यूनिवर्सिटी स्टुडेंट यूनियन के प्रेसिडेंट थे। सुशील मोदी, राम बहादुर राय, विक्रम कुँवर, विजय सिन्हा (होम्योपैथिक कॉलेज), उदय सिन्हा आदि सभी आन्दोलन से जुड़े थे। मेरी भूमिका बहुत स्पष्ट थी। मिथिलेश कुमार सिंह, अक्षय कुमार सिंह आदि भी बहुत प्रखर रूप से आगे थे। रघुनाथ गुप्ता भी थे।

प्रश्न : और संसाधन कहाँ से जुटाते थे?

उत्तर : शुरुआत में संसाधन के लिए कोई निर्धारित व्यवस्था नहीं थी, लेकिन जयप्रकाश जी के जुड़ने के बाद संसाधन की व्यवस्था होने लगी। बाद में जब हम लोग दौरे पर जाते थे, तब भवेश बाबू आने-जाने की व्यवस्था की करने लगे। कुछ रुपये भी देते थे।

प्रश्न : आन्दोलन का नेतृत्व छात्रों के हाथ में ही रहा था, उसे अब जयप्रकाश जी ने सँभाल लिया था। यानी रणनीति कौन तैयार कर रहा था?

उत्तर : 8 अप्रैल के बाद जयप्रकाश जी अग्रणी भूमिका में आ गये। इस बीच जनसंघर्ष समिति भी बनी। जयप्रकाश जी की अगुआई में होने वाली मीटिंग में छात्र भी सम्मिलित होने लगे। नीतीश जी उस समय समाजवादी धारा से जुड़कर इंजीनियरिंग कॉलेज में सक्रिय थे। उधर, राम बहादुर राय पढ़ाई-लिखाई से तो नहीं जुड़े थे, लेकिन विद्यार्थी परिषद् के लिए कार्य कर रहे थे। शिवानन्द तिवारी भी बहुत एक्टिव रोल में थे। मेरी भूमिका भी बहुत अधिक बढ़ गयी थी। जयप्रकाश जी के स्टेटमेंट के बाद राजनीतिक लोगों ने अपनी दिलचस्पी बढ़ायी। उसके बाद इसका स्वरूप थोड़ा विस्तृत हो गया।

जयप्रकाश जी ने इसी बीच एक शर्त रखी कि आन्दोलन का स्वरूप निर्दलयी और अहिंसक रहेगा। उनके यहाँ लगातार मीटिंग होती और कार्यक्रम तय होते रहते यानी वहीं से पूरे राज्य भर में अलग-अलग समय में कार्यक्रम की रूपरेखा बनने लगी। कहीं छात्र तो कहीं नौजवान, तो कहीं सामान्य जनता ने भी आन्दोलन-प्रदर्शन का जिम्मा उठा लिया।

इसी बीच हम सत्येन्द्र बाबू के यहाँ गये। चूँकि जयप्रकाश जी ने कहा कि जो लोग किसी राजनीतिक संगठन से जुड़े हुए हैं, वे अपनी सदस्यता छोड़ दें। मैं कांग्रेस से एक सामान्य सहाय के रूप में जुड़ चुका था। जयप्रकाश जी की अपील के बाद सत्येन्द्र बाबू से सलाह मशविरा लेकर हमने कांग्रेस से रिश्ता ख़त्म कर लिया। इसके बाद हमारी गतिविधि और बढ़ गयी। कुछ ही दिनों बाद जयप्रकाश जी ने 'छात्र युवा संघर्ष वाहिनी' की स्थापना की। इस वाहिनी में अराजनैतिक लोगों को सम्मिलित किया गया। इसमें लड़कियाँ भी सम्मिलित हुईं। इस वाहिनी में प्रशान्त, प्रभात, शुभमूर्ति जैसे लोग सम्मिलित हुए। जयप्रकाश जी के कदमकुआँ आवास पर गतिविधि और अधिक बढ़ने लगीं। इसमें सर्वोदयी भी बढ़चढ़कर हिस्सा बने। खादी ग्रामोद्योग से जुड़े हुए लोग इसमें सम्मिलित हुए। ये सभी संगठन अब आन्दोलन की इकाई बन गये।

उस दरम्यान जयप्रकाश जी कई यूनिवर्सिटियों में बुलाये जाने लगे। आन्ध्र प्रदेश भी बुलाये गये। वैंकेया नायडू ने उन्हें दक्षिण में बुलाया। अरुण जेटली दिल्ली यूनिवर्सिटी में थे, उन्होंने भी बुलाया।

प्रश्न : आख़िर ऐसी कौन सी घटना घटी, जिसके कारण आंदोलन बिहार से निकलकर भारत के अलग-अलग प्रदेशों में फैलने लगा?

उत्तर : आन्दोलन के प्रति बिहार सरकार का रुख ठीक नहीं था। हमारी माँगों को बिहार सरकार ने लगभग दरकिनार कर दिया। यही कारण था कि आन्दोलन ने अपना प्रसार किया। इतने अधिक एक्टिविस्ट पैदा हुए कि आन्दोलन का फैलाव स्वाभाविक ही था। यह जयप्रकाश जी के नेतृत्व का कमाल था कि इसका फैलाव राष्ट्रीय स्तर का हो गया। उस दरम्यान तीन दिन के लिए बिहार बन्द भी किया गया। प्रदर्शन के दरम्यान जयप्रकाश जी को पुलिस कार्रवाई में हल्की चोटें भी आयीं। जयप्रकाश जी इस कार्रवाई के बाद और अधिक सक्रिय हो गये। अब आन्दोलन गुजरात से लेकर दक्षिण भारत तक का अपनी उपस्थिति दर्ज करा चुका था।

प्रश्न : क्या यह सच है कि इस प्रदर्शन में ही जयप्रकाश जी को पुलिस की लाठी से बचाने के लिए लालू यादव ने अपना शरीर आगे कर दिया था?

उत्तर : इस ख़बर में कोई सच्चाई नहीं है। उस वक़्त नाना जी देशमुख जैसे लोग जयप्रकाश जी के साथ थे। कांग्रेस के विरोधी दल भी सामने थे। आचार्य राममूर्ति भी बेहद सक्रिय थे। इसके बाद दिल्ली यूनिवर्सिटी ने मोर्चा सँभाला। अब केरल में भी प्रदर्शन फैल गया।

जयप्रकाश जी चाहते थे कि इन्दिरा गांधी स्वयं बातचीत करने के लिए आगे आयें। लेकिन इन्दिरा गांधी ने स्वयं न आकर जगजीवन राम जी को बातचीत के लिए आगे कर दिया। जगजीवन राम जी ने कहा कि माँगें स्वीकार नहीं की जा सकती हैं। इस प्रकरण से जयप्रकाश जी बेहद आहत हुए।

प्रश्न : आप मानते हैं कि आन्दोलन में एक ऐसा क्षण भी आया, जब जयप्रकाश जी और इन्दिरा जी एक दूसरे के आमने-सामने आ गये?

उत्तर : हाँ, ऐसा हुआ। चूँकि जयप्रकाश जी इन्दिरा जी से जवाब लेना चाहते थे, लेकिन सामने आये जगजीवन राम जी। ऐसे में यह स्वाभाविक ही था। आन्दोलन के कारण जयप्रकाश जी का क़द अब काफ़ी व्यापक हो गया था। देश के अलग-अलग विश्वविद्यालयों ने पटना यूनिवर्सिटी के आंदोलन को कॉपी करना शुरू कर दिया। दिल्ली यूनिवर्सिटी में इसकी ज़िम्मेदारी अरुण जेटली ने सँभाली। जयप्रकाश जी ओडिशा गये तो बीजू पटनायक भी काफी एक्टिव हो गये। त्रिवेन्द्रम में नम्बूरीपाद ने जयप्रकाश जी का स्वागत किया और वहाँ भी आन्दोलन भड़क उठा। इस प्रकार जेपी का स्वागत देश के हर कोने में होने लगा। कम्युनिस्ट पार्टियों ने उस समय

आन्दोलन की आलोचना भी की, लेकिन बाद में उन लोगों ने भी यह माना कि यह जनान्दोलन था।

प्रश्न : उस वक़्त कुछ साहित्यकार भी आन्दोलन से जुड़कर आगे आये थे?

उत्तर : फणीश्वरनाथ रेणु, नागार्जुन, मधुकर जी जैसे साहित्यकार आन्दोलन के पक्ष में आगे आये। अब भाषण कैंपस से निकलकर गाँव-देहातों तक पहुँच चुका था। राज्य की कई हस्तियाँ छात्रों की मदद के लिए सामने आये थीं। उस वक़्त एक महिला प्रोफेसर थीं, जो हमें ख़ूब मानती थीं और आन्दोलन में सहयोग करती थीं। एक जया जैन भी थीं, उनकी रुचि भी आन्दोलन में ख़ूब थी। राजनीतिक परिवार की कुछ महिलाएँ भी सामने आयीं। दुर्गा देवी भी थीं, जो सामने आयीं।

प्रश्न : क्या जयप्रकाश जी की पूरी लड़ाई कांग्रेस से मोहभंग की भी थी? क्या जेपी इस बात से आहत थे कि पत्नी प्रभावती को गांधी ने ब्रह्मचर्य में दीक्षित कर दिया था। ख़ासकर तब जब वह पी.एच.डी. करने के लिए विदेश गये थे।

उत्तर : यह सच है। आपकी सूचना ठीक है। लेकिन एक विचित्र बात है कि जयप्रकाश जी संवादधर्मी बहुत अधिक थे। उस समय के कम्युनिस्ट एम.पी. ए.के. राय ने संवादधर्मिता से प्रभावित होकर आन्दोलन को अपना समर्थन दिया था। वह घण्टों जेपी से मार्क्सवाद पर बात किया करते थे। ए.के. राय हमारे साथ पटना के जेल में भी गये थे। पटना बाँकीपुर जेल में महतो जी, रवीन्द्र त्रिपाठी, शिवानन्द तिवारी आदि भी थे। मेरी गिरफ़्तारी आरा के अर्नाइट गाँव में भाषण के दौरान ही हुई थी।

जब एक प्रदर्शन के दरम्यान जेपी को चोट लगी थी तब आचार्य राममूर्ति ने उनसे पूछा कि 'जयप्रकाश जी आपको विशेष चोट तो नहीं लगी?' इस पर जेपी ने कहा कि 'आचार्य जी लाइसेंस पुराना हो गया था, उसका रिन्यूअल हो गया है।' यह महत्त्वपूर्ण पंक्ति थी।

प्रश्न : आपकी अर्नाइट (गाँव) की गिरफ़्तारी कैसी थी? किन परिस्थितियों में आपकी गिरफ़्तारी हुई।

उत्तर : उस समय बिजली नहीं थी। गाँव के लोग कई पेट्रोमेक्स के सहारे सभा को संचालित कर रहे थे। काली पाण्डेय उस समय सभा की अध्यक्षता कर रहे थे। आरा के भी कई छात्र थे। तब तक पुलिस आ गयी और पुलिस ने लगभग घेराबन्दी कर ली। मैं मंच पर ही अपनी बारी की प्रतीक्षा में था।

मीटिंग में मैंने भाषण बहुत ही लम्बा दिया था। ज्यों ही पुलिस की चहलक़दमी

बढ़ी, त्यों ही गाँव के लोगों का जुटान भी अधिक होने लगा। मैं भाषण पूरा कर मंच पर बैठ गया था। हम यह मानकर बैठे थे कि अब गिरफ़्तारी निश्चित है। आयोजकों ने मुझे भगाने की पूरी योजना बना ली। मंच से दूर एक गाड़ी की व्यवस्था भी कर दी गयी थी। अचानक सारे पेट्रोमेक्स बन्द कर दिये गये। मंच से उतरते समय तो पुलिस ने कुछ नहीं किया, लेकिन थोड़ा आगे बढ़ते ही पुलिस ने मेरा कॉलर पकड़ लिया। आन्दोलनकर्ताओं ने मेरी गिरफ़्तारी का विरोध करना शुरू कर दिया। इसी बीच किसी ने एक पुलिस अधिकारी पर पत्थर चला दिया। ऐसे में पुलिस का भड़कना स्वाभाविक ही था। फिर डी.एस.पी. काँजी साहब ने मुझे कहा कि 'बशिष्ठ बाबू आप लोगों से शान्ति बनाये रखने की अपील कर दीजिए।' फिर मैंने लोगों से शान्ति बनाये रखने और अपने घर लौटने की अपील की। ऐसे में मेरी गिरफ़्तारी हुई। मेरे साथ चार-पाँच साथी भी चल पड़े। फिर बाद में मीसा में भी मेरी गिरफ़्तारी हुई।

प्रश्न : सम्भवतः इसी एक्ट के नाम से लालू यादव ने अपनी बेटी का नाम मीसा रखा है?

उत्तर : यह सत्य है। इस प्रकरण के हम प्रत्यक्षदर्शी रहे हैं। लालू जी की गिरफ़्तारी भी इसी एक्ट में हुई थी। तब तक हम रिलीज हो गये थे। हमारे रिलीज होने में एक प्रतिष्ठित वकील प्रभाशंकर मिश्रा की अहम भूमिका थी। वकील साहब मुझसे बेहद प्रभावित थे। चूँकि पूर्व में मुझे भाषण देते हुए उन्होंने सुना था। उस वक़्त कई वकील थे, जो हम लोगों से फीस लिये बग़ैर केस लड़ते थे। उनके सहयोग को भूलना आज न्याय संगत नहीं है। जेल से निकलने के बाद हम प्रभाशंकर जी के यहाँ मिठाई लेकर पहुँचे, तो उन्होंने मुझे कहा कि यह क्यों ले आये? मिठाई तो मुझे खिलानी चाहिए थी। उन्होंने कहा कि आप लोग बिहार के लिए लड़ रहे हैं और आपसे मैं फीस लूँगा। यह ठीक नहीं होगा।

प्रश्न : आपकी गिरफ़्तारी की सूचना जयप्रकाश जी को थी या ऐसी गिरफ़्तारियाँ उनके लिए सामान्य थीं।

उत्तर : हाँ, गिरफ़्तारी की सूचना जयप्रकाश जी को दी गयी थी। तीन महीने तक जेल में रहे। गाँव से भैया और चाचा मिलने भी आते थे। घर में चिन्ता तो स्वाभाविक ही थी।

प्रश्न : और पत्नी?

उत्तर : हमारे जीवन में पत्नी का बहुत अधिक सहयोग रहा। हम आन्दोलन में इतने अधिक व्यस्त थे कि मुझे पत्नी की याद नहीं आती थी। हम संयुक्त परिवार में रहते

थे और इस कारण भी थोड़े निश्चिन्त थे। पत्नी ने शुरू में ही मुझे वचन दे दिया था कि 'मैं आपके हर निर्णय में साथ रहूँगी।' और मैंने उन्हें अपने आन्दोलन और उसके परिणामों से भी अवगत करा दिया था। मैं कह सकता हूँ कि मुझे अपनी पत्नी का पूरा साथ और सहयोग हासिल था।

प्रश्न : भावनात्मक स्तर पर पत्नी और परिवार के भविष्य को लेकर चिन्तित होते थे या नहीं?

उत्तर : हाँ, चिन्तित तो होते ही थे। चिन्तित पत्नी के लिए नहीं, बच्चों के लिए होते थे। सोनू भी छोटे थे, लेकिन उससे भी अधिक बेटियों की चिन्ता परेशान करती थी। पत्नी ने सहज भाव से कहा था कि 'आप चिन्ता मत करिएगा।' माँ जीवित थी और घर का वातावरण बहुत ही पवित्र था। मेरी पत्नी का ध्यान रखने के लिए माँ काफ़ी थी। हाँ, पिता जी का आवरण बहुत भयावह था।

पत्नी ने सन्देश भिजवाया कि जब आप आन्दोलन में कूद गये हैं तो उसमें मेरी चिन्ता मत करिएगा।' यह मेरे लिए सन्तोषजनक वाक्य था।

मेरी बड़ी बेटी दिव्या एक बार जब स्कूल से आयी और उसे जब सूचना मिली कि पापा आये थे, तो वह खूब रोयी। पुत्रियों के प्रति और सोनू के प्रति मेरा ममत्व बना रहा। आदर्श और संयुक्त परिवार होने के कारण यह पीरियड भी गुज़र गया। तीन महीने बाद जेल से बाहर भी आये। इसी बीच एक बार मेरे गाँव पिता जी से मिलने रामानन्द तिवारी आये। उन्होंने पिता जी से मेरी ख़ूब प्रशंसा की। पिता जी को अब मेरे लिए सन्तोष हो गया था। मेरे प्रति उनका रुख काफ़ी नरम हो चुका था।

उस समय समाजवादी पार्टी में कर्पूरी ठाकुर और रामानन्द तिवारी की ख़ूब प्रतिष्ठा थी। कह लीजिए कि बिहार में इन दोनों की ही स्वीकार्यता थी समाजवादी राजनीति में। फिर प्रिंसिपल साहब ने भी मुझे कहा कि 'अब यदि इसी मार्ग को चुन लिये हो, तो इसी मार्ग पर ठीक से काम करो। भैया यानी पिता जी की चिन्ता छोड़ दो।' पिता जी का तटस्थ होकर नरम हो जाना मेरे जीवन का टर्निंग पॉइंट था। अब एक तरह से परिवार की हरी झण्डी थी।

प्रश्न : मैं एक बार फिर से जयप्रकाश नारायण जी और आन्दोलन की ओर लौटना चाहता हूँ

उत्तर : 5 जून, वर्ष 1975 को एक बड़ी रैली हुई। जयप्रकाश जी और इन्दिरा गांधी जी आमने-सामने थे। गांधी मैदान से जयप्रकाश जी ने कहा कि यह सम्पूर्ण क्रान्ति है और व्यवस्था परिवर्तन की लड़ाई है। लोगों की आशा अब जयप्रकाश जी से बढ़ने लगी।

एक घटना है, एक बार जेपी बरामदे में बैठे थे, मैं उनसे मिलने गया। प्रणाम कर पूछा कि 'जेपी कुछ गड़बड़ी हुई थी क्या?' उन्होंने कहा कि बशिष्ठ धन्यवाद कि सभा में भीड़ बहुत अधिक हो गयी थी।

कल से मैं चिन्तित हो उठा हूँ कि लोगों की बढ़ती हुई आशा का परिणाम क्या होगा? जेपी के सामने लोगों की बढ़ती आशा और उम्मीदें चिन्ता का विषय थीं। इन दिनों जयप्रकाश जी चिन्तित भी रहते थे। अब यह तय हो चुका था कि कांग्रेस के बुरे दिन आने वाले हैं। जेपी की सभाओं में अपार भीड़ इस ओर इशारा कर रही थी।

प्रश्न : जब आप जेल में थे, तब आपकी गतिविधियाँ क्या थीं?

उत्तर : हम लोग जेल में मीटिंग भी करते थे। हमारे साथ उस समय शिवानन्द तिवारी, गोपाल शरण सिंह, विक्रम कुँवर, ए.के. राय, महतो जी भी जेल में थे। कुछ लोग सप्ताह में मुझसे मिलने निरन्तर आते थे। कुछ नौजवान भी मुझसे गेट पर आकर मिलते और ज़रूरी सामान दे जाते। विक्रम कुँवर भी जेल में थे, जब उन्होंने मुझे हथकड़ी में आते हुए देखा तब क्रोध से उन्होंने कहा कि मजिस्ट्रेट को यहीं जला दिया जाना चाहिए।

हालाँकि पुलिस वालों ने रास्ते भर मुझे टॉर्चर किया था। मैंने मजिस्ट्रेट से लगातार कहा कि मैं राजनीतिक बन्दी हूँ, आप क़ानूनी तौर पर ग़लत कर रहे हैं। फिर कड़ी आवाज़ में उन्होंने मुझे कहा कि 'बकवास बन्द करिए' हालाँकि अन्य पुलिसकर्मी मेरे प्रति सहानुभूति रखे हुए थे। यह पहला अवसर था कि मुझे दुर्दान्त अपराधी की तरह हथकड़ी पहनायी गयी। गिरफ़्तारी के बाद जेल में प्रवेश के समय विक्रम कुँवर गेट पर ही थे। लगभग पचास साथी वहाँ और थे। हथकड़ी में देखकर साथियों का बिगड़ना स्वाभाविक था। फिर मैंने मजिस्ट्रेट से कहा कि 'जनता के सामने गोली काम नहीं करती हैं।' मजिस्ट्रेट ने कहा कि 'मुझसे गलती हुईं।' फिर मैंने उससे तीन बार माफ़ी मँगवायी। यह आन्दोलन से हासिल ऊर्जा थी।

प्रश्न : क्या जेपी आन्दोलन के जरिये भारत की तस्वीर बदली?

उत्तर : देखिए, सम्पूर्ण क्रान्ति की व्याख्या अधिकांश छात्र नेता समझ नहीं सके। यह इस क्रान्ति की सीमा थी। सम्पूर्ण क्रान्ति और व्यवस्था परिवर्तन को जेपी दोहराते थे। अन्य नेता आमूल-चूल परिवर्तन कहते थे। मुझे लगता है कि अधिकांश लोग इसकी व्याख्या नहीं समझ सके।

प्रश्न : आपने समझा था या नहीं?

उत्तर : मैंने इतना ज़रूर समझा था कि जेपी चाहते हैं कि शिक्षा से लेकर जीवन की

नाना प्रकार की आवश्यकताओं में एक ठोस परिवर्तन हो। लोकशाही की स्थापना हो...। आन्दोलन के कुछ समय बाद जयप्रकाश जी ने कहा कि 'लोहिया की सप्तक्रान्ति' ही दरअसल सम्पूर्ण क्रान्ति है।'

प्रश्न : आज की राजनीति में जयप्रकाश आन्दोलन के प्रभाव को देख पाते हैं या नहीं?

उत्तर : वर्ष 1980 ई. तक तो इसका प्रभाव दिखाई पड़ा। वर्ष 1980 ई. में आपसी मतभेद के कारण जनता पार्टी टूटी।

प्रश्न : आपसी मतभेद का कारण क्या था?

उत्तर : देखिए, आन्दोलन में विभिन्न विचारधारा के लोग एक मन्च पर सम्मिलित हुए थे। कालान्तर में उनके हितों की टकराहट स्वाभाविक ही थी। जयप्रकाश जी का स्वास्थ्य भी गिरने लगा। उस वक़्त कांग्रेसी नेताओं में बेचैनी को मैंने भी महसूस किया था। थोड़े दिन के लिए मैं भी लोकदल में सम्मिलित हुआ।

प्रश्न : बाद में जेपी के सिपाही जेपी को भूलने लगे? उनकी बातों को उनके ही शिष्यों ने मानने से इन्कार कर दिया?

उत्तर : तब तक राजनारायण, मधु लिमये, जॉर्ज फर्नांडीस आगे आ चुके थे। इन लोगों से तो जयप्रकाश जी का सम्बन्ध सदैव अच्छा बना रहा। थोड़े दिनों बाद जेपी को ज़रूर कुछ तकलीफ बढ़ने लगी। यह सच है कि जयप्रकाश जी अपने साथियों के आचरण से दुखी रहने लगे थे। जयप्रकाश जी समय का बहुत ध्यान रखते थे, उनके पास कोई लेट पहुँचता तो उसे डाँट लगा देते।

प्रश्न : यदि जेपी न होते और सम्पूर्ण क्रान्ति जैसा जनव्यापी आन्दोलन न हुआ होता, तो आप कहाँ होते?

उत्तर : मैं कॉलेज में पढ़ा रहा होता। मेरी वास्तविक प्रवृत्ति राजनीति नहीं थी। चूँकि मैंने जैसा पूर्व में कहा था कि कांग्रेस जैसे दल से भी अपना सम्बन्ध ख़त्म कर लिया था। मौक़ा मिलता तो एक प्राध्यापक बनकर देश की सेवा करता। सम्भवत: हम उस धारा में आ जाते, जहाँ राजनीति का कोई प्रत्यक्ष सम्बन्ध नहीं होता। जेपी आन्दोलन ने जो बीजारोपण किया, उसी ...।

प्रश्न : अध्यापन इसलिए करते, चूँकि शौक़ था या फिर इसका उद्देश्य जीविकोपार्जन होता?

उत्तर : मेरा मस्तिष्क हमेशा सामाजिक मुद्दों पर सोचता रहता था। जेपी आन्दोलन से पहले भी मैंने साथियों के साथ कई पदयात्राएँ की थीं। सामाजिक गतिविधि में

मेरी सक्रियता रहती थी। लेकिन अध्यापक केवल इसलिए बनना चाहता था कि इसके जरिये भी देश-निर्माण करने की सम्भावना थी। कॉलेज में पढ़ाते हुए भी आप सामाजिक गतिविधि में संलिप्त रह सकते थे, यह कारण भी था कि मैं अध्यापन के पेशे में आना चाहता था। लेकिन सौभाग्यवश जयप्रकाश जी का मेरे जीवन में प्रवेश हुआ और वहाँ से सारी चीज़ें बदल गयीं। मान लीजिए कि मेरे जीवन का भूगोल ही बदल गया।

प्रश्न : जयप्रकाश जी ने कहा कि राजनीतिक दल से अपना सम्बन्ध तोड़ लीजिए और आपने उनसे चौबीस घण्टे का समय माँगा। आख़िर द्वन्द्व क्या था?

उत्तर : सवाल द्वन्द्व का नहीं था बल्कि नैतिकता का था। जिस दल में सक्रिय था, उसके अध्यक्ष से विचार-विमर्श किये बिना अन्तिम निर्णय करना बेमानी थी। सत्येन्द्र बाबू अध्यक्ष थे, उनसे बातचीत कर निर्णय लेना मुझे उचित लगा।

प्रश्न : आपने सत्येन्द्र बाबू से बातचीत की, फिर सत्येन्द्र बाबू ने आपको क्या कहा?

उत्तर : उन्होंने कहा कि 'कभी-कभी बड़े उद्‌देश्य की खातिर छोटा कार्य भी छोड़ देना चाहिए। एक-दो वाक्य उन्होंने और कहा कि 'ठीक है! आगे बढ़िए। मेरा पूरा सहयोग आपको आगे भी मिलेगा।'

प्रश्न : जयप्रकाश आन्दोलन के गर्भ से कई नेता निकले। सभी ने बदलते वक़्त में अवसर को देखते हुए समझौते किये। आप जीवनपर्यन्त सिद्धान्तवादी क्यों बने रह गये? जीवन में आपको कई मौक़ों पर आर्थिक कठिनाइयों से गुज़रना पड़ा। यहाँ तक कि आपने आज के समय में भी अपने आपको बिल्कुल नहीं बदला। ऐसा क्यों?

उत्तर : सच कहिए तो बहुत बाद तक मेरे पास गाड़ी भी नहीं थी। एक बार सांसद रहते हुए मैंने सेकेंड हैंड ऑल्टो गाड़ी ज़रूर ख़रीदी थी। एक प्रसंग है कि चन्द्रशेखर जी ने किसी सम्पन्न व्यक्ति को मुझे एक गाड़ी ख़रीदकर देने को कहा। सम्भवत: चन्द्रशेखर जी को यह आभास रहा हो कि गाड़ी के बग़ैर परेशानी तो होती है। लेकिन मैंने उस प्रस्ताव को यह कहकर ठुकरा दिया कि गाड़ी में पेट्रोल भी भरवाना होगा। चंद्रशेखर थोड़े विचलित अवश्य हुए, लेकिन अन्दर से प्रसन्न ही हुए होंगे। मैं सीधा-सादा जीवन जीने वाला हूँ। खाने, पीने और रहने की व्यवस्था हो जाये, बस यही सपना था। कभी साइकिल, स्कूटर या कभी भाड़े के एंबेसडर में हम चल लिया

करते थे। हालाँकि बाद में चन्द्रशेखर जी को हमने कहा कि जब ज़रूरत होगी तब मैं आपको कह दूँगा। गाड़ी मेरे लिए उलझन ही होती।

एक दूसरा प्रसंग भी है, जब नीतीश जी से हमने छह महीने के लिए एक गाड़ी माँगी थी। उनके पास दो गाड़ियाँ थीं। एक बार बीस हज़ार रुपये में एंबेसडर भी ख़रीदी, उसका भी बेड़ा गर्क हो गया। पुरानी गाड़ी थी, सो उसे वर्ष भर के भीतर ही कबाड़ में बेचना पड़ा। वर्ष 1990 ई. में मन्त्री बनने के बाद लोन पर एक जिप्सी ख़रीदी। पाँच हज़ार किस्त थी। फिर मंत्रिमण्डल से इस्तीफ़ा देने के बाद किस्त चुकाने में दिक़्क़त हुई तो उस गाड़ी से भी हाथ धोना पड़ा। फिर वही रिक्शा और जैसे-तैसे की सवारी।

जब पैदल सड़क पर चलते, तो कई बार परिचित लोग अपनी गाड़ी रोककर मुझे बैठा लेते।

प्रश्न : इस हालात से आप व्यथित नहीं होते थे?

उत्तर : चूँकि, हमको मोह नहीं था, इसलिए दुख भी नहीं था। एक बार अग्रवाल साहब ने मुझे कहा कि मेरे पास दो-तीन गाड़ियाँ हैं, जब आपको कहीं दूर जाना हो तो मेरी गाड़ी उपयोग कर सकते हैं। उन्होंने मेरी प्रशंसा भी की। वे हिन्दुस्तान अख़बार के दफ़्तर में बड़े पद पर कार्यरत थे।

प्रश्न : फिर आपके पास अपनी गाड़ी कब आयी?

उत्तर : मैं जब वर्ष 2002 ई. में राज्यसभा के लिए निर्वाचित हुआ, तब जाकर एक बार फिर से निजी गाड़ी आयी। हालाँकि वह भी पुरानी गाड़ी ही थी। पहले भी लोकसभा के लिए चुने गये थे, लेकिन कभी यह सम्भव नहीं हो पाया।

प्रश्न : वर्ष 1998 में लोकसभा का चुनाव जीतने के बाद विक्रमगंज की जनता को यह पता था कि उनके सांसद के पास गाड़ी नहीं है।

उत्तर : उस वक़्त नारा लगता था कि 'न ख़र्चा, न वर्चा सब ओर बशिष्ठ नारायण की ही चर्चा।' यह मेरी वास्तविक स्थिति थी। जनता भी इस बात को भली-भाँति समझती थी।

प्रश्न : वर्ष 1998 ई. में किस पार्टी से चुनाव लड़े?

उत्तर : समता पार्टी से। मशाल उसका चुनाव चिह्न था। वर्ष 1996 ई. का चुनाव भी हम जीते थे, लेकिन उस चुनाव में मेरे ख़िलाफ़ षडयन्त्र हुआ था। इस प्रकरण पर अब बोलना ठीक नहीं होगा।

प्रश्न : इतने लम्बे समय तक आप राजनीति में रहे। आपको कभी धन, सम्पत्ति ने लुभाया नहीं?

उत्तर : कभी नहीं। एक बार मार्टिन कम्पनी के मालिक ने लुभाया था। कई उद्योगपतियों ने मन्त्री रहते हुए ऑफ़र दिया, लेकिन वे कामयाब नहीं हुए। मन्त्री रहते हुए एक बार इंटरकॉम लगाने का टेंडर हुआ। सवेरे-सवेरे एक सज्जन मेरे आवास पर आये और उन्होंने बातचीत करते हुए मुझे कहा कि 'यह टेंडर मुझे दे दीजिए। बदले में उसने मुझे सात लाख रुपये देने की पेशकश की। मैंने उससे पूछा कि केवल सात लाख ही दोगे। तो उसने कहा कि एक-दो लाख रुपये और बढ़ा दूँगा। मैंने उसी वक़्त कोतवाली थाने फ़ोन लगा दिया। पुलिस का नाम सुनते ही वह व्यक्ति पैर पकड़ लिया। फिर उसके लिए चाय भी बनवायी। समझाते हुए मैंने कहा कि 'मेरी पूँजी मेरी ईमानदारी है, इसे ख़रीदने की कोशिश मत करना।' हमारे पास जो कुछ भी है, वह मेरा ईमान है। इस प्रकार इस प्रकरण का पटाक्षेप हुआ।

प्रश्न : तो आप मानते हैं कि आपकी पूँजी आपकी ईमानदारी है और इसी बदौलत आपने यहाँ तक का सफ़र तय किया है?

उत्तर : हाँ, बिल्कुल हमारे पास जो कुछ भी है, वह मेरी ईमानदारी है।

प्रश्न : आज के समय में आपके पास धन नहीं है। लेकिन आप पर परिवार की पूरी ज़िम्मेदारी है। लगभग सभी लोग आप पर ही आश्रित हैं। आपको चिन्ता नहीं होती है? आपके पास तो अपना घर भी शायद नहीं है दिल्ली या पटना में?

उत्तर : सच पूछिए, तो यह बात दिमाग़ में कभी आयी ही नहीं। एक बार लालू जी ने मुख्यमन्त्री रहते हुए मुझे कहा कि एक एच.आई.जी. फ्लैट ले लीजिए। कोशिश भी हुई, लेकिन नहीं हो सका। उस वक़्त छह हज़ार रुपये जमा भी हुए थे। फिर बाद में एक सज्जन ने कहा कि डेढ़ कट्ठा ज़मीन है, ले लीजिए। उस वक़्त उसकी क़ीमत पचास हज़ार रुपये की थी। आज उसकी क़ीमत करोड़ों में है। संयुक्त परिवार में होने के कारण वह प्रस्ताव भी अधर में ही लटका रहा। मैंने ज़मीन के लिए कोशिशें तो कई बार कीं, लेकिन अलग-अलग कारणों से वह सम्भव नहीं हो सका।

प्रश्न : हाल में तो आपने पटना में ज़मीन तो ख़रीदी है?

उत्तर : हाँ, दो कट्ठा से कुछ कम है। गाँव की साढ़े पाँच बीघे ज़मीन और डुमराँव की साढ़े चार कट्ठा ज़मीन बेचकर मैंने पटना में ज़मीन ख़रीदी है।

प्रश्न : अभी पटना में मकान बनवा रहे हैं तो मकान की ख़ातिर भी आपने लोन लिया होगा?

उत्तर : हाँ, लोन तो लेना पड़ा है। कुछ ज़मीन वाले पैसे भी बचा लिये थे। लगभग चार वर्षों से उस पर काम चल रहा है। चूँकि पूँजी इतनी नहीं है कि उसे एक झटके में ही तैयार कर लिया जाये।

प्रश्न : जीवन भर में ज़मीन, मकान, पूँजी आदि के बारे में आपने नहीं सोचा। इधर के वर्षों में आपकी अस्वस्थता बढ़ने लगी। उम्र में भी एक पड़ाव आया। फिर अचानक यह सब चिन्ता क्यों हो आई?

उत्तर : मैं निरन्तर अपने आपको दोषी मानने लगा हूँ। कह लीजिए कि अपराध बोध से भी ग्रसित हूँ। अब मेरे परिवार के लोग गाँव जाकर नहीं रह सकते, चूँकि महानगर और शहरी वातावरण में रहने की आदत पड़ गयी है। ऐसे में बहुत बाद में यह महसूस होने लगा कि परिवार के लिए कुछ करके विदा होना चाहिए।

ज़मीन बेचने और ख़रीदने में भी कुछ लोगों ने मुझे धोखा दिया। कुछ पैसे की बेईमानी मेरे साथ हुई।

मैंने जीवन में धोखा ख़ूब खाया है। लोगों ने ख़ूब धोखा दिया है, इसमें राजनीतिक लोग अधिक हैं। लेकिन इस बात की परवाह कभी नहीं हुई। मैंने अपने जीवन में सैकड़ों लोगों को उपकृत किया है, लेकिन अवसरवाद ने मुझे कई मौक़ों पर चोट पहुँचायी है।

मेरे जीवन की गाड़ी ईश्वर की इच्छा से अब तक चलती रही है। जब-जब भी स्थिति थोड़ी गड़बड़ हुई, कई लोग सामने आये। नीतीश कुमार ने भी कठिन वक़्त में मुझे ख़ूब सँभाला है।

प्रश्न : नीतीश कुमार ने कैसे सँभाला?

उत्तर : उन्होंने मुझे 'रेलवे सर्विस कमेटी' का चेयरमैन नियुक्त किया। ऑफ़िस, स्टॉफ, गाड़ी सब कुछ मिला। नीतीश कुमार सदैव मेरे साथ ईमानदार बने रहे। उनसे मेरी निकटता व प्रगाढ़ता बहुत पुरानी है। जब वे रेलमंत्री बने, तब और अधिक सम्मान मुझे दिया।

वर्ष 2002 ई. में उन्होंने मुझे राज्यसभा के लिए नामित कर दिया। रेल मन्त्रालय के प्रांगण में ही एक जूस-कॉर्नर था। एक दिन मैं अकेले जूस पीने वहाँ गया था, तभी नीतीश जी मिल गये। उन्होंने मुझे कहा कि 'यहाँ क्या कर रहे हैं?' मैंने कहा कि 'अकेले घूमने की इच्छा हुई तो जूस पीने ही आ गया।' फिर वे अपने साथ अपने

कार्यालय में ले जाकर कहा कि 'अब आप राज्यसभा चुनाव की तैयारी करिए।' यह मेरे जीवन का महत्त्वपूर्ण क्षण था। फिर मैंने कमेटी से इस्तीफ़ा दे दिया और हम समता पार्टी के सिंबल पर राज्यसभा पहुँच गये। वर्ष 2002 ई. से वर्ष 2008 तक साउथ एवेन्यू में रहे। उसके बाद कुछ वक़्त संघर्ष में भी गुज़रा।

वर्ष 2008 ई. के बाद चिन्ता यह भी होने लगी कि अब ख़र्च वग़ैरह कैसे चलेगा? जमापूँजी तो कुछ था ही नहीं। एक-दो व्यक्ति, उन दिनों में मुझे दस हज़ार-पन्द्रह हज़ार प्रति महीने दे दिया करते थे। सस्ता मकान तलाशने की प्रक्रिया भी चली, लेकिन नहीं हो सका।

प्रश्न : आप जब संघर्ष की स्थिति में थे, तब नीतीश कुमार कहाँ थे?

उत्तर : उन दिनों हमारे बीच थोड़ा सा मतभेद उभर आया था। कुछ लोगों ने मेरे और नीतीश जी के रिश्ते में ग़लतफ़हमियाँ पैदा की थीं। हम 'समता पार्टी' के साथ और सिंबल से रहना चाहते थे। फिर बाद में सब कुछ ठीक हो गया। मेरी बातचीत जब नीतीश जी से हुई तब उन्होंने मुझे सम्मान सहित पटना बुला लिया।

प्रश्न : साउथ एवेन्यू में रहते हुए कुछ नेता आपके यहाँ रेगुलर आते थे। आपका दायरा थोड़ा विस्तार ले चुका था। कौन थे वे लोग?

उत्तर : उस समय आनन्द मोहन, छेदी पासवान, उपेन्द्र कुशवाहा, अरुण कुमार आदि लोग रेगुलर आते थे और भी सामाजिक संगठनों से जुड़े लोग आते थे।

प्रश्न : दादा, एक बार फिर से परिवार की ओर लौट रहे हैं। आपके पास जमा पूँजी है नहीं। कभी धन-संग्रह पर आपने ध्यान ही नहीं दिया। दो-दो बेटियाँ, पुत्र और परिवार की सारी ज़िम्मेदारी आप पर है। चिन्ता नहीं होती है?

उत्तर : चिन्ता होती है। अभी भी निश्चिन्त नहीं हैं। ख़ासकर सोनू के भविष्य को लेकर चिन्ता होती है। उच्च शिक्षा प्राप्त करने के बाद भी सोनू की दिलचस्पी नौकरी वग़ैरह में नहीं है। कई मौक़े आये, जब नौकरी में गये। लेकिन बहुत दिनों तक वहाँ प्रभावी नहीं रह सके। मुझे लगता है कि सम्भवत: उनकी दिलचस्पी राजनीति में है। लेकिन मेरी दिलचस्पी सिद्धान्तों के प्रति है। वस्तुस्थिति जो है, वह है। उसे हम बदल नहीं सकते।

प्रश्न : राजनीति में उत्तराधिकार का प्रचलन भी इन दिनों ख़ूब बढ़ा है। आप अपना उत्तराधिकार किसे सौंपेंगे? या उस कॉन्सेप्ट को ही आप ग़लत मानते हैं?

उत्तर : हम मानते हैं कि उत्तराधिकार के लिए किसी भी व्यक्ति को नामित नहीं करना चाहिए। मैं भी ऐसा नहीं करूँगा। योग्य, पराक्रमी व्यक्ति साथ रहते हुए स्वयं आपका उत्तराधिकारी बन जाता है। यह सवाल दरअसल सामने वाले व्यक्ति की योग्यता पर निर्भर करता है। जो मेरे सिद्धान्तों को लेकर आगे बढ़ने की हिम्मत रखेगा, वह अपने आप मेरा उत्तराधिकारी बन जायेगा।

प्रश्न : अपने जीवन में अपनी पत्नी के योगदान को कैसे देखते हैं?

उत्तर : हमारी पत्नी ने बराबर यह कोशिश की है कि हम एक्टिव रहें। उनकी दृढ़ इच्छा शक्ति और ईश्वर के प्रति श्रृद्धा प्रशंसनीय है। शारीरिक परेशानियों के बीच भी वह चाहती हैं कि मैं सदैव राजनीतिक गतिविधियों में संलिप्त रहूँ। पत्नी ने अब तक ख़ूब साथ निभाया है। हिम्मत-हौसला बनाये रखने की ख़ातिर वह हमेशा कहती हैं कि 'आप बिल्कुल ठीक हैं और फिट हैं।'

मेरी पत्नी ने कभी अपनी 'आकांक्षा' सामने नहीं रखी। बहुत सहयोग करती है मुझे। जीवन पर्यन्त मुझे पारिवारिक जवाबदेही और जिम्मेदारी से उन्होंने मुझे मुक्त रखा। यह उनका मेरे जीवन में सबसे बड़ा सहयोग है।

प्रश्न : आप परिवार में रहते हुए भी परिवार में संलिप्त नहीं दिखते। ऐसा क्यों?

उत्तर : यह एकदम सत्य है। कह लीजिए कि यह मेरी आदत है। मैं चाहता हूँ कि पारिवारिक ज़िम्मेदारी निभाते हुए भी बन्धनमुक्त रहूँ। मेरी प्राथमिकता मेरी राजनीति रही है। परिवार में मुझे जितना समय देना चाहिए था, अब तक मैंने नहीं दिया। यह मेरा फेलियोर पक्ष है, यह मैं मानता हूँ।

प्रश्न : परिवार और राजनीति में प्राथमिक किसे मानेंगे?

उत्तर : अब काफ़ी उम्र हो गयी है। अब मैं चाहता हूँ कि अधिक-से-अधिक समय परिवार को दूँ। पहले यह भाव नहीं था, लेकिन अब यह भाव पैदा हो रहा है। यह सोचते हुए ग्लानि भी होती है।

प्रश्न : परिवार के किसी व्यक्ति या पत्नी ने कभी इसकी शिकायत नहीं की?

उत्तर : यही तो मेरे जीवन की ट्रेजडी है कि किसी ने शिकायत नहीं की। उन लोगों ने भी सम्बन्ध को सीमित कर रखा है। मैं पीछे लौटकर इन बिन्दुओं पर जब सोचता हूँ तब मैं द्वन्द्व में चला जाता हूँ।

प्रश्न : परिवार या राजनीतिक यात्रा में कोई अन्तिम इच्छा शेष है?

उत्तर : मेरी चिन्ता यही है कि अब तक मेरे पुत्र और पुत्रियाँ अपने पैरों पर खड़े

नहीं हैं। आत्मनिर्भर नहीं हैं। भविष्य में इन्हें संकटों से गुज़रना पड़ सकता है। अपनी पत्नी को लेकर मैं निश्चिन्त हूँ, चूँकि वह किसी भी कठिन परिस्थिति में रह लेंगी, यह मेरा दृढ़विश्वास है। बच्चों को निश्चित रूप से कष्ट होगा।

प्रश्न : लेकिन अन्तिम इच्छा क्या है?

उत्तर : हाँ, इच्छा है कि बच्चे आत्मनिर्भर हो जायें। इंगेज हो जाएँ। मेरे बाद बच्चों को दिक़्क़तें आयेंगी, बस चाहता हूँ कि वे भविष्य के यथार्थ को समझ लें।

प्रश्न : आपने कहा कि आपको लोगों ने ख़ूब धोखा दिया। आपके समीप रहने वाले लोग भी सदैव असन्तुष्ट ही रहे। चूँकि आपने किसी के लिए बहुत कुछ किया ही नहीं...

उत्तर : यह पूर्णतः सत्य नहीं है। हाँ, मेरे पास जो भी क्षमतावान राजनीतिक युवा आये, मैंने उन्हें प्रमोट किया। मैं अपनी कसौटी पर किसी को परखकर ही आगे बढ़ाता हूँ, यही मेरी राजनीतिक समझ है। कई लोग आये, जिन्हें मैंने आगे बढ़ाया, लेकिन बाद में अवसरवादी निकले।

प्रश्न : आपने प्रतिभावान व्यक्ति की खोज के लिए किन मानदण्डों को अब तक अपनाया है?

उत्तर : मेरी प्राथमिकता में 'परिश्रम और योग्यता' दो चीज़ें प्रमुख हैं। जो व्यक्ति योग्यता रखते हुए परिश्रमी हैं, उन्हें मैं क्षमतावान मानता हूँ। उनके साथ काम करने में मुझे ख़ुशी होती है। उन्हें प्रमोट भी करता हूँ।

मेरे पास बहुत से लोग आते हैं। दस-पन्द्रह दिन साथ रहने के बाद ही वह अपनी बड़ी इच्छा को अभिव्यक्त कर देते हैं। इच्छा रखना अच्छी बात है, लेकिन उसकी पात्रता भी तो होनी चाहिए न। कुछ ऐसे भी लोग आते हैं, जो कुछ बोलते भी नहीं हैं, लेकिन इच्छाएँ उनके अन्दर धँसी हुई रहती हैं। वह उनके फ्रस्टेशन का मुख्य कारण बनता है।

प्रश्न : आदर्श जीवन कैसा हो? इसको कैसे देखते हैं?

उत्तर : हमने जीवनपर्यन्त अपनी इच्छाओं को सीमित कर रखा है। मैं मर्यादा को लक्ष्मण रेखा मानता हूँ। मुझसे इसका उल्लंघन सम्भव नहीं है और साधन के प्रति मेरा कोई आकर्षण नहीं रहा। जीवन में कई मौक़े आये, लेकिन मैंने उसे ठुकराया। मैंने जीवन को पवित्रता से जीया है, इसका मुझे सन्तोष है।

प्रश्न : आप राजनीति के इतने बड़े कैनवास में दशकों सक्रिय रहे। कभी अपराध या अपराधियों का सहारा लेना पड़ा?

उत्तर : कभी नहीं। मैंने अपराध या अपराधियों में कभी दिलचस्पी नहीं दिखाई। न कभी उन्हें प्रमोट किया। राजनीति में कुछ अपराध से जुड़े हुए लोगों की भी एंट्री हुई, वे लोग शिष्टाचार में मिले-जुले हुए भी। लेकिन मैंने अपनी रेखा के भीतर कभी उन्हें प्रवेश नहीं करने दिया। इसके बहुत सारे प्रमाण आज मौजूद हैं।

प्रश्न : राजनीति की यात्रा में अब कुछ और शेष है? कुछ पाने की या कुछ कर गुज़रने की?

उत्तर : नहीं, अब कुछ भी शेष नहीं है। अब इच्छा में है तो केवल परिवार और उनके भविष्य की चिन्ता। उम्र और स्वास्थ्य भी एक सच है। अब तक जो कुछ भी मिला है, उससे पूर्णरूपेण सन्तुष्ट हूँ। बस, अब कुछ नहीं चाहिए...।

प्रश्न : थोड़ा हटकर पूछ रहा हूँ। पुनर्जन्म की अवधारणा को मानते हैं आप?

उत्तर : इस मुद्दे पर किसी अन्तिम निष्कर्ष पर नहीं पहुँच सका हूँ। मुझे लगता है कि यह हो सकता है, चूँकि साधु-सन्तों ने इसकी खूब व्याख्या की है। मैं तो स्पष्ट नहीं हूँ।

प्रश्न : प्रत्येक व्यक्ति के जीवन में 'अन्तिम क्षण' आता है। आप इस क्षण को लेकर भयभीत रहते हैं?

उत्तर : अन्तिम क्षण का एहसास मुझे साहस देता है। लेकिन मैं चाहता हूँ 'मैं झुकूँ अभी भी नहीं।' हाँ, समय और परिस्थिति के सामने सभी को झुकना ही पड़ता है। लेकिन मैं अन्तिम समय में भी पूरे ठसक के साथ विदा होऊँ, यह मेरी इच्छा है।

मैं नास्तिक नहीं हूँ। मुझे अब लगने लगा है कि अब तक जो कुछ भी मिला है; अपने कर्म और भाग्य की बदौलत मिला है। जो भी मिला है, वह ईश्वर का प्रसाद है, इसे सहर्ष स्वीकारना हमारा धर्म है।

मेरे जीवन में नीतीश कुमार एक बड़ा नाम है। नीतीश ने एक साथी, एक नेता और एक भाई का दायित्व निभाकर मेरे जीवन के ख़ालीपन को सदैव भरने का काम किया है। इस प्रसंग को भावुकता के साथ इस सन्दर्भ में ज़बर्दस्ती मैं जोड़ना चाहता हूँ। लेकिन अब यह एहसास हो चला है कि ज़िन्दगी बहुत लम्बे काल तक नहीं है।

प्रश्न : मैं जैसा कि महसूस कर पा रहा हूँ कि इस स्थिति में भी आप नीतीश कुमार और पार्टी के भविष्य के बारे में सोचते रहते हैं?

उत्तर : हाँ, यह सच है। भविष्य में पार्टी मज़बूत रहे, इसकी चिन्ता मुझे कचोटती रहती है। मैं विनय आपसे कई बार पहले भी कह चुका हूँ कि आज नीतीश जी और पार्टी को जितनी मेरी ज़रूरत है, इससे पहले कभी नहीं रही। लेकिन आज मैं

बहुत कुछ करने की स्थिति में नहीं हूँ। अधिकांश समय आज भी पार्टी के भविष्य को लेकर ही सोचता हूँ। इस पार्टी ने मुझे बहुत कुछ दिया है। मैं और अधिक देना चाहता हूँ, लेकिन क्या करूँ? हिम्मत हारना तो हमने सीखा ही नहीं है। अन्तिम दम तक पार्टी और बिहार की जनता की सेवा करुँगा।

प्रश्न : आपके बाद निश्चित रूप से नीतीश जी अकेले पड़ जायेंगे। मैं मानता हूँ कि आप दोनों एक-दूसरे के पूरक हैं। वर्तमान राजनीति की कई चुनौतियाँ आप लोगों के समक्ष हैं। आपकी अनुपस्थिति में नीतीश कुमार थोड़े कमजोर ज़रूर होंगे?

उत्तर : नीतीश कुमार हमारी कमज़ोरी हैं। उन्होंने आज तक जो सम्मान और आदर मुझे दिया है वह मिसाल है। मैं चाहता हूँ कि मेरे जाने के बाद भी नीतीश शानदार प्रदर्शन करते रहें। आज के वक़्त में ऐसे व्यक्ति विरले हैं, जिन्होंने निजता के सम्बन्ध को भी राजनीति में बेहद सम्मान दिया है। नीतीश जी का प्रेम मुझे हमेशा भावुक कर देता है। आज भी वह मुझे मेरी गाड़ी तक छोड़ने आते हैं। ऐसे अवसर पर मैं महसूस करता हूँ कि इतना सम्मान मुझे आज तक किसी ने नहीं दिया। उनके राजनीतिक भविष्य को लेकर मुझे चिन्ता अवश्य होती है।

प्रश्न : कभी भावुक होकर आप रोते हैं?

उत्तर : हाँ, पहले तो ज़्यादा रोते थे। अध्यात्म से मेरा गहरा जुड़ाव रहा है। साउथ एवेन्यू में भजन सुनते हुए हमेशा आँख से आँसू निकल जाया करते थे। आज के समय में रोता तो नहीं हूँ, लेकिन कई अवसरों पर अतीत को याद करते हुए भावुक ज़रूर हो जाता हूँ।

अब अपने स्वास्थ्य को लेकर विशेष चिन्ता होती है। कुछ अहम ज़िम्मेदारियाँ भी शेष हैं। मेरी छोटी लड़की की शादी अभी तक नहीं हो सकी है। पहले वह इन्कार करती थी, लेकिन अब मेरे समझाने-बुझाने के बाद वह शादी के लिए तैयार हुई है। मैं चाहता हूँ कि एक पिता के रूप में अपनी इस ज़िम्मेदारी से जल्द उबर जाऊँ।

मैं निरन्तर इस बात को लेकर संकट में था कि इसने ऐसा निर्णय क्यों किया? अपने इस गिरते स्वास्थ्य के कारण मैं चाहता हूँ कि यह कार्य जल्द पूरा हो जाये। उसके प्रति (दिव्या) मेरा मोह बहुत अधिक है। मैं चाहता हूँ कि उसका दूल्हा भी सीधा, सरल और सच्चा हो। मैं अपनी इस फीलिंग को नीतीश जी से भी साझा कर दिया है।

दिव्या बारम्बार अपनी माँ से कहती है कि 'पापा परिवार में रहकर भी लगता है कि परिवार में नहीं हैं। वह बहुत ख़ुश नहीं रहते हैं।' पत्नी भी मेरे प्रति बहुत भावुक रहती है, लेकिन दिव्या की सोचने और समझने की क्षमता मुझे अन्दर तक छू लेती है।

प्रश्न : आपने अपने परिवार को बहुत रिजर्व रखा। मुझे लगता है कि शायद ही किसी ने आपके सम्पूर्ण परिवार की सार्वजनिक उपस्थिति कहीं देखी होगी?

उत्तर : कई अवसरों पर हम पूरा परिवार एक साथ बाहर गये हैं। हाँ, लड़कियों को हमने मर्यादा का पाठ अवश्य पढ़ाया है। हमारी पत्नी ने बच्चों में ऐसे संस्कार अवश्य दिये हैं, जो कहीं भी आपको उच्छृंखल नहीं लगेगा। मैंने उम्र के इस पड़ाव में भी अपने पूरे परिवार को ग्रामीण परिवेश से जोड़कर रखने की कोशिश की है।

प्रश्न : आपने शुरुआती जीवन में परिवार पर बहुत अधिक ध्यान नहीं दिया। सारी ज़िम्मेदारी पत्नी पर ही थी। क्या आप मानते हैं कि आपसे पहले चूक हुई है, जिसके कारण इस समय आपके भीतर थोड़ी सी असन्तुष्टि है?

उत्तर : हाँ, निश्चित रूप से मुझसे चूक हुई है। मुझे जितना समय देना चाहिए था, उतना नहीं दिया। मैं अपनी पत्नी की कार्यप्रणाली और जवाबदेही निर्वहन को लेकर बहुत अधिक निश्चिन्त रहा। उनमें वह स्किल भी है। बाबजूद मुझे जितना वक़्त देना चाहिए, उतना मैंने नहीं दिया। अब यह सोचकर दुखी होता हूँ।

प्रश्न : विरासत किसे सौपेंगे?

उत्तर : मैंने आपको पहले ही स्पष्ट किया है कि जिसमें योग्यता होगी, वह स्वयमेव विरासत को सँभाल लेगा।

प्रश्न : मैं आपकी पीड़ा को समझ सकता हूँ। मुझे लगता है कि आप परिवार में रहते हुए भी अकेले हैं?

उत्तर : सौ में सौ प्रतिशत। यद्यपि मेरी पत्नी मुझको लेकर बहुत केयरफुल हैं, लेकिन उनका असर मेरे ऊपर नगण्य है। हाँ, अपनी पत्नी के आचरण से मैं बहुत ख़ुश हूँ। उनके मन में भविष्य को लेकर चिन्ता भी ज़रूर होगी। शायद वह समझती भी हैं कि मेरे इस दुनिया में न रहने के बाद क्या-क्या संकट आ सकता है और वे यह भी समझती हैं कि उस कठिन वक़्त में सोनू बहुत प्रभावी तौर पर अपने को सिद्ध नहीं कर पायेंगे। उदाहरण के तौर पर, इसी चिन्ता की वजह से मेरी पत्नी ने डुमराँव के घर को छह महीने के भीतर वहाँ कई बार जाकर ठीक करा लिया। भविष्य के संकट

की सूचना को शायद वह समझने में सक्षम हैं।

मुझे एक बात का डर और है कि मेरे बाद कहीं मेरी पैतृक ज़मीन पर कहीं आँच न आ जाये। चूँकि घर का ख़र्च चलाना भी एक ज़रूरी पक्ष होगा। इन हालातों में मेरी पत्नी यह सब कुछ कैसी सँभालेंगी, यह चिन्ता तो होती ही है। शुरुआत में पटना में ज़मीन नहीं थी, तो पत्नी ने डुमराँव के घर को ठीक करा लिया था। अब पटना में ज़मीन और मकान होने से थोड़ी निश्चिन्तता तो है ही। पत्नी भी ख़ुश हैं। लेकिन भविष्य में क्या होगा? यह कहना थोड़ा मुश्किल है।

प्रश्न : लोग कहते हैं कि आप किसी पर विश्वास ही नहीं करते?

उत्तर : हाँ, यह सही है कि मैं ज़ल्दी किसी पर विश्वास नहीं करता हूँ। चूँकि मेरे जीवन में सैकड़ों ऐसे व्यक्ति आये, जिन पर मैंने विश्वास किया। लेकिन अन्त में मुझे निराशा हाथ लगी। केवल नीतीश कुमार ही ऐसे व्यक्ति हैं, जिन्होंने मेरा विश्वास कभी नहीं तोड़ा। परिवार से बढ़कर और हृदय की गहराई से उन्होंने मेरी चिन्ता की है, अभी भी बहुत अधिक केयरफुल रहते हैं।

नीतीश जी ने भाई, दोस्त, नेता और क़रीबी होने का फ़र्ज़ सदैव निभाया है। उन्होंने अभी तक मुझे कभी चोटिल नहीं किया है। उन्होंने मुख्यमन्त्री रहते हुए भी कभी भी मुझे नज़रअन्दाज़ नहीं किया। जीवन में कभी भी मर्यादा को उन्होंने तोड़ने की कोशिश नहीं की। मैंने एकाध मौक़े पर गलतफ़हमी में उनसे नाराज़गी भी जताई, लेकिन नीतीश जी ने पलटकर कुछ कहा नहीं। मैं इसीलिए कहता हूँ कि नीतीश कुशल राजनीतिज्ञ तो हैं ही उससे बढ़कर कहीं अच्छे इन्सान हैं।

जब मेरी शारीरिक कमज़ोरी बढ़ गयी और मुझे सहारा के रूप में सदैव एक सहयोगी की आवश्यकता रहने लगी, तब मैंने उनके यहाँ (नीतीश जी) जाना कम कर दिया। मुझे लगता कि मुझे इन हालातों में देखकर उन्हें दुख होगा। लेकिन इसके बाद मेरे यहाँ मुझसे मिलने वह ख़ुद आने लगे। यदि किसी मौक़े पर हाथ थामने की ज़रूरत पड़ी, तो नीतीश जी ने मेरा हाथ थाम लिया। उन्हें चिन्ता रहती है कि कहीं मैं गिर न जाऊँ।

अब एक ही भाव शेष है कि मैं बशिष्ठ नारायण सिंह कभी गिरूं नहीं। ऐसे ही इसी अन्दाज़ में विदा हो जाऊँ।

प्रश्न : मुझे लगता है कि आप अपनी शारीरिक पीड़ा को भी ख़ूब छिपाते हैं। किसी से कहते नहीं हैं...?

उत्तर : क्या कहूँ? यह बात सच है कि शारीरिक कष्ट होता है। मानसिक पीड़ा भी कम नहीं है। मुझे हमेशा इस बात से बेचैनी होती रहती है कि मुझमें जितनी क्षमता

थी, उसका पूरा-पूरा सदुपयोग मैं नहीं कर पाया। शरीर के कष्ट को बाँटने से कुछ मिलता नहीं है। चिकित्सक भी अब कहने लगे हैं कि कुछ चीज़ें उम्र के साथ ठीक से नहीं चलती हैं। अब इस पीड़ा और बेचैनी के साथ ही जीवन सुन्दर बना रहे, यह भाव मन में बारम्बार आता है।

मैं अपने को बेबस और लाचारी के पुतले के रूप में पेश नहीं करना चाहता हूँ। ज़िन्दगी बड़ी शान से बीत गयी, मरने के वक़्त भी पूरी ठसक के साथ विदा होऊँ। कह लीजिए कि यही मेरी अन्तिम इच्छा है।

प्रश्न : मुझे लगता है कि आप अभी भी मन से युवा हैं, लेकिन शरीर कभी-कभी आपको चुनौती देने लगता है। शरीर की पीड़ा ही आपको बेचैन कर देती है।

उत्तर : हाँ। शत-प्रतिशत आपने एक मनोवैज्ञानिक की तरह मेरे मस्तिष्क को पढ़ने की कोशिश की है। फिर से एक बार जोड़ रहा हूँ कि मैं किसी के सामने लाचार और बेबस नहीं दिखना चाहता हूँ। अब ईश्वर को न्याय करना है।

मेरी वर्तमान स्थिति यह है, जिसे केवल आपसे पहली बार बता रहा हूँ। वह यह है कि अब मैं अपने दुख और हृदय की बातों को कहने के लिए किसी योग्य व्यक्ति की तलाश करता रहता हूँ। वह व्यक्ति, जो मेरे इस भाव को दार्शनिक धरातल पर जाकर व्याख्यायित कर सकने की क्षमता रखता हो। मेरे भाव और मेरी बातचीत से सभी लोग तारतम्य बिठा लें, यह भी बहुत कठिन है? लेकिन एक सच्चाई यह भी है।

प्रश्न : आपके जीवन में कुछ ऐसे व्यक्ति, जिन्होंने आपकी बहुत अधिक सेवा की हो या ध्यान रखा हो?

उत्तर : नजम और पूरन। ये दो लोग ऐसे हैं जिन्होंने मुझे अधिक सँभाला है। दोनों को मैं पुत्रवत ही मानता हूँ। दोनों ने बहुत अधिक चिन्ता की है मेरे स्वास्थ्य की। नज़म तो मानसिक तौर पर मुझे मज़बूती देता है। वह हमेशा कहता है कि मैं ठीक हूँ।

अपोलो अस्पताल में क्रिटिकल ऑपरेशन के वक़्त और भी लोग थे। उन लोगों के लिए भी मेरे दिल में श्रद्धा है। इस अवसर पर प्रभात झा, ब्रजेश पाण्डेय, इंजीनियर रंजीत और दिलीप सिंह को कैसे भूल सकता हूँ।

पंजाब के आतंकी हमले में बिहारी मजदूरों का नरसंहार

(कहानी मौत से खरीदी गयी रोटी की)

(पंजाब में बिहारी मज़दूरों की निर्मम हत्या पर प्रकाशित आलेख)
जिस समय यह घटना घटी थी, उस समय बिहार के श्रम, नियोजन व प्रशिक्षण मन्त्री बशिष्ठ नारायण सिंह ही थे।)

...."यह राशि मौत से ख़रीदी गयी है। इस अनुदान की राशि को आप व्यर्थ में नहीं ग़वायेंगे? जो हादसा आप लोगों के साथ हुआ है, ईश्वर न करे किसी के साथ भविष्य में हो? इस अनुदान राशि का उपयोग उन मृतकों के सपनों को साकार करने में करें, जो अपने परिवार को सुखी-सम्पन्न बनाने एवं अपने बच्चों को अच्छा इन्सान बनाने की महत्त्वाकांक्षा लेकर रोज़ी-रोटी की तलाश में पंजाब गये थे।" अररिया ज़िलाधिकारी कार्यालय परिसर में 3 मई, 93 को आयोजित समारोह में यह उद्गार व्यक्त करते हुए बिहार के श्रम एवं नियोजन मन्त्री श्री बशिष्ठ नारायण सिंह अत्यन्त ही भावुक हो गये थे।

उक्त समारोह पूरी तरह शोकसभा में तब्दील हो चुका था। पंजाब में 30 अक्टूबर, 92 को आतंककारियों के हाथों मारे गये बिहारी मज़दूरों के परिजनों को एक-एक लाख रुपये का भुगतान करने के लिए इस समारोह का आयोजन किया गया था। समारोह में उपस्थित मृतकों के आश्रितों, सैकड़ों दर्शकों एवं प्रशासनिक पदाधिकारियों के साथ ही मुख्य अतिथि बशिष्ठ नारायण सिंह की आँखों में भी आँसुओं की बूँदें तैरने लगी थीं। सभी उपस्थित लोगों के चेहरे पर एक ही प्रश्न चिह्न था, आख़िर बिहारी मज़दूरों का कसूर क्या था? बेकसूर बिहारी मज़दूरों की हत्या करने से पंजाब के उग्रवादियों को कौन सा लाभ मिल गया?

घटना 30 अक्टूबर, 92 की है। शाम के सात बजे थे। पंजाब के जगराँव पुलिस ज़िले के अन्तर्गत डेलहॉन थाने के सीलो गाँव में सरदार बग्घा सिंह एवं सरदार कोली सिंह के पंप हाउस के समीप कुछ बिहारी मज़दूर रात का भोजन पका रहे थे। तभी कन्हैया मण्डल डोमन के समीप आकर बोला।

"आज छठ पर्व का पहला अर्घ्य है, न...?"

"हाँ...लेकिन तुम यह सब किसलिए पूछ रहे हो?" डोमन ने जवाब देने के बदले स्वयं कन्हैया से पूछा।

"पता नहीं क्यों आज मन में गाँव की चिन्ता सता रही है। छठ पर्व गाँव में धूम-धाम से मनाया जाता है न...। शायद इसीलिए...?"

कन्हैया पूरी बातें बोल भी नहीं पाया था कि डोमन ने उसे बीच में ही टोक दिया, "गाँव से आये अभी तुम्हें बीस दिन भी नहीं हुए हैं कि तुम्हें गाँव-घर की चिन्ता खाने लगी है। परदेश कमाने आये हो तो मन मार कर रहो। तभी कुछ पैसे कमा सकते हो। गाँव-घर भागा नहीं जा रहा हैं?"

अभी डोमन और कन्हैया में बातचीत हो ही रही थी कि वहाँ खैनी मलते हुए दिनेश आ गया। वह आते ही बोल पड़ा, "गाँव-जवार की चिन्ता से तुम परदेश में नहीं रह सकोगे। जब गाँठ में पैसा होगा, तब माँ-बाप के साथ समाज वाले भी पूछेंगे। बिना नम्बरी-दमड़ी के मेहरारू भी नहीं पूछती है।"

"सचमुच में मन की बात बोले हो भैया? गाँठ में पैसा होता है तो नौटंकी का नाच भी देखने में मज़ा आता है। पैसे के बिना संसार अँधेरा है। बहुत अँधेरा।" ढेला मण्डल ने दिनेश के समर्थन में अपना तर्क पेश किया।

"ज़रा कन्हैया को समझा देव भैया। कमा-धमाकर गाँव जाने पर सब लोग अच्छा कहेंगे वरना कोई पड़ेगा पूछेगा भी नहीं,।" उनमें से ही कोई बोला।

अभी वे लोग आपस में दुख-सुख की बातें कर ही रहे थे, तभी वहाँ कुछ पुलिस वाले पहुँच गये।

पंप हाउस के समीप अचानक पुलिस को देखकर सभी मज़दूर सकपका गये। उन लोगों की समझ में ही नहीं आया कि ये आखिर यहाँ किसलिए आये हैं? सभी अकबकाकर एक-दूसरे का मुँह ताकने लगे।

इससे पूर्व वे लोग कुछ बोलते, पुलिसकर्मियों में से एक ने ऊँची आवाज़ में आदेश दिया– "तुम लोग तुरन्त पंप हाउस के अन्दर चले जाओ?"

अचानक पुलिस के गर्म तेवर को देखकर सभी मज़दूर अन्दर तक सिहर उठे। उन्हें विश्वास होने लगा कि शायद यहाँ आसपास कोई अनहोनी घटना होने वाली है। पुलिस के तेवर से भी लग रहा था कि मामला गम्भीर है? अत: वे भोजन पकाना छोड़कर पंप हाउस के अन्दर चले गये।

पंप हाउस के अन्दर मज़दूरों के दाख़िल होते ही पीछे-पीछे पुलिस वाले भी संगीनें ताने अन्दर आ गये और इसी के साथ 'धाँय-धाँय' की आवाज़ गूँजने लगी। फिर तो पंप हाउस के अन्दर कोहराम मच गया। गोलियों और चीख-पुकार से आसपास के इलाक़े के लोग भी सहम उठे।

देखते-ही-देखते मात्र कुछ ही मिनटों में वहाँ सत्रह लाशें बिछ गयीं। पंप हाउस का चप्पा-चप्पा ख़ून से भीग चुका था। कुछ समय पूर्व जिस स्थान पर दिनभर के थके-माँदे मज़दूर भोजन पकाते हुए आपस में सुख-दुख बतिया रहे थे, वहाँ अब श्मशान सा सन्नाटा छा गया था।

पंप हाउस के बाहर चूल्हे पर रखे बर्तन में पानी उबल रहा था, किन्तु अब उन बर्तनों में चावल धोकर डालने वाला कोई नहीं था।

शाम के समय अचानक गाँव के बाहर पंप हाउस की ओर गोलियों एवं चीख सुनकर बग्घा सिंह एवं कोली सिंह जब तक वहाँ आये, तब तक सब कुछ समाप्त हो चुका था। पंप हाउस के भीतर लाशों के ढेर देखकर उन दोनों के होश गुम हो गये थे। आँखों में दूर-दूर तक अँधेरा छा गया। पृथ्वी उन्हें घूमती नज़र आने लगी।

तब तक सीलो गाँव के कुछ और लोग आ गये थे। वे लोग भी पंप हाउस के अन्दर का नज़ारा देखकर दंग रह गये। उन लोगों को स्वप्न में भी ऐसा विश्वास नहीं था कि इतना बड़ा हादसा हो सकता है?

गाँव वालों के पीछे ही दिनेश कुमार मण्डल और उसका एक साथी वहाँ आ गया था, वे लोग बाज़ार सामान ख़रीदने एवं दूरदर्शन पर फ़िल्म देखने चले गये थे। उन लोगों ने जब कमरे के अन्दर झाँका और अपने लोगों को ख़ून में सना देखा तो पछाड़ खाकर गिर पड़े।

लाशों के बीच दो मज़दूरों में अब भी जीवन के लक्षण दिखाई पड़ रहे थे। तब गाँव के कई लोग उन दोनों को टाँगते हुए सी.एम.सी. अस्पताल की ओर चल दिये। उन्हीं लोगों में से कई लोग इस हादसे की ख़बर देने डेलहॉन थाने की ओर भागे।

जिस समय सीलों गाँव में सत्रह मज़दूरों की नृशंस हत्या की गयी, ठीक उसी समय पायल थाना के अन्तर्गत दोवर्जी गाँव में आठ मज़दूरों की भी हत्या कर दी गयी थी।

पंजाब में एक साथ दो स्थानों पर की गयी बिहारी मज़दूरों की सामूहिक हत्या से यह चर्चा आम हो गयी कि आतंकवादी इसी तरह पुलिस के वेश में आकर निर्दोष लोगों की हत्या करके चले जाते हैं।

इधर 31 अक्टूबर, 92 को बिहार के श्रम, नियोजन एवं प्रशिक्षण मन्त्री बशिष्ठ नारायण सिंह अख़बार देख रहे थे। तभी दूरदर्शन पर एक अत्यन्त दुखद समाचार का प्रसारण हुआ।

"पंजाब के लुधियाना जिले में सत्ताईस बिहारी मज़दूरों को आतंकवादियों ने गोलियों से भून दिया"।

इस समाचार को सुनते ही श्रम मन्त्री बेचैन हो उठे। इस जघन्य हत्याकाण्ड से उत्पन्न स्थिति, श्रम विभाग का दायित्व तथा प्रवासी मज़दूरों की समस्याओं के समाधान आदि कई ऐसे ही सवालों से वे चिन्तित हो उठे थे।

चिन्तन-मनन की हालत में वे कमरे से बाहर आ गये। बरामदे में उनसे मिलने वालों की भीड़ लगी थी। मन्त्री जी को आते देखकर सभी लोग उनके सम्मान में खड़े हो गये। उन्होंने हाथ के इशारे से सबको बैठने के लिए कहा और एक ख़ाली कुर्सी पर ख़ुद भी बैठते हुए बोले–"अभी-अभी टी.वी. पर समाचार आया है कि पंजाब में उग्रवादियों ने 25 बिहारी मज़दूरों की सामूहिक हत्या कर दी है।"

यह सुनते ही बरामदे में बैठे सभी लोग शोक में डूब गये। निर्दोष बिहारी मज़दूरों के साथ इस तरह का दुखद हादसा हो सकता है, यह स्वप्न में भी नहीं सोचा गया था। पंजाब में हुए इस जघन्य हत्याकाण्ड की ख़बर से पूरे बिहार राज्य में भूचाल आ गया। फिर तो जिस-जिस घर के लोग रोज़ी-रोटी की तलाश में पंजाब के सुदूर इलाक़े में गये थे, उनके परिजनों में आशंका और दहशत का वातावरण व्याप्त हो गया।

इस हत्याकाड की ख़बर से लोग अज्ञात आशंका और भय के वशीभूत रोने-कलपने लगे। उन लोगों को ऐसा महसूस हो रहा था कि अचानक ही आकाश से तड़ित संचार का टुकड़ा उनके फूस के छप्पर पर आ गिरा है। सब मिलाकर पंजाब में हुई इस हृदय विदारक घटना ने पूरे राज्य को झकझोर कर रख दिया। राज्य के मुख्यमन्त्री से लेकर सामान्य लोगों में भी इस दुखान्त घटना से मातम छा गया।

श्रम मन्त्री श्री बशिष्ठ नारायण सिंह टेलीफ़ोन पर इस हत्याकाण्ड की बाबत पंजाब के श्रम मन्त्री एवं वरिष्ठ अधिकारियों से बातचीत करने की कोशिशें करते

रहे, मगर नतीजा बन्द मुट्ठी में पानी की तरह निकला। इस प्रकार वे बेचैन मन से पल-दर-पल, मिनट-दर-मिनट और घंटे दर घण्टों गुज़ारते रहे। रेडियो एवं टी.वी. पर इस भीषण हत्याकाण्ड से सम्बन्धित समाचार को प्रमुखता से सुनाया तो गया था, मगर संक्षिप्त में। हादसे के शिकार लोगों के सम्बन्ध में पूरी जानकारी नहीं मिल पायी थी। इसी तरह चिन्तन-मनन के साथ दिन डूबने लगा था और पृथ्वी पर सन्ध्यारानी की मटमैली चादर बिछने लगी थी। लेकिन यह पता न चला कि पंजाब में मारे गये लोग बिहार के किस हिस्से के रहने वाले थे?

सुबह बबलू ने नाश्ते की प्लेटें मेज़ पर लगायी। बशिष्ठ नारायण जी ने उस ओर देखा तक नहीं। यही हाल दोपहर के भोजन का भी रहा। मेज़ पर भोजन की थाली लगाकर बबलू मन्त्री जी के आने का घण्टों इन्तज़ार करता रहा, मगर वे भोजन करने नहीं बैठे। वे भोजन करते भी कैसे, उन्हें भूख होती तब न...उनका पेट तो ग़म के सैलाब से पहले ही भर चुका था। कभी बरामदे में तो कभी बन्द कमरे में चहलक़दमी करते हुए वे क्षण-क्षण गुज़ार रहे थे। आख़िर रात बारह बजे जब कैलेंडर की तारीख़ बदली और दीवार पर टँगी घड़ी की दोनों सुइयों में भोर होने के संकेत दिये, तब उन्होंने अपने अर्दली केदार को पुकारा। कुछ क्षण बाद केदार सम्मुख खड़ा था।

"सुबह का अख़बार अब तक रेलवे स्टेशन में बिकने लगा होगा!"

"जी, हाँ..."

"जाकर कुछ अख़बार ख़रीद लाओ।" मन्त्री जी के आदेश पर केदार, बबलू और सुभाष अख़बार ख़रीदने पटना रेलवे स्टेशन की ओर चले गये। आधे घण्टे बाद राजधानी पटना से प्रकाशित प्राय: सभी दैनिक अख़बार मन्त्री जी के सामने थे। उन सभी अख़बारों के मुख्य पृष्ठ पर बिहारी मज़दूरों की हत्या से सम्बन्धित समाचार विस्तार से छपे थे।

अख़बारों में प्रकाशित समाचारों के मुताबिक पंजाब के लुधियाना ज़िले के अन्तर्गत जगराँव क्षेत्र में डेलहॉन थान के सीलो गाँव में सरदार बग्घा सिंह एवं सरदार कोली सिंह के पंप हाउस पर 17 बिहारी मज़दूरों की हत्या आतंकवादियों ने की थी। साथ ही लुधियाना जिले के खन्ना क्षेत्र के पायल थाने के दोवर्जी गाँव में आठ बिहारी मज़दूरों की हत्या की गयी थी।

दोनों सामूहिक हत्या काण्डों की ख़बरों से सम्बन्धित घटनास्थल का पता चल गया था। प्रकाशित ख़बरों से यह भी पता चल गया था कि आतंकवादियों के हाथों मारे गये सभी मज़दूर बिहार के अररिया और कटिहार ज़िले के रहने वाले थे।

पंजाब में अकाल मौत के शिकार बिहारी मज़दूरों के स्मरण से ऐसे हज़ारों बदहाल मज़दूरों के जीवन-चरित्र का चित्रण आँखों में छाने लगता है, जो भूख-प्यास से व्याकुल होकर परिवार समेत रोज़ी-रोटी की तलाश में अज्ञात दिशा की ओर पलायन कर जाते हैं।

हर तरह से प्रताड़ित ये मज़दूर परिवार अपने छोटे-छोटे नंग-धड़ंग, फटे-पुराने कपड़ों में लिपटे हुए बच्चों को लेकर माथे पर गठरी उठाये अनगिनत शोषण के दौर को झेलते हुए भूख-प्यास से व्याकुल होकर सुदूर प्रान्त के किसी कोने में आश्रय लेते हैं तथा ख़ून-पसीने को बहाकर मुट्ठी पर अन्न जुटाते हैं। शिक्षा और भौतिकवादी सुख-साधनों से कोसों दूर चिकित्सा के अभाव में ज़िन्दगी गुज़ारने वाले इन तमाम मज़दूरों को देखकर ऐसा प्रतीत होता है, जैसे उन लोगों को आज़ादी तो मिली है, मगर आर्थिक ग़ुलामी की बेड़ियाँ अब भी उनके पैरों से बँधी हुई है।

जानवरों से भी बदतर ज़िन्दगी गुज़ारने वाले ये तमाम मज़दूर जेठ-बैशाख की चिलचिलाती धूप में पसीने से तर-बतर या फिर माघ-पूस की हड्डी छूती ठण्ड में जी-तोड़ मेहनत करके भरपेट भोजन जुटाते हैं। दिनभर की कड़ी मेहनत के बाद जब शाम के पहर ऐसे मज़दूर अपने हाथों में कुछ पैसे लेकर झोपड़ी में लौटते हैं, तो उसी पैसे से मिट्टी का तेल ख़रीदते हैं, ताकि झोपड़ियों में रोशनी हो सके। फिर चूल्हे फूँकते हैं। साथ ही उसी में से दो-चार आने काटकर भविष्य के लिए भी रख लेते हैं, ताकि त्योहारों के मौके पर वे परिवार समेत गाँव लौट सकें।

मारे गये बिहारी मजदूरों की सूची

1. कमलानन्द	2. इन्द्रलाल मण्डल	3. शिवानाथ मण्डल
4. हरिहर मण्डल	5. गंगालाल मण्डल	6. कामदेव मण्डल
7. गुड्डू मण्डल	8. बैजनाथ मण्डल	9. कन्हैया मण्डल
10. डोमन मण्डल	11. दिनेश मण्डल	12. ढेला मण्डल
13. मंगलु मण्डल	14. सतीलाल मण्डल	15. राम प्रसाद ठाकुर
16. सोलाही मण्डल	17. करो मण्डल	18. पंचलाल ततमा
19. सुरेश ततमा	20. दुखा ततमा	21. डामन ततमा
22. बललू ततमा	23. बेदानन्द ततमा	24. रामेश्वर ततमा
25. शिखन ततमा		

आज़ादी के बाद बिहार राज्य में यह पहला अवसर है, जब राज्य के बाहर अकाल मौत मारे गये मज़दूरों के आश्रितों के लिए सरकारी स्तर पर सोचा गया

है। इस घटना के पूर्व भी कितने मज़दूरों की मौत की सूचना उनके परिजनों को तो मिली होगी, पर उनके आश्रितों के दु:ख-दर्द के विषय में कभी किसी ने नहीं सोचा।

आज बिहार की जनता दल सरकार ने ऐसे तमाम मज़दूरों के लिए न्याय का दरवाज़ा खोल दिया है, जो गुमनामी की ज़िन्दगी जी रहे हैं। बस ज़रूरत है—राज्य के बाहर मज़दूरी के लिए जाने वाले मज़दूरों के अपने प्रखण्ड कार्यालयों में नाम दर्ज कराने की, क्योंकि इनकी समस्याओं के समाधान के लिए क़ानून तो हैं परन्तु वे जानकारी के अभाव में उसका लाभ नहीं उठा पाते। दूसरे राज्यों में जाने पर सम्बन्धित ज़िलाधिकारी के पास अपना नाम दर्ज कराने के साथ ही नियोजक का नाम भी दर्ज करा लेना आवश्यक है।

इस तरह मास-दर-मास, वर्ष-दर-वर्ष अपने गाँव से हज़ारों मील दूर शोषण की ज़िन्दगी जीते हुए पाई-दर-पाई जोड़कर दो-चार रुपये किसी प्रकार बचा लेते हैं। तब दशहरा हो या होली, किसी एक पर्व के मौक़े पर परिवार समेत ये बिहारी मज़दूर गाँव की ओर चल देते हैं। उस समय उन भोले-भाले ग़रीब मज़दूरों के मन में भविष्य की अनेक कल्पनाएँ अंकुरित हो उठाती हैं। गाँव में अपनी झोपड़ी खड़ा करने से लेकर बच्चों को नये वस्तु देने तथा स्कूल भेजने की चिन्ता उन्हें सताने लगती हैं। विकास के दौर में शामिल होने के लिए उनका मन बेचैन हो उठता है। ऐसी स्थिति में अन्ततः वे इस निष्कर्ष पर पहुँचते हैं कि अब वे रोज़ी-रोटी के लिए गाँव से बाहर नहीं जायेंगे।

ऐसे ही हज़ारों रंगीन सपने आँखों में सँजोये हुए जब मज़दूरों का दल किसी करीब के रेलवे स्टेशन पर ट्रेन में चढ़ने के लिए आता है तब उनके मन का इन्द्रधनुषी सपना बदरंग होने लगता है। वहाँ तैनात सुरक्षाकर्मी उनसे पैसे छीन लेने के लिए आतुर हो उठते हैं। ट्रेन से उतार देने की धमकियों से लेकर जेल भिजवाने का भय दिखाकर रेलवे कर्मचारी और सुरक्षाकर्मी उनकी पूँजी का अधिकांश भाग यात्रा के प्रथम चरण में ही हड़प लेते हैं।

शोषण का यह दौर शुरू होकर तब तक चलता रहता है, जब तक वे लोग तीन-चार दिनों की लम्बी यात्रा को तय करके अपने गाँव नहीं पहुँच जाते हैं। थके-हारे मायूसी का घूँट पीकर जब ये लोग अपनी झोपड़ियों के क़रीब खड़े होते हैं तब झोपड़ियों की दुर्दशा देखकर उनका कलेजा मुँह में आ जाता है। आँखों में दूर-दूर तक अँधेरे का सैलाब फैलने लगता है, क्योंकि हम तीन-चार साल में उनकी झोंपड़ियाँ सुरक्षा एवं संरक्षण के अभाव में मलबे के रूप में तब्दील हो जाती हैं। फिर तो ऐसी

स्थिति में वृक्ष की छाया ही ऐसे थके-हारे टूटे मज़दूरों के मन शान्ति के लिए आश्रय का केन्द्र बन जाती है। इतना सब कुछ होने के बावजूद लोगों के सिर से शोषण का भूत उतरता नहीं। ये लोग अभी तीन-चार दिनों की यात्रा का थकान पूरी तरह मिटा भी नहीं पाते कि गाँव के महाजन उनके सिर पर आ धमकते हैं। फिर तो बचे-खुचे पैसे भी महाजन की जेब में मूलधन के ब्याज में चले जाते हैं। तब बच जाता है ऐसे लोगों के नसीब में आँसुओं के उमड़ते हुए सैलाब और अँधेरे भविष्य का उतार-चढ़ाव। अन्ततः वे फिर सुदूर कहीं जाने को विवश हो जाते हैं।

इस घटना के तीसरे दिन श्रम मन्त्री, राज्य के मुख्यमन्त्री लालू प्रसाद से मिलने उनके सरकारी आवास पर गये। मुख्यमन्त्री से श्रम मन्त्री ने पंजाब में मारे गये बिहारी मज़दूरों से सम्बन्धित मामले में विस्तार से विचार-विमर्श किया। साथ ही अपने पंजाब दौरे का प्रस्ताव भी उन्होंने मुख्यमन्त्री के समक्ष रखा। इसके बाद 20 नवम्बर, 92 को श्रम मन्त्री बशिष्ठ नारायण सिंह कड़ी सुरक्षा व्यवस्था के बीच पंजाब के सीलो गाँव एवं दोवर्जी गाँव में घटना स्थल का मुआयना करने पहुँचे। उस समय उनके साथ लुधियाना के पुलिस पदाधिकारी भी वहाँ मौजूद थे।

घटना स्थल पर गाँव के लोगों एवं आतंकवादियों के ख़ूनी जुनून के शिकार होने से बचे दो बिहारी मज़दूरों में दिनेश और उसके एक साथी ने श्रम मन्त्री को वारदात से सम्बन्धित पूरी जानकारी दी। गाँव वालों एवं दो जीवित बिहारी मज़दूरों के बयान से मन्त्री महोदय दुख-पीड़ा से बोझिल हो उठे थे। वे मृतकों की सूची को लेकर लुधियाना के उपायुक्त तथा अनुमण्डलाधिकारी सहित श्रम विभाग के अधिकारियों से भी मृतकों के आश्रितों को मुआवजा दिलाने के लिए वार्ता की।

इन तमाम अधिकारियों से मिलकर श्रम मन्त्री ने मृतकों के आश्रितों को मुआवजा दिलाने तथा पेंशन की राशि मुहैया कराने हेतु विचार-विमर्श किया। उन तमाम अधिकारियों ने बिहार के श्रम मन्त्री को सद्भावपूर्वक आश्वासन दिलाया कि मुआवजे का राशि भुगतान के लिए अविलम्ब कार्रवाई की जाएगी।

इसके बाद श्रम मन्त्री पंजाब के मुख्यमन्त्री बेअन्त सिंह से मिलने उनके आवास पर गये। आतंकवादियों के हाथों मारे गये 25 बिहारी मज़दूरों के आश्रितों को मुआवजे के रूप में एक-एक लाख रुपये एवं पेंशन दिलाने हेतु पंजाब के मुख्यमन्त्री एवं बिहार के श्रम मन्त्री के बीच विचार-विमर्श हुआ। पंजाब के मुख्यमन्त्री एवं श्रम मन्त्री ने बिहार के श्रम मन्त्री को आश्वासन दिया कि मुआवजे एवं पेंशन का अविलम्ब भुगतान कराया जायेगा।

अन्ततः बिहार के श्रम मन्त्री ने 3 मई, 93 को आयोजित समारोह में पंजाब में मारे गये बिहारी मज़दूरों के आश्रितों को पचास-पचास हज़ार रुपये का चेक प्रदान किया। साथ ही प्रत्येक आश्रित को पचास-पचास हज़ार रुपये का राष्ट्रीय बचत पत्र भी ख़रीद दिया गया, जिससे मृतक मज़दूरों के आश्रितों के सुनहरे सपने साकार हो सकें।

❑❑

चित्र

बाएँ से श्री सुशील मोदी, नंदाकिशोर यादव, श्री नीतीश कुमार, श्री बशिष्ठ नारायण सिंह और श्री नित्यानन्द राय

विधान सभा चुनाव में प्रचण्ड जीत के अवसर पर श्री नीतीश कुमार और श्री बशिष्ठ नारायण सिंह

श्री नीतीश कुमार और बशिष्ठ नारायण सिंह

पूर्व प्रधानमन्त्री चन्द्रशेखर के साथ
श्री बशिष्ठ नारायण सिंह

बाएँ से, श्री अरूण कुमार, श्री बशिष्ठ नारायण सिंह और श्री नीतीश कुमार

पूर्व प्रधानमन्त्री श्री चन्द्रशेखर का स्वागत करते हुए श्री बशिष्ठ नारायण सिंह

पूर्व प्रधानमन्त्री चन्द्रशेखर और श्री बशिष्ठ नारायण सिंह

काँग्रेस के नेता अखिलेश जी के साथ श्री बशिष्ठ नारायण सिंह

बिहार विशेष राज्य दर्जा-अभियान

पूर्व उप-राष्ट्रपति श्री बैकेंया नायडू के संग श्री बशिष्ठ नारायण सिंह

पूर्व प्रधानमन्त्री श्री चन्द्रशेखर के साथ श्री बशिष्ठ नारायण सिंह

सन् 1977 के विधानसभा चुनाव के बाद पार्टी की ओर
से विधायकों को शपथ दिलाते हुए

कुर्सी पर जयप्रकाश नारायण के साथ उनकी बहन। खड़े में बाएँ से, श्री रामानन्द, श्री विजय कृष्ण और श्री बशिष्ठ नारायण सिंह

बाएँ से, श्री लालू यादव, श्री ब्रजेश पांडेय और श्री बशिष्ठ नारायण सिंह

बाएँ से, पूर्व उप-राष्ट्रपति श्री भैरो सिंह शेखावत, पूज्य ओशो और श्री बशिष्ठ नारायण सिंह

निजी कार्यक्रम में श्री बशिष्ठ नारायण सिंह

वृक्षारोपण करते हुए श्री बशिष्ठ नारायण सिंह

बाएँ से, श्री श्याम रजक, श्री बशिष्ठ नारायण सिंह, श्री नीतीश कुमार और श्री रामचन्द्र प्रसाद सिंह

बाएँ से, श्री बशिष्ठ नारायण सिंह और श्री शरद यादव

पूर्व राष्ट्रपति श्री रामनाथ कोविन्द के साथ श्री बशिष्ठ नारायण सिंह

डा. मुरली मनोहर जोशी और श्री बशिष्ठ नारायण सिंह

श्री सुशील शिंदे और श्री बशिष्ठ नारायण सिंह

निजी कार्यक्रम में...

श्री भैरो सिंह शेखावत और श्री बशिष्ठ नारायण सिंह

श्री जार्ज फर्नांडीस, मधु दंडवते, एस. एन. जोशी व अन्य समाजवादियों के साथ
मध्य में श्री बशिष्ठ नारायण सिंह

श्री बशिष्ठ नारायण सिंह

बाएँ से, श्री रामचन्द्र प्रसाद सिंह, श्री शरद यादव, श्री नीतीश कुमार और श्री बशिष्ठ नारायण सिंह

राजभवन की ओर जाते हुए जदयू. के शीर्षस्थ नेतागण

बाएँ से, श्री शरद यादव, श्री नीतीश कुमार और श्री बशिष्ठ नारायण सिंह

दिल्ली यूनिवर्सिटी शिक्षक संघ के प्रदर्शन में बाएँ से, श्री रघुवंश बाबू, डूटा के पूर्व अध्यक्ष श्री आदित्य नारायण मिश्र, श्री बशिष्ठ नारायण सिंह, डा. अरूण कुमार और सेंट स्टीफेन कॉलेज की प्रोफेसर नंदिता नारायण

बाएँ से, श्री बशिष्ठ नारायण सिंह, डा. विनय कुमार और श्री नीतीश कुमार

निजी मुलाकात में, श्री बशिष्ठ नारायण सिंह, श्री ललन सिंह और श्री नीतीश कुमार

गुफ्तगू करते हुए श्री बशिष्ठ नारायण सिंह और श्री नीतीश कुमार

श्री बशिष्ठ नारायण सिंह और श्री नीतीश कुमार

भारत सरकार के शिक्षा मन्त्री श्री धर्मेन्द्र प्रधान के साथ श्री बशिष्ठ नारायण सिंह

डुमराँव में भाषण देते हुए श्री बशिष्ठ नारायण सिंह

कार्यक्रम में, श्री नीतीश कुमार और श्री बशिष्ठ नारायण सिंह

श्री बशिष्ठ नारायण सिंह अपने दिल्ली स्थित आवास पर

श्री बशिष्ठ नारायण सिंह, पीछे श्री जयकुमार सिंह

श्री बशिष्ठ नारायण सिंह

जीत के जश्न में, श्री बशिष्ठ नारायण सिंह और श्री नीतीश कुमार

बाएँ से, श्री बशिष्ठ नारायण सिंह, नित्यानन्द राय, श्री रामविलास पासवान, श्री नरेन्द्र मोदी, श्री नीतीश कुमार, श्री सी.पी. ठाकुर

श्री हरिवंश जी के साथ श्री बशिष्ठ नारायण सिंह

कोरोना महामारी के दौरान ऑनलाइन मीटिंग

पुराने और नए एलबम से, श्री नीतीश कुमार और श्री बशिष्ठ नारायण सिंह

श्री नीतीश कुमार और श्री बशिष्ठ नारायण सिंह

चूड़ा-दही भोज के अवसर पर श्री बशिष्ठ नारायण सिंह,
श्री नीतीश कुमार और श्री विजय चौधरी

जनता दल (यू) के सांसदों के संग श्री बशिष्ठ नारायण सिंह

एम.आई.टी., पूणे के छात्र-शिक्षकों के संग श्री बशिष्ठ नारायण सिंह

श्री ललन सिंह और श्री बशिष्ठ नारायण सिंह

दादा (बशिष्ठ नारायण सिंह) की पाठशाला में युवा

श्री बशिष्ठ नारायण सिंह अपने पुत्र प्रशांत और पुत्रवधू के साथ

दिल्ली युनिवर्सिटी शिक्षक संघ के साथियों के साथ
बाएँ से, श्री बशिष्ठ नारायण सिंह, विनय कुमार, नंदिता नारायण,
श्री नीतीश कुमार, प्रो. राजेश झा

श्री बशिष्ठ नारायण सिंह अपनी धर्मपत्नी हेवन्ती सिंह के साथ

श्री बशिष्ठ नारायण सिंह अपने परिवार में पुत्र प्रशान्त और पुत्रियों के संग